Cartas

Dados Internacionais de Catalogação na Publicação (CIP)
(Câmara Brasileira do Livro, SP, Brasil)

Jung, Carl Gustav, 1875-1961.
Cartas / C.G. Jung ; tradução Edgar Orth. – Petrópolis, RJ : Vozes, 2. ed. 2002.
Título original: Briefe I

3ª reimpressão, 2025.

ISBN 978-85-326-2499-4
1. Cartas 2. Jung, Carl Gustav, 1875-1961 3. Psicanalistas I. Título.

99.2634 CDD-150.1954092

Índices para catálogo sistemático:
1. Cartas : Jung, C.G. : Psicologia 150.1954092
2. Jung, C.G. : Cartas : Psicologia 150.1954092

Volume 1
1906-1945

Editado por Aniela Jaffé, Zurique,
em colaboração com
Gerhard Adler, Londres

Petrópolis

Tradução do original em alemão intitulado *Briefe I*

Direitos de publicação em língua portuguesa:
2000, Editora Vozes Ltda.
Rua Frei Luís, 100
25689-900 Petrópolis, RJ
www.vozes.com.br
Brasil

Tradução: Dr. Edgar Orth
Revisão técnica: Dra. Jette Bonaventure
Revisão literária: Lic. Lúcia Mathilde Endlich Orth
Org. literária: Enio P. Giachini
Diagramação: Sheilandre Desenv. Gráfico
Revisão gráfica: Nilton Braz da Rocha / Nivaldo S. Menezes
Capa: Renan Rivero
Foto de capa: © Bettmann | Gettyimages

ISBN 978-85-326-2499-4 (Brasil)
ISBN 3-530-40758-5 (Alemanha)

Este livro foi composto e impresso pela Editora Vozes Ltda.

Sumário

Prefácio da editora

A atitude de C.G. Jung em relação às suas cartas foi ambivalente. Elas o sobrecarregavam como trabalho complementar, e a quantidade às vezes avassaladora de cartas recebidas o afligia muito, mas ele sentia cada vez mais a necessidade de corresponder-se com o mundo sobre questões científicas, desfazer mal-entendidos a respeito de suas concepções ou indicar um caminho a quem procurava orientação. Surgiu assim, durante várias décadas, grande número de cartas; elas representam hoje um complemento e uma espécie de comentário de sua obra.

O caráter científico das cartas facilitou a Jung a decisão de autorizar sua publicação. A princípio nem pensava em publicá-las; não queria entregar aos leitores em geral o que fora produto de manifestações espontâneas e comunicações pessoais. Além disso, o caráter fragmentário do conteúdo e certa superficialidade na forma não condiziam com seu esmero na exatidão. Em anos posteriores, quando já estava traçado o plano da publicação das cartas, dizia às vezes que o conteúdo delas não era exclusivo do destinatário individual, mas podia servir para um público maior.

A ideia da publicação partiu de amigos que tinham conhecimento da correspondência de Jung no plano mundial. O primeiro passo para a autorização do plano pode ser visto na iniciativa de Jung de dispor numa ordem especial as muitas cartas dirigidas a teólogos e de escrever sobre o conjunto assim reunido "cartas a pastores". Na mesma direção aponta o fato de ter entregue a algumas pessoas mais chegadas cópias de suas cartas mais importantes, escritas no correr da semana. Isto aconteceu não só para que tomassem conhecimento de suas ideias, mas visando também a uma possível publicação. Naturalmente houve um diálogo quanto ao conteúdo e importância das cartas, quanto ao valor como documentos de seu trabalho.

Quando o Dr. phil. Gerhard Adler, de Londres, psicoterapeuta e coeditor das obras de Jung em língua inglesa[1], visitou Jung em maio de 1956 e abordou espontaneamente a questão da publicação das cartas, recomendando-a vivamente, Jung

1. "Collected Works", Bollingen Series, Nova York; desde 1969 Princeton University Press.

deu sua anuência definitiva. Estava então com 82 anos de idade. Formou o chamado "comitê das cartas", nomeando como membros sua filha Marianne Niehus-Jung, coeditora de suas "Obras Completas", o Dr. Gerhard Adler e a mim. Dr. Adler é o editor da edição inglesa. Eu assumi a responsabilidade pela edição alemã.

O trabalho conjunto começou em janeiro de 1962. Jung havia falecido no dia 6 de junho de 1961. A primeira tarefa foi a seleção, e as dificuldades não foram pequenas. Até 1930, ou seja, até o 56º ano de sua vida, poucas das cartas que recebera haviam sido guardadas, e restavam poucas cópias das cartas que havia escrito ou ditado. Ele mesmo comentou, desculpando-se, que nunca tinha pensado que suas cartas pudessem ter alguma importância maior. De 1908 até 1925, sua irmã Gertrud colaborara com ele, secretariando-o no essencial, depois de haver trabalhado por dois anos como enfermeira no sanatório de Burghölzli. Depois entrou a esposa e, finalmente, a partir de 1931, sua filha Marianne. Foi a primeira a guardar as cartas recebidas e cópias das enviadas. No ano seguinte, Marie-Jeanne Schmid, filha do amigo de Jung, Dr. med. Hans Schmid-Guisan, assumiu a função de secretária. Desempenhou a função durante 20 anos e organizou o arquivo. A partir de então as cartas recebidas e as cópias das cartas ditadas por Jung receberam seu devido lugar. Por isso, deve-se em grande parte a essas duas auxiliares a possibilidade da edição das cartas.

O número relativamente pequeno que conseguimos reunir das cartas mais antigas, escritas por Jung, deve-se ao fato de Jung costumar escrevê-las a mão. Mais tarde isto só aconteceu com algumas cartas mais pessoais e com aquelas que tinha dificuldade em ditar. Depois que assumi a função de secretária (1955), deu-me autorização para fazer uma cópia de todas elas para o arquivo. No início de 1963 publicamos em jornais da Suíça, Alemanha, França, Inglaterra e Estados Unidos a intenção de reunir e publicar as cartas de Jung. Em resposta conseguimos receber um bom número de cartas do período anterior a 1930, que puderam ser incluídas nesta coletânea.

Ao período mais antigo pertencem sobretudo as cartas de Jung à sua mãe, esposa, sogra e filhos. A família Jung ainda não conseguiu decidir-se quanto à seleção das cartas pessoais para publicação. Espera-se que no futuro isto aconteça, pois estas cartas, devido a seu caráter pessoal e seu tom cordial e muitas vezes jovial, constituem um complemento necessário às cartas publicadas nestes volumes, que são na grande maioria objetivas e científicas. Elas revelariam um lado menos conhecido de Jung. As sete cartas à sua esposa (seis de 1909 e uma de 1920), publicadas em seu livro de memórias[2], fornecem uma primeira impressão. Somente a filha de Jung, Marianne, colocou-nos à disposição duas cartas.

---

2. *Memórias, sonhos e reflexões*, elaborado e editado por Aniela Jaffé, Zurique, 1962. A seguir designado simplesmente como *Memórias* (mas a indicação da página refere-se à edição alemã).

Um documento importante do desenvolvimento de Jung e para a história da psicologia profunda é a troca de cartas entre Sigmund Freud e C.G. Jung. Ao contrário de sua atitude displicente com relação às cartas recebidas no início de sua carreira, Jung conservou cuidadosamente as cartas de Freud. Ao todo tínhamos à disposição cerca de 160 cartas de Freud a Jung e 190 cartas de Jung a Freud. A correspondência começou com uma carta de Freud, de 11.04.1906, na qual agradecia o recebimento do trabalho de Jung, *Estudos diagnósticos das associações* (em OC, vol. II), e terminou com a ruptura do relacionamento numa carta de Jung, de 27.10.1913, que continha a explicação de sua renúncia como editor do *Jahrbuch für psychoanalytische und psychopathologische Forschungen*. Dez anos depois, Jung escreveu ainda uma vez a Freud (1923), recomendando-lhe um paciente.

Quando Jung autorizou a publicação das cartas, excluiu as cartas dele a Freud. Em combinação com os arquivos de Sigmund Freud, Nova York, determinou para a publicação dessa troca de correspondência um prazo de 30 anos após sua morte, depois reduzido para 20 anos. Numa carta a Gerhard Adler (24.05.1956) escreveu: "Justifica-se um tratamento especial a esta correspondência porque se trata em parte de coisas bem pessoais, ao passo que as cartas que os senhores pretendem publicar abordam questões científicas. Enquanto permanecem altas as ondas da hostilidade, acho inoportuno divulgar estes assuntos pessoais. Até a data por mim estipulada, tanto eu quanto Freud seremos personalidades 'históricas' e até lá deverá ter sido alcançada a necessária isenção de ânimo em relação aos acontecimentos". Mas um novo acordo foi feito. Em 1970, encontraram-se em Londres os dois filhos dos dois grandes pesquisadores, Franz Jung e Ernst Freud, e concordaram amigavelmente em publicar de imediato a correspondência dos pais. Seria publicada neste ano ou no ano seguinte – portanto oito anos antes do término do prazo estabelecido – a edição inglesa pela Princeton University Press e a edição alemã pela S. Fischer-Verlag, Frankfurt no Meno.

Uma primeira seleção que poderia ser considerada para eventual publicação abrangia em torno de 1.600 cartas. Mas havia entre elas cartas de acertos comerciais com editores, entendimentos quanto a visitas e consultas, prescrições médicas que estavam sujeitas ao dever da discrição, cartas particulares e grande número de cartas rotineiras. Necessário se fazia uma seleção mais apurada. Nosso critério foi examinar em cada caso se o conteúdo contribuía para a compreensão do pensamento de Jung ou de sua personalidade. Somente em 1970 chegou-se a uma seleção definitiva. Com raras exceções, as cartas da edição inglesa e alemã são as mesmas.

Em nossa seleção nem sempre foi possível evitar algumas repetições e intersecções. Isto, porém, não é de todo lamentável, pois mostra o que mais preocupava Jung e, além disso, lança uma luz sobre seu posicionamento no mundo intelectual de sua época. Sem considerar as queixas em quase todas as cartas de ter muito trabalho e muita correspondência a pôr em dia, e sem considerar algumas histórias preferidas, encontramos repetições sobretudo nas cartas que tratam da limitação gnoseológica de sua psicologia da religião. Era preocupação constante dele que seus métodos empíricos fossem entendidos como tais, tornar bem clara a diferença entre o seu ponto de vista psicológico e o ponto de vista filosófico-teológico e, assim, desfazer a falsa ideia, amplamente difundida, de uma identificação de Deus com a imagem de Deus. Estes foram alguns temas aos quais voltava sempre de novo, às vezes com grande paciência e às vezes visivelmente irritado.

Enquanto possível, as cartas são publicadas integralmente, não se levando em consideração portanto que possa haver contradições ou algo que possa ser considerado deslize ou julgamento errôneo. Mas o princípio da integralidade não pôde ser respeitado em todos os casos. Jung era médico, psiquiatra e psicoterapeuta, por isso muita coisa permanece ainda hoje sujeita ao segredo profissional. Estas passagens tinham de ser eliminadas. Certo número de cartas nos foram enviadas pelos destinatários já abreviadas. Um motivo de eliminação de certas frases foi o fato de não se poder reconstituir o sentido delas, seja por se referirem a alguma conversa do passado ou a uma correspondência anterior não mais encontrada. Os manuscritos que recebia em grande número para sua opinião tinham de ser devolvidos ao remetente logo após sua leitura; por isso encontramos em algumas cartas passagens que não mais se podiam entender. Estas frases foram eliminadas e, como as demais supressões, foram indicadas por [...]. Às vezes foram substituídos certos nomes por X, Y etc. e alguns destinatários – por desejo deles mesmos – foram chamados de "destinatário não identificado". Na maioria desses casos o nome da pessoa foi substituído por *N*. As complementações introduzidas pela editora aparecem entre parênteses.

Como resposta aos anúncios em jornais, já mencionados, e após conhecido amplamente o plano de edição das cartas, recebemos grande número de cartas do mundo inteiro, enviadas pelos próprios destinatários ou por seus herdeiros, algumas em seu original, outras em fotocópia e outras ainda transcritas em máquina de datilografia. Quanto às cartas ditadas por Jung, usamos em geral as cópias datilografadas do arquivo. Elas encontram-se ainda hoje no arquivo da casa de C.G. Jung em Küsnacht-Zurique, onde mora atualmente seu filho Franz com sua família. Na utilização dessas cópias foi preciso levar em conta algum limite de fidelidade original: antes de assinar as cartas, Jung costumava lê-las com atenção, fazendo às vezes correções e introduzindo observações feitas a mão. Em geral estas alterações foram transpostas para a cópia do arquivo, mas não se pode excluir a suposição de que isso às vezes não tenha acontecido, sobretudo quando as cartas eram remetidas de sua casa de veraneio em Bollingen.

Solicitou-se, enquanto foi possível, a todos os destinatários das cartas posteriores a 1930 que autorizassem a publicação. Felizmente foi ínfimo o número que não pôde conceder a autorização. Na grande maioria dos casos a resposta foi positiva, e os destinatários se prontificaram gentilmente a colaborar no caso de haver qualquer dúvida ou outra dificuldade. Queremos, por isso, agradecer aqui mais uma vez esta generosidade. Outra dificuldade surgiu com a autorização por parte dos destinatários para publicar os sonhos e outro material bem pessoal que aparece nas notas. Dado que muitas cartas haviam sido escritas há dezenas de anos, era de se esperar que muitas de nossas solicitações viessem devolvidas pelo correio como "destinatário não encontrado". Nestes casos a editora assumiu a responsabilidade da publicação. É compreensível que a maioria dos alunos e analisandos de Jung não autorizassem a publicação das cartas de caráter pessoal que haviam recebido; achavam que era ainda muito cedo. Exceções constituem as cartas dirigidas à Dra. Jolande Jacobi, certo número de "destinatários não identificados", "destinatárias não identificadas" e dirigidas a mim[3].

Kurt Niehus-Jung, genro de C.G. Jung, após examinar as cartas selecionadas para publicação, deu o "placet" em nome dos herdeiros de C.G. Jung.

Poucas cartas não puderam ser incluídas nestes volumes devido à sua extensão e à dificuldade de compreensão de seu conteúdo muito específico. Elas encontram-se no volume XVIII das *Obras Completas*. Este é o caso, por exemplo, da longa correspondência enviada aos teólogos ingleses H.L. Philp e David Cox, que está parcialmente no livro de Philp, *Jung and the Problem of Evil*, Londres 1958; ou ainda o caso da correspondência com o Prof. Markus Fierz sobre questões matemáticas da sincronicidade.

Visto que Jung falava e escrevia um inglês bastante característico e nem sempre bem correto – sobretudo nos últimos anos – e visto que o ditado de cartas mais difíceis em língua estrangeira lhe dava muito trabalho, o que se manifestou também na forma estilística, a tradução dessas cartas não foi tarefa fácil. Há muitas passagens obscuras, de difícil compreensão até mesmo para os ingleses, e por isso a sequência do pensamento é menos clara do que nas cartas que escreveu em alemão. O tradutor das obras de Jung para o inglês, Richard F.C. Hull, de Palma-Majorca, introduziu algumas correções linguísticas na edição inglesa, mas sempre conservando cuidadosamente o estilo de Jung. Este tipo de correção era hábito de Jung, pois jamais permitia que fosse impresso sem prévia revisão um manuscrito escrito em inglês. Para a tradução utilizei as cartas em inglês já com uma primeira correção. Mais tarde mostrou-se necessária alguma leve melhoria adicional.

---

3. Segundo relato de Marianne Niehus-Jung, as cartas que Jung escreveu à sua colaboradora de longos anos Toni Wolff, e que lhe foram devolvidas após a morte dela em 1953, ele as destruiu juntamente com as que ela lhe escrevera.

Parte das cartas em francês foi revista estilisticamente pelo neto de Jung, André Baumann, em Schaffhausen, antes de sua tradução.

A princípio pensava-se em publicar as cartas em sua forma original, portanto nas três línguas, e acrescentar a tradução num apêndice. Mas esta solução aumentaria muito o volume e a obra ficaria muito cara. Resolveu, por isso, a casa editora, com anuência da família Jung, publicar as cartas estrangeiras só na tradução alemã. Algumas introduções e conclusões, por serem quase intraduzíveis, foram mantidas no original inglês ou francês.

Jung pertenceu a uma geração que escrevia com a ortografia já em desuso. Essas grafias, que aparecem em suas cartas manuscritas, foram atualizadas e igualadas à grafia usada nas cartas datilografadas. Em algumas sequências muito longas de pensamento foram introduzidos parágrafos.

Um dos grandes problemas foi a inclusão de notas – demais ou de menos – que só pôde ser resolvido em parte. Infelizmente algumas coisas tiveram que ficar inexplicadas. Uma vez que as cartas de Jung eram respostas em grande parte a pessoas desconhecidas que por qualquer razão lhe haviam escrito, faltam às vezes os dados biográficos do destinatário. Não foi possível consegui-los. As cartas enviadas pelos destinatários, enquanto necessárias para compreender o conteúdo da resposta de Jung, foram resumidas numa nota. Exceção constituem três cartas de Hermann Hesse e uma de Sir Herbert Read, que são reproduzidas por extenso. As notas referentes ao mesmo tema encontram-se em geral só na primeira menção. As referências que faltam são indicadas nos respectivos índices de cada volume.

Comecei em 1968 a dar a forma definitiva à edição alemã. Mas, desde o começo, trabalhei em conjunto com Gerhard Adler, de modo que, após o término de nossa tarefa, um período de mais de dez anos de agradável colaboração, podemos olhar para trás com satisfação. Nosso diálogo constante e intenso entre Londres e Zurique foi complementado frutuosamente quando se associavam a nós o tradutor Richard F.C. Hull e o editor – ainda que raramente – da Princeton, William McGuire. Chegados ao fim da caminhada, estamos repletos de gratas recordações por esse trabalho belo e enriquecedor, mas também difícil.

Em março de 1965 faleceu Marianne Niehus-Jung. Com ela perdemos uma colaboradora prestimosa que sempre nos ajudou com seus conselhos e seus conhecimentos, oferecendo-nos um apoio inestimável. Fez-nos muita falta nesses anos após sua morte. Lembramo-nos dela com muita gratidão.

Meu agradecimento se estende também a todos que me auxiliaram, seja pelo interesse com que acompanharam a publicação dos volumes, seja por conselhos e indicações concretas. São tantos os nomes que não é possível citá-los todos. Gostaria de mencionar apenas os antigos colaboradores da editora Rascher, de Zurique: Sra.

Emmy Poggensee e o casal Helmut e Irene Wieser, Sra. Dra. Irene Mannheimer que traduziu as passagens gregas e latinas e o Sr. Candid Berz que preparou o índice. Agradeço as correções e sugestões da Sra. Cornelia Brunner, da Dra. Violet de Laszlo e de Richard F.C. Hull, aos quais submeti algumas cartas por mim traduzidas. Também agradeço ao Sr. Klaus Thiele-Dohrmann algumas sugestões de tradução. Gratidão merecem todos aqueles que colaboraram financeiramente para diminuir o preço de venda dos três volumes. Além de outras pessoas anônimas, menciono Mr. Fowler McCormick, Mrs. Alice Lewisohn Crowley, o Fundo de Fomento à Psicologia e Ciências Afins, da ETH de Zurique, e o Clube de Psicologia de Zurique. Mas agradeço sobretudo aos destinatários das cartas de Jung que, por sua desprendida doação e autorização, tornaram possível esta edição.

Zurique, outubro de 1971.

Aniela Jaffé

Quadro cronológico

1875	Nasceu em 26 de julho em Kesswil (no Cantão de Thurgau). Pais: Johann Paul Achilles Jung (1842-1896), pastor, e Emilie, de sobrenome Preiswerk (1848-1923).
1879	Mudança da família Jung para Kleinhüningen na Basileia.
1884	Nascimento da irmã Gertrud, falecida em 1935.
1895-1900	Estudos de medicina na Basileia e formatura.
1900	Decisão de dedicar-se à psiquiatria. Segundo assistente no sanatório cantonal "Burghölzli", Zurique, sob a direção do Prof. Eugen Bleuler.
1902	Primeiro assistente em "Burghölzli". Dissertação: "Sobre a psicologia e a patologia dos fenômenos chamados ocultos" (em OC, vol. I).
1902-1903	(Semestre de inverno) Estudos sobre psicopatologia teórica no hospital de Salpêtrière, Paris, sob a direção de Pierre Janet.
1903	Casamento com Emma Rauschenbach (1882-1955), em Schaffhausen. Um filho e quatro filhas.
1903-1905	Médico voluntário na clínica psiquiátrica de Zurique. Estudos experimentais sobre associações de palavras em pessoas normais e patológicas. Publicações sobre isto em OC, vol. II.
1905-1909	Médico-chefe da clínica. Diretor de cursos policlínicos sobre terapia hipnótica. Pesquisas sobre a psicologia da *dementia praecox* (esquizofrenia), publicadas em *A psicologia da dementia praecox: um ensaio*, 1907, em OC, vol. III.
1905	Livre-docente na Faculdade de Medicina da Universidade de Zurique. Preleções sobre psiconeuroses e psicologia.
1906	Toma conhecimento dos escritos de Freud.
1907	(março) Primeiro encontro com Freud em Viena.
1908	Participação no Primeiro Congresso Internacional de Psicanálise, em Salzburgo. Constrói sua casa em Küsnacht-Zurique.
1909	Início de intensos estudos sobre mitologia. Jung deixa a clínica devido à sobrecarga com seu consultório em Küsnacht. Viagem com Freud aos Estados Unidos da América; ali faz conferências na Clark University, Worcester, Mass., sobre o método da associação. Recebeu o título de Dr. iur. h.c. Redator até 1913 do periódico *Jahrbuch für psychologische und psychopathologische Forschungen*, editado por Bleuler e Freud, Leipzig e Viena.

1910	Participação no Segundo Congresso Internacional de Psicanálise, em Nürnberg. Presidente da recém-fundada "Sociedade Internacional de Psicanálise".
1912	*Transformações e símbolos da libido* (reelaborado com o novo título de *Símbolos da transformação*, 1952, OC, vol. V). Conferências sobre teoria psicanalítica (em OC, vol. IV) na Fordham University, Nova York.
1913	Rompimento com Freud e com o movimento psicanalítico. Denominação de sua psicologia como "Psicologia Analítica". Jung deixa a livre-docência na Universidade de Zurique. Preocupação com suas próprias experiências do inconsciente numa fase de introversão, até 1919.
1914	Renúncia à presidência da "Sociedade Internacional de Psicanálise".
1916	*Septem Sermones ad Mortuos* (em *Memórias, sonhos e reflexões*). Primeira descrição da "imaginação ativa", em "A função transcendente" (em OC, vol. VIII). Emprego pela primeira vez dos conceitos de inconsciente pessoal e coletivo, anima, animus, si-mesmo e individuação, em "A estrutura do inconsciente" (em OC, vol. VII, apêndice), texto mais tarde reelaborado e ampliado para *O eu e o inconsciente* (em OC, vol. VII).
1917	"A psicologia dos processos inconscientes", mais tarde reelaborado e ampliado para *Psicologia do inconsciente* (em OC, vol. VII).
1918	Início dos estudos sobre escritos gnósticos.
1918-1919	Serviço militar como capitão-médico em campos de concentração ingleses, em Château-d'Oex. Emprego pela primeira vez do conceito "arquétipo", em "Instinto e inconsciente" (em OC, vol. VIII) em vez do conceito anteriormente empregado de "dominantes do inconsciente coletivo" e – seguindo Jacob Burckhard – de "imagens primitivas".
1920	Viagem a Túnis e Argélia.
1921	*Tipos psicológicos* (OC, vol. VI).
1922	Compra de um terreno em Bollingen no lago superior de Zurique. Começo da construção de sua casa de veraneio, a "Torre".
1923	Morte da mãe. Richard Wilhelm fala sobre o *I Ching* no Clube de Psicologia de Zurique.
1924-1925	Viagem de estudos aos índios Pueblo no Arizona e no Novo México, EUA.
1925	Visita à exposição internacional de Wembley, Londres. Primeiro seminário em inglês no Clube de Psicologia de Zurique.
1925-1926	Viagem de estudos ao Quênia e Uganda.
1928	*O eu e o inconsciente* (em OC, vol. VII), *A energia psíquica* (em OC, vol. VIII). Primeiro encontro com a alquimia através do início da colaboração com Richard Wilhelm no texto chinês de *O segredo da flor de ouro*. Publicação conjunta desse título em 1929. (O comentário europeu de Jung está em OC, vol. XIII.)
1928-1930	Seminários em inglês sobre "Interpretation of Dreams" no Clube de Psicologia de Zurique.

1930	Vice-presidente da "Sociedade Médica Geral de Psicoterapia", sob a presidência do Prof. Ernst Kretschmer.
1930-1934	Seminários em inglês sobre "Interpretation of Visions" no Clube de Psicologia de Zurique.
1932	Prêmio de literatura da cidade de Zurique.
1933	Presidente da "Sociedade Médica Geral de Psicoterapia". Início das conferências na Eidgenössischen Technischen Hochschule, Zurique, sobre "psicologia moderna". Primeira conferência no Eranos-Tagung, em Ascona: "Sobre a empiria do processo de individuação" (em OC, vol. IX/1).
1934	Fundador e presidente da "Sociedade Médica Geral e Internacional de Psicoterapia". Editor de *Zentralblatt für Psychotherapie und ihre Grenzgebiete*, Leipzig, até 1939. Segunda conferência no Eranos-Tagung: "Os arquétipos do inconsciente coletivo" (em OC, vol. IX/1).
1934-1939	Seminários em inglês sobre "Psychological Aspects of Nietzsche's Zarathustra" no Clube de Psicologia de Zurique.
1935	Nomeação para professor titular na Eidgenössischen Technischen Hochschule, Zurique. Conferência-Eranos: "Símbolos oníricos do processo de individuação", mais tarde ampliada como capítulo 2 de *Psicologia e alquimia* (OC, vol. XII). Preleções no Institute of Medical Psychology, Londres (Tavistock Lectures): *Fundamentos de psicologia analítica* (em OC, vol. XVIII).
1936	Dr. *honoris causa* pela Universidade de Harvard, Cambridge, Mass. Conferência-Eranos: "As ideias de salvação na alquimia", mais tarde como capítulo 3 de *Psicologia e alquimia* (OC, vol. XII). "Wotan" (em OC, vol. X).
1937	Conferências na Yale University, New Haven, Conn., sobre "Psychology and Religion" (Terry Lectures): *Psicologia e religião* (em OC, vol. XI). Conferência-Eranos: "As visões de Zósimo" (em OC, vol. XIII).
1938	Viagem à Índia a convite do British Government of India para o 25º aniversário da Universidade de Calcutá. Recebeu o título de Dr. *honoris causa* da Universidade de Calcutá, da Universidade Indiana de Benares e da Universidade Muçulmana de Allahabad. Conferência-Eranos: "Aspectos psicológicos do arquétipo-mãe" (em OC, vol. IX/1). Participação no "International Medical Congress for Psychotherapy", Oxford, recebendo o título de doutor *honoris causa*.
1939	Conferência-Eranos: "Sobre o renascimento" (em OC, vol. IX/1).
1940	Conferência-Eranos: "Tentativa de uma interpretação psicológica do dogma da Trindade" (em OC, vol. XI).
1941	Juntamente com o Prof. Karl Kerényi: *Introdução à natureza da mitologia*; as colaborações de Jung estão em OC, vol. IX/1). Conferência-Eranos: "O símbolo da transformação na missa" (em OC, vol. XI).
1942	*Paracelsica* (ensaios esparsos em OC, vol. XIII e XV). Demissão como professor da Eidgenössischen Technischen Hochschule, Zurique. Conferência-Eranos: "O espírito de Mercúrio" (em OC, vol. XIII).

1943	*A psicologia do inconsciente* (em OC, vol. VII). Membro honorário da Academia Suíça de Ciências.
1944	Nomeação para professor catedrático de psicologia médica na Universidade de Basileia. Afastamento no mesmo ano devido a grave enfermidade. *Psicologia e alquimia* (OC, vol. XII).
1945	Doutor *honoris causa* pela Universidade de Genebra, por ocasião de seu 70º aniversário. Conferência-Eranos: "Sobre a psicologia do espírito", sob o título de "Sobre a fenomenologia do espírito nos contos de fada", em OC, vol. IX/1.
1946	*Psicologia e educação* (ensaios esparsos em OC, vol. XVII). *Ensaios sobre história contemporânea* (ensaios esparsos em OC, vol. X e XVI). *A psicologia da transferência* (em OC, vol. XVI). Conferência-Eranos: "O espírito da psicologia", ampliado sob o título "Considerações teóricas sobre a natureza do psíquico" (em OC, vol. VIII).
1948	Inauguração do Instituto C.G. Jung. *O simbolismo do espírito* (ensaios esparsos em OC, vol. IX/1, XI, XIII). Conferência-Eranos: "Sobre o si-mesmo" (mais tarde como capítulo 4 de *Aion*, 1951, OC, vol. IX/2).
1950	*Configurações do inconsciente* (ensaios esparsos em OC, vol. IX/1 e XV).
1951	*Aion*. Conferência-Eranos: "Sobre sincronicidade" (ampliada sob o título "Sincronicidade: um princípio de conexões acausais" (em OC, vol. VIII); 1952, em Jung-Pauli, Naturerklärung und Psyche e em OC, vol. VIII).
1952	*Símbolos da transformação* (edição ampliada e reelaborada de *Transformações e símbolos da libido*, 1912), OC, vol. V. Novamente grave doença. *Resposta a Jó* (em OC, vol. XI).
1953	Começo da edição de *Collected Works* (edição inglesa das Obras Completas), Bollingen Series, Nova York.
1954	*Sobre as raízes da consciência* (ensaios esparsos em OC, vol. VIII, IX/1, XI, XIII).
1955	Doutor *honoris causa* em ciências naturais pela Eidgenössischen Technischen Hochschule, Zurique. *Mysterium coniunctionis*, 2 vols. (OC, vol. XIV). 27 de novembro: falecimento de sua esposa.
1957	Começo do trabalho de *Memórias, sonhos e reflexões*, em colaboração com Aniela Jaffé. Ano da publicação: 1962. *Presente e futuro* (em OC, vol. X).
1958	*Um mito moderno: sobre coisas vistas no céu* (em OC, vol. X).
1960	Publicação do primeiro volume das Obras Completas em alemão (vol. XVI: *A prática da psicoterapia*). Cidadão honorário de Küsnacht-Zurique por ocasião de seu 85º aniversário.
1961	"Approaching the Unconscious" (O acesso ao inconsciente), em *Der Mensch und seine Symbole* (A pessoa humana e seus símbolos), 1968. Em 6 de junho, após curto período de doença, falece em sua casa em Küsnacht.

CARTAS
1906-1945

Ao Prof. Sigmund Freud[1]

Burghölzli-Zurique, 05.10.1906

Prezado Professor Freud,

Queira receber meus sinceros agradecimentos pela gentil remessa[2]. A coletânea de seus escritos menores deverá ser muito bem-aceita por todos que desejam penetrar rápida e profundamente nos seus pontos de vista. Espero que sua comunidade científica aumente sempre mais no futuro, apesar dos ataques de *Aschaffenburg*[3], com o apoio de autoridades às suas teorias e, quase diria, à sua pessoa. O lamentável desses ataques é que, segundo o meu modo de ver, Aschaffenburg se ateve a exterioridades, ao passo que os méritos de sua teoria residem no campo psicológico que os psiquiatras e psicólogos da linha moderna pouco dominam. Mantive há pouco uma intensa troca de cartas com Aschaffenburg[4], em que defendi o ponto de vista acima, com o qual o senhor, digníssimo professor, talvez não concorde de todo. O que posso aquilatar e o que nos intrigou sob o aspecto psicopatológico são os seus pontos de vista psicológicos, enquanto a terapia e gênese da histeria ainda estão longe de minha compreensão, dado que o nosso material sobre histeria ainda é bem escasso; isto é, sua terapia parece basear-se não só nas emoções da abreação, mas também em certos relacionamentos pessoais, enquanto para mim a gênese da histeria parece ser sobretudo sexual, mas não exclusivamente. A mesma opinião defendo em relação à sua teoria sexual. Enquanto Aschaffenburg se preocupa exclusivamente com essas questões teóricas e delicadas, esquece o principal, isto é, a psicologia que o senhor defende, da qual a psiquiatria ainda vai tirar enorme proveito. Espero poder enviar-lhe em breve um pequeno livro no qual abordo a *dementia praecox* e sua psicologia a partir do ponto de vista do senhor[5]. Nele publico também o primeiro caso em que chamei a atenção de Bleuler[6] para a existência dos princípios do senhor que naquele tempo tinham, por parte dele, a maior resistência. Mas, como o senhor sabe, Bleuler está agora totalmente convertido.

Com especial consideração e muito agradecido,
atenciosamente
C.G. Jung

1. Sigmund Freud, 1856-1939, neurologista austríaco, fundador da psicanálise. Cf. os escritos de Jung: "A divergência entre Freud e Jung", em *Seelenprobleme der Gegenwart* e em Obras Completas vol. IV; "Sigmund Freud, um fenômeno histórico-cultural", em *Wirklichkeit der Seele*, 1932 e em Obras Completas vol. XV; "Sigmund Freud", in memoriam, em *Basler Nachrichten*, 1° de outubro de 1929, e em Obras Completas vol. XV; e o capítulo "Sigmund Freud", em *Memórias*.
2. Freud havia mandado a Jung o primeiro volume de seu *Sammlung kleiner Schriften zur Neurosenlehre*, 1905. Cf. também o capítulo "Sigmund Freud", em *Memórias*.
3. Gustav Aschaffenburg, 1866-1944, professor de psiquiatria e neurologia na Alemanha e, depois, nos Estados Unidos. Sobre os ataques de Aschaffenburg contra Freud, cf. Ernest Jones, *Das Leben und Werk von Sigmund Freud*, II, Berna e Stuttgart, 1962, p. 139s. Jung respondeu com o artigo "A

teoria de Freud sobre a histeria. Resposta à crítica de Aschaffenburg", em *Münchner medizinische Wochenschrift*, LIII, Munique, 1906 (em Obras Completas vol. IV).
4. A correspondência entre Jung e Aschaffenburg não foi localizada até hoje.
5. "A psicologia da *dementia praecox*: um ensaio", Halle, 1907 (em Obras Completas vol. III). A leitura do livro "que fará história no campo da psiquiatria" (Jones, *Sigmund Freud*, II, p. 47) levou Freud a convidar Jung para ir a Viena. Esta primeira visita de Jung a Freud aconteceu em 1907. Cf. *Memórias*.
6. Eugen Bleuler, 1857-1939. Professor de psiquiatria na Universidade de Zurique, diretor da clínica de doentes mentais Burghölzli de Zurique, onde Jung começou sua carreira médica em 1900. Eugen Bleuler era um dos psiquiatras mais famosos de sua época, por isso era de grande importância para o movimento psicanalítico a "conversão" dele para os pontos de vista de Freud. Sua ligação com Freud durou até 1911. Cf. Carta a Freud, de 17.06.1910, nota 5 e 6.

As cartas de Jung a Freud foram publicadas neste volume com a gentil autorização da S. Fischer Verlag, Frankfurt no Meno.

Ao Dr. Karl Abraham[1]
Berlim

Burghölzli-Zurique, 03.01.1908

Prezado colega,

Antes de mais nada, os meus melhores votos de um feliz ano-novo. Queira desculpar o fato de que até agora não reagi aos seus sinais de vida. Sofro ainda da falta de tempo por não ter um assistente em meu trabalho. Ouvi dizer que a sua práxis teve um início promissor. Desejo que tenha uma feliz continuidade. Provavelmente lhe interesse saber, não só do ponto de vista teórico, mas também prático, que o jovem Binswanger[2] publicará em breve um pequeno livro sobre análise das histerias[3], contendo um prefácio do velho Binswanger[4]. Isto vai abrir uma cratera na oposição alemã e abalar um pouco os preconceitos. O jovem Binswanger esteve ontem aqui e contou-nos tudo sobre o andamento da questão *Freud* em Jena. Estou novamente envolvido com uma análise de histeria de uma paciente com graves estados crepusculares, o que levará de oito a dez dias. Até agora a análise faz progressos consideráveis. Raras vezes se apresentou a mim a "beleza" da neurose como na análise dessa paciente. A construção e o desenrolar dos sonhos são de rara beleza estética. A análise é bastante cansativa; são duas a três horas de trabalho duro por dia. Mas é um trabalho confortador, de modo que só posso constatar com uma certa satisfação maliciosa que todos os que se opõem a Freud não conseguem desfrutar do espetáculo dessas coisas.

A ideia de um encontro freudiano em Salzburgo[5] partiu do pessoal de Budapeste[6]. Mandarei em breve ao senhor uma circular com as propostas da data e da duração. O lugar deve ser mesmo Salzburgo.

Minha esposa me deu de presente no Natal uma bela fotografia de Freud, 12x 20 cm. O senhor estaria interessado numa cópia?

Não sei se Bleuler também irá a Salzburgo[7]. Vai depender de sua consciência permitir que confie a clínica por três dias ao Dr. Meier[8]. Eu gostaria muito de ouvi-lo em Berlim. Sua conferência será de qualquer forma um modelo de solidez. Ele já possui agora uma série de pontos de vista sutis.

Com minhas saudações, e recomendações à sua esposa,

atenciosamente

Jung

1. Dr. med. Karl Abraham, 1877-1925, psiquiatra e médico-assistente em Burghölzli de 1904-1907. Pertencia ao primeiro grupo de discípulos de Freud e fundou a Sociedade Psicanalítica de Berlim em 1910. Cf. Sigmund Freud e Karl Abraham, *Briefe 1907-1926*, Frankfurt no Meno, 1965.
2. Dr. Ludwig Binswanger, 1881-1966, psiquiatra. Como aluno de Jung, participou dos experimentos de associação que foram realizados no Burghölzli. Cf. seu artigo "Über das Verhalten des psychogalvanischen Phänomens beim Assoziationsexperiment", 1907-1908, um dos doze *Estudos diagnósticos das associações* que foram publicados, de 1904 a 1910, por Jung, Bleuler e seus colaboradores. Em 1910 Binswanger tornou-se o primeiro presidente do grupo suíço da "Associação Psicanalítica Internacional". Mais tarde foi um dos fundadores da análise existencial (Daseinsanalyse), ligada à filosofia de Heidegger, e por longos anos diretor do sanatório Bellevue em Kreuzlingen. Cf. Jones, *Sigmund Freud*, II, p. 49.
3. Ludwig Binswanger, "Versuch einer Hysterieanalyse", separata do *Jahrbuch für psychoanalytische und psychopathologische Forschungen*, vol. I, Leipzig e Viena, 1909.
4. Conselheiro Prof. Dr. Otto Binswanger, 1852-1929 (tio de Ludwig Binswanger), psiquiatra em Jena, autor do livro *Die Hysterie*, Viena, 1904, que naquela época era considerada a melhor obra sobre o assunto.
5. Em abril de 1905 realizou-se em Salzburgo o primeiro "Congresso Psicanalítico Internacional". Jung deu uma palestra sobre "Dementia praecox". O manuscrito não foi conservado; era provavelmente um resumo de seu livro sobre o mesmo assunto.
6. Trata-se dos psicanalistas Dr. Sandor Ferenczi e Dr. F. Stein.
7. Bleuler participou do Congresso.
8. Dr. Hans Meier, 1882-1945, primeiro assistente do Prof. Bleuler no Burghölzli, Zurique. Mais tarde, professor de psiquiatria em Zurique e diretor do Burghölzli (1928-1941).

Esta carta, bem como a de 30.01.1908 ao Dr. Karl Abraham, foram generosamente cedidas por sua filha Hilda C. Abraham, Londres.

Ao Dr. Karl Abraham
Berlim

Burghölzli-Zurique, 30.01.1908

Prezado colega,

Soube com satisfação, através de sua última carta, que o senhor não só estará presente em Salzburgo, como também nos alegrará com uma conferência[1]. Peço que seja breve, isto é, em torno de 20 minutos, pois temos de arrumar um espaço para a conferência de Freud. Vou colocar no programa que o tempo de sua conferência será de 20 minutos. Até agora temos confirmadas 4 conferências, sendo uma do Dr. Jones, de Londres[2]: "Rationalism in Everyday Life".

Li com tristeza a discussão que aconteceu em Berlim a respeito de Freud. Até mesmo o método de Breuer[3]-Freud quiseram roubar. Não é mais do que uma farça ridícula e baixeza vil quando Bezzola[4] afirma ter um método novo. Tudo isso Freud já colocou em prática, só que com menos máscaras e menos embustes sugestivos, mas com muito mais acuidade. É lamentável que Juliusburger[5], um homem honrado, não perceba o dolo. Não poderia o senhor abrir-lhe um pouco os olhos? A posição de Liepmann[6] na discussão foi – como se poderia dizer? Talvez o senhor tenha uma boa expressão berlinense para isso, pois lá deve haver mais pessoas desse tipo. Evidentemente, *Freud* foi atingido por essa discussão – ele foi mencionado e recebeu algumas farpas por parte da mesa diretora. Um homem de méritos modestos como Freud pode sentir-se farto com isso.

O senhor sabe que Bezzola chamou Freud de "porco psicológico". Para preservar a sensibilidade moral desse senhor, não o convidei para Salzburgo. Mas talvez Juliusburger, que evidentemente não conhece ainda toda a situação, se interesse por este nosso encontro. Infelizmente não sei até que ponto ele foi imunizado por Bezzola com injeções de antifreudismo para uma compreensão mais profunda. Talvez o senhor possa sondá-lo, pressuposto que o senhor o conheça mais de perto. Não gostaria de enviar-lhe diretamente um convite.

Se o senhor quiser, o nosso fotógrafo suíço poderá remeter-lhe a fotografia[7] ao preço de 10 francos. É uma ampliação do meu pequeno e excelente instantâneo que é uma maravilha. É a melhor fotografia que já vi de Freud.

Seria formidável se o senhor encontrasse em Berlim alguns outros participantes para o congresso, contanto que sejam pessoas interessadas em Freud. Peço que deixe bem claro que se trata de uma iniciativa de cunho privado.

Com os melhores votos de feliz progresso em sua práxis, e respeitosas saudações à sua esposa.

Atenciosamente

Jung

1. Abraham falou sobre "Die psychosexuellen Unterschiede zwischen Hysterie und Dementia Praecox".
2. Trata-se do psicanalista e biógrafo de Freud, Dr. Ernest Jones. Cf. carta a Jones, de 22.02.1952, nota 1.
3. Dr. Josef Breuer, 1842-1925, psiquiatra, criador do chamado "método catártico", publicou com Freud *Studien über Hysterie*, 1895. Não podendo concordar com a fundamentação sexual que Freud atribuía às neuroses, rompeu com ele mais tarde.
4. Bezzola era um dos autores que se opunham à psicologia de Freud. Cf. Jones, *Sigmund Freud*, II, p. 283: "Alguns autores – entre eles principalmente Bezzola – concluíram que a uma análise deveria seguir logicamente uma síntese, uma exigência que fazem ainda hoje alguns mal-informados. Freud repudiava veementemente esta opinião".

5. Dr. med. Otto Juliusburger, psiquiatra de Berlim, durante algum tempo foi membro da Sociedade Psicanalítica de Berlim.
6. Prof. Hugo Karl Liepmann, 1863-1925, neurologista e anatomista cerebral na Universidade de Berlim.
7. Cf. a carta a Abraham, de 03.01.1908.

Ao Dr. Sandor Ferenczi[1]

Burghölzli-Zurique, 06.01.1909

Prezado colega,

Conforme seu desejo, vou escrever imediatamente ao Dr. Brodmann[2], para ver se ele quer publicar o seu artigo[3], ainda que eu já me tivesse alegrado por tê-lo incluído em nosso Jahrbuch 1909[4]. Espero que não deixe de colaborar conosco. Freud escreveu-me sobre os trabalhos do senhor com expressões elogiosas, de modo que tive de refrear um sentimento mesquinho de inveja com referência ao senhor, pois Freud nem sempre encontrou uma satisfação olímpica em alguns trabalhos meus. É sempre obra do destino que venha alguém depois que o faz melhor. Como vê, eu sublimo a concorrência para o nível da filosofia fatídica de tudo o que é terrestre. Se não conseguir êxito junto a Brodmann, encontrará um lugar tranquilo em nosso *Jahrbuch*; além disso, talvez Bresler[5] também se interesse, ou a *Allgemeine Zeitschrift für Psychiatrie*.

O senhor conhece o trabalho de Strohmayer[6]? É um projétil que acerta o alvo.

Saudações cordiais de seu amigo
Jung

1. Dr. med. Sandor Ferenczi, 1873-1933, íntimo colaborador e amigo de Freud, fundador da "Sociedade Psicanalítica da Hungria".
2. Dr. Brodmann era o editor de *Journal für Psychologie und Neurologie*.
3. Trata-se do artigo de Ferenczi "Introjektion und Übertragung". Foi publicado em *Jahrbuch für psychoanalytische und psychopathologische Forschungen*, vol. I, 2, Leipzig e Viena 1909.
4. No encontro de psicanalistas de Salzburgo, abril de 1908, foi resolvida a fundação do *Jahrbuch für psychoanalytische und psychopathologische Forschungen*. Os editores foram Bleuler e Freud, enquanto Jung era o redator. O primeiro volume apareceu em 1909. Após a ruptura com Freud, Jung deixou a redação (1914). Cf. Jones, *Sigmund Freud*, II, p. 63 e 132. Cf. carta a Maeder, de 29.10.1913.
5. Dr. med. Johannes Bresler, nascido em 1866, editor de *Psychiatrisch-Neurologischen Wochenschrift*, Halle; fundador e, juntamente com Freud, editor de *Zeitschrift für Religionspsychologie*, Halle.
6. Wilhelm Strohmeyer, "Über die ursächlichen Beziehungen der Sexualität zu Angst-und Zwangszuständen", in *Journal für Psychologie und Neurologie*, XII, 1908.

Ao Prof. Sigmund Freud

Burghölzli-Zurique, 02.04.1909/12.04.1909

Prezado Professor Freud,

O mal-estar, os pacientes e todas as demais tarefas cotidianas novamente me sufocaram e consumiram completamente esses dois primeiros dias. Agora volto aos poucos a respirar e a deleitar-me com a recordação dos dias que passei em Viena[1]. Espero que tenha recebido minha separata para a noite de quarta-feira[2].

12.04.

Após um intervalo, consigo finalmente continuar esta carta. Deduz-se desse intervalo que minha queixa acima foi precipitada, porque o final mais pesado vem sempre depois. Os piores dias já passaram. Durante os feriados da Páscoa, quando as outras pessoas vão passear, só consegui respirar um pouco num único dia. Mas no dia 15 de maio vou sem falta libertar-me e começarei minha viagem de bicicleta. De coisas teóricas não pude me ocupar em nada desde Viena. Mas, por outro lado, fiz muita coisa prática. Atualmente estou atormentado por um caso sem dúvida interessante. Certos sintomas beiram assustadoramente os limites orgânicos (tumor cerebral?), mas todos encobrem uma profundidade psicógena alarmante, de forma que a gente esquece toda precaução na análise. Neste caso ocorrem fenômenos estranhos de fantasmas, mas até agora só uma vez em minha presença. No mais, é um caso estranho e impressionante. A paciente é uma Sara assassina de homens, filha de Raquel.

O caso que lhe contei – "mau-olhado", impressão de paranoia – aparece assim: abandonada pelo último namorado; ele é uma pessoa totalmente patológica (*dem. praec.*[3]?); igualmente abandonada por um namorado anterior; este esteve inclusive por um ano num manicômio. Agora o esquema da infância: mal conheceu pai e mãe, por isso amou um irmão oito anos mais velho que ela que, aos 22 anos, adoeceu de catatonia. Confirma-se, portanto, o estereótipo da psicologia. O senhor disse que a paciente só *imita* uma *dem. praec.*; o modelo para isso foi encontrado.

Quando parti de Viena, tive alguns *sentiments d'incomplétude* devido à última noite que passei com o senhor. Tive a impressão de que minhas coisas espiritistas[4] lhe pareceram muito tolas e talvez desagradáveis por causa da analogia de Fliess[5] (loucura!). Mas há pouco a impressão que tive da paciente emocionou-me bastante. Minha esposa também ficou profundamente impressionada com aquilo que lhe contei. Tive a sensação de que havia ali ainda algum complexo bem especial, que é geral e que tem a ver com tendências prospectivas da pessoa[6]. Se existe uma psicanálise, deve haver também uma "psicossíntese" que cria coisas futuras segundo as mesmas leis. (Percebo que estou escrevendo com relativa fuga de ideias.) O salto para a psicossíntese ultrapassa a pessoa de minha paciente, cujo inconsciente se prepara precisamente agora e, ao que parece, de forma inevitável para um novo estereótipo, ao qual se acrescenta, como que de fora, tudo o que diz respeito ao complexo. (Daí a ideia do efeito objetivo da tendência prospectiva!) A última noite em que conversamos felizmente libertou-me internamente do sentimento opressivo de sua autoridade paterna[7]. Meu inconsciente comemorou esta impressão através de um grande sonho que me ocupou por alguns dias e cuja análise chegou agora ao final. Espero estar livre agora de todos os incômodos desnecessários. A causa que o senhor defende vai prosperar; isto me dizem minhas fantasias de gestação que o senhor teve oportunidade de perceber. Assim que voltar da Itália, começarei um trabalho positivo que será dedicado em primeiro lugar ao *Jahrbuch*. Espero que tenha tido boas férias de Páscoa e que, portanto, esteja muito bem.

O médico-chefe da clínica psiquiátrica da Universidade de Moscou, *M. Ossipow*[8], fez uma bela referência ao nosso trabalho. Parece que lá eles atuam na nossa linha.

Ouvi dizer que Abraham, juntamente com outros, publicou um "questionário psicanalítico"[9]. Talvez seja apenas boato!

Saudações cordiais do grato
Jung

1. Jung e sua esposa estiveram em Viena de 25 a 30 de março de 1909.
2. O grupo de Viena costumava reunir-se toda quarta-feira na antessala do consultório de Freud para discussões (cf. Jones, II, p. 21). A separata de Jung era provavelmente o texto *A importância do pai no destino do indivíduo*, Leipzig e Viena, 1909 (em OC, vol. IV) e partes do volume sobre *Estudos diagnósticos das associações*, Leipzig, 1909 (em OC, vol. II).
3. *Dem. praec.* é uma abreviação de *dementia praecox*, expressão criada pelo psiquiatra Emil Kraepelin e usual naquela época para designar a doença que Eugen Bleuler chamou mais tarde de esquizofrenia. Também ocorre às vezes nas cartas como *D. pr.* ou *Dem. pr.*
4. Cf. para isso *Memórias*, p. 159s. Durante sua visita a Freud, Jung pediu a opinião dele sobre a parapsicologia. Freud descartou toda esta problemática como tolice, o que deixou Jung chocado. Enquanto discutiam o assunto, ouviu-se um estalo no armário, cuja repetição Jung predisse. Freud retoma esse fato em sua carta a Jung, de 16.04.1909 (*Memórias*, p. 370s.). Jones não menciona este fato.
5. Wilhelm Fliess, 1858-1928, médico em Berlim, criador da teoria dos períodos, segundo a qual a vida da mulher transcorreria em ciclos de 28 dias e a do homem em ciclos de 21 dias. Durante vários anos foi muito amigo de Freud. Cf. E. Jones, "Die Fliess-Periode (1887-1902)", em *Sigmund Freud*, I, p. 377s.; e S. Freud, *Aus den Anfängen der Psychoanalyse, Briefe an W. Fliess*, Londres, 1950. Depois do desentendimento com Fliess, Freud adotou uma atitude bem crítica em relação ao trabalho científico de Fliess.
6. Já em sua dissertação sobre a concepção analítico-causal dos fatos psíquicos, Jung propôs uma concepção prospectivo-finalista. Cf. *Sobre a psicologia e patologia dos fenômenos chamados ocultos*, 1902 (em OC, vol. I).
7. Freud respondeu em 16.04.1909: "... É notável que na mesma noite em que o adotei formalmente como filho mais velho, em que o ungi como sucessor e príncipe herdeiro – *in partibus infidelium* –

o senhor me despojou da dignidade paterna; e este despojamento parece que lhe agradou tanto quanto a mim agradou a incorporação de sua pessoa" (*Memórias*, p. 370 do orig. al.).
8. M.E. Ossipow começou a tradução das obras de Freud para o russo e, em 1911, fundou em Moscou, juntamente com outros colegas, uma "Sociedade Psicanalítica da Rússia". Cf. Jones, *Sigmund Freud*, II, p. 98s. e III.
9. O "questionário psicanalítico" foi publicado por Dr. Magnus Hirschfeld, 1868-1935, um sexólogo de Berlim, juntamente com Dr. K. Abraham e com o psicanalista húngaro Dr. F. Stein.

Ao Prof. Auguste Forel[1]

Küsnacht-Zurique[2], 12.10.1909

Prezado Professor Forel,

Infelizmente sua carta de 26.08.1909 só chegou às minhas mãos agora, depois que voltei de minha viagem à América[3]. Explica-se assim minha demora em responder. Vejo naturalmente com simpatia o seu projeto de congregar todos os psicoterapeutas, mas duvido que nós, pessoas da escola de Freud, sejamos convidados bem-vindos na atual incompatibilidade dos opostos.

Com elevada estima,
C.G. Jung

1. Prof. Auguste Henri Forel, 1848-1931, psiquiatra, precursor de Eugen Bleuler no Burghölzli, Zurique. Entomólogo.
2. Em 1909, Jung construiu uma casa própria em Küsnacht-Zurique e para lá se mudou em junho. O endereço original era Seestrasse 1003, mas desde 1915 foi Seestrasse 228. A seguir indica-se o endereço de Jung só quando não escreveu de Küsnacht e quando menciona o lugar onde se encontra, o que aliás nem sempre aconteceu. Até 1912, Jung usou indistintamente a grafia antiga Küsnach e Küsnacht.
3. Jung fora convidado pela Clark University, Worcester (Mass.) para algumas conferências sobre os seus experimentos de associação. Como Freud havia recebido convite semelhante, os dois viajaram juntos de navio de Bremen. Cf. *Memórias*, p. 160s. e 363s.: "Cartas de Jung dos Estados Unidos à sua esposa". Cf. também Jones, *Sigmund Freud*, II, p. 54s., bem como o "Relato de Jung sobre a América", *Jahrbuch für psychoanalytische und psychopathologische Forschungen*, II, 1910, p. 737 (em OC, vol. XVIII). As três conferências de Jung "O método da associação" foram publicadas em primeiro lugar em *American Journal of Psychology* XXI, abril de 1910 (depois em OC, vol. II e XVII). Cf. também a carta a Payne, de 23.07.1949.

Esta carta foi publicada em August Forel, *Briefe. Correspondance. 1864-1927*, ed. por Hans W. Walser, Berna e Stuttgart, 1968.

Ao Dr. med. Sandor Ferenczi(?)[1]

06.12.1909

Prezado colega,

Em sua carta o senhor acertou em cheio. Estas são as coisas que estavam no ar. O senhor bem pode pensar que eu me senti muitas vezes um tolo por me ver forçado ao papel de usurpador em sua constelação. Eu não me sinto de forma alguma um usurpador, mas antes um operário que executa uma parte especial de trabalho. O fato de ser reconhecido ou não como "sucessor ao trono" às vezes me chateia e às vezes me alegra, ou vice-versa[2]. Desde que renunciei à carreira acadêmica[3], meu interesse pela ciência e pelos conhecimentos tornou-se mais puro e compensou abundantemente o prazer da valorização exterior. Minha maior preocupação é ver com clareza em matéria científica e trabalhar antecipadamente pela cultura do futuro e não pretender medir-me com Freud. Naturalmente disso se encarrega minha fantasia solta e sobretudo o inconsciente, mas isto deve ser assim e é a corrente subterrânea e necessária de toda criatividade. Eu acredito que, se conseguirmos colocar a obra acima de nós mesmos (se isto for possível em geral), nos libertaremos de uma série de inibições desnecessárias e exigências descabidas que provêm da ambição, da inveja e de outras espadas de dois gumes. O que se quer realmente? Em última análise é sempre *o* rei, mesmo que talvez só póstumo, que é ou era realmente o mais poderoso. Como sempre, é preciso abandonar-se confiante a essa lei da natureza, pois nada se pode fazer contra ela. A ambição é, em boa parte, a mesma coisa que o ciúme e, por isso, é paralisadora e fautora de absurdos. Já não vimos isso na mania americana de correr atrás de recordes? Com isso perde-se toda beleza; para a nossa ciência é uma perda perigosa que não se deve arriscar.

O senhor não quer traduzir os seus trabalhos para o alemão? Seriam certamente bem-aceitos por Bresler. O senhor promete alguma coisa para o *Jahrbuch* II, vol. 2? Congratulações pelos elogios de Freud!!![4]

Saudações cordiais,
Jung

1. Só existe uma cópia desta carta de Jung e sem indicação do destinatário; as palavras "prezado colega" são o único ponto de referência. O último parágrafo indica que o destinatário entende alemão, mas escreveu em outra língua; isto nos faz supor que se trate do Dr. Ferenczi. Além disso, Jung escreveu a Freud, em 14.12.1909, que respondeu a uma carta de Ferenczi, o que reforça a suposição.
2. Freud havia falado mais vezes em nomear Jung seu sucessor. Cf. *Memórias*, p. 161 e 370; e S. Freud, *Zur Geschichte der psychoanalytischen Bewegung*, Viena, 1924, p. 44s. Cf. também carta a Freud, 02.04.1909, nota 7.
3. Em 1905 Jung tornou-se livre-docente na Faculdade de Medicina e médico-chefe da clínica psiquiátrica da Universidade de Zurique. Em 1909 entregou o cargo de médico-chefe para dedicar-se mais à atividade científica e à prática privada. Conservou a livre-docência até 1913. Cf. *Memórias*, p. 124.
4. Esta observação parece confirmar a suposição de que o destinatário seja mesmo Ferenczi. Este havia publicado no *Jahrbuch für psychoanalytische und psychopathologische Forschungen*, I, 2, 1909, um artigo sobre "introjeção e transferência" que recebeu calorosos elogios de Freud.

Ao Dr. Sandor Ferenczi

25.12.1909

Prezado colega,

Eu também acho impossível manter coesa a comunidade analítica por meio de cartas. Não haveria tempo para tantas e tão longas cartas. Como o senhor diz, cá e lá um sinal de vida e nenhuma diplomacia nos encontros, isto é o possível.

Alegro-me em tê-lo novamente entre os colaboradores do volume II[1]. Sadger[2] comunicou-me que traria para o fascículo 1 do volume II um caso em que também abordará a homossexualidade. Estou curioso para comparar as contribuições de ambos. Além do mais, o seu trabalho sobre "introjeção" etc.[3] causou boa impressão aqui, bem como o seu trabalho anterior sobre "Actual" (etc.)[4]. Este último sobretudo em Pfister[5].

Atualmente estou de novo com dificuldades terminológicas. A razão de isto sempre acontecer comigo está na minha atividade de professor. Recentemente discuti com Binswanger sobre o conceito freudiano da regressão[6], se ele incluía o fator infantil ou não. Percebe-se agora que o conceito parece ocorrer em duas variantes. Quando Adler[7] constata nos sonhos de uma prostituta uma homossexualidade reprimida, então temos uma colisão categórica com o conceito clínico de homossexualidade que está em vigor atualmente. Neste sentido, a homossexualidade é o domínio desses componentes no agir a partir do predomínio duradouro e distingue-se do domínio fugaz dos componentes homossexuais devido ao desvio dos componentes heterossexuais. Essas e outras dificuldades semelhantes tornam o ensino extremamente penoso e ajudam a criar eternos mal-entendidos.

O estudo de Freud sobre as neuroses compulsivas[8] é esplêndido, *mas de difícil compreensão*. Eu estou lendo o trabalho pela terceira vez. Será que sou tão estúpido? Ou será que é o estilo? Acredito que seja este último. Entre o falar e o escrever de Freud "existe um abismo" bastante profundo. A maioria de minhas contestações a Freud era por causa da concepção muito casuística do "sintoma da onipotência" (!)[9]. Ele naturalmente tem razão, e a expressão é pertinente. Mas quem precisa *ensinar* isto, e ainda mais num contexto sistemático, tem arrepios e vontade de praguejar.

Saudações cordiais,
Jung

1. Volume II de *Jahrbuch für psychoanalytische und psychopathologische Forschungen*, Leipzig e Viena, sob a redação de Jung. O artigo de Ferenczi "Über die Rolle der Homosexualität in der Pathogenese der Paranoia" foi publicado apenas no volume III (1911). Talvez a referência de Jung seja desse artigo.

2. Isidor Sadger, neurologista e psicanalista austríaco. O artigo mencionado por Jung é "Ein Fall von multipler Perversion mit hysterischen Absenzen", em *Jahrbuch*, II, 1, 1910.

3. S. Ferenczi, "Introjektion und Übertragung", em *Jahrbuch*, I, 2, 1909.
4. S. Ferenczi, "Actual- and Psychoneuroses in the Light of Freud's Investigations and Psychoanalysis", em *Further Contributions to the Theory and Technique of Psychoanalysis*, Londres, 1926. O artigo foi publicado numa revista húngara de medicina (*Gyógyászat*, n. 15 e 16); no mesmo ano apareceu a tradução alemã em *Wiener Klinischen Rundschau*, n. 48-51.
5. Oskar Pfister, 1873-1956, Dr. phil., Dr. theol. h.c., pastor suíço que aderiu em 1908 ao movimento psicanalítico e se tornou discípulo de Freud. Cf. Sigmund Freud e Oskar Pfister, *Briefe 1900-1939*, Frankfurt no Meno, 1963.
6. Cf. para tanto S. Freud, "Bemerkungen über einen Fall von Zwangsneurose", *Jahrbuch*, I, 2, 1909.
7. Alfred Adler, 1870-1937, inicialmente discípulo de Freud, do qual se separou em 1911 e fundou sua própria escola da "psicologia individual".
8. Cf. acima, nota 6.
9. Em seu artigo "Bemerkungen über einen Fall von Zwangsneurose", Freud criou o conceito "onipotência das ideias". Cf. Jones, *Sigmund Freud*, II, p. 316: "(Freud) tinha observado que os doentes compulsivos estavam presos ao receio de que suas ideias – mais precisamente seus desejos – pudessem realizar-se, e que boa parte de sua psique acreditava possuir este poder. Assim, a 'ideia' da morte de alguém colocaria esta pessoa em grave perigo. A esta crença Freud deu o nome de 'onipotência das ideias'...". Jung criticou a generalização de um conceito que só se aplicava a um caso. Cf. carta a Freud, de 25.12.1909.

Ao Prof. Sigmund Freud

25.12.1909/31.12.1909

Prezado Professor Freud,

Minha tentativa de crítica, que pode ter parecido uma agressão, foi apenas uma defesa e, por isso, tive de investir contra a "onipotência das ideias"[1]. A expressão está corretíssima, perfeitamente concisa e contundente. O mesmo acontece com a *D. pr.* onde sempre de novo aparecem novos fundamentos. Isto me abalou novamente, ou seja, abalou a confiança na minha capacidade. Mas o que mais me atingiu foi sua observação de que estava ansioso por arqueólogos, filólogos etc. Deduzi que o senhor estava pensando que eu era incapaz para *o* trabalho. Mas é exatamente para lá que me atrai um interesse apaixonado, como aconteceu antes apenas com a *Dem. pr.*[2] E eu vivo lá as mais belas visões, abrem-se largas perspectivas que não estou em condições de captar por enquanto, pois o assunto é realmente grandioso e eu odeio o sarrafaçar impotente. Quem deveria pois fazer este trabalho? Somente aquele que conhece a psique e que tem a paixão para tanto. A *D. pr.* não será prejudicada. Honegger[3], que já lhe foi apresentado, trabalha agora comigo com *grande* competência, e eu vou confiar-lhe tudo o que possuo para que realize algo de valor. A essência última da neurose e da psicose não a alcançaremos sem a mitologia e a história da cultura. Isto ficou bem claro para mim, pois da *embriologia* faz parte a *anatomia comparada* e, sem esta última, a primeira é um jogo da natureza totalmente incompreensível. É um privilégio sério ter de trabalhar ao lado do criador. Daí minha investida contra a "terminologia casuística"[4].

31.12. Os dias festivos engoliram todo o meu tempo, por isso só agora posso continuar minha carta. Estou às voltas com o problema da Antiguidade. É um trabalho penoso. Sem dúvida ali há muita coisa da teoria da sexualidade infantil. Mas isto não é tudo. Parece-me, antes, que a Antiguidade esteja revolvida pela luta com o *incesto*, com o qual começa a *repressão* sexual (ou será o contrário?). É preciso buscar a história do direito familiar. A história da civilização sozinha é pobre demais, ao menos no que possuímos até agora. Por exemplo, a história da civilização grega, de Burckhard, fica totalmente na superfície[5]. Um capítulo especialmente significativo é a demonologia grega na qual pretendo me enfronhar via Rohde (*Psyche*)[6]. Sobre Dioniso gostaria de lhe dizer muita coisa, se isto não fosse demais para uma carta. Parece que Nietzsche pressentiu muita coisa disso. Tenho a impressão de que o dionisíaco, em sua importância histórica, foi um reflexo não suficientemente valorizado da sexualidade, do qual transbordaram elementos essenciais para o cristianismo, ainda que num outro uso de compromisso. Não sei se estou escrevendo banalidades ou hieróglifos. Isto é desagradável. Gostaria muito mais de conversar pessoalmente com o senhor sobre isto!

Está bem para o senhor marcar o encontro de Nürnberg[7] para a *terça-feira* da Páscoa? Assim que tiver sua resposta, elaborarei a minuta da circular e lha enviarei. Percebo que minhas dificuldades na questão da libido e também do sadismo provêm claramente do fato de eu não ter adaptado suficientemente minha posição à sua. Ainda não entendi bem o que o senhor me escreveu sobre isto. O melhor é postergar o assunto até que possamos *conversar* sossegadamente. Na verdade, eu deveria interrogá-lo sobre cada uma das frases de sua carta. [...] Quanto a Nürnberg devo acrescentar que estou certo de poder contar com o senhor como o conferencista mais proeminente. Pois isto, a exemplo de Salzburgo[8], é a expectativa de todos. [...]

Amanhã devo elaborar uma conferência que darei aos estudantes daqui e que me incute certo pavor. É sobre o "simbolismo"[9]. Só Deus sabe o que vou escrever. Para tanto li *Ferrero*[10], mas ele não trata do nosso simbolismo. Talvez um bom espírito me inspire.

Com saudações cordiais e votos de felicidades, de seu fiel e dedicado

Jung

1. Numa carta a Freud, de 14.12.1909, não publicada aqui, Jung manifestou suas preocupações quanto à expressão de Freud. Cf. carta a Ferenczi, de 25.12.1909, nota 9.

2. Jung retomou naquela época sua ocupação anterior: a mitologia. Via nela um fundamento indispensável para a compreensão dos sonhos e das neuroses. Cf. *Memórias*, p. 166, e carta a Freud, de 12.06.1911, nota 2.

3. Dr. med. J. Honegger, analisando e destacado aluno de Jung; suicidou-se em março de 1911. Cf. Jung, *Símbolos da transformação*, 1952, p. 231 (OC, vol. V), e Jones, *Sigmund Freud*, II, p. 89 e 110. Dr. Honegger foi por certo tempo assistente de Jung no Burghölzli. Cf. carta a Freud, de 12.06.1911.

4. Cf. carta a Ferenczi, de 25.12.1909, nota 9.
5. Prof. Jacob Burckhardt, 1818-1897, historiador suíço e historiador da arte em Basileia. A obra mencionada por Jung, *Griechische Kulturgeschichte,* foi publicada postumamente, 1898-1902.
6. Prof. Erwin Rohde, 1845-1898, filólogo clássico, amigo de Nietzsche. A obra mencionada por Jung, *Psyche. Seelenkult und Unsterblichkeitsglaube der Griechen,* foi publicada em 1890-1894.
7. O segundo congresso psicanalítico internacional realizou-se em Nürnberg, de 30 a 31 de março de 1910.
8. Encontro dos psicanalistas em Salzburgo, abril de 1908. Cf. carta a Abraham, de 03.01.1908, nota 5. Freud falou em Salzburgo sobre um caso de neurose compulsiva. O tema de sua conferência em Nürnberg foi "Die zukünftigen Chancen der psychoanalytischen Therapie".
9. Não existe um manuscrito da conferência, mas em 30.01.1910 Jung escreveu a Freud sobre isso: "Ousei [...] colocar o 'simbólico' numa base psicológico-desenvolvimentista, isto é, mostrar que na fantasia individual o *primum movens* do conflito individual, matéria ou forma (como se preferir), é antes de tudo mítico ou tipicamente mitológico..."
10. Guglielmo Ferrero, 1871-1942, pesquisador italiano de história. Para *Transformações e símbolos da libido,* 1912, Jung selecionou um mote abrangente da obra desse autor *Les Lois psychologiques du symbolisme,* Paris, 1895 (traduzido do italiano). A frase principal soava assim: "É portanto um dever moral do homem de ciência expor-se a cometer erros e a sofrer críticas, para que a ciência continue progredindo". Cf. também carta a Freud, de 13.12.1910.

Ao Prof. Sigmund Freud

11.02.1910

Prezado Professor Freud,

Sou um correspondente preguiçoso. Mas dessa vez (como sempre) tenho excelentes desculpas. A preparação do *Jahrbuch* tomou-me um tempo considerável, pois tive de trabalhar muito com a caneta. Hoje vai para a gráfica a maior parte do manuscrito. O assunto está ficando empolgante.

Em anexo está a lista dos endereços[1]. Peço que me informe se esqueci alguém do exterior. O senhor perceberá que procedi com alguma "largueza", contando com sua aprovação posterior. O assunto está se estendendo. Ainda hoje soube através de um médico de Munique que os estudantes de Medicina daquela cidade interessaram-se unanimemente pela nova psicologia e alguns deles até fizeram troça dos donos da clínica pelo fato de nada entenderem do assunto.

Nesse meio-tempo recebi do farmacêutico Knapp[2], de Berna, um convite para associar-me à I.O. (Internationaler Orden). Pedi um tempo para refletir e prometi submeter o convite à assembleia de Nürnberg. Knapp queria também que eu fosse um dos conferencistas. Tenho verdadeiro horror disso. Estou profundamente convencido de que devo fazer para mim mesmo as conferências éticas mais longas, de modo que não consigo ter coragem para exigir em público um comportamento ético a partir do ponto de vista psicanalítico. Atualmente estou bem no meio do equilíbrio da balança entre o dionisíaco e o apolíneo, de modo que não sei se valeria a pena reintroduzir algumas bobagens mais antigas da cultura como, por exemplo, os claustros. O que quero dizer é que não sei qual é o mal menor. O senhor acha que esta Ordem pode ter alguma serventia prática? Não se trata de uma daquelas coalisões de Forel[3] contra a tolice e o mal, que nós devemos amar, para nos livrarmos um pouco da obsessão pela virtude que nos faz doentes e nos proíbe a alegria de viver? Se uma coalisão quiser significar alguma coisa ética, ela não pode ser artificial, mas deve ser alimentada pelos instintos mais profundos da raça. Portanto, algo como a *christian science*, o budismo, o islamismo. A religião só pode ser substituída por outra religião. Estaria na I.O. um novo salvador? Qual é o novo mito que ela apresenta para nele se viver? Por pura petulância racional são sábios eticamente apenas aqueles que prescindem da verdade eterna do mito.

O senhor pode ver pelas associações acima que o assunto não me deixa apático ou indiferente. O problema ético da liberdade sexual é muito grande e merece o suor de todos os interessados. Mas pretende-se que os 2.000 anos de cristianismo estejam superados. No entanto, uma ordem ética, com sua nulidade mítica e que não encerra nenhuma força instintiva arcaico-infantil, é um mero vácuo. Jamais poderá despertar no homem algo daquela força instintiva e primitiva que impulsiona a ave migratória a cruzar o oceano e sem a qual não acontece nenhum movimento irresistível dos rebanhos. Eu imagino para a ψα(psa)[4] uma tarefa bem mais bonita e mais abrangente do que uma confluência para uma ordem ética. Acho que se deve dar tempo à ψα, de infiltrar-se nos povos a partir de muitos centros, de reavivar nos intelectuais o sentido do simbólico e do mítico, de reconverter o Cristo para o anunciado Deus da videira, que Ele foi, e assim absorver aquelas forças instintivas e extáticas do cristianismo, para a *única* finalidade de transformar o culto e o mito sagrado naquilo que eles foram, isto é, na inebriante festa de alegria, onde a pessoa pode reconquistar o *ethos* e a santidade de um animal. Esta foi a grande beleza e utilidade da religião antiga que sabe a partir de Deus que necessidades biológicas e temporais se tornaram um instituto da miséria. Quanto prazer e delícia estão à disposição em nossa religião para serem aduzidos novamente à sua verdadeira finalidade! Um desenvolvimento ético genuíno e correto não pode prescindir do cristianismo, mas deve crescer dentro dele, deve levar à perfeição o seu hino de amor, a dor e o arrebatamento sobre o Deus que morre e ressuscita[5], a força mística do vinho e o calafrio antropofágico da ceia eucarística[6]. Somente *este* desenvolvimento ético aproveita as forças vitais da religião. Mas um sindicato de interesse extingue-se novamente após dez anos.

A ψα não faz "orgulhoso e descontente". Não gostaria de vinculá-la a Forel, este João do deserto e de gafanhotos[7], mas a tudo o que foi operante e vivo. Algo assim só podemos deixar crescer por si. Falando em termos práticos: vou submeter à assembleia de Nürnberg esta questão crucial e prática da ψα.

Por hoje já abreagi o suficiente; estava com o coração repleto. Peço que não leve a mal toda esta tempestade[8].

Saudações cordiais do seu devotado
Jung

1. Trata-se do convite para o Congresso de Nürnberg, 30-31.03.1910.
2. O farmacêutico de Berna, Knapp, procurou ganhar a simpatia de Freud para a "Internationale Brüderschaft für Ethik und Kultur" por ele fundada (Jung a abrevia I.O. = Internationaler Orden). Freud escreveu a Jung sobre o assunto em 31.01.1910: "Atraiu-me a característica prática, agressiva e protetora do programa, isto é, a obrigação de combater diretamente a autoridade do Estado e da Igreja nos casos isolados em que eles cometerem injustiça..." Citado segundo Jones, *Sigmund Freud*, II, p. 88. Freud animou Knapp a entrar em contato com Jung.
3. Forel era presidente da "Brüderschaft" de Knapp. Assim como Bleuler, também Forel era antialcoólico fanático. Por influência de Bleuler, Jung se associou a eles por certo tempo. Cf. Jones, *Sigmund Freud*, II, p. 94.
4. Tanto Freud como Jung usam em sua correspondência a abreviação ψα para a psicanálise.
5. Jung se refere ao motivo que sempre se repete e que está na base dos mitos das figuras divinas que morrem cedo e ressuscitam como, por exemplo, Osíris, Tamuz, Dioniso Zagreu, Átis-Adônis, Mitra, Cristo. Todos estão vinculados com morte e ressurreição, ou com além e expectativa de renovação. Cf. *Símbolos da transformação*, 1952, OC, vol. V, par. 165, 176 e 527.
6. Jung refere-se ao mistério da transubstanciação e à comunhão na missa. Cf. "O símbolo da transformação na missa", em OC, vol. XI, par. 339s. Cf. também carta a Plachte, de 10.01.1929.
7. Referência ao antialcoolismo de Forel. Cf. Mt 3,4.
8. Meio século depois, uma aluna de Jung citou numa carta a ele dirigida a passagem sobre o cristianismo desta carta. Na resposta de Jung (09.04.1959) encontram-se as seguintes frases: "Agradeço muito a citação de Jung daquela maldita correspondência. Para mim isto representa uma indicação, infelizmente indelével, da maluquice incurável que preencheu os dias de minha juventude. A viagem do castelo nas nuvens até a realidade levou bastante tempo. O *Pilgrim's Progress* no meu caso consistiu em ter que descer mil degraus até atingir o torrãozinho de terra que sou eu".

A seguir, as fontes dos escritos de Jung serão indicadas segundo as edições isoladas ou segundo os volumes das "Obras Completas".

Ao Prof. Sigmund Freud

17.06.1910

Prezado Professor Freud,

Respondi hoje à carta de Adler. Sua primeira carta foi a Riklin[1] que a guardou no arquivo. Infelizmente a carta dele, de 01.06. ficou esperando, pois eu queria primeiro aguardar a fundação da associação em Zurique[2] para então dar notícias positivas a Adler. Como sou da opinião de que a Associação Internacional[3] está fundada desde Nürnberg, não consigo entender por que o grupo local de Viena[4] ainda não se consolidou. Será que não estou entendendo bem alguma coisa? Aqui pensávamos que o grupo de Viena já existisse, como o de Berlim, e agora também o de Zurique. Peço muitas desculpas pelo atraso de minha resposta. A ruptura com Bleuler[5] também me afetou. Novamente menosprezei o meu complexo de pai. Além do mais, o meu trabalho está sendo demasiado. Vivo sempre apressado. Já é tempo de receber algum auxílio. Infelizmente Honegger só vem no final da próxima semana. Até lá tenho de deixar a numerosa correspondência amontoar-se sem resposta. Consegui finalmente libertar-me da Associação Jurídico-Psiquiátrica, da qual eu era presidente etc. etc.

A fundação do grupo foi penosa. Temos em torno de 15 membros, a maioria deles estrangeiros. Não chegamos ainda à discussão dos estatutos devido às dificuldades com Burghölzli[6]. Mas escolhemos o presidente e o secretário. O presidente é Binswanger e o secretário é meu primo Dr. Ewald Jung[7], que está fazendo belos progressos. Agora vem a parte desagradável: Propus realizarmos *de vez em quando* sessões públicas e convidar para elas Burghölzli etc. Mas Binswanger objetou que só aceitaria sua eleição para presidente se todas as sessões fossem realizadas em conjunto com os não membros. Submeti minha proposta à votação e fui derrotado. Temos, portanto, uma sociedade com membros de direito e um público não filiado, que tem todas as vantagens, mas não contribui com nada. Para mim isto não funciona. Mas o que fazer? Propus que ouvíssemos primeiro sua opinião paterna, mas a proposta foi recusada. Por isso estamos claudicando em Zurique. O senhor não terá nenhuma alegria nisso. Nem eu.

Lionardo é maravilhoso[8]. Pfister me contou que viu um corvo no quadro[9]. Eu também vi um, mas em outro lugar: o bico está precisamente na região do púbis. Gostaríamos de dizer com Kant: obra do acaso, que equivale às mais sutis elucubrações da razão. Li de uma só vez *Lionardo* e pretendo retomá-lo. A transição para o mitológico nasce desse escrito com necessidade interna. Na verdade é o seu primeiro escrito cujas diretrizes internas me fazem sentir *a priori* plenamente ratificado. Gostaria de demorar mais nessas impressões e absorver-me tranquilamente nesses pensamentos que pretendem evoluir em longa série. Mas a minha pressa atual, que já dura algumas semanas, não me dá sossego.

Agradeço mais uma vez os amáveis conselhos no caso Honegger[10]. Os acontecimentos anteciparam o seu conselho. Eu já havia convidado Honegger, porque não dava para esperar. O senhor não faz ideia do rebuliço em meu gabinete e da balbúrdia alemã-francesa-inglesa que fazem os meus vampiros. Peço mais uma vez desculpas pela minha demora. Tenha paciência comigo. Quando Honegger estiver aqui, poderei respirar e realizar alguma coisa proveitosa fora desse ambiente.

Acho que já lhe comuniquei que recebi os manuscritos em perfeita ordem.

Com saudações cordiais e novo pedido de desculpas,

Atenciosamente
Jung

1. Dr. med. Franz Riklin, 1878-1938, psiquiatra suíço. Quando Jung foi presidente da "Internationalen Psychoanalytischen Vereinigung", nomeou Dr. Riklin seu secretário e redator do então recém-fundado *Correspondenzblatt der Internationalen Psychoanalytischen Vereinigung*. Cf. Jones, *Sigmund Freud*, II, p. 91. Dr. Riklin foi colaborador de Jung nos experimentos de associação em Burghölzli. Cf. OC, vol. II. (Em 1911, o *Correspondenzblatt* foi fundido com o *Zentralblatt für Psychoanalyse*. Cf. carta a Burrow, 26.12.1912, nota 3.)
2. Em junho de 1910 foi fundada a "Schweizerische Psychoanalytische Vereinigung".
3. A "Associação Psicanalítica Internacional" fora fundada no Congresso de Nürnberg, em março de 1910.
4. Em outubro de 1910, Alfred Adler tornou-se presidente do grupo local de Viena da "Associação Psicanalítica Internacional".
5. A posição de Bleuler com referência à psicanálise foi a princípio vacilante; em 1911 ele se afastou dela em definitivo. Cf. Jones, *Sigmund Freud*, II, p. 94s., e S. Freud, *Zur Geschichte der psychoanalytischen Bewegung* (História abreviada da psicanálise), Leipzig, Zurique e Viena, 1924, p. 40s.
6. Também a relação entre Bleuler e Jung não transcorreu sem incidentes. Teve papel nisso o fato de Jung "se deixar levar por Freud ao consumo de álcool [...]. A abstinência absoluta era para Bleuler, como para seu antecessor Forel, uma religião". Jones, *Sigmund Freud*, II, p. 94.
7. Dr. med. Ewald Jung, psiquiatra suíço, primo de C.G. Jung. Cf. carta de Jung a ele, de 31.07.1935.
8. Cf. S. Freud, *Eine Kindheitserinnerung des Leonardo da Vinci* (Uma recordação da infância de Leonardo da Vinci), 1910. Mais tarde Jung se pronunciaria mais criticamente sobre este escrito de Freud, cf. *As raízes da consciência*, OC, vol. IX/1, par. 140, nota 27.
9. Em seu escrito Freud analisa a recordação infantil de Leonardo, em que um corvo tem seu papel. (Freud traduziu a palavra italiana "nibbio", milhafre, por corvo). Pfister pensou ter descoberto os traços escondidos de um corvo na pintura de Leonardo, reproduzida por Freud, de "Santa Ana, a Virgem e o Menino" (Louvre, Paris). Cf. o artigo de Pfister "Kryptolalie, Kryptographie und unbewusstes Vexierbild bei Normalen", em *Jahrbuch*, V, 1913. Cf. também Erich Neumann, "Leonardo da Vinci und der Mutterarchetyp", em *Kunst und schöpferisches Unbewusstes*, Zurique 1954.
10. Freud aconselhou Jung, numa carta de 09.06.1910, a ter tolerância com Honegger. Escreveu entre outras coisas: "Por que não deseja aproveitá-lo como ele é, educá-lo com base em suas próprias qualidades em vez de modelá-lo conforme um ideal que lhe é estranho?"

Ao Prof. Sigmund Freud

13.12.1910

Prezado Professor Freud,

Demorei com minha resposta para dar-lhe tempo de chegar a um acordo com Bleuler[1]. Suponho que os senhores já se entenderam sobre isto. Para mim qualquer dia entre Natal e Ano-novo está bem. Mas não no Ano-novo porque pretendo aproveitar uns dias de descanso nas montanhas, em Silvester, se possível.

Alegro-me pelo encontro de Munique[2], onde *Schreber*[3] terá papel importante. Espero que minhas mãos não estejam vazias, ainda que infelizmente não lhe possa entregar o meu manuscrito[4]. Em primeiro lugar, porque precisa ser passado a limpo e, em segundo lugar, porque se trata apenas da primeira parte. A primeira versão que lhe mandei sofreu grande ampliação. Além disso, a segunda parte, o chamado drama de Chivantopel[5], mostrou-se tão rico em material arqueológico[6] que eu ainda não estava em condições de dominá-lo. Tenho de ler muita coisa ainda, de modo que só poderei publicar a segunda parte na edição de verão do *Jahrbuch*. Parece-me, porém, que dessa vez acertei na mosca, ou bem perto dela, pois o material se ajusta maravilhosamente bem. Mas não convém revelar demais. No entanto, o senhor pode preparar-se para uma pecualiaridade que nunca se ouviu de minha parte. A parte introdutória sobre os dois modos de pensar[7] eu a revisei profundamente e acrescentei provas. Acredito que esteja aceitável agora e exprima o que quero dizer, ainda que não de forma magistral. O assunto tornou-se difícil para mim. Acredito, mesmo, que o problema em si seja difícil. Vou escudar-me atrás de um lema de Guglielmo Ferrero[8], que defende o intelectual que se expõe à crítica. Minha consciência está tranquila, pois trabalhei nisso lealmente e nada tirei das mangas. Sobre o nosso trabalho na Suíça pouco tenho a informar, ainda que sejam engendradas diversas coisas. Gostaria de perguntar-lhe se, em princípio, tem alguma coisa contra de que se publiquem no *Jahrbuch* trabalhos experimentais que tratam da psicofisiologia dos complexos. Acredito que o Dr. Beauchant[9] seja conhecido do Dr. Assagioli[10].

Não posso queixar-me do meu martírio[11]. Não xingam mais apenas a mim, mas também eu não consegui reunir neste inverno nem uma vez o meu curso – falta de ouvintes.

Saudações cordiais de seu devotado
Jung

1. Cf. carta a Freud, de 17.06.1910, notas 5 e 6. Cf. também Jones, *Sigmund Freud*, II, p. 94: "Freud fazia muita questão de conservar o apoio de Bleuler, já que o conceito deste crescia cada vez mais entre os psiquiatras".

2. Freud combinou um encontro com Bleuler em Munique para os dias 25-26.12.1910. Depois da partida de Bleuler, encontraram-se Freud e Jung.

3. O escrito de Freud "Psychoanalytische Bemerkungen über einen autobiographisch beschriebenen Fall von Paranoia (Dementia paranoides), em *Jahrbuch für psychoanalytische und psychopathologische Forschungen*, III, 1911, referia-se ao livro de D.P. Schreber, *Denkwürdigkeiten eines Nervenkranken*, Leipzig, 1903.

4. Trata-se da primeira parte de *Transformações e símbolos da libido*, cujo conteúdo Freud nunca conseguiu aceitar plenamente. Cf. carta a Gilbert, de 04.03.1930. O trabalho foi publicado inicialmente em *Jahrbuch* III-IV, 1911-1912, depois como livro em Leipzig e Viena, 1912; em forma totalmente reelaborada sob o título *Símbolos da transformação*, Zurique, 1952 (OC, vol. V).

5. O livro de Jung contém a análise do material de fantasia de certa Miss Frank Miller (pseudônimo) que foi publicado pelo psiquiatra suíço Théodore Flournoy sob o título "Quelques faits d'imagination créatrice subconsciente", em *Archives de Psychologie*, V, Genebra, 1906. Nessas fantasias é figura principal o jovem herói asteca Chivantopel.

6. Mais correto e mais de acordo com o livro seria "material mitológico".

7. O capítulo II do livro intitula-se "Sobre os dois modos de pensar", isto é, o pensar consciente e direto em palavras e o pensar em imagens, que é mais ou menos autônomo.

8. Cf. carta a Freud, de 25.12.1909, nota 10.

9. Dr. Morichau-Beauchant, professor de Medicina em Poitiers, "foi o primeiro francês a aderir abertamente à psicanálise". Cf. S. Freud, *Zur Geschichte der psychoanalytischen Bewegung*, l. c., p. 31.

10. Dr. med. R. Assagioli de Florença filiou-se, em 1910, à "Freud-Gesellschaft" em Zurique. Cf. Jones, *Sigmund Freud*, II, p. 96.
11. Numa carta a Jung, de 03.12.1910, escreveu Freud: "O aspecto negativo de minha fama está ainda mais forte; às vezes eu me aborreço que ninguém o xingue, uma vez que você também tem certa culpa no caso".

Ao Prof. Sigmund Freud

12.06.1911

Prezado Professor Freud,

O tempo transcorrido (aliás, bem longo) desde a minha última carta eu o aproveitei bem. Participei do Congresso Suíço de Alienistas em Lausanne e dei ali uma conferência sobre "Formas de fantasias inconscientes". São contribuições e ulteriores aperfeiçoamentos ao trabalho do atual *Jahrbuch*[1] que, aliás, se desenvolve com muita lentidão (explicada pela grande quantidade de material!). Tudo o que faço atualmente gira em torno dos conteúdos e formas das fantasias inconscientes. Espero ter em breve belos resultados. O senhor verá que esta pesquisa é um trabalho prévio para a psicologia da *Dem. praec.*[2] O caso de Spielrein[3] prova isso (no *Jahrbuch*). Desejei muitas vezes que o senhor estivesse aqui para discutir um caso que considero extremamente difícil: *Dem. praec.* com um sistema inconsciente de fantasias que poderíamos chamar de bastante forte e que eu tenho de trazer à luz do dia com indizível esforço e paciência. Além disso, constante perigo de suicídio. Um caso bem complicado, mas muito interessante e instrutivo. O caso é especialmente doloroso porque começo a perceber o que eu não vi em Honegger[4]. Parece que devemos descobrir na *Dem. praec.*, sob todos os aspectos, o mundo interior gerado pela introversão da libido que se apresenta no paranoico repentinamente (deformada!) como teoria da obsessão (Schreber)[5]. Parece que neste caso estou conseguindo isso, o que não consegui com Honegger, porque eu não tinha noção disso. Eu digo a mim mesmo que esta minha falta de conhecimento o levou à morte. Se esta minha concepção atual se confirmar! Tenho a impressão de estar fazendo uma vivissecção na pessoa, com forte resistência interna. Parece que a introversão não só leva a um renascimento das reminiscências infantis, como na histeria, mas também a um revolver das camadas históricas do inconsciente, onde se produzem imagens arrojadas que só chegam à luz por exceção.

Minhas noites estão sendo ocupadas com a astrologia. Faço cálculos de horóscopos para detectar o fundo psicológico de sua veracidade. Até agora consegui algumas coisas notáveis que lhe parecerão totalmente inacreditáveis. Por meio do cálculo da posição dos astros, resultou numa senhora um quadro caracterológico bem preciso, com alguns destinos bem detalhados, mas que não se referia a ela, porém à sua mãe; mas nela estavam as características como que pintadas. A senhora sofria de um extraordinário complexo de mãe. Devo dizer que na astrologia é possível descobrir um dia uma boa porção de conhecimentos sobre os indícios de pressentimentos que aconteceram no céu. Parece, por exemplo, que os signos do zodíaco são figuras caracterológicas, isto é, símbolos da libido que representam as respectivas qualidades típicas da libido.

Ainda não terminei a minha exposição popular para o *Zürcher Jahrbuch*[6]. Mas devo nesta semana iniciar a elaboração de minha conferência que darei em Bruxelas[7]. [...]

Saudações cordiais de seu devotado

Jung

1. "Transformações e símbolos da libido", parte I, *Jahrbuch*, III, 1911. O título "Formas de fantasias inconscientes" foi escolhido para a conferência no Congresso de Lausanne. O manuscrito da conferência não foi conservado; provavelmente seu conteúdo foi tomado do trabalho publicado no *Jahrbuch*.
2. No Congresso de Psicanalistas de Weimar, setembro de 1911, Jung deu uma conferência sobre o simbolismo nas psicoses e na mitologia e apresentou aí conexões que representavam novas descobertas para a época. Jan Nelken, aluno de Jung, falou sobre tema semelhante. Freud escreveu em *Geschichte der psychoanalytischen Bewegung*, l. c., p. 35: "Num dos congressos psicanalíticos (scil. em Weimar) causou profunda impressão a todos os ouvintes que um aluno de Jung demonstrou haver concordância entre as imagens esquizofrênicas da fantasia e as cosmogonias dos tempos e povos primitivos". Cf. Jan Nelken, "Analytische Beobachtungen über Phantasien eines Schizophrenen", em *Jahrbuch*, IV, 1912, e Jung, *O conteúdo da psicose* (em OC, vol. III). Jung menciona as constatações de Nelken em várias passagens de seu *Mysterium coniunctionis* (OC, vol. XIV, 1 e 2).
3. Sabina Spielrein, "Über den psychologischen Inhalt eines Falls von Schizophrenie (Dementia praecox)", em *Jahrbuch* III, 1912. Jung refere-se mais vezes a este trabalho em *Símbolos da transformação*.
4. Cf. carta a Freud, de 25.12.1909, nota 3.
5. Cf. carta a Freud, de 13.12.1910, nota 3.
6. "Novos caminhos da psicologia", em *Raschers Jahrbuch für Schweizer Art und Kunst*, Zurique, 1912, e em OC, vol. VII, apêndice.
7. "Über Psychoanalyse beim Kinde". Primeiro Congresso Internacional de Pedagogia, Bruxelas, 1911. Esta conferência foi reelaborada e apresentada como a última de uma série de nove que Jung proferiu na Fordham University de Nova York, em setembro de 1912. As conferências foram publicadas, sob o título "Tentativa de apresentação da teoria psicanalítica", em *Jahrbuch*, V, 1913 (em OC, vol. IV).

Ao Dr. med. Alphonse Maeder[1]
Zurique

Kaserne St. Gallen
28.10.1911

Prezado colega,

Peço desculpas por só responder agora. Antes foi impossível porque fui destacado para um treinamento muito puxado nas montanhas. Acho muito enfadonho que as pessoas sejam tão preguiçosas. A próxima reunião[2] seria uma boa oportunidade para tratar de coisas elementares como métodos catárticos e psicanalíticos, ou traumas e constituição sexual. Caso fosse necessário eu poderia apresentar a minha conferência de Bruxelas[3] (análise de crianças). Em seguida é preciso reservar certo tempo para a discussão dos assuntos da nossa associação. O embuste de Burghölzli tem que ter um fim. [...] Lá foi perdida toda a tradição analítica. Gostaria de apressar este processo de retorno à anatomia e à classificação, segundo princípios psicanalíticos, somente depois de nos havermos desligado da clínica. De qualquer forma, não podemos esperar boa coisa dessa gente. Quando será a próxima reunião?

Saudações cordiais de seu
Jung

1. Dr. med. Alphonse Maeder, 1882-1971, psicoterapeuta. Fez parte do primeiro grupo de Freud na Suíça. Após a ruptura de Jung com Freud, foi um dos poucos que se mantiveram com Jung. Mais tarde filiou-se ao movimento de Oxford, do evangélico americano Frank Buchman.
2. Reunião do grupo suíço da Associação Psicanalítica Internacional.
3. Cf. carta a Freud, de 12.06.1911, nota 7.

Ao Prof. Sigmund Freud

17.05.1912

Prezado Professor Freud,
[...]

No que se refere à questão do incesto[1], temo causar no senhor uma impressão bastante paradoxal. Ouso apenas trazer para a discussão uma conjetura atrevida: a grande porção de medo que paira solto sobre o homem primitivo e que levou à criação das cerimônias de tabu no sentido mais amplo (totem etc.) produziu também, entre outras coisas, o *tabu do incesto* (melhor, o tabu de mãe e pai), não correspondendo ao valor específico do incesto *sensu strictiori*, assim como não é santo o totem de acordo com seu valor biológico. Segundo este ponto de vista fica assim: o incesto é proibido *não porque é desejado*, mas porque o medo que paira revive regressivamente material infantil e a partir dele forma uma cerimônia de desagravo (como se a gente o quisesse ou tivesse querido). Também psicologicamente a proibição do incesto não tem o significado que lhe devemos atribuir quando admitimos a existência de um prazer incestuoso especialmente forte. A proibição do incesto com seu significado etiológico deve ser comparada diretamente com o chamado trauma sexual que, via de regra, deve seu papel apenas a uma redistribuição regressiva. Assim também é *aparentemente importante* ou real a proibição do incesto, respectivamente às barreiras do incesto que na ψα substituíram ao que parece o trauma sexual. Assim como é irrelevante, *cum grano salis*, que tenha se manifestado realmente um trauma sexual ou tenha sido mera fantasia, também é psicologicamente irrelevante que uma barreira incestuosa tenha realmente existido ou não, uma vez que é essencialmente uma questão de desenvolvimento posterior se o chamado problema do incesto se tornará de interesse manifesto ou não. Mais uma comparação: para as proibições étnicas do incesto, as ocorrências ocasionais de incestos reais são tão importantes quanto para os antigos cultos dos animais significavam os impulsos sodomitas ocasionais dos primitivos. Na minha opinião a barreira do incesto explica-se tão pouco pela redução à possibilidade real do incesto quanto o culto aos animais se explica pela redução à verdadeira sodomia. O culto aos animais explica-se por um desenvolvimento psicológico infindamente longo, que é de um significado bem mais abrangente, e não por tendências primitivas de sodomia, que são apenas a pedreira da qual se retira o material para construir um templo. Mas propriamente falando, o templo e seu sentido nada têm a ver com a qualidade das pedras da construção. Assim também o tabu do incesto que, como uma instituição psicológica especial, tem importância bem maior e bem outro sentido do que o impedimento do incesto, ainda que seja esta a impressão que se tenha de fora. (O templo é branco, amarelo ou vermelho, de acordo com o material usado.) O tabu do incesto é, como o material de construção de um templo, símbolo ou portador de um significado bem mais amplo e especial, que tão pouco tem a ver com o incesto real como a histeria com o trauma sexual, o culto aos animais com a tendência sodomita e o templo com o material da construção (ou talvez melhor: com a casa primitiva, cuja forma ele assumiu).

Espero que dessa vez eu me tenha expresso mais claramente. [...]

Com as saudações mais cordiais de seu totalmente devotado

Jung

1. A concepção junguiana do incesto distingue-se muito daquela de Freud. Cf. *Memórias*, p. 171: "Para mim o incesto só significa uma complicação pessoal nos casos mais raros. Na maior parte das vezes apresenta um conteúdo altamente religioso e por isso desempenha um papel decisivo em quase todas as cosmogonias e inúmeros mitos. Mas Freud atinha-se à concepção literal e não conseguia entender o significado intelectual do incesto como um símbolo. Eu sabia que ele nunca poderia aceitar isto". Quando Jung chegou a elaborar sua própria concepção de incesto no livro *Transformações e símbolos da libido*, sabia de antemão que isto lhe custaria a amizade de Freud. "Durante dois meses não pude tocar na caneta e fui atormentado pelo conflito: Devo calar o que penso ou devo pôr em risco a amizade?" – Cf. carta a Neumann, de 19.07.1947: "[...] somente o par de conceitos 'incesto-hierosgamos' (descreve) a situação completa". – Cf. também Jones, *Sigmund Freud*, II, p. 176, e S. Freud, *Zur Geschichte der psychoanalytischen Bewegung*, p. 69.

To Trigant Burrow, M.D.[1]
Baltimore (Maryld.)/EUA

26.12.1912

My dear Burrow,

Alegro-me muito por sua carta e pelo manuscrito. Suponho que tenha ouvido sobre as grandes mudanças que houve em Viena, onde Freud e Stekel[2] romperam definitivamente. Stekel comportou-se de modo insolente e tolo, de forma que Freud teve de abandonar a redação do *Zentralblatt*[3]. Infelizmente o editor ficou do lado de Stekel, ficando assim o *Zentralblatt* com Stekel, e Freud foi destituído. Freud fundou uma nova revista de caráter internacional[4], e todos nós passamos para a nova revista, deixando Stekel sozinho com seu mutilado *Zentralblatt*. Acredito que o senhor concorde que eu mande seu artigo para Freud e lhe peça que inclua seu nome entre os colaboradores constantes da revista. Este novo lugar é mais recomendável do que o *Zentralblatt*.

Estou quase certo de que esqueci minha caneta-tinteiro em sua casa, provavelmente como um presente que simboliza a fecundidade literária; trata-se da caneta com a qual escrevi meu trabalho sobre a libido[5]. Lamentei muito a perda, mas se a caneta estiver em suas mãos, que ali permaneça[6].

Yours very truly,
Jung

1. Trigant Burrow,1875-1950, psiquiatra e psicoterapeuta americano, discípulo e amigo de Jung. Cf. Jones, *Sigmund Freud*, II, p. 89.
2. Dr. Wilhelm Stekel, 1868-1940, neurologista e psicanalista austríaco. Em 1912 rompeu com Freud. Cf. Jones, *Sigmund Freud*, II, p. 165s.
3. O *Zentralblatt für Psychoanalyse* foi fundado em 1910 e redigido por A. Adler juntamente com W. Stekel. Em 1911 Adler afastou-se da redação. Cf. S. Freud, *Zur Geschichte der psychoanalytischen Bewegung*, p. 49.
4. *Internationale Zeitschrift für ärztliche Psychoanalyse* redigida por Sandor Ferenczi, Otto Rank e Ernest Jones. O primeiro número foi publicado em 1913.
5. *Transformações e símbolos da libido*.
6. Durante sua estada nos Estados Unidos (1912), Jung fez uma visita ao Dr. Burrow em Baltimore. Na biblioteca de Jung encontra-se uma edição (1903) dos *Essays* de Emerson, com a dedicatória: "To my friend C.G. Jung from Trigant Burrow, Baltimore, Md. Oct. 25/1912".

Ao Dr. med. Alphonse Maeder
Zurique

29.10.1913

Prezado colega,

A questão do *Jahrbuch*[1] é um assunto privado que devo resolver entre mim e Freud. Se com isso foram afetados também os suíços, isto é bastante doloroso para mim. O senhor pode imaginar que eu não deixo o *Jahrbuch* por autorrecreação, mas porque é impossível colaborar com a atitude de Freud. Ainda não tenho notícias de Viena. Mas tentarei criar para os suíços um novo órgão no estilo do *Jahrbuch*, algo como "*Psychologische Untersuchungen*. Trabalhos da escola psicanalítica de Zurique"[2]. Talvez Deuticke esteja disposto a assumir a nova publicação. Se os nossos trabalhos faltarem no *Jahrbuch*, talvez ele também acabe[3].

Eu não caí de forma alguma na armadilha de Freud, pois não considero nenhuma vantagem para ele o fato de me chutar para escanteio.

Um conselho de honra está fora de cogitação, uma vez que o *Jahrbuch* não é um assunto de nossa associação, e eu *não quero* mais trabalhar com Freud. A impressão sobre as pessoas de fora será péssima. Mas os resultados internos importam mais do que o clamor da multidão.

Em breve poderei dar-lhe notícias de Deuticke e de Freud, se este não julgar indigno de sua condição papal dar-me uma resposta.

Cordiais saudações
Jung

1. Após sérias dificuldades que surgiram durante o "Congresso de Psicanalistas" em Munique, setembro de 1913, Jung informou a Freud por carta (17.10.1913) que deixava o cargo de redator do *Jahrbuch für psychoanalytische und psychopathologische Forschungen*. Com esta carta terminou a correspondência entre Jung e Freud. Cf. Jones, *Sigmund Freud*, II, p. 184.
2. A série planejada recebeu o título *Psychologische Abhandlungen*. O primeiro volume apareceu em 1914, publicado por Deuticke, Leipzig e Viena, e continha cinco trabalhos de alunos de Jung. Como segundo volume (Rascher-Verlag, Zurique) seguiu o trabalho de Jung, *Über die Energetik der Seele* (A energia psíquica), 1928 (em OC, vol. VIII). Ao todo foram publicados doze volumes, a maioria com trabalhos do próprio Jung.
3. No início da guerra de 1914, o *Jahrbuch* deixou de circular.

To the Psychoanalytic Review[1]
New York

Novembro de 1913

A notícia de que Dr. Jelliffe e Dr. White fundaram uma revista de espectro bem amplo é muito bem-vinda. E uma vez que a revista pretende ser um espaço aberto para todo tipo de literatura psicológica, pode-se esperar que vá preencher a dolorosa e nítida lacuna deixada pelos atuais ramos da psicologia. Cada um desses ramos ocupa-se de um campo específico: a psicologia filosófica deixa em grande parte de lado a experiência; a psicologia experimental ou fisiológica foi acusada, não sem razão, de ser mais fisiologia do que psicologia; e a psicologia clínica penetrou agora, graças aos métodos psicanalíticos, no campo da psicologia normal. Nos dois primeiros ramos da psicologia, os problemas psíquicos complexos permaneceram praticamente inexplicados, ao passo que os métodos psicanalíticos da psicologia clínica introduziram um modo de pesquisa que parece ter uma possibilidade de aplicação geral.

Dois problemas são sobretudo próprios para fomentar ativamente a psicologia normal. Um é a interpretação dinâmica, recentemente elaborada, da experiência psíquica; seu esforço visa a uma explicação das manifestações psíquicas como um equivalente das transformações da energia. O outro problema é o simbolismo com sua analogia estrutural do desenvolvimento onto e filogenético das funções anímico-psíquicas. Naturalmente a psicologia clínica chegou o mais próximo a esses problemas, pois ela tem a função de observar, examinar e analisar em primeiro lugar a possibilidade, qualidade ou surgimento de emoções poderosas ou de estruturas psíquicas incomuns. As alucinações dos doentes mentais, as ilusões do neurótico, os sonhos de indivíduos normais e anormais proporcionam igualmente ricas possibilidades para a pesquisa de analogias impressionantes com certas estruturas etnológicas.

Em meu livro *Transformações e símbolos da libido* fiz a modesta tentativa de esboçar esta relação, não para apresentar uma teoria acabada – isto ultrapassaria minhas possibilidades –, mas para estimular simplesmente ulteriores pesquisas numa direção extremamente promissora. O domínio dos vários campos do saber psicológico que poderiam trazer alguma luz para a anatomia comparada da mente ultrapassa a capacidade do indivíduo, sobretudo do médico. Por isso considero especialmente feliz a ideia dos editores de publicar em sua revista as contribuições dos especialistas competentes nas diversas áreas. Precisamos dos trabalhos não só dos psicólogos médicos, mas também dos trabalhos dos filólogos, historiadores, arqueólogos, mitólogos, estudiosos do folclore, etnólogos, filósofos, teólogos, pedagogos e biólogos.

Não tenho dúvida em afirmar que este grande empreendimento honra o espírito liberal e progressista da América. A reunião de material comparativo com a finalidade de colocar em base mais firme os resultados disponíveis da psicologia clínica é uma tarefa atraente para o futuro próximo. Sobretudo no campo do simbolismo abre-se um amplo espaço para a pesquisa dos diversos mitos e religiões. Outra tarefa se coloca no emprego da interpretação dinâmica dos problemas da história da cultura. A colaboração de todas estas forças aponta para o objetivo distante de uma psicologia genética, que vai esclarecer nossa visão em relação à psicologia clínica, assim como o fez a anatomia comparada em relação à constituição e função do corpo humano.

Desejo a este novo empreendimento o maior êxito e estou certo de que a revista despertará vivo interesse também nas faculdades não médicas.

C.G. Jung

1. Sob o título "Letter from Doctor Jung" foi publicada esta carta em *Psychoanalytic Review*, Nova York, I, 1 (outono de 1913). Seus fundadores foram Smith Ely Jelliffe (cf. carta a ele, de 24.02.1936) e William Alanson White, diretor do Hospital St. Elizabeth, Washington, onde Jung realizou em 1912 uma análise de quinze negros. Neste mesmo número e nos quatro subsequentes da revista foram publicadas as conferências de Jung na Fordham University, Nova York, 1912, sob o título "The Theory of Psychoanalysis" (Tentativas de uma apresentação da teoria psicanalítica, em OC, vol. IV).

Ao Dr. Poul Bjerre
Estocolmo

17.07.1914

Prezado colega!

A situação atual é pior ou melhor do que a anterior. A última opinião lamentável de Freud no *Jahrbuch*[1], que baseia a ψα claramente no princípio da autoridade, não passou despercebida aqui. Nosso presidente, Dr. Maeder[2], tomou a iniciativa de propor ao grupo local suíço retirar-se *in toto* da Associação Internacional. E isto aconteceu. Ao explicar esta saída será feito um protesto contra o princípio da autoridade promulgado por Freud. Consequentemente não iremos ao congresso de Dresden[3]. Nossos passos são meras reações contra a política papal de Viena. Naturalmente é preciso abrir os olhos das pessoas. Mas elas querem ser cegas. Em Munique[4] isto ficou muito claro. Os meios com que Viena trabalha contra mim são tão desleais que não posso defender-me. Joga-se mesmo com suspeitas pessoais como, por exemplo, que eu tivesse tentado junto a Deuticke apossar-me do *Jahrbuch* e outras mentiras vergonhosas do gênero. Violando a discrição médica, Freud usou inclusive contra mim uma carta de um paciente, carta essa cujo signatário conheço muito bem, que foi escrita por ele num momento de resistência contra mim[5]. Se eu quisesse publicar o que já me foi dito sobre Freud!!! Essas práticas caracterizam a política de Viena. Um adversário assim não é adversário.

Sou muito grato por sua anuência em prestar sua valiosa colaboração às nossas publicações. Não temos muita coisa a publicar uma vez que somos um grupo relativamente pequeno em que nem todos se dispõem a escrever; isto em parte nos alegra, pois atualmente escreve-se muito e lê-se pouco.

Seria talvez útil para os outros que o senhor fosse ao congresso de Dresden e expusesse com toda a clareza a sua opinião. Talvez se abram os olhos de alguns.

Saudações cordiais de
Jung

1. Trata-se provavelmente de uma passagem do artigo de Freud "Sobre a história do movimento psicanalítico", em *Jahrbuch für psychoanalytische und psychopathologische Forschungen*, Leipzig e Viena, 1914, p. 238. A questão era saber quem deveria ser, na opinião de Freud, o "chefe" ou "líder" do movimento psicanalítico, e o voto dele fora para C.G. Jung. "Eu não supunha naquela data que, apesar de todas as vantagens apontadas, esta escolha fosse tão infeliz, que tivesse recaído numa pessoa incapaz de tolerar a autoridade de outro e menos capaz ainda de exercê-la ele mesmo e cuja energia estava egoisticamente voltada para os próprios interesses". Ferenczi chamou este escrito de "bomba". Cf. E. Jones, *Sigmund Freud* II, p. 185. Cf. também carta a Benda, de 19.06.1934, nota 3.

2. Cf. carta a Maeder, de 29.10.1913. Jung havia escrito a Bjerre em 10.11.1913: "Há tempos Freud me desacreditou pessoalmente, colocando em dúvida minha boa-fé (uma carta ao Dr. Maeder). Este procedimento desleal obrigou-me a pedir demissão do cargo de redator do *Jahrbuch*, o que Freud

aceitou de imediato, pois trabalha consequentemente no sentido de afastar tudo o que não segue o seu dogma. Naturalmente a culpa caiu em mim; teria tido, por exemplo, um comportamento dúbio no congresso (Munique, setembro de 1913), trabalhando desde o começo *partidariamente contra os vienenses* etc. Desnecessário se faz levantar toda a sujeira de novo".
3. O congresso não se realizou devido ao início da guerra.
4. Em 30.09.1913 Jung escreveu a Bjerre: "Houve grande barulho no mundo psicanalítico desde Munique. De Viena vem a afirmação: Nós em Zurique nunca conhecemos a verdadeira e correta análise, somos teologicamente ocultistas, introduzimos exigências éticas no paciente que ele não tem(!) etc. Nenhum traço de querer entender o nosso ponto de vista".
5. A carta que continha críticas ao trabalho analítico com Jung foi publicada por Freud em "Sobre a história do movimento psicanalítico".

Ao Dr. med. Hans Schmid-Guisan[1]
Basileia

06.11.1915

Prezado amigo,

[...] Entrementes e após longa reflexão tornou-se claro para mim o problema da *resistência contra o entendimento*. Ajudou-me nesta compreensão *Brígida da Suécia* (1302-1373). Numa visão ela viu o diabo falando com Deus, e disse o seguinte sobre a psicologia do diabo:

– "Sua barriga está inchada porque sua gula não tem limites. Eles se enchem, mas não ficam saciados. E tão grande era sua gula que, se pudessem, teriam se esforçado para abranger o mundo todo e, além disso, para governar o céu. Gula semelhante tenho eu. Se eu pudesse ganhar todas as almas do céu, da terra e do purgatório, de boa vontade as arrebanharia". O diabo é portanto o engolidor. Compreender = *comprehendere* = καταουλλαμβάνειν[2] também é um engolir. O entendimento engole. Mas não nos devemos deixar engolir, quando não estamos dispostos a bancar o herói; deveríamos realmente ser alguém que pode vencer o monstro a partir de dentro. Pressuposto também que o outro assuma o papel de Pantagruel e engula heróis indigestos. Portanto, seria melhor não "entender" as pessoas que possam ser heróis, pois isto poderia ser-nos prejudicial. Podemos sucumbir ao lado delas. No querer entender, que parece tão ético e humano em geral, está oculto um querer diabólico que se torna perceptível, se não primeiramente a mim, mas ao outro. O entendimento é uma força tremendamente comprometedora, sob certas circunstâncias um verdadeiro assassinato da psique, sobretudo quando iguala diferenças de importância vital. O cerne do indivíduo é um mistério da vida que desaparece quando é "entendido". Por isso os símbolos querem ser também misteriosos; não o são apenas porque não se pode compreender claramente o que está em sua base. O símbolo quer evitar interpretações freudianas que de tão estúpidas nunca lhes falta o efeito. A compreensão "analítica" atua no paciente de maneira destrutivamente tão salutar quanto um remédio ou uma cauterização, mas sobre um tecido saudável atua de maneira funesta e destruidora. É uma técnica que aprendemos do diabo: agir destrutivamente, mas de maneira proveitosa onde a destruição é necessária. Mas não podemos cometer erro maior do que aplicar essa técnica a uma (pessoa consciente). E ainda mais do que isto! Toda compreensão em geral, que é uma integração em pontos de vista gerais, tem em si o elemento demoníaco e mata. É arrancar a vida alheia para fora de seu próprio caminho e forçá-la para dentro de uma vida estranha na qual não consegue viver. Por isso precisamos ajudar a pessoa, no estágio mais adiantado da análise, a alcançar aqueles símbolos ocultos onde está encerrado o embrião, como a tenra semente na casca dura. Sobre isso não deve haver propriamente entendimento algum, nem de certo modo, se algum fosse possível. Mas se o entendimento sobre isso for possível em geral e abertamente, então o símbolo estará maduro para a destruição, pois não protege mais o embrião que está em perigo de crescer para fora da casca. Compreendo agora um sonho que tive e que me impressionou muito: *Estava em meu jardim e havia escavado uma fonte abundante de água. Tive então de cavar um canal e um buraco profundo onde armazenar a água e devolvê-la à profundeza da terra*. Por isso nos é concedida a salvação em símbolos impenetráveis e indizíveis, pois ela nos protege contra o demônio que pretende engolir a semente da vida. O ameaçador e perigoso da análise está no fato de a pessoa ser aparentemente entendida: o diabo devora sua alma nua, indefesa e despojada de seu envólucro, como uma criança que foi dada à luz. Este é o dragão, o homicida, que sempre ameaça o filho de Deus recém-nascido. Deve ser novamente protegido da "compreensão" da humanidade.

A verdadeira compreensão, no entanto, parece ser o que não entendemos, mas que assim mesmo é e atua. Como, certa vez, São Luís foi visitar incógnito a Santo Egídio e quando os dois, que não se conheciam, viram um ao outro caíram de joelhos um diante do outro, abraçaram-se e se beijaram – mas *nada falaram*. Seus deuses se reconheceram e o seu humano os acompanhou. Temos de entender o divino em nós, mas não o outro, uma vez que ele mesmo é capaz de andar e compreender. Temos de entender o doente, pois ele precisa dos remédios cáusticos. Deveríamos bendizer a cegueira para com os mistérios do outro; ela nos impede de praticar violências demoníacas. Deveríamos ser um conconhecedor de nossos próprios mistérios, mas guardar recatadamente nossos olhos diante do mistério do outro, uma vez que não precisa de "compreensão" devido à sua incapacidade. [...]

Com os melhores votos de seu
Jung

1. Dr. med. Hans Schmid, Basileia, 1881-1932. Psicoterapeuta e amigo de Jung. Nos anos 1915-1916[e] houve entre eles uma troca intensa de correspondência sobre o tema dos tipos psicológicos, principalmente sobre a hipótese, abandonada mais tarde, de uma equiparação entre introversão e pensamento, e entre extroversão e sentimento. No "prefácio" (1920) de *Tipos psicológicos* Jung escreveu: "Devo a esta troca de ideias muitos esclarecimentos; e também muita coisa foi aproveitada – ainda que de forma modificada e várias vezes retrabalhada – em meu livro. Esta troca de cartas pertence à fase preparatória, e sua divulgação traria mais confusão do que clareza. Contudo, sinto-me obrigado a expressar aqui meus agradecimentos a este amigo". A correspondência, que se acreditava perdida, foi encontrada pela filha do Dr. Schmid, Marie Jeanne Boller-Schmid, secretária de Jung de 1932-1952. Devido às dificuldades mencionadas por Jung, não se pensou, ao menos por ora, numa publicação. O extrato, aqui publicado, de uma longa carta foge do estilo e do conteúdo do restante das cartas. Cf. Necrológio de Hans Schmid e o prefácio ao livro de H. Schmid *Tag und Nacht*, ambos escritos por Jung e publicados nas OC, vol. XVIII.
2. Para a etimologia, cf. *Símbolos da transformação*, 1952 (OC, vol. V, par. 682).

Ao Dr. med. Alphonse Maeder
Zurique

19.01.1917

Prezado amigo,

Permita-me este tratamento mais íntimo! Tenho necessidade de manifestar-lhe outra vez minha alegria que senti ontem à noite quando percebi que nos aproximamos intelectualmente pelos caminhos mais diversos. Esta compreensão me trouxe grande alívio após as experiências funestas da última semana.

Queira aceitar o pequeno presente que vai junto com esta – é o fragmento de um contexto maior[1]. Não tenho nenhum mérito nisto, também não pretendo ser ou parecer alguma coisa, mas *é* – simplesmente isto. Por isso não podia atrever-me a colocar nele o meu nome, mas escolhi o nome de uma grande figura espiritual dos primeiros tempos do cristianismo, figura essa que o cristianismo relegou. Caiu-me do céu, repentinamente, como um fruto maduro na aflição de um tempo difícil; ele acendeu-me uma luz de esperança e de consolo nas horas de dor. Não terá para o senhor maior significado do que eu mesmo lhe atribuo: um sinal de minha alegria devido ao nosso silencioso entendimento de ontem à noite.

Gostaria de pedir-lhe que reservasse para ele um lugar discreto em sua mesa de trabalho. Não gostaria que mão profana perturbasse a memória daquelas noites claras.

Saudações cordiais de seu amigo
Jung

1. C.G. Jung, *Septem sermones ad mortuos*, edição particular publicada sob o pseudônimo "Basilides de Alexandria". O poema e a história de sua origem, em *Memórias*.

Ao Dr. med. Alphonse Maeder
Zurique

26.02.1918

Prezado amigo,

Receba minhas sinceras condolências pela morte de sua mãe. A morte é uma fiel companheira da vida e segue-a como sua sombra. Temos de aprender ainda que vontade de viver é igual a vontade de morrer.

Cordialmente, seu amigo
Jung

Destinatário não identificado
Zurique

03.08.1918

Prezado Doutor N.,

Naturalmente compartilho com o senhor a grande alegria pelo seu êxito. O fato de ter gasto muito tempo na consecução deste objetivo e de ter sentido grande nervosismo na pesquisa não deve atormentá-lo. A natureza neurótica exige grande sacrifício, bem como esforço e paciência maiores do que a natureza normal. Por isso também será recompensada esta seriedade ética, seja por resultados externos, seja pela bênção da compreensão mais profunda do mundo e da psique. As sublevações do espírito do mal também são experiências válidas que fortalecem a paciência e a pertinácia quando, como aconteceu com o senhor no caso presente, a gente se deu o trabalho de provar que, apesar de tudo, o esforço empregado valeu a pena.

Desejo de coração que prossiga obtendo bons resultados.
Saudações ao senhor e à sua esposa.

Sinceramente
Dr. Jung

À Marianne Jung[1]
Küsnacht-Zurique

London, July 1th 1919

Querida Marianne,

É muita amabilidade sua que também me tenha escrito uma carta. Isto me alegrou muito e por isso lhe escrevo também uma carta. Se não conseguir lê-la, sua mãe a lerá para você. Comprei aqui uma boneca. Ela é talhada em madeira marrom e provém da Índia. Mas é para a mamãe. Eu a levarei na minha mala. Eu moro aqui numa casa grande. Cada dia passam diante dela em torno de cinco mil carros. Toda manhã passam a cavalo os guardas com armaduras douradas, penachos vermelhos e capas pretas. Eles vão ao palácio do rei para proteger o rei, a princesa e os príncipes. O rei guarda sua coroa de ouro e seu cetro de ouro num outro palácio, numa torre alta. Nela há grossas grades e portas de ferro. De dia a coroa fica no alto da torre, e pode-se vê-la; de noite é descida, juntamente com o cetro, para um porão profundo, fechado com chapas de aço. Assim ninguém pode roubá-la. Na coroa há pedras preciosas do tamanho de ovos de pomba. Ao redor do palácio há uma tríplice muralha e fossos, e nos portões há soldados. Londres está perto de um grande rio, onde navegam grandes navios como no mar. Todo dia o rio corre durante seis horas para baixo e, depois, seis horas para cima. Quando corre para baixo, os navios que vão viajar partem para o mar; quando corre para cima então entram para a cidade os navios que estavam esperando lá fora.

Imagine que em Londres moram mais do que o dobro de pessoas de toda a Suíça. Também moram chineses aqui.

Muitas lembranças a você e a Lilli[2]
De seu pai

1. Marianne Jung, filha de C.G. Jung, mais tarde senhora Niehus-Jung. Até sua morte, em março de 1965, pertenceu ao comitê de edição das cartas de seu pai e foi uma das editoras da edição alemã das Obras Completas. Cf. carta a Niehus, de 17.07.1956.
2. A filha mais nova de C.G. Jung, mais tarde senhora Dr. L. Hoerni.

A Hermann Hesse

03.12.1919

Prezado Senhor Hesse,

Devo agradecer-lhe de coração o livro magistral e verdadeiro *Demian*. É indiscrição e impertinência de minha parte romper o seu pseudônimo, mas quando li o livro tive a impressão de que ele me chegou via Luzerna[1]. Não o reconheci nos esboços de Sinclair no NZZ[2], mas sempre me perguntei que tipo de pessoa seria esse Sinclair, pois a psicologia dele me parecia bem especial. Seu livro[3] chegou num momento em que eu estava de novo oprimido pela consciência obscurecida do homem moderno e por sua teimosia sem esperança, como se apresentava o pequeno Knauer[4] a Sinclair. Por isso o seu livro exerceu sobre mim o efeito da luz de um farol em noite tempestuosa.

Como toda vida humana bem-vivida, um bom livro deve ter um fim. O seu tem o melhor possível dos fins, onde tudo o que passou tem realmente um fim e onde tudo recomeça, com o qual começou o livro, isto é, com o nascimento e o desenvolvimento do homem novo. A grande Mãe ficou grávida da solidão daquele que procura. Ela deu à luz (na explosão da granada[5]) o homem velho para a morte e implantou no novo a mônada eterna, o mistério da individualidade. E assim como reaparece o homem renovado, também reaparece a Mãe – numa mulher sobre esta terra.

Poderia contar-lhe um pequeno segredo[6] sobre Demian do qual o senhor se tornou testemunha, mas cujo sentido o senhor escondeu do leitor e talvez de si mesmo. Poderia dar-lhe algumas informações satisfatórias sobre isso, pois sou amigo de Demian há muito tempo e ele me iniciou recentemente em seus assuntos particulares – sob o selo da mais profunda discrição. Mas o senhor terá confirmada esta alusão no decorrer dos anos.

Espero que não pense que estou querendo me tornar interessante fazendo mistérios; meu *amor facti* é sagrado demais para fazer isso. Queria apenas, por gratidão, mandar-lhe o pequeno presente[7] de minha grande consideração diante de sua lealdade e veracidade, sem as quais não se pode ter intuições tão pertinentes. Talvez o senhor adivinhe a passagem de seu livro a que me refiro.

Providenciei imediatamente um exemplar de seu livro para a nossa biblioteca do clube. Ele é saudável em todos os sentidos e conduz ao caminho.

Não leve a mal minha invasão. Ninguém sabe disso.

Com elevada consideração e agradecimento cordial de

C.G. Jung

1. Em Luzerna morava naquela época o Dr. Josef B. Lang, discípulo de Jung, com o qual Hesse trabalhou analiticamente em 1916. Cf. carta a Maier, de 24.03.1950, nota 2.

2. E. Sinclair, "Der Europäer, eine Fabel" (NZZ, 4 e 6 de agosto de 1918, n. 1.026 e 1.032), bem como E. Sinclair, "Aus dem Jahre 1925, Skizze" (NZZ, 20 de maio de 1919, n. 744).

3. O romance de Hermann Hesse, *Demian. Die Geschichte einer Jugend* foi publicado em 1919 pela editora S. Fischer, sob o pseudônimo Emil Sinclair. Em 1920, Hesse assumiu a autoria. Hesse tomou o nome de Isaak von Sinclair, 1775-1815, um amigo de Hölderlin.

4. Um colega de estudos de Sinclair.

5. Numa explosão de granada, que o feriu, Sinclair teve a visão de uma "figura imponente de mãe, com estrelas brilhantes no cabelo, grande como uma montanha, com os traços da mulher Eva (mãe de Demian)".

6. Não foi possível decifrar o sentido dessas linhas, mas não está excluída a hipótese de que elas façam alusão à figura gnóstica de Abraxas que tem um papel tanto em *Demian* como nos *Septem Sermones ad Mortuos*, de Jung, e que encontramos também na primeira exposição de Jung sobre as mandalas (1916). Cf. o frontispício do vol. IX/1 das Obras Completas.

7. Trata-se provavelmente dos *Septem Sermones ad Mortuos* (edição privada em 1916, e agora como apêndice em *Memórias*) que Jung enviou de presente a Hesse.

A publicação dessa carta foi gentilmente autorizada por Suhrkamp-Verlag.

Ao Dr. Albert Oeri[1]
Basileia

11.12.1920

Prezado amigo,

Ainda que tardiamente quero expressar-lhe meus mais sinceros pêsames pelo falecimento de sua mãe. Soube da triste notícia apenas quando voltei à Suíça, após longa estadia na Inglaterra. Um acúmulo de trabalho atrasado ainda me impediu por longo tempo de dar atenção à minha correspondência.

Espero que tudo esteja bem com você, sua família e com a afilhada, à qual envio saudações especiais[2]. Infelizmente nunca vou a Basileia, mas talvez a afilhada possa visitar-nos no próximo verão. Nós a levaremos junto no grande veleiro para a ilha encantada do Lago Superior, onde os patos selvagens, os abibes e as cotovias chocam os ovos entre os juncos. Certamente isto vai agradar-lhe.

Cordiais saudações de seu amigo
Jung

1. Dr. phil. Albert Oeri, 1875-1950, redator-chefe do *Basler Nachrichten*, desde 1931 membro do conselho nacional. Os pais dele e os de Jung eram amigos íntimos; ele e Jung eram amigos durante o período escolar. Cf. *Memórias*, p. 102s. Cf. também A. Oeri, "Ein paar Jugenderinnerungen", em *Die kulturelle Bedeutung der Komplexen Psychologie*, escrito comemorativo dos 60 anos de Jung, Berlim, 1935. Cf. Jung, "O enigma bolonhês", contribuição para o escrito comemorativo de Alberto Oeri, Basileia, 1945; agora capítulo II de *Mysterium coniunctionis* I.
2. A filha mais velha de Oeri, agora senhora Dr. Marianne Flügge-Oeri, era afilhada de Jung. Dr. Oeri, por sua vez, era padrinho da segunda filha de Jung, agora senhora Dr. Gret Baumann-Jung.

A Hermann Hesse[1]
Montagnola/Tessin

28.01.1922

Prezado Senhor Hesse,

Receba meu cordial agradecimento por seus belos poemas[2], por cuja edição gostaria de parabenizá-lo. Conforme pude ver nos jornais, o senhor achou horríveis de certa forma os *Literaturbrüder* de Hottingen[3] com sua autobiografia que excede os limites[4]. Quem é afinal de contas o crítico do NZZ?[5] Ele possui um estilo lamentável. Tive de deplorá-lo mentalmente, mas espero que o sol de Montagnola apague rapidamente essas vulgaridades cisalpinas.

Seus poemas são para alguém, como eu, que nunca lê poesia, simplesmente belos.

Saudações cordiais de seu
(C.G. Jung)

1. Hermann Hesse, 1877-1962, Prêmio Nobel de Literatura, 1946.
2. *Gedichte des Malers*, editora Seldwyla, Berna, 1920, agora em Obras Completas V, Frankfurt no Meno e Zurique 1957.
3. Círculo de leitura de Hottingen.
4. "Aus einem Tagebuch des Jahres 1920". Parece que Hesse fez uma preleção sobre este livro no círculo de leitura de Hottingen (23.01.1922). O fragmento ampliado foi publicado em *Corona*, revista bimestral de poesia e pesquisa, III, 2, 1932, e depois sob o mesmo título na série "Die kleinen Bücher der Arche", Zurique, 1960.
5. *Neue Zürcher Zeitung*, n. 120, 27.01.1922.

A biblioteca nacional de Berna colocou gentilmente à nossa disposição fotocópias das cartas de Jung a Hesse, de 28.01.1922, 19.09.1924, 01.10.1934, 18.09.1934, 27.10.1936 e 19.07.1950.

Ao Dr. med. Theodor Bovet[1]

25.11.1922

Prezado senhor,

Quanto mais valorizo sua coragem, tanto menos devo ocultar-lhe que o problema que pretende discutir é um problema "com chifres". Considere o senhor que a minoria das pessoas tem a coragem de falar sinceramente sobre isso e que a hidra de mil cabeças torcerá o pescoço de quem ousar dizer a verdade. A maioria das pessoas mente, por querer ou sem querer, quando precisam falar desse assunto. E assim mesmo o senhor tem razão quando diz que o problema do amor é um dos mais importantes da vida humana. Mas é também o mais difícil falar sobre o mais importante. Por isso as pessoas têm um receio natural, uma espécie de reverência, dado que ele inspira todas as coisas grandiosas e potentes. Considero portanto o seu empreedimento no mínimo muito arriscado[2]. O fato de me haver escolhido como conferencista eu o acolho com sentimentos confusos, pois o problema do amor se apresenta a mim como uma montanha terrivelmente alta que, com toda a minha experiência, apenas se tornou cada vez mais alta sempre que pensei tê-la quase escalado. Mas, sem dúvida, semelhante discussão faz parte de uma nova orientação de nossa época, e estou disposto a colaborar, dentro do possível, para o êxito de sua discussão. Peço que marque a discussão para o final de dezembro, a fim de que eu tenha tempo de redigir uma conferência decente. Peço ainda que me indique onde será esta noite. Para mim seria melhor numa noite de quinta ou sexta-feira.

Com respeitosa estima

Dr. C.G. Jung

1. Dr. med. Dr. theol. h.c. Theodor Bovet, nascido em 1900, psiquiatra. Desde 1949 conselheiro de questões matrimoniais por encargo da Igreja reformada de Zurique e Basileia. Fundador da gamologia, a ciência do casamento.

2. Dr. Bovet convidou Jung para falar aos estudantes da Universidade de Zurique sobre o problema amoroso dos estudantes. A conferência de Jung (dezembro de 1922), "O problema amoroso do estudante" está em OC, vol. X.

A Oskar A.H. Schmitz[1]
Darmstadt

26.05.1923

Prezado senhor,

Li o seu livro[2] com atenção. Quero agradecer-lhe novamente pelo gentil envio.

Permita-me apenas algumas observações. Desde que considerei tanto os métodos ψα (psicanalíticos) quanto os ψσ (psicossintéticos) como um meio de autoaperfeiçoamento, sua comparação com os métodos da ioga me pareceu sumamente instrutiva. Mas acho que se deve enfatizar que se trata apenas de uma analogia, visto que muitos europeus hoje em dia têm a tendência de transferir inadvertidamente ideias e métodos orientais para a mentalidade ocidental. Isto, segundo minha opinião, não é vantagem para nós nem para estas ideias. Pois o que nasceu do espírito oriental baseia-se na história específica daquela mentalidade que é substancialmente diferente da nossa. Esses povos tiveram um desenvolvimento ininterrupto desde o estado primitivo da polidemonia natural até o politeísmo em sua forma mais esplendorosa, e daí para a religião das ideias na qual foi possível desenvolver-se a práxis originalmente mágica de um método de autoaperfeiçoamento. Estes pressupostos não são válidos para nós. Quando a raça alemã encontrou-se com o cristianismo romano estava ainda no estado terminal da polidemonia e com inícios do politeísmo. Mas ainda não havia um verdadeiro sacerdócio e um culto organizado. Como os carvalhos de Wotan, foram derrubados os deuses, e sobre os tocos foi instalado o cristianismo incongruente, surgido de um monoteísmo de um plano cultural bem mais elevado. O povo germânico sofre dessa atrofia. Tenho boas razões para supor que todo passo para além do presente tem de começar lá embaixo, junto aos demônios cortados da natureza. Isto significa que há necessidade de recuperar todo um trecho do primitivismo. Parece-me, pois, ser grave erro plantar sobre o nosso estado já atrofiado mais um arbusto estranho. Com isso o prejuízo original torna-se pior. Esta ânsia pelo estranho e pelo distante é doentia. Também é impossível avançar em nosso estado cultural hodierno se não recebermos um subsídio de força de nossas raízes primitivas. Mas só receberemos este subsídio se voltarmos de certa forma para trás de nosso estágio atual de cultura e dermos uma oportunidade para que o primitivo reprimido se desenvolva. Como isto deve acontecer é uma incógnita cuja solução procuro há anos. O senhor sabe que sou médico e, por isso, condenado a colocar minhas especulações sob as rodas da realidade. A vantagem disso é garantir que tudo que não é suficientemente firme acaba sendo triturado.

Este fato levou-me a um caminho inverso daquele que os senhores parecem seguir em Darmstadt. Tenho a impressão de que os senhores constroem por cima, como se fizessem uma construção sobre o que já existe. Mas o que já existe está podre. Precisamos, em parte, de novos fundamentos. Por isso precisamos cavar em direção ao primitivo. Somente do conflito entre o homem civilizado de hoje e o primitivo germânico surgirá aquilo de que precisamos, ou seja, uma nova experiência de Deus. Não creio que este objetivo possa ser alcançado mediante exercícios artificiais.

Creio que me diferencio bastante de Darmstadt neste ponto, ao menos enquanto avalio os esforços dos senhores. O seu livro, brilhantemente escrito, com muitas ideias profundas e verdadeiras, terá certamente uma influência estimulante. Mas no tocante à prática, não posso ocultar as minhas dúvidas. Escrevi alguma coisa sobre isso em meu capítulo sobre Schiller[3].

Evidentemente não se deve fazer nenhuma comparação entre Darmstadt e a teosofia, mas parece-me que em ambos os casos existe o mesmo perigo: constrói-se uma casa nova sobre os fundamentos velhos e irresistentes, coloca-se vinho novo em odres velhos. Com isso encobrem-se as avarias existentes, mas a construção nova não resiste. A pessoa precisa antes de tudo ser mudada a partir de dentro, caso contrário assimilará simplesmente o novo material ao esquema antigo.

O senhor não acha arriscado oferecer um material de legendas antigas à necessidade metafísica de nosso tempo? O que teria acontecido no primeiro século do cristianismo se fossem tomadas como tema e motivo de meditação as legendas de Dioniso?

Não seria melhor deixar que Deus mesmo falasse, apesar do temor bem compreensível da experiência primitiva? Considero minha tarefa e obrigação instruir os meus pacientes e alunos de tal forma que estejam em condições de assumir o desafio direto que está dentro deles. Este caminho é tão penoso que eu não consigo enxergar como este sofrimento inevitável do caminho possa ser substituído por algum outro procedimento. Tive uma impressão profunda e indelével, pelo estudo dos escritos cristãos primitivos, de como é assustadoramente séria a experiência de Deus. Hoje em dia não será diferente. Mas não consigo descobrir na posição defendida por Rousselle[4] nada do conflito consternador com o mundo, que é sempre o companheiro inseparável da experiência religiosa primitiva. Como o senhor sabe, em Rousselle pessoalmente a escuridão está enterrada bem fundo. Mas nós precisamos dela e de seu medo, caso contrário não sabemos o que é luz.

Entendo perfeitamente que o senhor não quisesse abordar tais abismos num livro, por isso não quero concluir a partir do caráter de seu livro que o senhor não tenha consciência desses abismos.

O senhor conhece os sonhos de Keyserling? O senhor acha que foi fácil para ele suportar o choque quando viu o rosto de sua própria sombra? Ainda não vi ninguém que não experimentasse horror ao lhe acontecer semelhante coisa, e que depois disso não falasse coisas sem sentido, delirando. No horror das fantasias de Meyrink[5] repercutem ecos disso. E é surpreendente que até agora (ao menos em seus escritos) não se tenha conformado. Para mim é uma incógnita como ele se porta pessoalmente diante do que escreve.

Queira desculpar minha exposição franca. Nunca escrevi uma carta tão longa sobre um livro. Disso pode concluir como seu livro é importante para mim.

Com os melhores agradecimentos e saudações cordiais,

atenciosamente
Jung

1. Oskar A.H. Schmitz, 1873-1931, contista alemão, discípulo de Jung, iniciou o Conde Keyserling na filosofia de Jung e fez com que Jung fosse convidado para a reunião da "Escola da Sabedoria" em Darmstadt. Cf. carta a Keyserling, de 21.05.1927, nota 1. Obra de Schmitz, entre outras: *Psychoanalyse und Yoga*, Darmstadt, 1923. Cf. também *Sinnsuche oder Psychoanalyse*, correspondência entre o Conde Hermann Kyserling e Oskar A.H. Schmitz, editado pela Condessa Goedela Keyserling, Darmstadt, 1970.
2. *Psychoanalyse und Yoga*.
3. "As ideias de Schiller sobre o problema dos tipos", em *Tipos psicológicos* (OC, vol. VI).
4. Dr. phil. Dr. iur. Erwin Rousselle, 1890-1949, professor de sinologia e budologia, manchu e tibetano.
5. Gustav Meyrink, 1868-1932, escritor. Obras mais conhecidas antes de 1923: *Der Golem*, 1915, e *Das grüne Gesicht*, 1916.

To Dr. Henry A. Murray[1]
Cambridge, Mass. EUA

02.05.1925

My dear Murray,

Agradeço muito a sua amável carta. Se o senhor falar tantas coisas boas e positivas, devo tomar cuidado para não ser arrebatado pela megalomania. É muito importante ficar com os pés no chão, pois o espírito tende sempre para o céu qual chama, tanto destruindo como iluminando. Reconheço agradecido suas reações espontâneas e simpatizo com seu entusiasmo porque estou profundamente convencido de que aquelas ideias que me vieram à mente são coisas maravilhosas. Isto posso dizer com toda franqueza (sem enrubescer), pois sei o quanto resisti e o quão tolo e obstinado fui até conseguir entender sua linguagem simbólica que ultrapassava minha mente obtusa, consciente.

Sua visita foi para mim uma alegria e um refrigério; há poucas pessoas que sabem compreender a clareza dos "profunda coeli".

Passei três semanas na Torre[2], onde, inspirado pela atmosfera típica do lugar, revi a terceira edição de um pequeno livro meu[3].

[...]

Yours sincerely
C.G. Jung

1. Henry A. Murray, agora professor emérito de psicologia clínica na Universidade de Harvard, diretor da clínica psicológica de Harvard.
2. A "Torre" era a casa de férias de Jung, em Bollingen, no Lago Superior de Zurique. Cf. *Memórias*, p. 277s.
3. *A psicologia do inconsciente*. O livro foi originalmente publicado sob o título *Das Unbewusste im normalen und kranken Seelenleben* (O inconsciente na vida psíquica, normal e patológica, em OC, vol. VII).

A Hans Kuhn[1]
Bollingen, Suíça

Bunambale Bugisu
Uganda, 01.01.1926

Prezado Hansli,

Prometi a você uma carta da África[2]. No dia 15 de outubro partimos da Inglaterra para Lisboa, Málaga, Marselha e Gênova. No dia 7 de novembro estávamos em Port Said no Egito. Então navegamos pelo Mar Vermelho; em ambos os lados há desertos, montanhas rochosas e nenhuma vegetação. À noite tínhamos uma temperatura de 30 graus e de dia, 32 graus. No dia 12 de novembro chegamos a Mombasa, na África Oriental. Já de manhã cedo, antes do sol nascer, tínhamos 28 graus de temperatura. A cidade inteira consta de cabanas, cobertas de capim, negros e selvagens por toda parte. Altos pés de coco. Depois de dois dias viajamos de trem (bitola estreita) para o interior onde estão as grandes estepes. Viajamos durante 24 horas. A terra ali é vermelha; a poeira vermelha voava ao redor do trem, de modo que as nossas roupas brancas ficaram vermelhas. Vimos muitos negros selvagens Massai com longas lanças e escudos, estavam completamente nus, só se cobrindo com um couro de boi. Tinham os lóbulos das orelhas furados dos quais pendiam argolas de latão tão pesadas que os lóbulos tinham dez centímetros de comprimento. As mulheres tinham argolas de ferro nos tornozelos que às vezes chegavam aos joelhos. Viajamos através da mata virgem onde havia macacos nas árvores; depois chegamos a enormes planícies onde avistamos rebanhos inteiros de antílopes e zebras. Avestruzes apostavam corrida com o trem. Finalmente chegamos a Nairóbi, capital do Quênia. Lá compramos duas espingardas e 400 cartuchos. Ali contratamos quatro serviçais negros e um cozinheiro. Então viajamos de novo de trem, um dia inteiro, até o final da linha férrea. Lá tomamos uma caminhonete de carga para nossas bagagens, barracas, vasilhames etc. e percorremos mais 100 quilômetros. Chegamos à mata virgem e, então, à terra dos negros Kavirondo. Andamos então com 48 carregadores durante cinco dias até chegarmos ao sopé de um vulcão extinto. Esta montanha chama-se Elgon ou Masaba; tem 4.300 metros de altura e para chegar do pé até o cume é preciso andar uns 60 quilômetros. Nós andamos uns 12 quilômetros acima, até chegarmos às matas virgens colossais e impenetráveis. Ali fizemos nosso acampamento. Quase todas as noites ouvíamos leões, e leopardos e hienas rondavam o acampamento. Ficamos lá três semanas, subíamos as montanhas e observávamos os negros selvagens. Eu aprendi a língua deles. Matamos e carneamos um boi inteiro. Logo vieram grandes águias para roubar a carne. Nós atirávamos nelas. Vieram então os nativos e nos pediram as tripas e os pés do boi. Eles os espetaram logo em espetos de pau, fizeram fogo, seguraram as tripas um pouco por cima do fogo e as devoraram quase cruas. Nós secamos a carne ao sol. Nosso acampamento estava a 2.000 metros de altitude. Eu subi até 2.900 metros. Lá em cima há florestas de bambu cheias de búfalos e rinocerontes. Esses animais são muito perigosos. Tínhamos que ter sempre as espingardas prontas para atirar. Matamos três grandes cobras venenosas. Uma delas desceu de repente de uma colina e quis atirar-se sobre Mr. Beckwith[3]. Mas ele conseguiu dar-lhe um tiro na cabeça. Era toda verde, com aproximadamente 3 metros de comprimento. Estou levando comigo para casa duas peles de cobra. Faz uma semana que passamos para o lado sul da montanha numa altitude de 2.000 metros. Aqui há muitos búfalos e leopardos, também aparecem giboias. Amanhã andaremos até o Lago Vitória. Ele é tão grande que um barco a vapor precisa de 13 dias para dar a volta nele. No dia 15 de janeiro começamos a viagem pelo rio até o Egito; levará umas seis semanas. No início de abril chegarei em casa, e logo também a Bollingen.

Saudações a você, a seus pais e irmãos
Dr. C.G. Jung

1. Quando Jung lhe escreveu, Hans Kuhn era um estudante de 16 anos de idade. Vivia em Bollingen, onde seu pai era guarda rodoviário. Quando, em 1922, Jung chegou pela primeira vez em seu barco a Bollingen, o rapaz estava por acaso no ancoradouro. Desde então tornou-se um ajudante constante e bem-visto na construção da Torre, na casa, no campo e no velejar.
2. Cf. o capítulo "Quênia e Uganda", em *Memórias*.
3. Mr. George Beckwith era um jovem americano, amigo de Jung e excelente caçador.

To Frances Wickes[1]
EUA

09.08.1926
Sils-Maria, Engadin

My dear Mrs. Wickes,

As más notícias sobre a sua saúde e sobretudo o problema dos seus olhos me afligiram bastante.

A senhora gostaria que lhe contasse algo da África[2]. Isto não é muito simples. Há muita coisa para contar, mas isto não valeria a pena; existe também uma série de pequenas coisas, e eu não sei exatamente o que dizer sobre elas. Há o fato de termos encontrado entre as tribos das encostas do Monte Elgon uma forma psicológica de religião nova e bem primitiva. Ninguém nos havia aconselhado ir até lá. Aparentemente veneram o Sol. Mas não é o Sol, é o instante de seu nascer: ele é um deus. Acho isto sumamente maravilhoso. Contém a origem da ideia egípcia de Hórus. Outro ponto é como a África nos afeta. Isto eu ainda não trabalhei a fundo. Não tive tempo de refletir sobre isto. Mas ainda o farei. Por enquanto terminei alguns ensaios antigos. Os pacientes me devoram. Mas as minhas resistências contra eles se condensam como nuvens tempestuosas. Eu deveria escrever muito mais. Ainda não disse tudo o que deveria dizer.

Meus calorosos votos de melhoras em sua saúde!

Yours sincerely,
C.G. Jung

1. Frances G. Wickes, 1875-1967, psicóloga analítica nos Estados Unidos. Publicações traduzidas para o alemão: *Análise da psique infantil* e *O mundo interior da pessoa*.
2. Cf. para isso o capítulo “Quênia e Uganda”, em *Memórias*, especialmente p. 270.

To Frances Wickes
EUA

27.08.1926

My dear Mrs. Wickes,

É terrível demais. Será que havia alguma coisa de errado com a glândula timo? Isto poderia ser a causa de morte tão repentina na juventude[1]. De qualquer forma, ele não se deu conta de que morria. Partiu num momento de alegria. Mas, que perda para a senhora! Gostaria de poder apertar-lhe a mão e dizer o quanto compartilho sua dor.

Yours affectionately,
C.G. Jung

1. O único filho de Mrs. Wickes, Eliphalet, morreu inesperadamente aos 21 anos de idade quando velejava nas costas do Maine, enquanto trabalhava como instrutor de um acampamento de garotos.

To Dr. London
EUA

24.09.1926

My dear Dr. London,

As notícias que o senhor ouviu sobre meus êxitos no tratamento da *dementia praecox* são provavelmente bastante exageradas. Na verdade só tratei alguns casos, e todos estavam num estado que poderíamos chamar de fluido, isto é, não cristalizado. Quando possível, recuso o tratamento desse tipo de paciente. É claro que é possível tratá-los, e até com certo êxito, mas o êxito quase nos custa a própria vida. Há necessidade de um estupendo esforço para conseguir reintegrar as partes dissociadas da psique. Isto não acontece com base numa técnica simples e clara de tratamento, mas exige uma atividade criativa, aliada a um conhecimento profundo da psique inconsciente. O que digo não são palavras altissonantes, mas simples constatações do estado atual das coisas. Curar uma neurose não é tão fácil, mas a cura de um paciente no limiar da *dementia praecox* é mais difícil ainda. Além disso, o tratamento da *D. p.* baseia-se totalmente nos conhecimentos empíricos adquiridos através das neuroses. Portanto, se quisermos aprender alguma coisa sobre o tratamento da *D. p.*, deveríamos começar com o estudo do tratamento analítico em geral. [...]

Yours sincerely,
C.G. Jung

To Frances Wickes
EUA

06.11.1926

My dear Mrs. Wickes,

Ninguém está livre de sofrimento enquanto nada na torrente caótica da vida. Portanto, só posso repetir: não se preocupe comigo. Sigo o meu caminho e carrego o meu fardo tão bem quanto possível. A senhora tem preocupações suficientes – e mais do que suficientes. Enquanto não tiver que fazê-lo para seu próprio bem, não se preocupe com coisas das quais eu mesmo devo cuidar. Não existe nenhuma dificuldade em minha vida que não seja exclusivamente eu mesmo. Ninguém deverá carregar-me enquanto eu puder manter-me sobre meus próprios pés.

Se estiver preocupada comigo, então deveria perguntar-se sobre o que a preocupa, mas não acredito que seja *eu* que a preocupo. Faço o melhor para estar à altura de mim mesmo. Isto ninguém pode fazer em meu lugar.

Yours cordially,
C.G. Jung

Ao Conde Hermann Keyserling[1]

21.05.1927

Prezado Conde,

Infelizmente é com atraso que respondo à sua carta. Com relação a X, apenas observei que ele tinha um enfoque predominantemente intelectual, como Scheler[2], e por isso deixou-se ofuscar por artes de prestidigitação intelectual. Mas isto nada tem a ver com os seus belos sonhos. Estes sonhos podem ocorrer seja qual for a atitude consciente. Os sonhos são sempre belos quando o desenvolvimento da personalidade deve proceder via inconsciente. "Beleza" é sinônimo de "estar seduzido ou cativado".

O seu caso parece ser outro: a execução própria[3], acompanhada de sentimentos de prazer, significa: o senhor deve executar-se conscientemente, isto é, escolher e querer uma outra atitude. O seu desenvolvimento passa obviamente no momento atual pela vontade consciente e não via inconsciente. Em outras palavras, a medida da experiência externa de vida e do mundo ainda não está esgotada para o senhor.

Respeitosas saudações de seu devotado
C.G. Jung

1. O Conde Hermann Keyserling, 1880-1946, era filósofo e escritor. Fundou em Darmstadt, em 1920, a "Escola da Sabedoria". Jung deu uma palestra lá em 1927 sobre "O condicionamento da psique à terra" (publicada mais tarde em dois ensaios: "A estrutura da alma", em OC, vol. VIII, e "Alma e terra", em OC, vol. X), e em 1930 sobre "O homem arcaico" (em OC, vol. X). Em 1927 conheceu Richard Wilhelm que também fazia parte dos conferencistas. Obras de Keyserling, entre outras: *Das Reisetagebuch eines Philosophen*, Munique, 1919; *Das Spektrum Europas*, Heidelberg 1928; *Südamerikanische Meditationen*, Stuttgart, 1932.
2. Max Scheler, 1874-1928, filósofo alemão.
3. A autoexecução foi o motivo principal de um dos sonhos narrados por Keyserling.

As cartas de Jung ao Conde Keyserling provêm de uma vasta correspondência que começou em 1923. O "Arquivo Keyserling" em Darmstadt concedeu a autorização para sua publicação, mas pediu que fosse indicado também o lugar onde estão publicadas as respostas de Keyserling a Jung. O editor é Dr. Hans G. Wiebe, Toronto.

To J. Allen Gilbert, M.D.[1]
EUA

19.06.1927

My dear Dr. Gilbert,

[...]

Fiquei satisfeito em saber por sua carta que nada se perdeu do que aconteceu.

Análise não é apenas "diagnóstico", mas antes é compreensão e suporte moral no esforço e experiência honestos que chamamos "vida". Nunca podemos saber melhor ou de antemão o que afeta o *indivíduo*. Só podemos ajudar a pessoa a se compreender a si mesma, a tomar coragem para a tentativa e o desafio. A parte invisível do trabalho vai muito além do que se pode publicar numa revista científica. Devemos ceder espaço ao fator irracional, ainda que tenhamos ódio dele.

Cordially yours,
C.G. Jung

1. J. Allen Gilbert, 1867-1948, médico e psicoterapeuta americano.

Ao Conde Hermann Keyserling

19.06.1927

Prezado Conde,

Quanto ao seu sonho[1] gostaria de observar ainda que "ser enforcado" tem o sentido de *suspensão* – um estado provisório ou de expectativa com oscilações de pêndulo, que representam suas digressões nas mais diversas áreas intelectuais. Pelo fato de o senhor falar muito, acumula internamente, de acordo com a lei do contraste, uma "calma" que se há de externar oportunamente (talvez só de modo sintomático e indireto).

Saudações cordiais de seu atencioso
C.G. Jung

1. Em sua carta de 23.05, o Conde Keyserling contou um sonho em que "fui enforcado não só uma vez, mas repetidas vezes, e estava pendurado tão alto que parecia pender do céu; e depois da queda eu ficava balançando na corda como no espaço vazio. Depois de minha morte, uma voz sempre gritava dentro de mim: a calma aumenta". Em sua resposta de 28.06, Keyserling declarou estar de acordo com a interpretação de Jung, sobretudo com a interpretação do enforcamento como suspensão.

To Christiana Morgan[1]
EUA

28.12.1927

My dear Christiana Morgan,

Não pense que foi esquecida. Seria um grave erro. Antes de mais nada precisa saber que eu vivia na doce ilusão de já lhe ter escrito – provavelmente porque eu pensava tanto na senhora e tinha tantas vezes a intenção de escrever-lhe que me pareceu finalmente já ter escrito. Como a senhora sabe, é sobrecarga de trabalho. Existe trabalho demais para ser feito!

Queira aceitar meus sinceros agradecimentos pela remessa das pinturas e do texto. Já examinei as pinturas, o texto ainda não. Acho que sua técnica melhorou muito. Uma das pinturas é quase igual à de Santa Hildegarda, do começo do século

XIII – isto eu descobri logo (É a ilustração com uma figura nua no centro do círculo[2]). Ela parece ser especificamente feminina. No homem há quase sempre uma abstração, por exemplo, uma figura geométrica, expressão de seu ser mais íntimo. Provavelmente logos e eros, impessoal e pessoal constituem a diferença fundamental entre homem e mulher. O seu material é *extremamente útil* para mim. Penso muitas vezes em trabalhar sobre ele, pois eu o considero um exemplo maravilhoso e especial do processo criativo de individuação.

No início de dezembro fui perseguido durante certo tempo por seu rosto. Naqueles dias deveria ter escrito, mas havia o problema do tempo.

Agradeço por tudo. "Não se recrimine!" A senhora é para mim uma realidade viva, ao passo que outros pacientes entraram no esquecimento e se tornaram sombras irreais no Hades. Mas a senhora continua viva. Evidentemente há uma espécie de laço vital entre nós (isto eu deveria ter dito há mais tempo). Provavelmente a senhora precisa também de uma confirmação de meu lado do oceano.

Diga a Jonah[3] e também ao seu marido que estão na minha lembrança.

A culpa de eu não escrever está nesse inferno de cartas, conferências e pacientes.

Mas a senhora, minha querida, querida (!!)[4] Christiana Morgan, é um pequeno milagre para mim. Não ria porque não há nada do que rir. A senhora tinha razão em recriminar-me.

Yours affectionately,
C.G.

1. Mrs. Christiana D. Morgan, analisanda de Jung. Ele abordou certo número de sonhos, imaginações e pinturas dela nos seminários dados em inglês no Clube Psicológico de Zurique. Cf. carta a Körner, de 22.03.1935, nota 2.
2. Cf. a figura 27 do ensaio de Jung "Sobre o simbolismo da mandala", em OC, vol. IX/1.
3. Cf. carta a R.E. Jones, de 06.01.1931 e nota 1.
4. Jung escreveu sem querer um segundo "dear", riscou-o e colocou em seu lugar dois pontos de exclamação.

Ao Conde Hermann Keyserling

02.01.1928

Prezado Conde,

[...] Sua volta para si mesmo, forçada pela doença, é sem dúvida algo que está na linha certa e faz parte daquilo que eu lhe desejo e que eu esperei que lhe acontecesse.

O senhor se identifica com o *Deus incansável e desalmado*, eternamente criador, que está dentro do senhor e por isso enxerga através de tudo que é pessoal – uma fatalidade gigantesca que seria ridículo louvar ou censurar! Eu tive de venerar o *amor fati* de Nietzsche, até que foi demais para mim[1]; construí então uma pequena casa bem afastada, nas proximidades das montanhas[2] e coloquei na parede uma inscrição esculpida na pedra: Philemonis sacrum Fausti poenitentia[3], e me "desidentifiquei" do bom Deus. Deste procedimento, certamente bem irreverente, eu nunca me arrependi. Por temperamento eu desdenho o "pessoal", o ser o "próximo", mas é um poder como a imensa força de tudo o que não é espiritual que eu temo. Ela pode colocar o meu corporal em oposição ao espiritual, de modo que eu caia paralítico por terra diante do cume do meu voo. Esta é a ameaça com a qual o senhor deve contar. Este é também o medo que impede o nosso amigo X de voar. Ele só deve ser intelectual.

Com sua doença o senhor pagou um tributo benéfico à terra. Esperamos que da próxima vez os seus deuses também sejam propícios!

Com os melhores votos para o Ano-novo, seu atencioso

C.G. Jung

1. Jung conta nas *Memórias* que seus anos de estudo do *Assim falou Zaratustra* foram uma "experiência fortíssima", como também do *Fausto*, de Goethe (p. 109). Sobre o *amor fati*, de Nietzsche, cf. entre outros lugares *Die fröhliche Wissenschaft*, cap. IV.
2. A Torre de Jung em Bollingen. Cf. o capítulo "A Torre", em *Memórias*.
3. O relicário de Filêmon, penitência de Fausto. Cf. *Memórias*, p. 238s.

Ao Conde Hermann Keyserling

12.05.1928

Prezado Conde,

Depois que minha assistente[1] decifrou seu criptograma a ponto de se poder pensar numa resposta, apresso-me em dar-lhe a desejada informação.

Minha viagem para dar conferências em Londres foi arranjada pelo New Educational Movement[2], mais especialmente por Miss Beatrice Ensor. Ao que me lembro, dividimos os honorários. Acredito que foi no Mortimer Halls que dei as conferências.

Minha expressão "ressentimento"[3] foi talvez mal-escolhida – a linguagem descuidada da psicologia clínica. Poder-se-ia dizer também: *O impulso para a alienação* que se desencadeou devido ao choque com o mundo[4]. Ele é muito bem caracterizado pela sua chegada onírica à calma cósmica e por seu papel como último dos seres humanos[5]. Não se abandona aquilo que se ama; o senhor ama pouco a terra e as pessoas. Isto se denomina ressentimento ou pode exprimir indiretamente um ressentimento. É isto o que quero dizer com a palavra ressentimento.

O *Neue Schweizer Rundschau* me ofereceu a possibilidade de escrever um artigo sobre o seu "Spektrum", o que fiz sob o título "Die schweizerische Linie im Spektrum Europas"[6]. Não esquecerei de mandar-lhe uma separata logo que o artigo for impresso. Ali eu disse algo mais do que em minha carta.

Não acredito que o "último ser humano" ria "feliz" e nem "homericamente", mas, com licença da palavra, mais ou menos como Nietzsche. Sem dúvida muito cômico – não mais um alfaiate que prega o último botão na última calça e sem lanche nem almoço no último sábado à noite desliza pelo declive do além – um espetáculo grandioso, jamais visto, maravilhosamente absurdo, quando antecipado. O "humor" de seu livro[7] soa como o riso em seu sonho, que me esclareceu o que o senhor entende em seu livro por humor. Eu nunca precisei rir quando li o seu livro, a não ser quando fala do clero "hähäre" – além disso nem uma vez. Também quando se lê Nietzsche não dá para rir. O riso da alienação não contagia.

Sempre ao seu dispor
C.G. Jung

1. A letra manuscrita de Keyserling era tremendamente difícil de decifrar. Na maioria das vezes era Emma Jung que fazia o trabalho da decifração.
2. A designação correta é "New Educational Fellowship"; fundadora e diretora era Miss Beatrice Ensor.
3. De uma carta de Keyserling, de 04.04.1928, deduz-se que numa carta, que não possuímos, Jung disse a Keyserling que no livro *Das Spektrum Europas* (1928) manifesta-se o ressentimento dele.
4. Na mesma carta Keyserling informa sobre as dificuldades durante sua viagem à América, e sobre sua vontade positiva ao isolamento.
5. Na mesma carta Keyserling relatou um sonho que se repetiu e que despertou nele um "sentimento de profunda felicidade": era o último dos seres humanos sobre a terra, "ao redor de mim apenas a calma cósmica, e eu ria, ria de felicidade como um herói homérico..."
6. "Die Bedeutung der schweizerischen Linie im Spektrum Europas" (O significado da linha suíça no espectro da Europa), em *Neue Schweizer Rundschau*, XXIV, 6, 1928 (em OC, vol. X).
7. Keyserling respondeu à observação de Jung sobre o seu ressentimento, acusando-o de não ter entendido o humor de seu livro.

A Meinrad Inglin[1]
Schwyz

Bollingen
02.08.1928

Prezado senhor Inglin,

Queira desculpar o meu silêncio irresponsável. Tive que esperar pelas férias para só então escrever cartas. Mas não queria deixar de agradecer-lhe pessoalmente por seu belo livro[2] que *pude* ler com profunda compreensão. Quero acentuar o *pude*, pois qualquer coisa de cunho literário que se produz hoje, sobretudo em língua alemã, é para mim uma quintessência de aborrecimento e de tortura mental. No caso de seu livro eu sabia do que o senhor estava falando: do grande mistério que envolve os lagos e montanhas da Suíça nos quais eu também me afogo às vezes. O senhor foi o *único suíço* que reagiu pessoalmente e por iniciativa própria ao meu artigo[3]. A este único eu devo escrever. Se o senhor não se chamasse Meinrad Inglin, e se este nome que soa legítimo fosse um pseudônimo, então eu quase duvidaria de que o senhor fosse suíço. Mas, como não duvido de sua autenticidade, eu digo: Graças a Deus, ao menos um cuja cabeça cresceu para fora da terra, de modo que ele pode ver a terra. Gostaria de enviar-lhe um exemplar de minha crítica, mas estou preso atualmente na contemplação diária do Buchberg em Schwyz, no Lago Superior, que está diante de mim. E isto vai prolongar-se por algumas semanas. Se o senhor olhar de Nuolen, poderá ver a minha pequena Torre onde moro.

Com saudações cordiais e agradecido
C.G. Jung

1. Meinrad Inglin, 1893-1971, contista suíço.
2. Inglin, *Lob der Heimat*, edição do autor, Horgen-Zurique, 1928.
3. Recensão de Jung de: Keyserling, *Das Spektrum Europas*, em *Neue Schweizer Rundschau*, XXIV, 6, 1928 (e em OC, vol. X).

A Jolan Jacobi[1]
Viena (St. Moritz)

(Cartão-postal)
Bollingen, 13.08.1928

Prezada e distinta senhora,

A saudação que me enviou de St. Moritz alegrou-me muito e trouxe à minha memória as horas agradáveis de sua mesa hospitaleira. [...]

Freiherr v. Gemmingen[2] induziu-me à tentação de falar novamente em Viena[3]. Deveria falar lá também aos médicos, mas tenho tantas obrigações que mal me atrevo a pensar nisso. Encontro-me atualmente na clausura, onde estou entretido e suando com o "Problema psíquico do homem moderno"[4]. Eu preciso ir à Associação Cultural de Praga, visita que prometi com certeza. Mas não esqueci Viena. Apenas não posso chegar de mãos vazias, e minhas conferências eu sempre preciso elaborá-las muito bem, o que custa bastante trabalho.

Por enquanto saúdo-a, atenciosamente
C.G. Jung

1. Jolan (mais tarde, Jolande) Jacobi, Dr. phil., nascida em 1890 em Budapeste, desde 1918 em Viena. Em 1928, vice-presidente e diretora do "Österreichischen Kulturbund", no qual Jung deu conferências. Desde 1938, após concluir os estudos de Filosofia e Psicologia, psicóloga analítica.

Membro da curadoria do Instituto C.G. Jung, em Zurique, até 1967. Obras, entre outras: *Die Pshychologie von C.G. Jung*, Zurique, 1939, com prefácio de Jung (em OC, vol. XVIII); *Komplex, Archetypus, Symbol*, Zurique, 1957; *Der Weg zur Individuation*, Zurique, 1965; *Frauenprobleme – Eheprobleme*, Zurique, 1968; *vom bilderreich der Seele*, Olten/Friburgo na Brisgóvia, 1969; *Die Seelenmaske*, Olten/Friburgo na Brisgóvia, 1971.

2. Freiherr Otto von Gemmingen era secretário do "Österreichischen Kulturbund".

3. Em 1928, Jung falou pela primeira vez no recinto do "Österreichischen Kulturbund", em Viena. Não foi possível saber o tema. Em 1931 falou ali sobre "O desvelamento da psique" (agora com o título "O problema fundamental da psicologia contemporânea", em *Wirklichkeit der Seele* e em OC, vol. VIII), e em 1932 sobre "A voz do mundo interior" (agora com o título "Da formação da personalidade", em *Wirklichkeit der Seele* e em OC, vol. XVII). Para essas duas conferências, Jung foi convidado pela senhora Jolan Jacobi, então diretora do "Kulturbund". Ambas as vezes hospedou-se com sua esposa na casa dela. Cf. carta a Jacobi, de 07.02.1931.

4. O ensaio foi publicado em 1928 na *Europäischen Revue*, IV, 2; em versão ampliada em *Seelenprobleme der Gegenwart* e em OC, vol. X.

Ao Conde Hermann Keyserling

25.08.1928

Prezado Conde,

O relacionamento negativo com sua mãe[1] é sempre uma afronta à natureza – é antinatural. E daí vem a alienação com referência à terra, identificação com pai, céu, luz, vento, espírito, logos. Repúdio da terra, do inferior, do escuro, do feminino. Relação negativa com o material, também com crianças. Fuga do sentimental-pessoal.

O "pai" é uma *imago*[2] no plano subjetivo[3]: a imagem de sua relação com o pai e com tudo que significa pai. Esta *imago* é escura no seu sonho, pronta para desaparecer, isto é, ela prepara-se para uma outra atitude em relação à *imago* do pai (e sobretudo em relação àquilo que significa pai). Sua tendência *espiritual e unilateral* certamente é aqui representada, pois aquele, cujo formato precisa de um continente, não está muito longe em extensão do pai céu (Zeus). Isto é *demais* para a estatura humana. Isto quer dizer que é uma *inflação*[4] por meio de um espírito geral e impessoal. (Foi para isso que a atitude negativa com referência à sua mãe precisou dela a princípio.) Esta inflação espiritual é compensada por uma acentuada inferioridade sentimental, uma verdadeira *subnutrição* de seu outro lado, o lado feminino da terra (Yin)[5], isto é, do sentimento pessoal. Por isso o sentimento se apresenta de forma negativa, isto é, como símbolo obsessivo = *medo de morrer de fome*. Os sintomas sempre se justificam e têm um propósito finalista. Devido à sua relação negativa com o lado telúrico, existe o perigo de um morrer realmente; o senhor desperta inimizade porque não transmite um sentimento quente, mas apenas emoções autoeróticas que deixam o outro frio. O senhor também é insensível e indelicado nas maneiras. Mas o seu sentimento de inferioridade é *genuíno*, autêntico, por isso quem enxerga por trás de seu manto celeste com os dez mil meteoros tem confiança no senhor. (Mas esses não são muitos.)

Pelo fato de possuir libido demais na *imago* do pai, o senhor dá ao espírito de seu pai sangue demais, por isso ele não pode sair do mundo das sombras, próximo à terra, e entrar no inespacial (o descanso eterno), para onde gostaria de ir. Por isso está ainda agora num estado triste, pois o Hades é um lugar sombrio. Não se deve prender os mortos ao ser vivo, caso contrário ambos serão alienados de sua esfera própria e transferidos para o estado de sofrimento.

Na mesma medida em que o senhor ainda está numa ligação antinatural com seu pai, sua esposa está presa à tia, isto é, seu feminino está sobrecarregado demais e por isso procura apoio numa mãe. Isto está relacionado com sua extrema mania de Zeus. O só-masculino impulsiona a mulher para o só-feminino. O resultado disso é que a tia (= mãe) não pode morrer e que o espírito (♂) da mulher sai perdendo.

Se esta carta não for suficientemente clara, poderia sugerir-lhe que a entregasse a X. Ele poderá facilmente transcrevê-la.

Mui atenciosamente

Jung

1. O Conde Keyserling escreveu numa carta a Jung, de 20.08.1928, sobre sua atitude negativa em relação à mãe, sobre o seu amor ao pai e sobre seu medo constante de morrer de fome. A carta relata também um sonho, que se repete muitas vezes, em que seu pai, já falecido há anos, não estava morto de verdade, mas que em algum lugar "levava uma vida triste, realmente abominável. Colocava-se a questão do reencontro, mas isto sempre malograva pelo fato de o pai querer desaparecer, não sendo possível qualquer contato com ele".

2. *Imago* = imagem. A *imago* dos pais nasce tanto da experiência pessoal como do arquétipo, isto é, da imagem dos pais que está na psique e que é preexistente à consciência.

3. Numa interpretação no plano subjetivo, as figuras oníricas são entendidas como reflexos dos fatores psíquicos internos e da situação íntima do sonhador. Em oposição a isso está a interpretação no plano objetivo, em que as figuras oníricas, p. ex., pai e mãe, são referidas às personalidades reais.

4. Inflação é uma identificação da consciência com o conteúdo do arquétipo. O exagero que a acompanha ("estar intumescido") é em geral compensado por sentimentos de inferioridade em relação a um outro aspecto da personalidade.

5. Yang e Yin são os dois princípios cósmicos da filosofia chinesa. Yang simboliza o princípio masculino (céu, luz, espírito, o criativo). Yin simboliza o princípio feminino (terra, escuridão, matéria, o receptivo).

O Arquivo Keyserling, em Darmstadt, solicitou um adendo à carta de Jung: Depreende-se da resposta de Keyserling, de 25.08.1928, que ele considerava errada a "correlação entre o espírito prepotente e o sentimento de inferioridade", aventada por Jung, uma vez que "atribuía ao espírito o realmente valioso dos sentimentos, como o amor cristão e platônico". Também julgava sua "tendência espiritual" – que provocava inimizade etc. – bem diferente do entendimento de Jung. Ele contava com ela "como se conta com o tempo". Acrescenta, porém: "concedo que o senhor julga de forma correta a minha psicologia como sendo algo terreno.

A Oskar A.H. Schmitz

20.09.1928

Prezado senhor Schmitz,

[...]

É digno de reconhecimento que o senhor, juntamente com a senhora X, não me tenham surpreendido em Bollingen sem avisar com antecedência. Realmente eu me sinto muito importunado, sobretudo quando estou às voltas com um trabalho. Diminuir a distância entre as pessoas é um dos capítulos mais importantes e mais difíceis do processo da individuação. O perigo está sempre em suprimir a distância apenas unilateralmente, surgindo então inevitavelmente uma espécie de violação, seguida de ressentimento. Todo relacionamento tem seu ponto ótimo em distância, que deve ser descoberto empiricamente. Especialmente delicado torna-se o problema com as mulheres, onde pode entrar de modo obcecante a sexualidade. As *resistências* devem ser consideradas com o máximo de atenção. É difícil levá-las suficientemente a sério, pois estamos sempre prontos a enganar-nos.

Saudações cordiais
C.G. Jung

P.S. Esqueci completamente de responder à sua pergunta anterior. Sob certo aspecto o atendimento por hora tem a vantagem de o paciente entrar menos numa atitude de relacionamento pessoal e, por outro, de ser mais fácil resolver o problema financeiro. Creio que neste caso o senhor deveria cobrar por dia 50-70 francos. Se quiser trabalhar por dia, seria bom estipular um preço fixo por meio-dia, por exemplo 1/2 dia = 4 horas = 60 (ou 50) marcos. O excedente, conforme as horas.

O trauma no sentimento de inferioridade tem muitas vezes sequelas patológicas na sensação: por exemplo, *dores físicas* sem participação do sentimento. Por isso o trauma na sensação inferior pode provocar sintomas intensos de sentimento. O choque extingue muitas vezes a função atingida como, por exemplo, a dor forte demais apaga a consciência (o sono das bruxas na hora das torturas) e deixa para trás os chamados *sintomas periféricos*.

Ao Conde Hermann Keyserling

20.10.1928

Prezado Conde,

[...]

O senhor deve cuidar bem de seu corpo, pois sua extroversão intuitiva, estendida sobre os continentes, exige forças nesse torvelinho, que são tiradas do corpo.

Daí surge uma espécie de falta de resistência do corpo, não sendo raras por isso, na intuição, úlceras gástricas, distúrbios digestivos e infecções (ou doenças da pele).

Estou surpreso com o seu livro sobre a América[1]. Europa é uma península, totalmente ocupada, e não um continente. Cada qual está preocupado com seu lugarzinho ao sol, e além disso o europeu é essencialmente mesquinho. A calúnia contra Eckener[2] comprova isto. Basicamente o público só exige que o senhor escreva às vezes cartas como aquela ao senhor V. A gente simples também merece atenção – a eterna reivindicação do povo simples!

Com os melhores votos de pronto restabelecimento, atenciosamente

C.G. Jung

1. Hermann Keyserling, *Amerika: Der Aufgang einer neuen Welt*, Stuttgart, 1930. A recensão de Jung: "Der Aufgang einer neuen Welt", em *Zürcher Zeitung*, de 07.12.1930 (em OC, vol. X).
2. Hugo Eckener, 1868-1954, comandante alemão de avião.

A Jolan Jacobi
Viena

29.11.1928

Prezada e distinta senhora,

Com esta carta não vou dar-lhe a mesma satisfação que eu senti ao ler a sua carta com o recorte do jornal. Eu a parabenizo pela fluidez de sua pena!

A causa de minha reapresentação de hoje é uma carta – que trago comigo – de uma mulher em estado lastimável, digna de comiseração, evidentemente física e *psiquicamente* em *misère noire*, derrelito do dilúvio de 1914, a Baronesa X, desconhecida de mim, que me enche de compaixão, mas não de esperança – perdoe-me, mas eu lhe escrevi que talvez a senhora pudesse orientá-la. Na Suíça não se devem fazer contratos com estrangeiros. De modo que não posso fazer nada. Ela é singular e tem um nó no inconsciente que faz vibrar alguma coisa. Estou até certo ponto curioso. Nunca se deve ser curioso quando se trata de mulheres. Mas, peço-lhe, dê uma olhada nela. Talvez ela lhe escreva. (Ela não sabe nada desta minha carta.) Perdoe-me por estar utilizando sua pessoa neste caso. Normalmente não procedo assim.

Saudações cordiais ao senhor Von Trentini[1], ao qual congratulo pelo jubileu. Por ocasião do *meu* 50º aniversário houve um belo pôr do sol, os pássaros aquáticos chamavam-se mutuamente, um vento fresco descia à noite das montanhas, e eu tomei uma garrafa extra de vinho e fumei um charuto de aniversário. Também recebi uma carta de um dos meus amigos, na qual dizia: deveríamos na verdade ter publicado neste dia um escrito comemorativo (*Festschrift*). Achei isto comovente.

Acredito que o senhor v. Trentini tenha sido festejado.

Com os melhores votos, permaneço sinceramente seu

C.G. Jung

1. Albert von Trentini, 1878-1933, escritor austríaco.

Ao Dr. med. L. Oswald

08.12.1928

Prezado colega,

Por favor, não considere um atrevimento de sua parte interpelar-me. Pelo contrário, alegro-me que minha conferência tenha despertado interesse[1]. Ainda não experimentei nada disso na Suíça.

O senhor tem plena razão em supor que eu incluo a astrologia entre aqueles movimentos que, como a teosofia etc., procuram satisfazer um impulso irracional de conhecimento levando porém para um caminho equivocado. A astrologia encontra-se diante das portas de nossas universidades: um professor de Tübingen converteu-se à astrologia, e na Universidade de Cardiff foi dado no ano passado um curso sobre astrologia[2]. A astrologia não é mera superstição, mas contém certos fatos psicológicos (como também a teosofia) que são de certa importância. Na verdade, a astrologia não tem nada a ver com os astros, mas é a velha psicologia da Antiguidade e da Idade Média, com mais de 5.000 anos. Não posso explicar ou provar isso numa simples carta.

O senhor está certo em sua concepção de que as pessoas que se entregam totalmente a uma dessas orientações excluem a experiência *real* em prol de uma suposição *de fé*, sem saber que se trata de simples suposição, mas acreditam que seja *conhecimento*.

Mas em todos esses pontos questionáveis há ao menos algo que vale a pena saber e que o nosso racionalismo hodierno repeliu com muita precipitação. Este algo é a psicologia projetada.

Sempre ao seu dispor, sinceramente seu

C.G. Jung

1. Em 03.04.1962, Dr. L. Oswald escreveu à senhora Marianne Niehus-Jung: "O motivo da carta anexa foi uma conferência do Dr. Jung na qual ele abordou, entre outras coisas, também a astrologia. Surpreso e quase alarmado por um julgamento aparentemente positivo da astrologia, pedi por escrito uma explicação. Dr. Jung a deu nesta carta amiga e esclarecedora". Trata-se de uma conferência no círculo de leitura de Hottingen, em novembro de 1928, "O problema psíquico do homem moderno", em *Seelenprobleme der Gegenwart* e em OC, vol. X.
2. Cf. carta a Thorburn, de 06.02.1952, nota 1.

To J. Allen Gilbert, M.D.
EUA

02.01.1929

My dear Dr. Gilbert,

Por favor, trate os seus semelhantes com amabilidade! Não deve acreditar que todos sejam loucos malditos, mesmo que digam coisas tão tolas que chegam a irritar, mesmo que se comportem de maneira contraditória e idiota. Não se esqueça que em toda a loucura deles há um germe de sabedoria.

Pode o senhor imaginar um físico que pensa e fala sobre o átomo, mas está consciente de que tudo isso são apenas as suas próprias abstrações? É exatamente esta a minha situação. Não tenho a mínima ideia do que seja a "psique" em si; quando quero refletir e falar sobre ela, devo falar de minhas abstrações, conceitos, pontos de vista e imagens, sabendo perfeitamente que se trata de nossas ilusões específicas. É isto que eu chamo de "*non-concretisation*". E o senhor deve saber que não sou o primeiro nem o único que fala de *anima* etc.

A ciência é a arte de criar ilusões adequadas que o louco aceita ou recusa; mas o sábio alegra-se com sua beleza ou com sua riqueza de sentido, sem estar cego para o fato de que são véus e cortinas que escondem a escuridão abissal do desconhecido. O senhor não percebe que também *isto* é vida: pintar o mundo com cores divinas? Nunca saberemos mais do que podemos saber; e se recusarmos orgulhosamente orientar-nos pelo "saber" (ou como quisermos chamá-lo) disponível, teremos que inventar uma "teoria" ou "verdade" melhores; e, se não conseguirmos isto, estaremos no vazio, e a vida nos fugirá das mãos. Se negarmos o Deus vivo e criador no ser humano, então seremos como o judeu errante. Todas as coisas são *como se* fossem. Coisas *reais* são *efeitos* de algo desconhecido. O mesmo vale para *anima*, *ego* etc. Além do mais não existem coisas reais que não sejam *relativamente reais*. Não temos ideia da realidade absoluta, pois "realidade" é sempre algo "observado". E assim por diante. Provavelmente tudo isso lhe dá nos nervos, mas não é o que interessa aqui. Manterei os meus ouvidos bem abertos se o senhor propuser teoria melhor.

Cordially yours,
C.G. Jung

Ao Dr. Albert Oeri
Basileia

04.01.1929

Prezado Es[1],

Muito obrigado por sua carta. Trouxe grande alegria para mim. Sua ideia de que existem às vezes indivíduos que, à semelhança de "acumuladores" ou, melhor, condensadores, armazenam em si e incorporam a expectativa do povo, realizando-a a seguir, tem toda a minha aprovação. Sou também dessa opinião. Joffre[2] e Hindenburg[3] são figuras desse tipo: sem importância sob condições normais, mas heróis em condições excepcionais. São na maioria das vezes figuras quase rústicas, com pé no chão e fortemente inconscientes, arraigadas profundamente em sua coletividade. Sua força é indizível, pois ela flui para eles invisivelmente da multidão. Não sei se podemos falar de telepatia. Pelo que conheço do inconsciente coletivo, parece-me um contínuo onipresente, uma onipresença não expandida. Por assim dizer, quando acontece aqui, no ponto *a*, alguma coisa que afeta o inconsciente coletivo ou mexe com ele, então aconteceu em toda parte, daí o maravilhoso paralelismo entre as épocas estilísticas chinesa e europeia, que Wilhelm me mostrou recentemente no China-Institut[4], ou a insondável simultaneidade do mito de Cristo e de Krishna[5].

Também os jesideus[6] apresentam o fato de possuir, como quase todas as religiões primitivas, um tipo de Trindade ou alguma outra coisa altamente espiritual, que se perde num nevoeiro muito longínquo, mas que na prática real da religião, que é sobretudo mágica, não desempenha papel nenhum. Estou curioso para saber que diabo Karl Barth[7] (com seu Deus absoluto) venera na prática. Talvez tenha algum diabo preso à garganta.

Cordialmente,
seu Walze

1. "Es" era o apelido de Oeris no grêmio estudantil "Zofingia". O apelido de Jung era "die Walze".
2. Joseph Joffre, 1852-1931; em 1914 foi o comandante supremo do exército francês; em 1916 tornou-se marechal.
3. Paul von Beneckendorff und von Hindenburg, 1847-1934. Marechal de campo alemão durante a Primeira Guerra Mundial; de 1925-1934, presidente do Reich.
4. Cf. "Em memória de Richard Wilhelm", em Jung-Wilhelm, *O segredo da flor de ouro*, e em OC, vol. XV, par. 81.
5. A princípio supunha a indologia que a formação definitiva do mito de Krishna tivesse ocorrido no início de nossa cronologia, mas atualmente há dúvidas. É impressionante, contudo, a semelhança de certos motivos no mito de Cristo e de Krishna, por exemplo o motivo da criança divina, o motivo de São Cristóvão, a identidade de ambos em relação a um Deus supremo etc.
6. Trata-se de uma seita curda, com base religiosa no islã. Os adeptos veneram, além do Deus criador, o Deus Melek Taus, identificado com satanás.
7. Karl Barth, 1886-1968, professor de Teologia, cofundador da "teologia dialética". De 1935-1962 na Universidade da Basileia. Uma de suas obras mais influentes: *Der Römerbrief*, 1919. Cf. carta a Uhsadel, de 12.07.1947, nota 2.

Destinatária não identificada

04.01.1929

Dear Mrs. N.,

Há uma certa semelhança com a parte superior do rosto[1], mas o todo não é satisfatório. A senhora recebeu alguns dos muitos instantâneos que a senhora X conseguiu através de sua sobrinha? Talvez possam ser úteis. Minha aparência externa contradiz o meu interior. Quando estiver morto, ninguém acreditará que este é o cadáver de alguém com aspirações imateriais. Eu sou o entrechoque dos opostos. Isto torna tremendamente difícil entender-me bem. Será que o meu retrato é o símbolo da reconciliação de suas próprias contradições?

Com os melhores votos de um feliz Ano-novo.

Yours sincerely,
C.G. Jung

1. Refere-se a um retrato de Jung, que a destinatária havia pintado em 1928.

Ao Dr. Kurt Plachte
Kiel

10.01.1929

[...]

Eu concordo com os seus comentários em todos os pormenores; lamento apenas não estar em condições de demonstrar minha concepção com exemplos práticos. Para mim tudo surgiu da experiência direta com doentes mentais ou "pesquisando".

O símbolo é para mim a *expressão sensoriamente perceptível de uma vivência interior*. A vivência religiosa procura uma expressão, e só pode ser expressa simbolicamente, uma vez que transcende a compreensão racional. Ela *deve* ser expressa assim ou assim, pois nisso revela a força vital de que está possuída. Vai, por assim dizer, passar para a vida visível, vai ganhar uma forma concreta. (A mente revela sua força de atuação apenas na transformação da matéria.)

O ídolo é um símbolo petrificado, o estereótipo empregado para o efeito "mágico". Ele pode ter este efeito mágico enquanto toca aquelas camadas do inconsciente das quais nasceu o símbolo (em outra parte, isto é, nos outros). Serve apenas como "recordação" inconsciente. Seu sentido de atuação é exatamente oposto ao do símbolo.

O símbolo é a expressão do enriquecimento da consciência através da vivência. O ídolo mostra um retrocesso para o inconsciente, isto é, um empobrecimento da consciência.

O Mestre pronuncia uma "palavra poderosa" na plenitude de seu semblante, o discípulo faz dela apenas magia. Para o Mestre a ceia significa: eu me entrego a vós, minha carne, meu sangue, minha vida. Para o discípulo significa: eu como o Deus, sua carne e seu sangue. A antropofagia[1] ritual do homem primitivo (habitante das cavernas!) soa fascinante na profundeza: podemos fazê-lo de novo, misteriosamente santificado, mas não somos um animal primitivo, e sim santificados pela carne de

Deus. Em alguns casos encontrei uma verdadeira *sede de sangue* com relação à ceia! Aqui trata-se de uma concessão cúltica para o primitivo, e agora não mais permitida. A palavra mágica é aquela que deixa "soar atrás de si uma palavra primitiva"[2], ação mágica de libertação de um procedimento primitivo. Estou realmente convencido de que a capacidade criativa da imaginação é o único fenômeno psíquico primitivo ao nosso alcance, a essência realmente psíquica, a única realidade imediata. Por isso falo de "esse in anima"[3], o único ser que podemos experimentar diretamente. Não poderíamos distinguir um ser que não fosse em primeira linha psíquico. Todas as outras realidades são derivadas e indiretamente deduzidas disso, inclusive com ajuda da arte chamada ciência natural.

Não devemos representar-nos o inconsciente coletivo nem como ordem e nem como desordem. A experiência mostra que as duas coisas estão certas. Por isso pode advir do inconsciente ordem para a consciência em desordem e vice-versa; num cosmo muito estreito da consciência entra o caos inconsciente. Na formação das grandes religiões trata-se em primeiro lugar de desorientação coletiva que constela no inconsciente em geral um grandioso princípio de ordem (desejo coletivo de salvação). Por meio de uma visão interior, o profeta descobre, a partir da necessidade do momento, a ação adequada no inconsciente coletivo, e a expressa num *símbolo*; pelo fato de falar a partir do inconsciente, ele fala a cada um – *le vrai mot de la situation*! Por isso é que atua de modo fascinante sobre cada um; é "verdadeiro" – uma validade temporária, pois é entendida *apenas para uma determinada situação*. Se a situação mudar, há necessidade de nova "verdade", por isso a *verdade é sempre relativa a uma determinada situação*. Enquanto o símbolo for a resposta verdadeira e, portanto, capaz de solucionar uma situação que lhe corresponda, ele é verdadeiro, válido, "absoluto". Mas se a situação mudar e o símbolo continuar simplesmente perpetuado, ele nada mais é do que um ídolo que atua de modo empobrecedor e embrutecedor, pois só age inconscientemente e não dá nenhuma explicação ou esclarecimento. Por isso o mártir Justino[4] pôde falar ainda do cristianismo como a "nossa filosofia". O símbolo é *ensinamento*, o ídolo é deslumbramento.

Entendo o pensamento "perceptível" de Hegel como pensamento em analogia com os arquétipos. O pensamento "perceptível" ou "aperceptivo" é de grande valor semântico, pois reúne ao menos duas funções. A forma mais elevada do processo mental seria a vivência simbólica e sua expressão simbólica.

O senhor tem razão ao dizer que o símbolo pertence a uma esfera diferente da esfera instintiva. Esta é a mãe, aquele é o filho (ou Deus). Para o meu uso particular chamo a esfera da existência paradoxal, isto é, o inconsciente instintivo, de *pleroma*[5], um termo tirado da gnose. Pelo reflexo e configuração do pleroma na consciência do indivíduo surge uma *imagem do pleroma* (com características semelhantes a ele, em certo sentido), isto é, *o símbolo*. Nele está suprimido o paradoxal. No pleroma convivem de forma maravilhosa o em cima e o embaixo, e não provocam nada; mas se for perturbado pelo erro e pela necessidade do indivíduo, surge uma cascata entre o em cima e o embaixo, algo dinâmico que é o símbolo. Assim como o pleroma é maior do que a pessoa, o mesmo acontece com o símbolo. Ele a domina, molda e estrutura, como se a pessoa tivesse aberto uma comporta que lança sobre ela uma torrente caudalosa e a arrasta.

Nossa dificuldade está no fato de entendermos por psique alguma coisa que nós mesmos fazemos e dirigimos, e não queremos entender que somos também vítimas indefesas das forças psíquicas (p. ex., o professor catedrático que sofre de uma "neurose compulsiva". Neurose compulsiva é uma *palavra mágica* da medicina moderna que nada mais significa do que neurose (doença imaginária). Contudo, a verdadeira neurose compulsiva é uma das torturas mais infernais e diabólicas, muito pior do que qualquer doença orgânica. Seria melhor que o professor pensasse estar possesso do demônio! Isto estaria bem mais perto da verdade.

"Símbolo" na psicanálise freudiana não tem nada a ver com *símbolo*. Ele deveria usar o termo "sintoma" ou "metáfora".

O *símbolo* nunca nasce no inconsciente (pleroma), mas, como o senhor afirma muito bem, "na autoconfiguração". Ele se origina de matéria-prima inconsciente e é configurado e expresso conscientemente. (Cf. minha definição de símbolo no livro sobre os tipos.) O símbolo precisa da pessoa para existir. Mas ele a supera, por isso é chamado "Deus", porque exprime um dado ou fator que é mais forte do que o *eu*. (Eu o chamo de si-mesmo[6].) Este fator é preexistente no inconsciente coletivo, mas impotente até que o eu o experimente conscientemente; então arrebata para si o comando. ("Pois não sou eu que vivo, é Cristo que vive em mim"[7].) Ele substitui o eu em aspectos essenciais. Daí libertação do sentimento de incapacidade etc. ("Seja feita a vossa vontade".) [...][8].

1. Cf. carta a Freud, de 11.02.1910, nota 6.
2. "Fazer poesia significa deixar soar por trás das palavras a palavra primitiva". Gerhart Hauptmann.
3. Referência à disputa medieval-escolástica sobre os universais, onde se tratava de duas concepções diferentes de conhecimento teórico da realidade: *esse in re* (ser na coisa) e *esse in intellectu* (ser no intelecto). Jung escreveu a respeito disso: "Ao *esse in intellectu* falta a realidade palpável, ao *esse in re* falta a inteligência. Ideia e coisa, porém, encontram-se na psique da pessoa que mantém o equilíbrio entre a ideia e a coisa. Afinal, o que é a ideia, se a psique não lhe possibilita um valor vivo? O que é a coisa objetiva, se a psique lhe tira a força determinante da impressão sensível? O que é a realidade, se ela não for uma realidade em nós, um *esse in anima*?" De: *Tipos psicológicos*, par. 75 (OC, vol. VI). Cf. no mesmo volume o capítulo "Nominalismo e realismo".
4. Justino, mártir, padre da Igreja e um dos apologetas mais importantes dos primórdios do cristianismo. Foi morto por volta do ano 165.

5. Na literatura gnóstica, o pleroma (a plenitude) significa o universo espiritual como morada de Deus e o conjunto das forças divinas, emanações, tempos. Jung usa às vezes este conceito em analogia ao inconsciente coletivo.
6. O si-mesmo é o arquétipo da ordem e da totalidade humana, que está acima do eu e que abrange não apenas a psique consciente, mas também inconsciente. Jung também designa o si-mesmo como "a combinação mais perfeita do destino que chamamos de indivíduo" e que, por isso, deve ser considerado como o objetivo da vida. Em *O eu e o inconsciente* (em OC, vol. VII), encontram-se as primeiras referências mais detalhadas de Jung sobre o si-mesmo. Cf. também o capítulo "O si-mesmo", em *Aion* (OC, vol. IX/2) e o capítulo "Definições", em *Tipos psicológicos* (OC, vol. VI).
7. Epístola de São Paulo aos Gálatas 2,20.
8. Na cópia da carta que possuímos faltam a introdução e a conclusão.

Ao Prof. Richard Wilhelm[1]
Frankfurt no Meno

06.04.1929

Caro Professor Wilhelm,

Muito obrigado por tudo que me enviou. Desisto dos símbolos rosacrucianos. Sem texto, nada posso fazer com eles.

Espero que esteja melhor de saúde. Foi sem dúvida a maionese fria de X que acabou com as nossas preocupações.

No dia 11 de abril chego a Frankfurt às 14h24 e permaneço até 17h15. No dia seguinte devo dar uma conferência em Nauheim[2]. Poderia encontrá-lo nesse horário? Mas, onde? Por favor me informe. Poderei em breve começar com o nosso manuscrito[3].

O senhor está sobrecarregado? Deveríamos arranjar-lhe um claustro nas montanhas mais afastadas e em agradável companhia por um período de no mínimo três meses. Por que não existem mosteiros no mundo todo para pessoas que gostariam de viver fora do tempo? O mundo as devora a partir de dentro se não pode fazê-lo a partir de fora.

Desculpe este suspiro profundo. É para o senhor!

Cordialmente
C.G. Jung

1. Richard Wilhelm, 1873-1930, teólogo e missionário na China, sinólogo, diretor do China-Institut em Frankfurt no Meno. Traduziu e comentou vários textos chineses clássicos. Em 1929 publicou, juntamente com Jung, *O segredo da flor de ouro*. Cf. "Richard Wilhelm" no apêndice de *Memórias* e "Em memória de Richard Wilhelm", em OC, vol. XV.
2. Cf. carta a Wilhelm, de 26.04.1929, nota 1.
3. Trata-se de um texto esotérico chinês, cuja primeira impressão ocorreu no século XVII, mas cuja tradição remonta à era Tang do século VIII. Seu título original "O segredo da flor de ouro" (Tai I Gin Hua Dsung Dschi) foi mudado por um editor chinês do século XVIII para "A arte de prolongar a vida humana" (Tschang Schen Schu). Sob este título, Wilhelm e Jung publicaram alguns excertos da tradução e de seus comentários em *Europäische Revue*, V, 2-8.11.1929. Cf. cartas a Wilhelm,

de 10.09. e 28.10.1929. O livro de Jung-Wilhelm, *O segredo da flor de ouro*, saiu em 1929. O comentário de Jung foi publicado também nas OC, vol. XIII.

Esta carta e as demais a Richard Wilhelm estão sendo publicadas aqui com a autorização do Arquivo Richard Wilhelm, Bad Boll (Württemberg).

Ao Prof. Richard Wilhelm
Frankfurt no Meno

26.04.1929

Caro Professor Wilhelm,

Por favor, não se assuste por eu já lhe escrever de novo. Eu entrei em sua casa em Frankfurt com tanta pressa praticamente em vão – não para molestá-lo, mas porque estou de certa forma preocupado com o senhor. Peço que não me leve a mal. O senhor é *importante demais* para o nosso mundo ocidental. Preciso dizer-lhe isto muitas vezes. O senhor não pode desintegrar-se nem desaparecer de qualquer outra forma, nem ficar doente, mas até mesmo desejos perversos deveriam pregá-lo à terra, para que sua atividade pudesse continuar.

O resultado de minha conferência[1], no último Congresso Psicoterapêutico de Nauheim[2], foi que – sem o meu prévio conhecimento – a diretoria da Associação Psicoterapêutica resolveu convidá-lo para uma conferência no próximo ano (provavelmente em Baden-Baden)[3]. *Isto é histórico*! Imagine o que significa serem inoculados com filosofia chinesa os médicos de clínica geral que atingem diretamente e nos lugares mais vulneráveis as pessoas comuns! Isto é simplesmente fantástico. Estou encantado e espero apenas que nenhum demônio consiga impedi-lo de realizar este feito histórico. Aqui trata-se realmente de ir ao cerne. A medicina está mudando de atitude com vistas ao psiquismo, e é aí que deve entrar o Oriente. Com os teólogos e filósofos não se consegue nada devido à sua arrogância.

Desculpe-me esta nova invasão. Espero que já esteja de certa forma recuperado. Não trabalhe demais. A mandala lamaítica[4] já está copiada. Em breve lhe enviarei o original.

Sempre seu fiel

C.G. Jung

1. "Objetivos da psicoterapia", em *Seelenprobleme der Gegenwart* e em OC, vol. XVI.
2. O Congresso Psicoterapêutico de Nauheim realizou-se de 11 a 14 de abril de 1929.
3. A conferência de Richard Wilhelm não aconteceu. Ele faleceu em 01.03.1930.
4. Trata-se da imagem-título do livro de Jung-Wilhelm, *O segredo da flor de ouro*. Mandala (sânscrito) significa círculo, especialmente círculo mágico. No lamaísmo e na ioga tântrica as figuras das mandalas são instrumentos da contemplação, sede e lugar de origem dos deuses. Do ponto de vista psicológico, a mandala representa um símbolo do meio, do objetivo e do si-mesmo, isto é, da totalidade e da ordem. As mandalas pertencem às mais antigas representações

arquetípicas da humanidade; hoje como sempre surgem figuras de mandalas nos sonhos e visões que procedem do inconsciente das pessoas. Em seu comentário a *O segredo da flor de ouro* Jung traz pela primeira vez a público suas observações e pesquisas decenárias sobre o simbolismo das mandalas. Cf. também "Sobre o simbolismo das mandalas", em OC, vol. IX/1, e "O simbolismo da mandala", em *Psicologia e alquimia* (OC, vol. XII).

A Walter Robert Corti[1]

30.04.1929

Prezado senhor Corti,

Não me admira que o senhor se tenha escandalizado de certo modo com minha carta. Eu tinha a obrigação de escrever uma carta a seu pai e dizer honestamente qual é o meu "diagnóstico". "Diagnóstico" não significa declarar alguém patológico, mas significa "conhecimento exato" de um estado psicológico. "Superdesenvolvimento da intuição intelectual" é um diagnóstico que eu daria também a Schopenhauer, Nietzsche e muitos outros. Eu mesmo me incluo de certa forma nesta situação. A pessoa compensa isso com uma inferioridade do sentimento. Esse tipo de diagnóstico apenas fere a nossa vaidade. Mas nós devemos saber onde estamos, caso contrário somos ilusionistas imorais. Com isso ninguém é declarado patológico e, muito menos, louco. O seu aprendiz de medicina é um Hosensch...r (cagarolas) sem talento que deveria tornar-se psiquiatra para conhecer melhor o caso X, cuja irmã eu salvei do manicômio. Dessa triste escória médica, que me julga sem me conhecer, a Suíça está cheia.

Era de se esperar que minha carta o paralisasse, pois o senhor ainda não tem a capacidade dolorosa de se ver a partir de fora. O senhor precisa apressar-se em consegui-la, sem com isso desmoronar. Com ela o senhor pode continuar tranquilamente sendo o que é. Jesus disse ao homem que trabalhava no sábado: "Quando você sabe o que está fazendo, você é bem-aventurado; mas quando você não sabe o que está fazendo, você é maldito"[2]. Nós vivemos não só internamente, mas também externamente. Ó portadores de ideias, por que vocês não conseguem outra coisa a não ser palhaçar suas ideias através de uma vida exterior muito idiota? Nietzsche pregava: "Vocês precisam tornar-se novamente amigos das coisas próximas"[3]. Por isso eu teria pedido contas à sua vida afastada do mundo, se não soubesse que estava com sífilis e que a paralisia estava sobre ele qual espada de Dâmocles.

O senhor vê que o padre católico é o mais fiel, o mais próximo da terra. Ele é história viva e nenhum *Holzapfel*[4].

O fato de o senhor "viver para Deus" talvez seja a sua parte mais sadia – "quem está perto de mim está perto do fogo"[5] – diz uma palavra gnóstica do Senhor. Mas onde Deus está mais próximo aí o perigo é maior. Deus quer realizar-se na chama cada vez mais alta da consciência humana. E quando esta não tem raiz na terra?

Quando ela não é casa de alvenaria, onde possa morar o fogo de Deus, mas um pobre casebre de palha que queima e desaparece? Deus pôde então realizar-se? Devemos ser capazes de suportar a Deus. Esta é a tarefa maior do portador da ideia. Ele deve ser o advogado da terra. Deus cuidará de sua parte. Meu princípio íntimo é: Deus *et* homo. Deus precisa do ser humano para a conscientização, como precisa da limitação no espaço e no tempo. Sejamos portanto para ele limitação no espaço e no tempo, um invólucro terreno.

Jesus – Mani – Buda – Lao-tse são para mim os quatro pilares do templo espiritual. Não poderia antepor um ao outro.

Gostaria de mostrar-lhe alguns afrescos maniqueus.

No *próximo sábado* estarei em minha casa de campo no Lago Superior, uma Torre perto do lago, a meio caminho entre Bollingen e Schmerikon. O senhor poderá visitar-me lá.

Saudações cordiais
Dr. Jung

1. Walter Robert Corti, nascido em 1910, Dr. h. c., escritor suíço, filósofo e pedagogo, fundador do Instituto Pestalozzi em Trogen (1946), coeditor da revista *Du* (1942-1957). Fundador e diretor do "Archiv für Genetische Philosophie", Winterthur, e de "Bauhütte der Akademie" (1954). Em março de 1929 era ainda estudante que chegou a Jung por intermédio de seu pai.
2. Literalmente: "Homem, se souberes o que fazes, és feliz; mas se não o souberes, és maldito e um transgressor da lei". Palavra não canônica do Senhor, Codex Bezae ad Lucam 6,4.
3. Literalmente: "Nós devemos tornar-nos outra vez bons vizinhos das coisas próximas e não olhar, tão desprezivelmente como até agora, por cima delas em direção às nuvens e monstros noturnos". De: *Menschliches allzu Menschliches*, II, 16.
4. Rudolf Maria Holzapfel, 1874-1930, poeta e filósofo, tentou criar um novo quadro religioso mundial. Obra principal: *Panideal*, 1901.
5. Literalmente: "Quem está perto de mim está no fogo; quem está longe de mim está longe do Reino". Palavra não canônica do Senhor, Orígenes, *Homilia in Jeremiam*, 20, 3.

Ao Prof. Richard Wilhelm
Frankfurt no Meno

25.05.1929

Prezado amigo,

É bonito ouvir de sua parte a palavra "amigo". O destino parece que nos deu o papel de dois pilares da ponte entre o Oriente e o Ocidente. Agradeço-lhe de coração por dispor-se a assumir a conferência[1].

Mas, antes de tudo, o senhor precisa recuperar-se totalmente. Peço que me envie de vez em quando notícias sobre a sua saúde – (indiretamente pela secretária ou por sua esposa). Nós aqui estamos todos preocupados com o estado de sua saúde e ficaremos gratos se, vez por outra, recebermos alguma notícia. Acredito que Baden-Baden lhe fará bem.

Atualmente estou sobrecarregado de trabalho. Por isso o meu manuscrito[2] precisa esperar. No fim de junho tiro férias, então terei folga para terminá-lo. O fato de ter esperado para terminá-lo não prejudicou em nada, pois fiz uma série de experiências que me trouxeram luzes muito valiosas.

Com os melhores votos de pronto e total restabelecimento, permaneço seu fiel

Jung

1. Cf. carta a Wilhelm, de 26.04.1929, nota 3.
2. O "Comentário europeu" de Jung a *O segredo da flor de ouro*.

Ao Dr. James Kirsch
Temporariamente em Bollingen, Kt. St. Gallen

19.08.1929

Prezado colega,

O quadro é realmente insatisfatório e seriamente dissociado. Nesses casos é sempre aconselhável não analisar tão ativamente, isto é, deixe a transferência seguir calmamente e ouça apenas com simpatia. A paciente precisa obviamente do senhor como pai, e o senhor precisa tomar esta atitude – como verdadeiro pai, com exortações, repreensões, solicitude, interesse paternal etc. Nenhuma atitude técnico-analítica, mas apenas essencialmente humana. A paciente precisa do senhor para unir sua personalidade dissociada na unidade, tranquilidade e segurança do senhor. Por enquanto o senhor deve apenas assistir, sem muitas intenções terapêuticas. A paciente tomará do senhor o que ela precisa. Sem retificar sua relação com o pai, também não pode colocar em ordem o seu problema amoroso. Ela precisa antes de mais nada ficar em paz com o pai numa relação humana de confiança.

Saudações cordiais ao senhor e à sua esposa.

C.G. Jung

Ao Prof. Richard Wilhelm
Frankfurt no Meno

27.08.1929

Prezado amigo,

Muito obrigado por sua carta e pelas boas notícias sobre sua saúde, que me preocupou seriamente. Peço que se reserve para uma atividade de maior importância. O diabo do ativismo não deveria tentá-lo para ir a Barcelona. Lá existem maioneses que envenenam almas e intestinos.

Se entendi bem a sua proposta, trata-se do seguinte: 1. que o manuscrito de meditação que estou incubando atualmente seja publicado na editora Grete Ullmann[1], depois que tiver tido sua primeira edição na *Europäische Revue*[2]; e 2. que sua intepretação dos *chakras* (da qual eu não participo) deverá ser publicada pela mesma editora[3].

Quanto ao item 1, estou de acordo sob a condição de um honorário decente, ou de uma participação nos lucros de 15%.

Quanto ao item 2, isto só diz respeito ao senhor. Naturalmente estou disposto a contribuir com minha parte na questão das "imagens primitivas"[4]. Não existe um catálogo delas ou algo semelhante. Os "motivos" mitológicos ainda não foram classificados, pois são inúmeros. O senhor encontra grande número deles na lista do meu livro *Transformações e símbolos da libido*. Também poderia contribuir com algo, se o senhor me enviar sua descrição dos caracteres primitivos[5]. Mas isto poderia ser uma tarefa difícil. Ou desejaria o senhor que assumíssemos o trabalho em conjunto como o primeiro?

Com os melhores votos de seu dedicado e fiel

Jung

1. Jung-Wilhelm, *O segredo da flor de ouro* foi publicado pela primeira vez por Dorn-Verlag Grete Ullmann, Munique 1929.
2. Cf. carta a Wilhelm, de 06.04.1926, nota 3.
3. *Chakras* (sânscrito) = rodas. Em forma de lótus ou roda, representavam os sete centros da consciência que estão localizados, um sobre o outro, no corpo humano. Na ioga kundalini, eles têm o papel de imagens da meditação. Segundo a informação da senhorita Gottliebin Blumhardt, do Arquivo Richard Wilhelm, Bad Boll (Württ.), o trabalho de Wilhelm sobre os *chakras* nunca foi publicado, e talvez nem tenha sido terminado como manuscrito.
4. Nas suas obras mais antigas, Jung usou a expressão "imagem primitiva", que corresponde ao conceito mais tarde empregado de "arquétipo".
5. Cf. carta a Wilhelm, de 10.09.1929, notas 5 e 6.

Ao Prof. Rirchard Wilhelm
Frankfurt no Meno

Por enquanto (até final de setembro)
Torre, Bollingen
Kt. St. Gallen, 10.09.1929

Prezado amigo,

Meu comentário[1] está praticamente pronto. Saiu um pouco longo, pois representa uma reação europeia à sabedoria chinesa. Peço que o leia antes, para que possa corrigir eventuais erros de chinês. Eu tentei fazer uma interpretação do tao[2].

Não inseri nenhuma figura de mandala, mas posso fazê-lo sem dificuldade, se o senhor o julgar oportuno.

O todo é naturalmente muito longo para a *Revue*[3]. Proponho que a revista selecione e publique alguns tópicos mais apetecíveis do bolo.

Gostaria de dizer que é sumamente desejável uma introdução ou comentário filológico de sua parte. Para isso junto aqui as observações que o senhor me fez em Küsnacht. O leitor deveria saber sobre qual pano de fundo filosófico e histórico-religioso se movem as ideias de nosso texto. Sua idade aproximada deveria ser informada. Para mim foi praticamente uma novidade o amálgama muito interessante do taoismo com a mahâyâna[4]. Seria muito desejável que houvesse uma apresentação de textos semelhantes (como Hui Ming Ching)[5], caso estivessem disponíveis. Desculpe essas propostas insistentes, mas estou entusiasmado demais com esses textos que estão tão próximos de nosso inconsciente.

Enviarei ao senhor o meu manuscrito tão logo faça cópia dele. O senhor já não precisa dele para a parte filológica. Seria bom que houvesse uma breve explicação dos conceitos *tao, sin, ming, schen, giu, hun* e *po* a partir dos caracteres que deverão figurar no texto[6]. [...]

Em meu comentário expliquei em pormenores os símbolos e estados psíquicos, naturalmente só do ponto de vista psicológico, e apresentei também os paralelos com a nossa psicologia. O manuscrito se compõe de 53 laudas, com aproximadamente 39 linhas cada. O sumário está junto.

Espero que o restabelecimento de sua saúde venha progredindo cada vez mais.

Para ganhar tempo, é melhor que o senhor envie diretamente à revista o manuscrito completo – o seu comentário (ou introdução), o texto e o meu comentário. O principal mesmo é a edição do livro.

Com as mais calorosas saudações de seu fiel
C.G. Jung

P.S. Ocorre-me agora que em meu comentário propus "logos" para *hun*, em vez de "animus". É que "animus" é a designação mais apropriada para o "espírito" da mulher que corresponde à "anima" do homem[7]. (A Europa deve considerar filosoficamente a existência da psicologia feminina. A "anima" da mulher poderia ser designada apropriadamente como "eros".)

1. O "Comentário europeu" de Jung ao texto chinês *O segredo da flor de ouro*.
2. Tao é um dos conceitos fundamentais da filosofia chinesa. Wilhelm o traduz por "sentido", outros o traduzem por "caminho", "logos" e até mesmo "Deus". O tratado alquimista chinês "O segredo da flor de ouro" começa com as palavras: "O que existe por si mesmo chama-se tao". Jung acreditou chegar próximo ao conteúdo psicológico do conceito "se compreendermos o tao como método ou caminho consciente que deve unir o separado" (cf. o capítulo "Tao" no "Comentário

europeu" de Jung a *O segredo da flor de ouro*). Assim começou o tema da união dos opostos, que sempre volta nas obras de Jung e cuja elaboração definitiva só acontece 27 anos mais tarde na obra *Mysterium coniunctionis* (1955-1956).
3. Cf. carta a Wilhelm, de 06.04.1929, nota 3.
4. Sânscrito: grande veículo. Designação de uma escola posterior do budismo.
5. Lin Hua Yang, *Hui Ming Ching* ("O livro da consciência e da vida"). O escrito data de 1794 e pertence à mesma tradição cultural do texto publicado por Jung e Wilhelm. Uma tradução dele foi inserida, em 1957, na quinta edição de *O segredo da flor de ouro*.
6. *Sin* = coração, *ming* = vida, *schen* = atuar, Deus. *Gui* = recuar, os finados, *hun* = luz, a alma Yang, *po* = escuridão, alma Yin. As traduções são tiradas do comentário de Wilhelm a *O segredo da flor de ouro*.
7. O *animus* é a personificação de uma natureza masculina no inconsciente da mulher, correspondendo à *anima*, que é a personificação de uma natureza feminina no inconsciente do homem. A verdadeira função do *animus* e da *anima* é fazer a união entre a consciência e o inconsciente coletivo. Num sentido bem amplo correspondem ao aspecto logos e eros da psique. Cf. *Aion* (OC, vol. IX/2), capítulo 3.

A Walter Robert Corti

Bollingen, 12.09.1929

Meu prezado Corti,

Há quatro semanas que não leio uma carta. Estava ocupado com um texto chinês[1] que data de mais de mil anos atrás e que o China-Institut me enviou para um comentário. Estamos numa época de cristianismo em decadência, onde os pressupostos metafísicos caem diante da moral. (Wells esteve recentemente comigo e disse o mesmo, esfregando o indicador sob o nariz, querendo dizer: deveríamos saber, ou farejar, o que fazer agora.) Por isso a juventude vai experimentando, farejando como os cachorrinhos. Queremos viver empiricamente sem pressupostos históricos. Isto acarreta reações no inconsciente, perplexidade e desejo da plenitude dos tempos. (Denominamos isto de "quiliasmo".) No apogeu da confusão chega novo apocalipse, isto é, no início do mês IV da história mundial[2]. Isto se processa conforme regras psicológicas. Wyneken[3] também é homo (homossexual). (Processado!) Não se pode hoje em dia proibir à juventude qualquer asneira, pois isto os faria aumenta a salutar confusão. Pessoas como o senhor devem *olhar* tudo isso e *pensar* a respeito, compartilhar o céu que mora em suas profundezas e sempre estar atento para o interior, para ver se vem uma palavra de lá. Para isso construir corretamente sua vida exterior, a fim de que sua voz adquira força.

O senhor precisa antes de mais nada perguntar à editora se o livro de Wells[4] já não foi traduzido. Depois pergunte a Wells se o senhor pode traduzir o livro. A seguir, se a editora assumir o trabalho, está tudo em ordem.

Saudações cordiais de seu
Jung

O medo não é de mim, mas do mito que está em você.

1. *O segredo da flor de ouro*.
2. Segundo a astrologia, a passagem que ocorrerá no fim do século XX do "ponto primaveril" (ponto do equinócio da primavera sobre a eclíptica) do signo de peixes para o de aquário significa o início de um novo capítulo no desenvolvimento da humanidade. A passagem do ponto primaveril através de um signo zodiacal corresponde a um mês. Cf. *Aion* (OC, vol. IX/2, par. 142): "Se o éon de peixes foi governado, ao que tudo indica, principalmente pelo tema arquetípico dos "irmãos inimigos", por coincidência, com a aproximação do mês platônico imediato, isto é, de aquário, coloca-se o problema da união dos opostos". Visto que a astrologia designa o aquário como "mês IV da história mundial", fixa o início dela no signo de touro, isto é, no século VII ou VIII aC. Cf. carta a Baur, de 29.01.1934, nota 1.
3. Gustav Wyneken, 1875-1964, pedagogo, cofundador da "Freien Schulgemeinde Wickersdorf" (Alemanha); patrocinador da "Deutschen Jugendbewegung".
4. Por recomendação de Jung, Corti leu o livro de Herbert G. Wells, *God the Invisible King*, 1917 e queria traduzi-lo para o alemão. Mas o plano não se realizou.

To Christiana Morgan
EUA

13.09.1929

My dear Christiana Morgan,

A senhora é inesquecível, mas difícil de encontrar, isto é, leva muito tempo até eu encontrar o momento certo de escrever. Mas agora escrevo. Parece que sua casa de campo foi uma experiência interessante. Descobri que leva três, quatro ou mais meses até que os elfos e outros pequenos seres imateriais se tenham acalmado quando foi construída uma casa em seu território antes nunca disputado. Quando construí a minha Torre[1], minha filha mais velha[2], então com catorze anos, disse que havia ali espíritos de mortos, e não apenas elfos. Em alguma parte deveria haver algum cadáver. Quando, em 1927 (quatro anos mais tarde), cavávamos a terra para lançar o fundamento de um anexo à Torre, encontramos o esqueleto de um homem com uma bala alojada no antebraço direito. Cuidadosos exames revelaram que se tratava do cadáver de um soldado francês que morrera afogado nas redondezas por volta de 1799! Eu lhe preparei um belo "tombeau du soldat inconnu"[3].

Terminei há pouco um trabalho para um livro que eu e o Prof. Wilhelm, o diretor do China-Institut, em Frankfurt, iremos publicar[4]. Neste trabalho (um comentário a um texto antigo, mas apenas recentemente descoberto) digo mais. O velho texto contém, por exemplo, a minha teoria da *anima* e outras coisas sobre o si-mesmo. A senhora terá satisfação em ler esse livro.

Recebi uma carta de Johna[5]. Quando será que nos encontraremos todos de novo? Saudações e votos cordiais à senhora e a seu marido.

Cordially yours,
C.G.

1. A casa de Jung em Bollingen. Cf. o capítulo "A Torre" em *Memórias*.
2. Senhora Agathe Niehus-Jung.
3. Cf. *Memórias*, p. 253s.
4. *O segredo da flor de ouro*. Cf. carta a Wilhelm, de 06.04.1929, nota 3.
5. Cf. carta a R.E. Jones, de 06.01.1931, nota 1.

Ao Prof. Richard Wilhelm
Frankfurt no Meno

28.10.1929

Prezado amigo,

Concordo plenamente com sua mudança no contrato. Fico satisfeito que o senhor tenha escolhido o título antigo do texto[1]; ele concorda mais com o verdadeiro sentido do livro do que o outro. Alegro-me em saber que aprovou as minhas explicações e, mais, que a linha de seu pensamento segue caminho paralelo. Quanto às mandalas que vou apresentar à editora, gostaria de observar que nenhuma das muitas em meu poder alcança a perfeição da mandala tibetana[2], pois algumas privilegiam certa ideia, enquanto outras privilegiam outra. Escolhi por isso uma série de mandalas que representam as diversas modalidades das ideias centrais. Nos próximos dias enviarei as fotografias à editora, e espero que ela as reproduza em sua totalidade. Espero também que o senhor concorde com esta proposta. As ilustrações se completam mutuamente e dão, através de sua multiplicidade, um quadro pertinente dos esforços da mente europeia inconsciente de compreender a escatologia oriental. Em breve mandarei ao senhor uma cópia dessas mandalas. O senhor não faz referência em sua carta ao seu estado de saúde; espero que tenha permanecido na melhora de que falou tempos atrás. De qualquer maneira, não pode esquecer o cuidado com o seu corpo, pois o espírito tem a desagradável tendência de querer devorar o corpo.

Saudações cordiais e os melhores votos de seu
C.G. Jung

1. Cf. carta a Wilhelm, de 06.04.1929, nota 3.
2. Quadro-título de *O segredo da flor de ouro*: "Mandala lamaítica Vajra que deve ser contemplada antes de iniciar a meditação". No livro há 11 figuras de mandalas, desenhadas por pessoas de época mais recente.

To J. Allen Gilbert, M.D.
EUA

20.12.1929

My dear Dr. Gilbert,

Obrigado por seu artigo! Não é pequena ousadia concordar com semelhante tratamento. Às vezes acho muito útil incentivar os pacientes a exprimir os seus conteúdos estranhos através de escritos ou de desenhos e pinturas. Nessas doenças surgem muitas intuições ininteligíveis e do inconsciente nascem fragmentos de fantasias para as quais não temos uma linguagem adequada. Deixo que os pacientes encontrem sua própria expressão simbólica, sua "mitologia". Não examino redutivamente (a não ser que isto seja absolutamente indicado) essas configurações, mas esforço-me por entender ou reconhecer o sentido delas, aquilo que o paciente quer exprimir. Este é um modo de proceder mais sintético. Há muitos casos-limite de pacientes considerados loucos só porque eles mesmos ou nenhuma outra pessoa conseguem entender seus conteúdos específicos. Devo dizer que aprendi muito sobre o inconsciente, procurando entender o que os pacientes pretendiam.

Desejo-lhe tudo de bom e um feliz Ano-novo.

Sincerely yours
C.G. Jung

Ao Conde Hermann Keyserling

20.12.1929

Prezado Conde,

Ainda não ouvi nada sobre X.Y.[1] Evidentemente, tratarei a sua carta como se não existisse. Sua excelente descrição do *intermezzo*, determinado pelo destino, com X.Y. deixa transparecer claramente que se trata de uma colisão prenhe de sentido com a "mulher-terra". Ali misturada e desmisturada, uma das mais belas aventuras *animus-anima* que jamais ouvi. Infelizmente os poemas acabam quase sempre em decepção, pois quando encontramos nossa própria alma, nós não a reconhecemos mas a confundimos com a pobre criatura humana que desempenhou inconscientemente o papel de portadora do símbolo. O anseio de X.Y. por identificação refere-se propriamente ao *animus* que existe nela e do qual o senhor gostaria de apossar-se; mas ela confundiu o senhor pessoalmente com isso e, em consequência, ficou naturalmente decepcionada ao máximo. Esta decepção há de repetir-se sempre e em toda parte, até que o ser humano aprenda a distinguir a sua psique da outra pessoa. Então sua psique pode voltar a ele. Esta lição é um tormento infernal para ambos, mas extremamente proveitosa; é a experiência que lhe havíamos desejado, e é certamente a tortura mais indicada para X.Y. que ainda está possuída por seus demônios telúricos. Talvez ela prefira ser dilacerada pelos titãs, como acontece com muitas dessas figuras-*anima*. Por isso o senhor deve lembrar-se sempre com carinho e devoção que lhe foi revelada, sob o invólucro humano, uma X.Y., para que sua alma permaneça imperdível junto ao senhor e, assim, nunca lhe seja impedido o acesso à terra. Desejemos o mesmo a X.Y.: que esteja presente nela – além de tigres, cobras e o espírito eterno – uma pessoa que pode lembrar-se com gratidão da revelação de seu próprio espírito nela. Mas facilmente fazemos uma tragédia pessoal daquilo que em última análise foi a "Divina Commedia", e então apagou-se numa poça de água uma fagulha do fogo eterno.

Cordiais saudações
C.G. Jung

P.S. Desculpe as manchas de querosene no papel. Meu lampião de repente apresentou sintomas de incontinência.

1. Numa carta longa e confidencial (25.11.), Keyserling escreveu sobre sua relação intensa, mas pouco real, com X.Y., uma escritora sul-americana, que obviamente desempenhou o papel de sua "femme inspiratrice". Durante sua estadia na América do Sul, a atitude ambivalente dela trouxe algumas complicações para ele.

To J. Allen Gilbert, M.D.
EUA

04.03.1930

My dear Dr. Gilbert,

A afirmação de Oppenheim[1] não corresponde ao texto literal. Freud havia aceito o meu manuscrito[2], mas disse que toda a minha ideia nada mais era do que oposição ao pai. Rejeitou em especial minha ideia de que a libido tinha em si um caráter contraditório e queria tanto a vida como a morte. Vinte anos mais tarde apresentou tudo como descoberta sua[3]. Ele não levou a sério o meu livro, e esta foi a razão por que tive de abandoná-lo.

Yours sincerely,
C.G. Jung

1. Não foi encontrada.
2. Trata-se do manuscrito *Transformações e símbolos da libido*, que foi publicado pela primeira vez em *Jahrbuch für psychoanalytische und psychopathologische Forschungen*, II, IV, 1911-1912.
3. Em seu livro *A psicologia do inconsciente* (em OC, vol. VII, par. 33 e nota 4), Jung diz que a ideia de um caráter ambivalente da libido, do qual fazia parte tanto o instinto de vida como de morte, fora originariamente de sua aluna Sabine Spielrein. O ponto de partida de suas pesquisas fora a ambivalência, demonstrada por Jung, das figuras arquetípicas da mãe, que eram apresentadas nos mitos não apenas como fautoras da vida, mas como portadoras da morte (cf. o capítulo "O sacrifício", em *Símbolos da transformação* (OC, vol. V). O trabalho da Dra. Sabine Spielrein, "Die Destruktion als Ursache des Werdens", em *Jahrbuch für psychoanalytische und psychopathologische Forschungen*, 1912, foi ocasionalmente mencionado por Freud. Ele incluiu o instinto de destruição ou de morte no capítulo 5 de seu livro *Jenseits des Lustprinzips* (Além do princípio do prazer), 1920.

Destinatária não identificada

26.04.1930

Minha prezada senhora N.,

É perfeitamente compreensível que esteja internamente muito ligada a seu marido. Ele assumiu outrora tanta coisa sua que a senhora também vive nele agora. Nada une tanto como quando se soltam sobre o outro afetos e estados inconscientes. Agora a senhora precisa suportar o seu marido como ele a suportou. Precisa aceitar como natural que deve compartilhar com ele tudo o que lhe diz respeito. Ele está agora confuso e desorientado porque o seu lado inconsciente está se manifestando. Toda a situação está se invertendo.

Recentemente ele me escreveu e me acusou de estar ensinando por assim dizer psicologia, em vez de vida. Eu conheço esta acusação. Todas as pessoas que usam mal a psicologia para fugir da própria vida fazem esta acusação. Ele viveu tempo demais *através* da senhora, em vez de viver por si mesmo. Mas agora as coisas o sufocam. Ele realmente matou o velho homem[1] (em mim), jogando fora agora a criança com a água do banho e nada mais encontra de bom na visão psicológica. Isto vem do mau uso. Eu lhe respondi, mas perdi o endereço. Talvez eu tenha uma resistência inconsciente em responder-lhe, pois sua carta não me disse a verdade. Eu anexo a minha resposta. Se quiser, pode enviá-la a ele.

Quanto ao seu sonho[2]:

O elefante é o maior *animal*. Ele representa a preponderância da vida inconsciente na senhora. Ele precisa ser destruído, isto é, agora a senhora não deve deixar-se arrastar principalmente a extremos pelo inconsciente, mas deve agir segundo suas intenções conscientes. Este processo de transformação manifesta-se em seu corpo. É o mesmo processo pelo qual passa o seu marido, apenas de forma inversa. É uma crise perigosa na qual a senhora deve fixar-se firmemente na consciência. A senhora precisa de introspecção e de compreensão em alto grau, pois só dessa maneira pode o animal ser destruído dentro da senhora, sem que a senhora mesma seja muito prejudicada. Trata-se do tornar-se pessoa. A *pessoa* caracteriza-se pela supremacia da consciência, enquanto o *animal* é presa dos instintos, dos caprichos instintivos, das emoções e ilusões.

Esta última parte o seu marido ainda precisa experimentar em sua própria vida. Até agora ele foi racional demais, porque a senhora apresentou-lhe excessivamente sua insensatez. Agora as coisas se invertem.

Pode estar certa da minha discrição e contar com meu interesse.

Atenciosamente
C.G. Jung

1. Jung refere-se a um quadro de fantasias que a destinatária lhe havia enviado.
2. No sonho, um elefante é comido por vermes, de modo que só restam os ossos. Uma pessoa desconhecida alerta a sonhadora para tomar cuidado com o elefante, uma vez que ele simboliza o processo de doença em seus pulmões. A sonhadora sofre de tuberculose pulmonar.

To Hugh Walpole[1]
England

15.08.1930

My dear Mr. Walpole,

Quando conversei com o senhor em Zurique[2], tive a dolorosa impressão de nunca haver lido um livro seu. Mas descobri depois que havia lido vários. Normalmente não consigo suportar os escritos tipicamente literários. Eles me aborrecem. Mas alguns de seus romances, sobretudo a história do estudante que cometeu um homicídio, causaram-me impressão indelével. Considero *Prelude*[3] uma peça psicológica magistral. Se tais pessoas pelo menos tivessem oportunidade de cometer um homicídio decente – mas eu só encontrei "assassinos vagabundos". Pequenos crimes, cometidos pelas pessoas certas, exercem normalmente uma influência humanizadora maravilhosa e causam decisivamente uma melhora moral. Esta parece ser a razão por que Deus é bom e, até mesmo, melhor do que qualquer mortal.

Talvez não esteja muito longe o dia em que virá novamente à Suíça. As pessoas inteligentes no mundo são muito poucas.

Yours cordially,
C.G. Jung

1. Hugh Walpole, 1884-1941, novelista inglês.
2. Mr. Rupert Hart-Davies escreveu sobre esse encontro: "Walpole deu uma conferência em Zurique, em julho de 1930, sobre um tema literário e ficou encantado por ver Jung no auditório. Em seu diário, Walpole escreveu sobre Jung: 'Ele parece um jogador inglês de críquete, grande e genial! Sentamos juntos após o jantar, e ele me deliciou com sua aversão aos histéricos'".
3. O romance de Walpole *The Prelude to Adventure*, 1912.

Esta carta e a de 14.11.1930 a H. Walpole foram publicadas com a gentil autorização de Mr. Rupert Hart-Davies, o administrador da herança literária de Walpole.

Ao Conde Hermann Keyserling

09.09.1930

Prezado Conde,

Preciso agradecer-lhe pelo novo livro sobre a América[1]. Ainda não comecei a lê-lo, pois eu também estou empenhado em escrever. Mas em breve eu o farei.

Se o senhor escrever sobre a América do Sul, o continente de sua função inferior[2], e o seu corpo revolver-se em lembranças desagradáveis, então isto se deve ao fato de o corpo e a terra se sentirem de certa forma agredidos pelo seu escrever[3]. O vômito cabe bem nesse caso. Em seu novo livro o senhor pretende deixar que os intestinos também falem?

Saudações cordiais e mais uma vez grato
Jung

1. H. Keyserling, *Amerika: Der Aufgang einer neuen Welt*, Stuttgart, 1930.
2. Keyserling, *Südamerikanische Meditationen*, 1932.
3. Quanto ao tipo, Keyserling era intuitivo. Segundo a tipologia de Jung, a sensação, isto é, a percepção da realidade externa, bem como as realidades do corpo eram para ele sua função inferior. O acento que colocava na terra da América do Sul constelava sua sensação. Cf. carta a Keyserling, de 13.08.1931.

To Mrs. Eckstein[1]
EUA

16.09.1930

Dear Mrs. Eckstein,

Muito obrigado por sua longa e interessante carta. A questão da relação entre cérebro e consciência é de fato bem interessante. A experiência cotidiana ensina que a união entre consciência e cérebro é indispensável. A perturbação deste leva também à perturbação daquela. Bergson no entanto tem razão quando aventa a possibilidade de uma relação relativamente frouxa entre cérebro e consciência, pois, ao contrário de nossa experiência comum, a união poderia ser menos estreita do que imaginamos. Nada se opõe à suposição de que a consciência pudesse existir separada do cérebro[2].

Até aqui, nenhuma dificuldade para a nossa afirmação. Difícil se torna realmente quando se trata da questão decisiva, isto é, de *provar* que a consciência existe sem cérebro. Isto levaria a uma prova da existência, até agora não comprovada, de espíritos[3]. Do ponto de vista científico, considero uma das coisas mais difíceis do mundo dar uma prova satisfatória da existência de espíritos. É realmente a coisa mais difícil que posso imaginar. Com franqueza, não sei dizer como se apresentaria semelhante prova. Como se poderia provar convincentemente a existência de uma consciência sem cérebro? Se semelhante consciência estivesse em condições de escrever um livro inteligente, descobrir algo novo, dar uma informação que ainda não estivesse em qualquer outro cérebro e se estivesse comprovado que entre os participantes (numa pesquisa relativa a isso) não se encontrasse nenhum médium com dotes especiais, então eu poderia dar-me por satisfeito. Mas isto é totalmente impensável. Por isso considero extremamente remota a possibilidade de provar a existência de uma consciência separada do corpo.

Os estados de transe são na realidade muito interessantes, e eu sei bastante sobre isso[4] – embora nunca o suficiente. Mas eles não trariam provas de peso porque pressupõem um cérebro vivo.

Eu já ouvi falar do tarô. O quanto sei, trata-se de um jogo de cartas, que foi usado originalmente pelos ciganos espanhóis; são as cartas mais antigas que se conhece na história. São empregadas ainda hoje na cartomancia.

Se fizer novas experiências, estou muito interessado em ouvir sobre elas.

Very sincereley yours,
C.G. Jung

1. Ainda sob o nome de solteira, Alice Raphael, a destinatária publicou em inglês uma tradução do *Fausto*, de Goethe.
2. Jung tratou do problema de uma consciência independente do cérebro pela primeira vez em 1952, no ensaio "Sincronicidade: um princípio de conexões acausais". Suas considerações baseiam-se em relatos de experiências de percepção em profundo estado de inconsciência (conhecidas na literatura inglesa como "out of the body experiences"). Ele refere-se às experiências de Karl v. Frisch sobre a "linguagem das abelhas", que demonstraram que os insetos podem transmitir e entender informações com o auxílio de seu "sistema de escada de cordas", correspondente ao sistema simpático. Aventou então a hipótese de que possivelmente não só o cérebro, mas também o sistema simpático, que não fica paralisado durante o estado de inconsciência, poderia ser considerado como portador de funções psíquicas. Cf. Jung-Pauli, *Naturerklärung und Psyche*, 1952, p. 94s.; OC, vol. VIII, par. 946s.
3. Cf. Jung, "Os fundamentos psicológicos da crença nos espíritos" (em OC, vol. VIII, sobretudo par. 600 e nota 16).
4. Cf. para isso a dissertação de Jung "Sobre a psicologia e a patologia dos fenômenos chamados ocultos", 1902 (em OC, vol. I).

Ao Dr. med. S.
Alemanha

16.10.1930

Prezado Doutor S.,

O senhor tem toda razão: realmente predominam essas concepções entre o público alemão, e infelizmente não sem razão[1]. Uma análise essencialmente redutiva como a de Freud e a da psicologia coletivizadora de Adler, que elimina todas as diferenças, são o pior veneno concebível para a atitude do artista e da pessoa criativa em geral. Como o senhor sabe, o meu modo de pensar diverge dessas duas orientações. Eu trabalho inclusive com o princípio criativo. Há alguns anos escrevi na então revista suíça de literatura *Wissen und Leben* um artigo sobre a relação entre análise e obra de arte poética[2], bem como um artigo para o livro editado por Ermatinger, *Philosophie der Literaturwissenschaft*, sobre psicologia e poesia[3]. Nesses dois artigos pode-se identificar facilmente o meu ponto de vista, se os artigos forem lidos. Mas hoje em dia a voz de uma pessoa isolada é quase sufocada pelo caos dos jornais e revistas e pela torrente de livros. Ela só atinge alguns poucos. Por isso é preciso esperar sempre que uma concepção falsa faça seu caminho até a autodestruição.

De qualquer maneira, fico grato por sua sugestão.

Atenciosamente

(C.G. Jung)

1. Trata-se da concepção de que a análise prejudica a força criativa.
2. "A relação da psicologia analítica com a obra de arte poética", em *Wissen und Leben*, ed. por Ermatingen, XV, 19/20, 1922, mais tarde em *Seelenprobleme der Gegenwart* e em OC, vol. XV.
3. "Psicologia e poesia", em *Philosophie der Literaturwissenschaft*, ed. por E. Ermatingen, Berlim, 1930, mais tarde em *Gestaltungen des Unbewussten* e em OC, vol. XV.

Destinatário não identificado
Alemanha

27.10.1930

Prezado senhor N.,

O senhor não só me surpreendeu muito com a maravilhosa estatueta chinesa, mas também me alegrou muito. Como sou grande admirador da arte chinesa, saberei valorizar ao máximo o seu presente.

Aproveito a oportunidade para manifestar minha esperança de que os recentes acontecimentos nada tenham abalado de essencial no senhor. Em última análise o valor de uma pessoa nunca se expressa na relação com os outros, mas consiste na própria pessoa. Por isso não devemos fazer dependente do comportamento de outras pessoas a consciência de nossa própria dignidade e a nossa autoestima, por mais que isto possa prejudicar-nos humanamente. Tudo que nos acontece leva-nos, se bem-entendido, de volta para o si-mesmo; é como se fosse a disposição de uma orientação inconsciente, cujo objetivo é libertar a pessoa de qualquer laço e de qualquer dependência, fixando-a em si mesma. Isto é assim porque a dependência do comportamento dos outros é ainda um último resto da infância que acreditamos não ser possível dispensar. [...]

Atenciosamente

(C.G. Jung)

To Hugh Walpole
England

14.11.1930

My dear Mr. Walpole,

Muito me alegrei com sua carta e teria respondido imediatamente se o tempo tivesse permitido. Infelizmente não posso escrever cartas quando *eu* quero. Como médico estou exposto às circunstâncias. Apesar de tudo, existe em mim uma certa necessidade de ser médico, pois assim estou em condições de reunir experiências que de outra forma não conseguiria.

Espero ter tempo para escrever um livro. Este é sempre o melhor tempo que se pode ter. Os deuses só vivem na criatividade.

O lugar onde o senhor vive deve ser realmente muito bonito. Vi uma fotografia na revista. Nela o senhor aparece muito bem ao lado de outro escritor alemão. Anexo uma fotografia minha.

Agradeço-lhe muito pelos livros que o seu editor continua me enviando. Assim que tiver algum tempo livre, vou aprofundar-me neles. Para que o senhor tenha uma ideia do meu trabalho, pedi ao meu editor que lhe mandasse um exemplar de meu *Two Essays*[1]. Gostaria de enviar-lhe a tradução inglesa de *O segredo da flor de ouro*, um texto chinês muito antigo que publiquei juntamente com o falecido Professor Wilhelm. Mas não sei quando será feita a impressão.

Espero que esteja próximo o dia em que virá de novo à Suíça. Gostaria de continuar a nossa conversa.

Cordially yours,
C.G. Jung

1. *Two Essays on Analytical Psychology*, 1928; agora em OC, vol. VII, *Estudos sobre psicologia analítica*.

Ao senhor Langenegger
Zurique

20.11.1930

Prezado senhor Langenegger,

A psicologia do século XVI não me é totalmente desconhecida. Estudei com muita atenção o *Polifilo* de Colonna[1] e cheguei à conclusão de que, em última análise, não se consegue distinguir se determinados materiais provêm da leitura ou de raízes autóctones. O que se leu pode parecer autêntico, e o autêntico pode parecer algo que já se leu. Além do mais, a disposição simbólica do pensar era bem maior naquela época do que hoje em dia, uma vez que nós pensamos sobretudo objetivamente. Temos de levar em conta também que aquilo que agora nos parece rígida ortodoxia foi outrora expressão muito viva e formulação imprescindível das necessidades da psique inconsciente. Nesses casos devemos precaver-nos de uma coisa: da redução ao pessoal. Toda a esfera psíquica é infindamente mais influenciada pelo coletivo do que pelo pessoal. Além disso, o pessoal dessa Madalena é a mesma banalidade que se pode esperar de todas as Madalenas.

Com especial consideração,
(C.G. Jung)

1. *Hypnerotomachia Poliphili* (O sonho de amor de Polifilo), obra da baixa renascença italiana, atribuída ao monge veneziano Francesco Colonna. Cf. Linda Fierz-David, *Der Liebestraum des Poliphilo*, Zurique, 1947. O prefácio de Jung em OC, vol. XVIII.

To Charles R. Aldrich
Califórnia, EUA

05.01.1931

My dear Aldrich,

Fico satisfeito em saber que lhe agradou o meu prefácio ao seu livro[1]. Vou recomendá-lo certamente aos meus pacientes, pois é uma excelente introdução à psicologia dos primitivos. É um dos poucos livros sobre este tema abençoado pelo *common sense*, e *common sense* significa uma saudável dose de filosofia. O senhor tem razão: logo que a psicologia se torna de certo modo útil e prática como, por exemplo, na psicoterapia, deve necessariamente ser filosófica. Será que o behaviorismo e o mecanicismo etc. não passam de preconceitos filosóficos insatisfatórios?

Anexo uma recensão do livro de Keyserling sobre a América[2], que talvez lhe interesse. No momento estou publicando em língua alemã um livro de conferências e ensaios[3]. Posso enviar-lhe um exemplar que talvez o ajude em seu trabalho atual. Ele contém as minhas formulações mais recentes.

Joggi[4] está com excelente saúde e, além disso, é um companheiro encantador. Na noite de São Silvestre realizei o rito a que o senhor certamente o havia acostumado: fiz um pacote com uma rica porção de costeletas de carneiro e entreguei-lhe como recordação sua. Falei em inglês com ele para evocar recordações felizes da infância.

Com os melhores votos de um feliz Ano-novo.

Yours,
C.G. Jung

1. Charles R. Aldrich, falecido em 1933, era psicólogo e escritor. O prefácio de Jung ao livro dele *The Primitive Mind and Modern Civilization*, Nova York e Londres, 1931, está em OC, vol. XVIII. Ele trabalhou com Jung.
2. Jung, "Der Aufgang einer neuen Welt". Cf. carta a Keyserling, de 20.10.1928, nota 1.
3. *Seelenprobleme der Gegenwart*, Zurique, 1931.
4. Joggi era um cachorro de Mr. Aldrich que ele trouxe da Inglaterra e deu a Jung. Jung afirmou certa vez que ele pertencia à raça "Loreley" ("Ich weiss nicht, was soll es bedeuten" – início de uma canção alemã cuja tradução é "Eu não sei o que pode significar") e que em sua próxima vida haveria de exercer a função de conselheiro municipal em Z., um rico lugar no cantão de Zurique.

To Robert Edmond Jones[1]
New York

06.01.1931

My dear Jonah,

Muito obrigado por me mandar um exemplar do magnífico livro. Após a leitura de *Ol' Man Adam an' his Chillun* pude avaliar a beleza especial da peça e de sua participação nela. Desejaria que pudéssemos ver algo semelhante aqui. Mas, infelizmente, nem na Inglaterra pôde ser vista. Os censores de lá devem estar completamente possessos do demônio[2]. Não é de admirar, pois a peça contém algo de religião verdadeira. Num seminário eu disse certa vez que não seria impossível que o próximo Salvador fosse um negro, o que seria uma boa humilhação para o homem branco em sua inflação intelectual.

Mais uma vez agradecido, e os melhores votos de feliz Ano-novo.

Yours sincerely,
C.G. Jung

1. Robert Edmond Jones, 1887-1954, cenógrafo americano. Ele projetou o cenário da peça de Marc Connelly, *The Green Pastures*. A peça baseava-se nas histórias de Roark Bradford sobre a vida de um negro do sul dos Estados Unidos *Ol' Man Adam an' his Chillun*, 1928. A estreia da peça de Connelly aconteceu em fevereiro de 1930, em Nova York, e recebeu o "prêmio Pulitzer de drama", 1929-1930.
2. Lord Chamberlain, the Earl of Cromer, negou, sem dar qualquer motivo, licença para a encenação da peça em Londres. Supôs-se que a licença foi negada porque Deus seria apresentado como negro, e o papel seria representado por um negro.

A Jolan Jacobi
Viena

07.02.1931

Prezada e distinta senhora,

Muito obrigado por seu gentil telefonema. Fiquei satisfeito em saber que está bem de saúde e que recebeu as flores. A senhora novamente arranjou tudo o que vivi nos dias em que estive em Viena. (Quase não estive em casa, sobrecarregado de trabalho, como sempre.) [...] Mas, apesar de todo o trabalho, sempre me vem à mente a lembrança da última noite em sua casa. [...]

O que v. Trentini disse foi de grande importância. Se houver reações, nada mais natural. Para mim significou muito e ao mesmo tempo objetivou algo que eu antes não podia compreender objetivamente.

Não consigo expressar o quanto apreciei a sua régia hospitalidade. Senti-me absolutamente bem em Viena, e isto agradeço à senhora. Mas, o que mais prezo e admiro é a sua humanidade.

Receba mais uma vez, prezada e nobre senhora, a expressão de meu profundo agradecimento.

Sempre ao seu dispor
C.G. Jung

A Oscar A.H. Schmitz
Alemanha

23.02.1931

Prezado senhor Schmitz,

Considero o ponto de vista do *puer aeternus* como um mal inevitável. A identidade com o *puer aeternus* significa uma puerilidade psicológica que nada sabe de melhor do que sobrepujar-se. Ela conduz normalmente a golpes externos do destino que exigem uma outra atitude. Mas com a razão nada se pode fazer, pois o *puer aeternus*[1] tem sempre a ver com o destino.

Saudações cordiais de seu
C.G. Jung

1. Mitologicamente o *puer aeternus* (o menino eterno) foi uma criança divina, venerada nos mistérios de Elêusis, mais tarde identificada com Dioniso e Eros. Psicologicamente é uma figura arquetípica que, em sentido positivo, representa uma força psíquica criativa, enquanto o aspecto negativo indica o si-mesmo preso no inconsciente e que não se realiza na prática. O desenvolvimento bloqueado depende muitas vezes de uma ligação muito estreita do filho com a mãe. Cf. Jung, "A criança divina", em Jung-Kerényi, *Introdução à natureza da mitologia*, 1951 e em OC, vol. IX/1.

Ao Dr. Eduard Korrodi[1]
Zurique

30.03.1931

Prezado Dr. Korrodi,

Desculpe-me por tê-lo feito esperar tanto tempo por minha resposta. Seu amável convite de me associar ao Pen-Clube mereceria mais atenção. Mas estou ainda indeciso se devo associar-me ou não. Como o senhor sabe, existem hoje em dia milhares de possibilidades de perder-se em meras futilidades. Esta grave ameaça da concentração psíquica através das possibilidades e solicitações de nossa época apressada eu não gostaria de multiplicá-la para mim. Por outro lado, estou consciente de que temos responsabilidades sociais que não podemos desconhecer. Estou na verdade tão mal-informado sobre as vantagens e obrigações do Pen-Clube que deveria perguntar-me se não seria melhor que me informasse pessoalmente sobre a natureza do Clube, participando inicialmente como simples visitante[2].

Com alta estima
C.G. Jung

1. Eduard Korrodi, 1885-1955, crítico literário suíço; de 1915-1950, redator do suplemento cultural do *Neuen Zürcher Zeitung*.
2. Jung tornou-se membro do Pen-Clube. Não foi possível identificar a data de sua filiação. Saiu do Clube em abril de 1954.

Ao Conde Hermann Keyserling

23.04.1931

Prezado Conde,

Pelo seu relato tive a impressão de que sua experiência na América do Sul, sobretudo o encontro com X.Y., constelou em seu inconsciente conteúdos que o perturbam constantemente[1]. Temos de considerar X.Y., por bem ou por mal (em cooperação com a terra sul-americana), como *anima* que representa (como a América do Sul) todo o inconsciente. O inconsciente tem outro ritmo e outros objetivos do que a consciência. Com intuição e expressão literária, o senhor estava acostumado até agora a subordinar aos objetivos de sua consciência tudo o que se apresentava psiquicamente e criar a partir daí uma imagem consciente do mundo. A partir de X.Y. o senhor criou a América do Sul. Trata-se agora, porém, de expressar aqueles conteúdos, que não podem ser fixados em X.Y. nem na América do Sul (e que, ao que parece, lhe são totalmente desconhecidos), mas não enquanto o senhor os transforma numa imagem do mundo externo ou neles incorpora uma imagem externa do mundo, e sim enquanto o senhor, inversamente, subordina a sua capacidade filosófica e sua força literária àqueles conteúdos desconhecidos. Assim aqueles conteúdos podem formar uma imagem interior do mundo, sem que atue a sua intenção orientadora.

A pergunta inicial a ser dirigida ao invisível poderia soar assim: Quem ou o que tornou-se vivo na América do Sul? Quem ou o que entrou em minha vida psíquica e quer ser ouvido? Aí o senhor diz: "Pois que fale". Desliga então sua consciência barulhenta e escuta tranquilamente o interior e presta atenção nas imagens que aparecem aos seus olhos internos ou nas palavras que podem ser formadas pelos músculos de seu aparelho fonador[2]. O que então vem, isto o senhor escreve sem crítica. As imagens deveriam ser desenhadas com determinação, sem considerar se o senhor é capaz ou não.

Se houver obtido ao menos fragmentos de conteúdo, então pode *posteriormente* meditar sobre eles. Nada rejeitar criticamente! As questões surgidas vão apresentar-se novamente ao inconsciente no dia seguinte. Não se contente com as suas próprias explicações, por mais razoáveis que sejam. Lembre-se de que se trata seriamente de sua saúde sobre a qual o inconsciente tem influência grande e desconhecida.

Com eventuais pinturas proceda da mesma forma. Depois, meditar sobre isso, e a cada dia desenvolver o insatisfatório. O importante é deixar o comando ao inconsciente. O senhor deve estar sempre convencido de que possui o conhecimento posterior e nada mais – neste caso é realmente o inconsciente que sabe melhor.

Desculpe a demora de minha resposta!

Com os melhores votos de seu
C.G. Jung

1. Cf. carta a Keyserling, de 20.12.1929. Keyserling havia escrito a Jung (31.03.1931) que era perseguido pelo pensamento da morte. As complicações do coração e pulmões o haviam levado a um estado de esgotamento. Sentia-se incapaz de escrever e perguntava se o encontro com a sul-americana X.Y. causara este estado.
2. Jung descreve aqui o método terapêutico da "imaginação ativa". Ele aborda pela primeira vez este método em "A função transcendente", 1916 (em OC, vol. VIII). Sobre suas próprias imaginações ativas, cf. "Confronto com o inconsciente", em *Memórias*. Cf. também *Mysterium coniunctionis*, II.

To Mrs. Briggs
Washington, D.C./EUA

04.07.1931

Dear Mrs. Briggs,

Muito obrigado por suas notícias sobre a família X. É realmente um lamentável desfecho de seus esforços, mas num caso desses é quase inevitável. A senhora fez até demais. Sua atitude também foi muito cristã. A senhora *queria* ajudar, e isto é uma intervenção na vontade do outro. A senhora deveria comportar-se como alguém que oferece uma oportunidade que pode ser aceita ou recusada. Caso contrário incorrerá bastante certamente em dificuldades. Isto acontece porque o ser humano não é radicalmente bom; em quase sua metade ele é um demônio.

Se quiser escrever-me outra vez, lembre-se do fato de que uma carta para o estrangeiro custa mais de dois cents.

Sincerely yours,
C.G. Jung

Ao Conde Hermann Keyserling

13.08.1931

Prezado Conde,

Antes de mais nada peço desculpas por não ter reagido mais depressa ao seu interessante manuscrito[1]. Seu conteúdo é rico e importante. O senhor inaugura um estilo novo e atual da "viagem sentimental", mas bem mais sangrento do que aqueles do passado. A América do Sul apresentou para o senhor mais ou menos o submundo escuro, o inconsciente ctônico. Sim, é um caso exemplar de constelação do inconsciente coletivo através do estímulo da função inferior[2] que, devido à sua contaminação com os conteúdos do inconsciente coletivo, puxa sempre consigo este último. Ao mesmo tempo emerge do protoplasma, de modo exemplar, a *anima*, carregada de todos os apêndices molestos e monstruosos da profundeza. E, exteriormente, conjurada pela visão interna, X.Y.[3] é forçada a entrar em seu círculo mágico – uma aventura significativa, cuja continuação desperta minha curiosidade. Foi um choque com a demonia da terra, tão bem descrita como nunca.

Desejo-lhe toda a felicidade no prosseguimento, mas gostaria de aconselhá-lo a evitar ao máximo a "especulação cultural". Do contrário o senhor apagará o que é o mais impressionante em sua obra, o caráter vivencial, com sua subjetividade bem típica.

Espero que esteja bem de saúde.

Com os melhores votos de seu

C.G. Jung

1. Uma primeira parte do posterior *Südamerikanische Meditationen*, 1932.
2. Cf. carta a Keyserling, de 09.09.1930, nota 3.
3. Cf. cartas a Keyserling, de 20.12.1929 e 23.04.1931.

Ao Conde Hermann Keyserling

30.08.1931

Prezado Conde,

Muito obrigado por seu manuscrito[1]. Eu o li com grande interesse e acho que o senhor caracterizou muito bem a morte ligada à terra, bem como à primitividade. O senhor vai escrever um capítulo sobre a "cultura" sul-americana? Acredito que encontre ali provas contundentes do primitivismo da mentalidade sul-americana.

Além do mais, o senhor salienta a importância da experiência pessoal no capítulo sobre a morte. Isto me parece contradizer o que o senhor diz em sua carta, isto é, o aspecto pessoal que o senhor queria *deixar de lado*. A totalidade da vida e da experiência nós só a conseguimos com a inclusão do pessoal. Caso contrário sucumbimos à moderna doença europeia da vida simplesmente representada, da chamada vida "provisória"[2], como eu costumo chamá-la.

Infelizmente estarei ausente de Zurique até o final de setembro, pois tenho de fazer alguns trabalhos que exigem concentração total.

Alegro-me em saber que está melhor de saúde. Sem dúvida a constituição de seu inconsciente revolvido[3] contribuiu bastante para a calma de seu sistema nervoso e o fará mais ainda no futuro se não houver muitas contrariedades externas.

Com os melhores votos permaneço seu leal

C.G. Jung

1. Uma parte das posteriores *Südamerikanische Meditationen*, 1932.
2. Cf. para isso "A aplicação prática da análise dos sonhos", em OC, vol. XVI, par. 336.
3. Trata-se provavelmente do emprego da "imaginação ativa" que Jung sugeriu em sua carta de 23.04.1931.

Ao Conde Hermann Keyserling

24.12.1931

Prezado Conde,

O seu sonho[1] foge da minha compreensão, pois não sei qual a situação consciente que ele está compensando. Academicamente falando, "banho" tem sempre o sentido de "mudança", "renascimento", "renovação". "Mar" = inconsciente coletivo. X.Y. é sem dúvida "anima", isto é, representante do inconsciente coletivo. O seu livro sobre a América do Sul corresponde, de acordo com o seu significado psicológico, a uma "viagem noturna pelo mar"[2], isto é, igualmente um ritual de renascimento. Será que este sonho estaria ligado ao fato de o senhor ter praticamente terminado o livro? Um livro ou uma obra de arte significam em geral uma ação ritual externa que não produz *eo ipso* uma mudança no próprio sujeito, pois só possui caráter substitutivo. Muitas vezes a obra (ritual) pode "agarrar" o autor retroativamente e causar nele posteriormente uma mudança psíquica, se não tiver realizado a experiência inicial, ou se não a tiver realizado suficientemente. Isto é uma questão do destino sobre a qual não posso decidir. Mas se sua decisão for passar por outras mudanças para chegar a uma iluminação e desprendimento da consciência ainda não alcançados até agora, então este sonho estaria ali como mensageiro e advertência de que o senhor se confronta novamente com o inconsciente coletivo e com a *anima*, como outrora na América do Sul.

Lamento não tê-lo encontrado no verão. Infelizmente foi na época em que me retirei do mundo pelo período de um mês que o senhor estava aqui por perto. Mas este "retiro" é tão importante para mim que nada e ninguém pode interrompê-lo.

Peço desculpas. Em janeiro, isto é, a partir do dia 15, estarei em casa. Se o senhor vier no dia 20, ficarei muito satisfeito em revê-lo.

Não preciso dizer que estou aguardando com curiosidade a sua "Divina Commedia". Creio que lhe enviaram o meu novo livro[3]. É uma coletânea de conferências.

Com os melhores votos pela passagem do ano, de seu

C.G. Jung

1. O sonho se passa na praia de um balneário. Keyserling encontra a sul-americana X.Y. que "estava ansiosa por colaborar na tradução para o espanhol de *Südamerikanische Meditationen*". Havia ali várias bacias que foram inundadas pela maré. Apesar de vários empecilhos, Keyserling procurava alcançar o mar aberto.
2. Um conceito cunhado por Leo Frobenius, em *Das Zeitalter des Sonnengottes*, Berlim, 1904. Ele descreve o motivo arquetípico do herói que, em analogia com o sol do Ocidente, é engolido por um monstro marinho e que, após uma viagem noturna pelo mar, chega ao Oriente e se liberta da barriga do animal ou é vomitado por ele. O ocorrido simboliza a libertação da libido de uma dominação temporária pelo inconsciente. Cf. *Símbolos da transformação*, 1952, OC, vol. V. par. 306s.
3. *Seelenprobleme der Gegenwart*, Zurique, 1931.

Destinatário não identificado[1]

08.01.1932

Tenho horríveis acessos de inferioridade. Tenho de digerir uma vida inteira de erros e bobagens. Por outro lado, os sentimentos de inferioridade são um equivalente do poder. Querer ser melhor ou mais inteligente do que se é, também é poder. É bastante difícil ser como se é, suportar-se a si mesmo e ao menos uma vez perdoar os próprios pecados no amor cristão ao próximo. Isto é tremendamente difícil.

1. A carta foi entregue aos editores sem introdução e sem final.

Ao Dr. A. Vetter
Berlim-Grunewald

25.01.1932

Prezado Dr. Vetter,

O senhor diz muito bem que minha teoria "avança sob a filosofia e a teologia". O senhor pode dizer também que ela começa "atrás" de ambas. Mas não se deve a nenhuma intenção ou ação minhas que a analogia histórico-cultural do Oriente entre em meu modo de pensar. A entrada do Oriente é antes um fato psicológico que já foi preparado há muito tempo pela história. Os primeiros sinais encontram-se em Mestre Eckhart, Leibniz, Kant, Hegel, Schopenhauer e Ed. von Hartmann. Mas não se trata do Oriente real, mas do fato de o inconsciente coletivo ser onipresente. O senhor viu muito bem que eu cheguei por assim dizer à esfera oriental através da água desse inconsciente, pois as verdades do inconsciente não devem nunca ser imaginadas, mas alcançadas por um único caminho que as culturas mais primitivas sempre chamaram de caminho da iniciação.

É de fato lamentável que seja impossível uma comunicação oral. Seria realmente necessária.

Saudações cordiais
C.G. Jung

Ao Prof. M. Fuss
Hermannstadt/Romênia

20.02.1932

Prezado Professor Fuss,

Ao que sabemos, o acontecimento psicológico, seja ele consciente ou inconsciente, está ligado ao sistema nervoso orgânico. Não é possível imaginar um dispositivo experimental que pudesse provar que o psíquico existe independentemente da matéria viva[1], o que não quer dizer que não possa eventualmente existir sem matéria. Pois também pressupomos que a matéria existe sem o psíquico, o que também parece duvidoso segundo as mais novas descobertas da física quântica[2]. A essas questões, quando formuladas em sentido absoluto, só cabe um "non liquet". Mas dentro da experiência humana o psíquico só pode ser encontrado em conexão com a matéria viva.

Com especial atenção
C.G. Jung

1. Cf. carta a Eckstein, de 16.09.1930, nota 1.
2. Segundo W. Heisenberg, não se pode falar do comportamento de uma partícula atômica independentemente de sua observação. Cf. W. Heisenberg, *Das Naturbild der heutigen Physik*, 1965, p. 12, e Jung, "Considerações teóricas sobre a natureza do psíquico", em OC, vol. VIII, par. 439 e nota 129.

Ao Dr. Max Rychner[1]
Colônia

28.02.1932

Prezado Dr. Rychner,

Aqui estão as minhas respostas ao seu questionário sobre Goethe:

1) Minha mãe chamou-me a atenção para G. quando eu tinha aproximadamente 15 anos de idade.

2) G. era importante para mim devido ao *Fausto*.

3) Como "poeta", talvez Hölderlin.

4) Em meu círculo, *Fausto* é objeto de vivo interesse. Conheci um grande comerciante que sempre trazia consigo uma edição de bolso do *Fausto*.

5) A juventude de hoje tende a ser a-histórica. G. parece não lhes dizer muita coisa (?), pois está muito próximo dos ideais suspeitos do século XIX.

6) Detesto tudo o que é de massa. O que se oferece torna-se comum. De preferência, eu não *divulgaria* G., mas sim livros de culinária.

7) Além de alguns poucos poemas, somente *Fausto* de G. me diz algo de vivo. Ele foi para mim sempre objeto de estudo. Para entretenimento prefiro as novelas inglesas. Ao lado de *Fausto*, tudo o mais de G. é sombra pálida, ainda que nos poemas também reluza o imortal.

O que se poderia "desfrutar" de G. é para mim muito antiquado, muito "de l'époque". O que aprecio em G. não posso "desfrutar", pois é grande demais, estimulante demais e profundo demais. O *Fausto* é o pilar mais novo daquela parte do intelecto que se estende sobre o pântano da história mundial, começando pela epopeia de *Gilgamesh*, com o *I Ching*, os *Upanixades*, o *Tao-te-king*, os fragmentos de Heráclito e continuando com o Evangelho de João, as epístolas paulinas, Mestre Eckhart e Dante.

Parece-me ser impossível meditar o suficiente sobre o *Fausto*, pois os mistérios inesgotados da segunda parte ainda são muitos. O *Fausto* é ultramundano e por isso fascina, ele é ao mesmo tempo futuro e passado, e por isso presente vivo. Para mim o essencial de G. está contido no *Fausto*.

Respeitosas saudações de
C.G. Jung

1. Max Rychner, 1897-1965, escritor suíço. Como redator de *Kölnischen Zeitung*, dirigiu a Jung as seguintes perguntas: 1) Como chegou a conhecer Goethe? Quem foi o intermediário? 2) Em que idade Goethe lhe foi importante? O que dele o influenciou? 3) Algum outro poeta lhe deu mais? 4) Goethe encontra vivo interesse em seu círculo social e profissional? Conhece alguma pessoa com atividades práticas que lê Goethe na vida de todo dia? 5) Alguma vez indicou Goethe para os jovens de seu círculo de atividades (p. ex. seus filhos)? Com que resultado? 6) Fosse o senhor um editor com disponibilidade monetária [...], que obra de Goethe divulgaria em grande escala entre o povo por ocasião do centenário da morte de Goethe? 7) Se tivesse férias de três meses, só para descanso, o senhor levaria Goethe como leitura? Qual de suas obras?

À senhora M. Vetter
St. Georgen bei Diessen/Alemanha

12.03.1932

Prezada e distinta senhora,

Ao que pude deduzir de sua carta, parece-me que a senhora não consegue entender um pensamento puramente intelectual que presume não ter relação alguma com o coração. Compreendo isto perfeitamente. Este tipo de pensamento nunca provém da personalidade total, é sem sangue e sem vida. Um pensamento desses também não pode produzir nada do que se possa chamar verdade, ao passo que o pensamento que brota da pessoa como um todo não pode ser outra coisa a não ser uma verdade. Mas este tipo de pensamento é uma raridade hoje em dia; pois nossa época sofre, como nenhuma outra, de uma diferenciação unilateral, digna de compaixão. Gostaria de dizer-lhe que escrevi sobre isso um livro volumoso e de difícil compreensão[1]. Mas creio que entenderá um que outro capítulo.

Saudações cordiais de
C.G. Jung

1. *Tipos psicológicos* (OC, vol. VI).

À senhora Dra. H. Dänzer-Vanotti
Karlsruhe

06.04.1932

Prezada Dra. Dänzer-Vanotti,

O meu trabalho não está ligado a institutos universitários. Por isso não temos à disposição nenhum material policlínico. Não é possível também que a senhora aprenda psicologia analítica a partir do objeto, pois ela consiste exclusivamente daquilo que a senhora sabe de si mesma. Mas só poderá ver no outro aquilo que a senhora mesma sabe. E o que a senhora mesma já sabe não precisa aprender. Também é impossível que faça em dupla uma verdadeira análise de uma terceira pessoa. Dessa forma nunca se aproximaria de outra pessoa. Quando lhe sugeri que elaborasse o seu próprio material, não o fiz com intenção de que isso fosse um tratamento, mas como *conditio sine qua non* para o aprendizado da análise. O que a senhora espera de seus pacientes, isto deve ser capaz de realizar também. Se espera que um paciente lhe confie sua vivência íntima, deve ser capaz de fazê-lo ao menos três vezes melhor. Nenhuma análise do outro vai proporcionar-lhe esta experiência única que lhe pode dar a análise do seu próprio material. Somente desse modo aprenderá a conhecer o processo psíquico vivo que não é idêntico à consciência. Ninguém que não tenha experimentado a análise em sua própria pessoa deveria estar autorizado a praticá-la. Esta é minha firme convicção da qual nunca abrirei mão. Se estiver de acordo com isso, poderemos considerar outras possibilidades.

Com especial atenção de
C.G. Jung

Ao Dr. A. Vetter
Berlim-Grunewald

08.04.1932

Prezado Dr. Vetter,

A maior dificuldade parece estar no conceito de transcendência. Para mim este conceito é apenas epistemológico. Para o senhor, se é que entendi bem, é algo quase teológico. Cf. o conceito cristão de Trindade que resultou da tendência dos antigos teólogos de tirar Deus da esfera da experiência psíquica e transformá-lo numa existência absoluta. Obviamente isto aconteceu com a finalidade (necessária) de fortalecer a autoridade da Igreja contra a constante dissolução dela através da gnose e da heresia. Assim as pessoas foram efetivamente afastadas de Deus, e a intercessão da Igreja tornou-se imprescindível. Esta é a grande conquista do protestantismo, a queda desta transcendência, ao menos na prática. Praticamente não está correto dizer que não há na Trindade cristã uma deusa-mãe. A mãe está ali simplesmente dissimulada na pessoa do Espírito Santo, a Sophia, e faz como tal a ligação entre o Pai e o Filho, segundo a concepção católica. Esta dissimulação da mãe (pelas razões acima indicadas) teve como consequência que a mãe se manifestasse de forma mais concreta e autoritária como *Ecclesia*. O senhor tem toda razão em dizer que um teólogo ortodoxo jamais poderia colocar em pé de igualdade Deus e o inconsciente. Segundo minha opinião, ele não pode, porque se vangloria de poder dizer alguma coisa sobre Deus. Disto não me vanglorio e, portanto, pouco me importa se Deus e o inconsciente são idênticos em última análise[1]. Como já disse, a mãe é apenas um aspecto do inconsciente. Mas existe também um aspecto-pai, sem que eu queira atribuir a esses aspectos mais do que um caráter necessário de ilusão, resultante de uma dificuldade de nossa compreensão de pensar alguma coisa que não seja visível, ou de uma impossibilidade de nossa linguagem de expressar alguma coisa que não seja uma imagem verbal. De certa forma eu poderia dizer do inconsciente coletivo o mesmo que Kant disse da coisa em si, isto é, que ele é simplesmente um conceito-limítrofe negativo, o que no entanto não pode impedir-nos de formular sobre isso –[2], ou hipóteses, como poderia acontecer se se tratasse de um objeto da experiência humana. Mas não sabemos se o inconsciente, ilimitado em si, seja experimentável em parte ou em geral. Ele poderia ser absoluto, isto é, inexperimentável. Em todo caso, é imprescindível que renunciemos aos antropomorfismos do conceito cristão de transcendência se não quisermos cometer abusos flagrantes. Concordo com o senhor que com isso eu estou no melhor caminho de entregar novamente ao caos da gnose – do qual foi tão cuidadosamente isolado – o conceito cristão de Deus. Mas, segundo minha opinião, o espírito só vive quando é uma aventura eternamente renovada. Assim que for cristalizado, ele nada mais é do que a expressão humana de determinada forma cultural. É claro que a forma cultural deve sua existência à intervenção de um espírito vivo e verdadeiro, mas, uma vez cristalizado, deixa de sê-lo. A nebulosidade de nosso pensamento hodierno provém, ao meu ver, essencialmente do fato de atribuirmos ao pensamento prerrogativas ilegítimas que lhe emprestam aparentemente capacidades que ele na verdade e de fato não possui. Daí a razão de minha teoria das funções.

Espero que um dia possamos rever-nos e então (continuar) a nossa discussão oralmente...[3]

1. Jung tratou várias vezes do tema da relação entre os conceitos Deus e inconsciente. Cf. "Presente e futuro", em OC, vol. X, par. 565: "Mas isso não quer dizer que aquilo que se chama inconsciente venha a ser idêntico a Deus ou a ocupar o lugar de Deus. O inconsciente é apenas o meio do qual parece brotar a experiência religiosa". Cf. também *Memórias*, p. 339.
2. Aqui falta uma palavra, provavelmente uma palavra grega que Jung acrescentou a mão.
3. A cópia que os editores possuem termina aqui.

Ao Prof. Gustav Schmaltz[1]
Offenbach no Meno

09.04.1932

Meu prezado Schmaltz,

[...]

O seu sonho é extremamente importante[2]. Em conexão com outros sonhos semelhantes, parece-nos muito estranha a precisão com que o inconsciente antecipa fatos. E é preciso perguntar-nos qual o grau de consciência que devemos atribuir a tal antecipação. Às vezes não podemos evitar a impressão de que esteja atuando um agente superior. Então parece-me que a nossa causalidade imanente é uma teia enganadora, uma conta que é feita sem a presença do dono do estabelecimento.

Recomendações à sua esposa e cordiais saudações de
Jung

1. Prof. Dr. eng. Dr. med. h. c. Gustav Schmaltz, 1884-1959. Obras, entre outras: *Östliche Weisheit und westliche Psychotherapie*, 2ª ed., Stuttgart, 1953; *Komplexe Psychologie und körperliches Symptom*, Stuttgart, 1955 (Prefácio de Jung em OC, vol. XVIII).
2. Não foi conservada a carta de Schmaltz.

Ao Conde Hermann Keyserling

10.05.1932

Prezado Conde,

Atualmente estou às voltas com a "efervescência criativa" sul-americana, de cujo *groullier et pulluler* as suas meditações[1] estão cheias. Mas estou longe ainda de completar a travessia, pois, quando leio, infelizmente sou pedante. Suas meditações me colocam diante de uma outra tarefa.

No que se refere ao seu sonho[2], é preciso notar antes de tudo que um sonho, cujo tema se repete mais vezes, é em primeiro lugar muito importante para a integração da psique e, em segundo lugar, deve referir-se a algo que já existe há muito tempo e que é especialmente característico para a atitude psíquica do indivíduo. Abstraindo de uma possível importância pessoal do pai, que foge naturalmente do meu conhecimento, a *imago* do pai tem também um significado bem geral como logos ou espírito, com a característica especial do paterno. Notoriamente para o senhor, o logos não é necessariamente paterno. Pode ser também filial, como o senhor sabe. Neste caso, falta-lhe a qualidade paternal. O logos filial é o logos gerado, ao passo que o logos paterno é um logos gerador e com os cuidados de um pai. O logos filial tem em geral o caráter de uma confissão heroica e difícil que desafia o receptor a uma decisão igualmente autônoma. Por sua vez, o gerador, o paternal, é iniciação, orientação, acompanhamento e educação. Ele não explode qual bomba ou fogos de artifício, mas toma pela mão aquele que não sabe ou que não tem vontade e o conduz por assim dizer por caminhos seguros através da escuridão inóspita. É uma característica destacada de sua psique faltar-lhe totalmente a qualidade paterna e abater-se diretamente sobre o público como uma tempestade repentina e sombria ou como um reflexo ofuscante. O paternal sente-se responsável pela compreensão, ele abre os caminhos do entendimento e procura prevenir as consequências nefastas do mal-entendido. Por isso serve-se sempre de uma função diferenciada do sentimento, cuja virtude mais elevada é a empatia humana. Este aspecto de seu logos está evidentemente atrofiado, isto é, muito jovem, muito tênue e muito irresponsável. Mas sua idade exige imperiosamente o reconhecimento do paternal. Eis a razão de seu sonho.

Saudações cordiais de
C.G. Jung

1. *Südamerikanische Meditationen*, 1932. Cf. cartas a Keyserling, de 13.08.1931 e 30.08.1931.
2. O sonho retoma o motivo do encontro com o pai; cf. carta a Keyserling, de 25.08.1928, nota 1.

Ao Dr. Gerhard Adler[1]
Berlim

07.06.1932

Prezado Dr. Adler,

Muito obrigado pela gentil remessa da interessante pintura[2]. O simbolismo é suficientemente claro, só que para o jovem ele tem um valor completamente diferente do que para o adulto. Para o adulto significa a individuação procurada; para o jovem, porém, aquilo que deveria deixar para trás, pois trata-se para ele de uma lembrança pré-natal acabrunhadora, um pedaço ainda existente da ligação com a psique coletiva. Estes resíduos também impedem a função inferior em seu nascimento, isto é, dificultam sua desvinculação da mistura com a parte inconsciente. Devido à sua ligação com o intemporal, a função inferior nunca vai dizer sim ao mundo do momento, isto é, do tempo, porque gostaria de manter-se firme no intemporal. A separação é um sacrifício real e consciente da ligação tão perigosa ao passado. É este o seu problema.

Saudações cordiais de
(C.G. Jung)

1. Dr. phil. Gerhard Adler, nascido em 1904, psicólogo analítico em Berlim até 1936. Depois foi para Londres. Coeditor de "Collected Works" de Jung. Obras, entre outras: *Entdeckung der Seele*, Zurique, 1934; *Zur Analytischen Psychologie*, Zurique, 1952 (título original inglês: *Studies of Analytical Psychology*); *Das Lebendige Symbol*, Munique, Berlim e Viena, 1968 (título original inglês: *The Living Symbol*). Os prefácios de Jung para os dois primeiros títulos acima, em OC, vol. XVIII.
2. Cf. G. Adler, *Zur Analytischen Psychologie*, fig. 12, "Der Kampf mit dem Drachen". A mesma figura está em "As raízes da consciência", em OC, vol. XIII. fig. 9.

Destinatária não identificada
Alemanha

20.06.1932

Prezada e distinta senhora,

Receba meus agradecimentos pelo gentil envio das mandalas.

Queira desculpar-me por não me deter em suas perguntas, pois estou impossibilitado de escrever cartas mais longas por absoluta falta de tempo. Gostaria de observar apenas que a tarefa vital propriamente dita deve parecer-nos impossível, pois só então podemos estar certos de que se desdobram todas as forças que existem dentro da pessoa. Talvez seja isto uma ilusão de ótica, nascida de uma necessidade interna, mas é assim que ela se apresenta em todos os casos.

Saudações cordiais de
(C.G. Jung)

Destinatária não identificada
Suíça

23.06.1932

Prezada senhora,

Infelizmente estou tão ocupado atualmente que só poderei recebê-la daqui a oito dias, quinta-feira, 30 de junho, às 11 horas da manhã.

O boato de que não recomendo tratamento analítico para pessoas mais idosas é totalmente inverídico. Minha paciente mais idosa tem a venerável idade de 75 anos. Pode-se tratar a psique enquanto a pessoa tiver psique. Só não podemos tratar as pessoas que vieram a este mundo sem psique. E dessas pessoas existe um número considerável.

Esperando que o horário apontado também lhe convenha,
subscrevo-me atenciosamente
(C.G. Jung)

Ao Dr. Otto Curtius[1]
Schliersee/Alemanha

27.06.1932

Prezado colega,

Muito obrigado pelo gentil envio das belas pinturas.

Pelo endereço suponho que esteja de férias em sua ilha. Infelizmente no momento não posso fazer o mesmo. Antes disso, há muito trabalho a fazer.

Gostaria de aproveitar a oportunidade para dizer-lhe que tive muita satisfação em trabalhar com o senhor. Foi apenas um início para uma continuação pela vida afora. O que foi visto na análise deve ser propriamente descoberto na vida, pois, ao entrar na vida, parece que se perde. É preciso realmente perder-se, caso contrário o símbolo seria anteposto ao acontecer.

Com os melhores votos de
(C.G. Jung)

1. Dr. med. O. Curtius, psicoterapeuta.

Destinatário não identificado
EUA

05.07.1932

Dear Mr. N.,

O senhor pode imaginar como é difícil dizer alguma coisa sobre os sonhos de pessoas que a gente não conhece. Fiquei muito interessado em seu sonho[1]. A segunda parte – o serpentário (pássaro) e a cobra – foi interpretada corretamente. Mas a cobra não representa necessariamente a kundalini[2], pois a cobra kundalini dissolve-se em luz. Mas, de qualquer forma, os dois animais formam um par de opostos; representam espírito e matéria, ou o princípio espiritual e o ctônico. Aqui os opostos são representados por dois animais, o que indica, segundo as regras da interpretação dos sonhos, que o conflito correspondente não se desenrola numa consciência humana, mas além dela, no inconsciente coletivo. Desde tempos antigos o pássaro e a cobra são símbolos do conflito entre espírito e matéria. É uma peculiaridade de nossa mente ocidental que possamos pensar conscientemente tal conflito sem que o vivenciemos – um fato estranho que, segundo minha experiência, só pode ser explicado com muita dificuldade para os ocidentais. É quase uma blasfêmia poder pensar uma coisa e imaginar que se está de posse dela, quando na verdade se está muito longe dela.

Este sonho tem um preâmbulo todo especial que o senhor omitiu completamente em sua tentativa de interpretação. O senhor procede como um típico ocidental, isto é, como se o senhor dominasse os opostos. Mas o que realmente aconteceu foi o seguinte: O senhor tentou algumas habilidades da ioga[3], e então o sonho disse: "Cuidado! Esta jovem e encantadora senhora está ameaçada pelo lascivo monstro Gila"[4]. O senhor entende assim: como homem de idade avançada[5], ainda tem uma mente jovem, uma *anima* encantadora, que se confronta com o perigoso réptil. Em outras palavras, a sua psique está ameaçada pelo veneno ctônico. Isto corresponde exatamente à situação de nossa mentalidade ocidental. Nós acreditamos poder resolver racionalmente esses problemas, por ensaios e erros conscientes, enquanto vamos imitando os métodos da ioga e coisas semelhantes; mas esquecemos totalmente que deveríamos antes de tudo estabelecer uma união entre as camadas mais altas e mais profundas de nossa psique. Nos orientais existe essa união, ao passo que nós fomos separados de nossa terra por uma formação cristã de mais de um milênio. Por isso o homem ocidental precisa em primeiro lugar realizar a união com o seu inconsciente; só então poderá compreender realmente para onde apontam os métodos orientais. Se não for capaz disso, o conflito entre pássaro e cobra permanecerá uma espécie de círculo vicioso, que se move de cá para lá em sua psique, mas nunca atinge a sua realidade. Continua sendo um jogo da fantasia, o que leva normalmente a uma inflação desastrosa.

Observe agora o que faz o pássaro: ele inclina a cabeça para trás, para fora de seu campo visual, um comportamento muito estranho para um pássaro. Mas nisso está um sinal do que realmente deveria ser feito: se olhar para frente, o senhor fica no campo de sua consciência; mas se olhar para trás, então o senhor olha para a região de seu inconsciente, que sempre está lá onde não temos os olhos de nossa consciência. O pássaro portanto lhe diz que deve olhar para trás; então descobrirá meios e caminhos que o levem ao seu objetivo. Seu objetivo é matar o réptil que ameaça a *anima*. O senhor é o serpentário que deveria proteger a *anima*. Com exercícios de ioga, que são apenas uma sensação para a consciência, o senhor não consegue proteger sua *anima*. Mas pode protegê-la se procurar compreender os conteúdos inconscientes que brotam de sua própria profundeza. Procure aprender a conhecer as suas fantasias, por mais indecentes que lhe pareçam; isto é o seu negrume, a sua sombra que deveria ser engolida. A cobra é o pássaro, e o pássaro é a cobra.

A ioga oriental se baseia na pessoa como ela realmente é; mas nós fazemos uma ideia consciente de nós e acreditamos que ela seja o nosso si-mesmo – terrível engano. Nós somos também o nosso lado inconsciente e por isso o pássaro engole a cobra preta; dessa maneira ele mostra o que o senhor deve fazer para tornar-se completo. Não se espera que o senhor seja perfeito, mas completo.

Yours sincerely,
(C.G. Jung)

1. No sonho, um serpentário (*Serpentarius Sagittarius*) engole uma cobra preta.
2. Kundalini (sânscrito: enrolado) representa a força que está dentro da pessoa na forma de uma cobra, que se identifica com a deusa Shakti. Os exercícios de ioga e a meditação devem despertar esta força e fazer que aflore no corpo humano através dos sete *chakras* (centros da consciência) para alcançar a libertação da ignorância e da ilusão e, finalmente, chegar à iluminação.
3. O destinatário havia escrito a Jung sobre seus "exercícios de ioga para desenvolvimento da flor de ouro". O sonho ocorreu poucas horas depois dos exercícios.
4. Um dos poucos répteis venenosos. No sonho, o animal ameaça "a lovely young lady".
5. O sonhador escreveu que tinha 64 anos de idade, "virile and in good health".

Ao pastor Dr. C. Damour
Hüttlingen/Suíça

15.08.1932

Prezado Pastor Damour,

Muito obrigado por me enviar o seu artigo[1]. É pena que seu escrito tenha sido recusado pela redação do NZZ. A tutela do público através da censura intelectual, feita por redatores preconceituosos, sempre me dá nos nervos.

O seu artigo é realmente muito sensato e muito melhor do que a conciliação insossa de X. Não se pode rasgar a humanidade em duas partes, entregando uma aos médicos e outra aos teólogos.

Vale hoje para os teólogos o mesmo que aconteceu aos médicos: assim como o médico teve que aprender sempre de novo para entender o problema psíquico de um neurótico, também a teologia deve fazer o seu sacrifício para ter alguma probabilidade de êxito neste problema que é o mais difícil de todos.

Além do mais, o jornal *Neue Zürcher Zeitung* nunca me pediu para escrever um artigo conclusivo. Enquanto possível não utilizo a imprensa.

A objeção de Barth sobre a psicologização da experiência religiosa[2] e que, pelo que percebo, o senhor também endossa, corresponde a um preconceito que não se justifica. Sabe Barth ou alguém mais o que é o inconsciente, ou pretende talvez Barth provar que a experiência religiosa provém de outra fonte que não seja a psique? As autoridades religiosas em que me baseio neste caso são Tertuliano e Mestre Eckhart, sem falar da minha própria experiência que me trouxe muito mais conhecimento da psique humana do que a escrivaninha do Senhor Barth. Aqui está precisamente a razão por que os teólogos, conforme eles mesmos confessam, não sabem o que fazer com a psique do doente. A psique humana e os panos de fundo psíquicos são subestimados em larga escala. Como se Deus falasse aos homens exclusivamente através do rádio, dos jornais ou dos sermões. Deus nunca falou de outro modo aos homens que não na e pela psique; e a psique o compreende, e nós o experimentamos como algo psíquico. Quem diz que isto é psicologização nega o olho que enxerga o sol.

Tomei a liberdade de ficar com o seu artigo para o caso de eu ainda escrever algo sobre este assunto. Se o senhor o permitir, eu faria a devida citação.

Mais uma vez agradecido e atenciosamente
(C.G. Jung)

1. O jornal *Neue Zürcher Zeitung* publicou (em sua edição vespertina) no dia 20.07.1932 e no dia 04.08.1932 dois artigos sobre "normas médicas e cura de almas". O pastor Dr. C. Damour enviou à redação um longo artigo que representava o ponto de vista teológico. Sua publicação foi recusada sob a alegação de que se esperava um artigo conclusivo de Jung.
2. O Prof. Hans Barth, redator do suplemento cultural do *Neue Zürcher Zeitung*, mais tarde professor de Filosofia na Universidade de Zurique, escreveu uma recensão à obra de Jung "Relações entre a psicoterapia e a direção espiritual" (em OC, vol. XI) e o acusou de "psicologizar a religião" (NZZ, 03.08.1932, edição vespertina).

To James Joyce[1]
Zurique

27.09.1932

Dear Sir,

O seu *Ulysses* colocou o mundo diante de um problema psicológico tão consternador que repetidas vezes fui consultado como presumida autoridade em questões psicológicas.

Ulysses mostrou ser um caroço extremamente duro e obrigou minha mente não apenas a um esforço fora do comum, mas também a ousadas divagações (do ponto de vista de um cientista natural). Em geral o seu livro me deu muito trabalho, e eu levei quase três anos até conseguir penetrar nele. Mas devo dizer-lhe que sou grato ao senhor e ao seu gigantesco livro, pois aprendi muita coisa. Jamais saberei se ele realmente me agradou, porque consumiu demais os meus nervos e o meu cérebro. Também não sei se lhe agradou o que escrevi sobre o *Ulysses*[2]; não podia fazer outra coisa senão informar ao mundo o quanto me aborreci, murmurei, praguejei e o quanto me admirei. As quarenta páginas seguidas (*non-stop*) ao final do livro são verdadeira corrente de preciosidades psicológicas. Provavelmente a avó do diabo sabe muito sobre a verdadeira psicologia da mulher, e que eu não sabia.

Quero apenas recomendar-lhe o meu pequeno ensaio como tentativa divertida de alguém totalmente estranho, que se perdeu no labirinto de seu Ulysses e, por acaso, por pura sorte, conseguiu sair dele outra vez. Seja como for, peço que veja neste meu artigo o que Ulysses fez a um psicólogo supostamente equilibrado.

Com a expressão de meu mais elevado apreço, sou, estimado Mr. Joyce,

Yours faithfully,
(C.G. Jung)

1. A carta de Jung a Joyce (1882-1941) também em Richard Ellmann, *James Joyce*, Nova York e Oxford 1949, p. 642, e ainda em Richard Ellmann, *Letters of James Joyce*, vol. III, Nova York, p. 253. Sobre o encontro de Jung-Joyce, cf. Patricia Hutchins, *James Joyce's World*, Londres, 1957, p. 181s. Cf. carta a Patricia Graecen (Hutchins), de 29.06.1955.
2. "Ulysses", em *Wirklichkeit der Seele* e em OC, vol. XV; primeiramente em *Europäische Revue* VIII, 2-9.09.1932.

Sobre a reação de Joyce à carta de Jung, escreve Ellmann (l.c., p. 603): "Joyce mostrava com orgulho a todos este tributo à sua argúcia psicológica. Mas Nora dizia de seu marido: 'Ele não entende nada das mulheres'" (De uma conversa de Ellmann com Samuel Beckett, 1953).

To Dr. L.M. Boyers
Berkeley (Calif.)/EUA

30.09.1932

Dear Dr. Boyers,

Sobre o ponto de vista de Geley[1] – que, aliás, é muito interessante e importante, suposto que o material em que se baseia seja absolutamente confiável – não escrevi nada. Se os resultados parapsicológicos forem o que agora parecem ser, então a ciência natural deve discutir seriamente os pontos de vista de Geley. Não estou em condições de avaliar o lado fisiológico da teoria, porque só me interesso pelo aspecto psicológico das coisas sob o limiar da consciência. Sob esse aspecto devo observar que Geley não é psicólogo e não tem nenhuma experiência com a psicologia do inconsciente. Ele conhece muito do aspecto fisiológico que, no entanto, não podemos ainda vincular às nossas observações psicológicas. O livro de Geley não me ensinou nada de novo sobre o meu campo de interesse específico, pois não trata dele.

Estou pessoalmente convencido de que existem certas relações entre as nossas observações psicológicas e os fenômenos parapsicológicos; mas são difíceis de entender, como, por exemplo, as que existem entre a gerência de um banco e os sonhos de um filósofo ou, melhor, entre o nascimento de uma criança e imagens mitológicas. Sei que aparecem realmente certas figuras arquetípicas do inconsciente como espíritos controladores através da materialização mediúnica[2]. Não nego que certas figuras, que talvez apareçam nos sonhos, possam materializar-se também como espíritos, embora eu não esteja em condições de provar semelhante possibilidade. Partindo de minha experiência com fenômenos inconscientes, devo admitir que aquilo que chamamos de ideias e emoções poderiam ser também fatores autônomos, dos quais só percebemos o aspecto psíquico, mas não sua natureza potencialmente física. A psicologia analítica está cheia de enigmas e mistérios não resolvidos. Acompanho por isso bem de perto os resultados da parapsicologia; é concebível que estes fenômenos tragam nova luz, já num futuro próximo, para a psicologia do inconsciente.

Sincerely yours,
(C.G. Jung)

1. Gustave Geley, 1868-1924, diretor do "Institut Métapsychique International" em Paris, examinou sobretudo meios físicos, bem como dados fisiológicos na formação do ectoplasma. Na biblioteca de Jung existe um livro de G. Geley, *From the Unconscious to the Conscious*, traduzido do francês, Nova York e Londres, 1920.
2. Em sua dissertação "Sobre a psicologia e a patologia dos fenômenos chamados ocultos" (em OC, vol. I), Jung descreve, com base em suas experiências com um médium, o surgimento de figuras internas a partir do inconsciente coletivo e que são vividas como "espíritos".

Ao Dr. Brupbacher
Zurique

30.09.1932

Prezado colega,

Apesar de eu ser absolutamente contrário à guerra e nunca ter feito segredo, oralmente e por escrito, dessa minha convicção, infelizmente não estou em condições de me onerar na prática com um trabalho de propaganda. Faço a minha parte cá e lá, através de publicações, mas não tenho tempo disponível para reuniões e outras coisas mais. Infelizmente só tenho uma vida, e não uma dúzia, e por isso não posso atender a todas as expectativas que de mim se esperam.

Lamento muito e permaneço atenciosamente
(C.G. Jung)

To Antonio Mirabal[1]
Taos Pueblo
Taos (New Mexico)/EUA

21.10.1932

My dear friend Mountain Lake,

É muita gentileza sua escrever-me uma carta. Eu pensei que me tivesse esquecido completamente. Foi muito bom esta senhora Schevill[2] da Califórnia tê-lo visitado e lembrado de mim. Foi bom que lhe deu o meu endereço. Eu me lembrei muitas vezes de você e falei a meus alunos a seu respeito. Sempre que tive oportunidade de falar com americanos, procurei transmitir-lhes uma ideia correta sobre o seu povo e explicar-lhes que era importante reconhecer aos índios todos os direitos de cidadãos americanos. Acredito que no futuro a situação vai melhorar.

Fico satisfeito em saber que as suas colheitas foram boas. Gostaria que me escrevesse quais são os seus costumes e usos religiosos para garantir uma boa colheita. Vocês têm danças especiais e outros ritos para fomentar o crescimento do trigo e do milho? Os seus jovens ainda veneram o Deus Sol? Vocês fazem por acaso pinturas de areia[3] como os Navajos? Toda informação que puder dar-me sobre a sua vida religiosa é sempre bem-vinda. Guardarei todas as informações para mim, mas seriam muito úteis, pois pretendo pesquisar a verdade na qual os índios acreditam. Ela sempre me pareceu uma verdade importante, mas ouve-se tão pouco sobre ela, sobretudo aqui onde não existem índios. Os tempos estão realmente difíceis, e já não posso viajar para tão longe como antigamente. Tudo o que me contar sobre religião será assunto precioso. Aqui, entre nós, não há coisas religiosas interessantes; são meros resíduos de tempos antigos. Vou mandar-lhe algo do que ainda permanece vivo da antiga fé desse país.

Fico satisfeito em saber que está melhor de saúde do que no nosso último encontro. Estou certo de que a sua tribo precisa muito de você e desejo que ainda viva muitos anos bem felizes.

Se encontrar novamente Mrs. Schevill, transmita-lhe as minhas saudações cordiais.

As ever your friend,
(C.G. Jung)

1. Antonio Mirabal = Ochwiä Biano (Lago da Montanha) era um chefe dos Pueblo Taos que Jung conheceu no Novo México quando esteve entre os índios Pueblo. Cf. *Memórias*, p. 251s.
2. Cf. carta a Mrs. Margaret E. Schevill, de 01.09.1942, nota 1.
3. Figuras rituais, muitas vezes em forma de mandalas, desenhadas pelos índios em areia colorida diretamente sobre o chão. Cf. *Psicologia e alquimia* (OC, vol. XII), fig. 110; "Sobre o simbolismo das mandalas", em *Gestaltungen des Unbewussten* e em OC, vol. IX/1, fig. 45 e 46.

A Werner Kaegi[1]
Oetwil am See/Cantão Zurique

07.11.1932

Prezado senhor,

Muito obrigado pelo gentil envio de sua separata[2]. Fiquei satisfeito por me ter chamado a atenção para Walser[3].

Já que o senhor é obviamente um profundo conhecedor dos escritos de Walser, pergunto se ele se ocupou também da *Ipnerotomachia* de Francesco Colonna[4]. [...] Acho que nele existe uma chave para as portas de fundo da Renascença. É notável que me interessa cada vez menos o desenvolvimento superficial, amplo e brilhante das coisas, e muito mais os subterrâneos escuros, serpenteantes, dos quais ele procede. As culturas se apresentam a mim como aquelas plantas cuja vida verdadeira e contínua está no rizoma e não nas folhas e flores que rapidamente fenecem, que se mostram na superfície e que são tidas por nós como a manifestação essencial da vida. Jacob Burckhardt menciona a obra de Colonna, mas por razões óbvias nada viu nela.

Dos novos, parece que Luigi Valli[5] foi um dos que mais se aventurou nos planos de fundo. Estou quase inclinado a crer que a verdadeira história psíquica é um fenômeno de rizoma.

Agradecido e com especial atenção.
(C.G. Jung)

1. Werner Kaegi, nascido em 1901; desde 1935 professor de História em Basileia.
2. W. Kaegi, "Prof. Dr. Ernst Walser", em *Basler Jahrbuch*, 1930.
3. Ernst Walser, 1878-1929, professor de Língua e Literatura Italiana em Basileia.
4. Cf. carta a Langenegger, de 20.11.1930, nota 1. Jabob Burckhardt menciona a obra de Colonna em sua *Geschichte der Renaissance in Italien*, 1867.
5. Luigi Valli, *Il linguaggio segreto di Dante e dei "Fedeli d'amore"*, 2 vols. Roma, 1928-1930.

Ao Prof. J.W. Hauer[1]
Tübingen/Alemanha

14.11.1932

Prezado Professor Hauer,

[...]

Quero também aproveitar a ocasião desta carta para informá-lo sobre algumas negociações das quais estou participando. Gostaria de prosseguir com a nossa colaboração de um modo especial. E neste sentido recebi de um editor[2] uma proposta bem interessante. Ele pretende publicar uma revista com a finalidade de ser uma síntese dos mais diversos ramos do saber[3]. Para tanto, considera minha concepção psicológica especialmente adequada. Seu plano é conseguir a participação de uma série de especialistas nos mais diversos ramos científicos. Eu imagino esta colaboração mais ou menos assim: seriam apresentadas por um comitê redacional certas questões aos respectivos especialistas. Estes responderiam num ensaio às questões propostas com base no material de que dispõem. Eu e minha escola forneceríamos os correspondentes materiais psicológicos, de modo a surgir uma síntese que possibilitasse entender o sentido vivo das concepções ideológicas dos mais diversos tempos e lugares. Espero que o senhor não recuse sua colaboração quando receber semelhante convite. Quero pedir-lhe que não divulgue por enquanto esta notícia, mas ficaria grato se me informasse sobre sua eventual disposição de apoiar os nossos esforços.

Sobre o "deslocamento associativo dos símbolos"[4], devo dizer que isto pertence à própria natureza da formação do símbolo. O estado de coisas expresso pelo símbolo foge em geral da expressão direta e, por isso, só pode ser formulado aproximadamente. O resultado é que o conteúdo pressentido atrai tudo para o seu campo, às vezes também coisas impróprias, e lhe dá uma certa coloração. Assim acontece, por exemplo, que o Espírito Santo enche o mastro estático com uma função impulsora.

Saudações cordiais também à sua esposa.
(C.G. Jung)

1. J. Wilhelm Hauer, 1881-1962, indólogo e cientista das religiões, mais tarde fundador do "Deutschen Glaubensbewegung". Cf. Jung "Wotan" (em OC, vol. X, par. 397s.).
2. Dr. Daniel Brody. Cf. carta a Brody, de 18.03.1958.
3. O plano não se realizou. Cf. carta a Jacobi, de 10.04.1933.
4. Cf. *Símbolos da transformação* (OC, vol. V, par. 659).

A Alfred Kubin[1]
Zwickeldt bei Wernstein
Áustria

19.11.1932

Prezado senhor,

Muito obrigado por sua gentil carta que prezo tanto mais porque tive depois a impressão de que talvez o senhor tivesse entendido mal minha observação sobre o seu livro *Die andere Seite*. O epíteto "campesino" é na verdade um elogio, tratando-se de Joyce. Num certo sentido valorizo o seu livro muito mais, pois é uma informação exata e leal das coisas que o senhor viu. Por isso citei muitas vezes em meus escritos o seu livro como exemplo clássico da percepção direta dos processos inconscientes. Nosso amigo comum, o falecido Schmitz[3], também aprendeu a descer àquelas profundezas e, em seu conto de fadas "Hannickel"[4], emprega tons que lembram Kubin.

O fato de me ter escrito alegra-me também porque nossos caminhos já se cruzaram no livro de contos de fadas de Schmitz.

Apesar de todas as confusões em que possa estar envolvido, sirva-lhe de consolo o fato de que o senhor antecipou, tanto em seu livro como em sua arte, verdades que impressionam o mundo todo. O senhor foi anacrônico e por isso teve mais dificuldade do que os outros de orientar-se num tempo que ainda é muito inconsciente para entender as coisas que estão por trás da parede do futuro.

Saudações cordiais de
(C.G. Jung)

1. Alfred Kubin, 1877-1959. Conhecidos são sobretudo os seus desenhos a bico de pena e as suas litografias. Jung cita o romance autobiográfico dele, *Die andere Seite*, Munique, 1908, com ilustrações do próprio autor, como exemplo de configurações artísticas de imagens e fantasias do inconsciente. Cf. *O eu e o inconsciente*, em OC, vol. VII, par. 342.
2. Em "Ulysses" (em OC, vol. XV, par. 194), Jung escreveu: "Um parente campesino de Ulysses, o morador da metrópole, é *Die andere Seite*, de Alfred Kubin".
3. Cf. carta a Schmitz, de 26.05.1923, nota 1.
4. Oskar A.H. Schmitz, "Wege nach Atlantis", em *Märchen aus dem Unbewussten*, Munique, 1932. Kubin ilustrou o livro. O prefácio de Jung em OC, vol. XVIII.

Destinatário não identificado
Suíça

19.11.1932

Prezado senhor,

Ocupações em outros lugares impediram-me de agradecer-lhe de pronto o envio de seu escrito. O senhor deseja minha opinião. Devo observar o seguinte:

Cada pessoa que possui ao menos um grau médio de inteligência e sente necessidade de instruir-se chegará, mediante profunda reflexão de suas vivências durante o tratamento analítico de sua neurose, a uma linha de pensamento que coincide de maneira impressionante com as representações religiosas de todos os tempos e povos. A neurose traz o inconsciente para mais perto da superfície e, uma vez que o inconsciente consiste em parte do instinto e em parte dessas representações primitivas da humanidade, não é de admirar que uma reflexão de longos anos tenha provocado o encontro com essas representações gerais. O perigo de semelhante consciência consiste em que a pessoa é subtraída de suas próprias tarefas individuais da vida real e transferida para uma irrealidade inferior, onde apenas se fazem reivindicações e já não se visa realizar coisa alguma. Isto sem dúvida tem seu valor quando se descobre quais são os paralelos que o inconsciente tornado consciente possui na história do pensamento humano. Mas este desenvolvimento permanece coisa inútil enquanto não atuar sobre a realidade. E é inclusive prejudicial na medida em que afasta a pessoa, como dissemos acima, de seu próprio mundo real. Dessa alienação da realidade nasce aquilo que o senhor denomina represamento ou bloqueio da sexualidade. Trata-se de um represamento de toda a energia vital, e não só da sexualidade, pois uma pessoa que não realiza de forma nenhuma a sua tarefa de vida há de estar necessariamente represada. E então construirá uma teoria de que tudo que é doentio provém desse represamento; e esta teoria é correta. Mas não é uma teoria válida para todo mundo, pois este é povoado sobretudo por pessoas que amam, sentem fome, trabalham etc., mas só vale para aquela pessoa que, como o neurótico, continua vegetando e fantasiando inutilmente. Sua capacidade de fantasiar teria algum sentido se estivesse em condições de transformar em ação aquilo que conseguiu mediante o contato com o inconsciente, ou seja, transformar em alguma coisa capaz de impressionar e mudar as pessoas; mas para isso há necessidade de uma constante atividade criativa na pessoa. O teimoso não cumpre nenhuma dessas tarefas. Ele só se entretém com sua neurose e não sabe como atuar junto às pessoas porque nem mesmo sabe como proceder consigo mesmo. Ele prega sua teoria de interesse sexual, mas ele mesmo não chegou nem mesmo a casar-se, a exercer uma profissão ou a ganhar algum dinheiro com o seu trabalho. Toda teoria apregoada por esta pessoa, que a si mesma engana com mentiras, está condenada de antemão ao fracasso, pois é uma ilusão que serve apenas para esquivar-se das tarefas e das obrigações da vida.

Peço que coloque este documento atrás de seu espelho e que o olhe diariamente; e se alguém perguntar o que o Dr. Jung pensa sobre a sua teoria, mostre-lhe este documento.

Atenciosamente
(C.G. Jung)

Ao Prof. Heinrich Zimmer[1]
Heidelberg

21.11.1932

Prezado Professor Zimmer,

Antes de mais nada obrigado pela gentil remessa de seu belo ensaio em *Corona*[2]. Peço que agradeça por mim à sua esposa o amável envio de *Andreas*[3].

Quero informá-lo sobre um projeto especial encaminhado em minha última visita a Viena[4]. Procurou-me um editor, de situação financeira muito boa, e me propôs a publicação de uma revista, em que eu figurasse como editor, que teria um título como "Weltanschauung" ou algo parecido. Conversou comigo por longo tempo e chegamos à conclusão de que seria necessário antes de tudo ver quem gostaria de colaborar na revista.

Como mencionei também o seu nome, aproveito a oportunidade para escrever-lhe sobre isso. Eu pensei que nesta enorme fragmentação das ciências hoje em dia já poderíamos ter um órgão que coletasse desse mar imenso das ciências especializadas todos os fatos e conhecimentos de interesse ideológico para torná-los acessíveis aos leitores mais cultos. Atualmente, cada um que pretende orientar-se precisa mergulhar em dúzias de revistas, que não tem condições de assinar ou comprar, e em milhares de livros, com enorme perda de tempo para encontrar o que deseja. Chegamos à conclusão de que procuraríamos um ou dois bons especialistas de cada área, que entrasse em cogitação, que fossem porta-vozes adequados e estivessem dispostos a servir de ponto de informação e de consulta ou, até mesmo, a integrar um comitê de redação com várias cabeças. Este compromisso seria de grande importância prática, pois o cientista em questão traria de seu campo de especialização maior ou menor todos os dados interessantes para conhecimento geral nesta revista; ou indicaria os nomes de autores ilustres que pudessem ser procurados pela revista para escrever um artigo. O que desejaria de modo especial seria uma série de monografias curtas sobre as ideias escatológicas, as doutrinas da salvação, os conceitos fundamentais de Deus, as teorias cosmogônicas, os ritos de iniciação e coisas semelhantes. Peso maior deveriam receber os relatos de fatos, e peso bem menor seria atribuído à originalidade das contribuições, pois esta revista não se destinaria a nenhum cientista em particular, mas ao público de cultura geral. Se eu estiver na liderança dessa iniciativa, o senhor já pode prever a direção que tomará. Deverá ser um instrumento de visão de conjunto e de síntese. Um antídoto à tendência de atomização das especialidades, o que em última análise é um empecilho para o desenvolvimento intelectual.

Eu lhe pergunto se estaria disposto a auxiliar-nos com opiniões e ações, assumindo também o compromisso de servir de centro de informação e de consulta. Isto não seria grande sobrecarga para o seu tempo. Ficaria muito grato por uma resposta afirmativa.

Atenciosamente
C.G. Jung

1. Heinrich Zimmer, 1890-1943, indólogo. Cf. Jung, "Heinrich Zimmer", em *Memórias*, p. 385s.
2. Zimmer, "Der indische Mythos", em *Corona*, revista bimestral de poesia e pesquisa, Zurique, ano 3, caderno 1, outubro de 1932.
3. Hugo von Hofmannsthal, *Andreas oder Die Vereinigten*. Fragmento de romance inacabado.
4. Cf. carta a Hauer, de 14.11.1932.

A Walter Mertens
Feldmeilen/Cantão Zurique

24.11.1932

Prezado Walter,

Estou plenamente de acordo com o espírito de seu ensaio sobre Picasso. Discordo apenas que os artistas sejam como os teólogos, que não admitem críticas. Não vejo por que os artistas não teriam uma psicologia humana como todas as outras pessoas. A pretensão de anunciar a infalível Palavra de Deus me é antipática tanto na teologia como na arte. A partir do ponto de vista artístico sei valorizar o procedimento da arte moderna. Do ponto de vista do psicólogo devo dizer de que arte se trata. Em meu artigo no NZZ[1] eu disse claramente que não falava de arte, mas de psicologia. Mas parece que a psicologia é odiosa tanto ao artista quanto ao teólogo, e isto me repugna, por assim dizer.

Além do mais, a arte perde todo o seu objetivo educador se não se perceber que ela representa a doença de nossa época. Por isso a arte não é alegre nem edificante, mas, como você diz muito bem, é um "grito". Mas um grito é sempre o que ele é, ou seja, um barulho e não música. Por isso mantenho minha opinião de que a arte moderna será julgada melhor do ponto de vista psicológico do que artístico. Arte (*Kunst)* vem de saber (*können)*, mas "balbuciar" não é saber, e sim uma mísera tentativa de falar. Não quero com isso evidentemente desencorajar a arte moderna; ela deve continuar com suas tentativas, e eu lhe desejo boa sorte. Aliás, o espírito criativo não se deixa desencorajar em princípio, caso contrário não seria criativo. Portanto, não aconteceu nenhuma desgraça.

Saudações cordiais de seu (Carl)

1. "Picasso", *Neue Zürcher Zeitung*, 13.11.1932; mais tarde em *Wirklichkeit der Seele* e em OC, vol. XV.

Destinatária não identificada
Alemanha

25.11.1932

My dear Mrs. N.,

Estou satisfeito que tenha formulado tão claramente suas perguntas; assim fica mais fácil respondê-las.

Sob todos os aspectos, o mais aconselhável é manter-se do lado consciente e racional da vida, isto é, dar firmeza a este lado. Nunca se deve perdê-lo de vista. Ele é o protetor, sem o qual nos perderíamos em mares desconhecidos. Seria o mesmo que convidar a doença para entrar, se abandonássemos a orientação consciente e racional. Mas também vale a outra verdade, de que a vida não é somente racional. Com uma atitude apenas racional não estamos plenamente adaptados à vida. Até certo ponto devemos também abrir os nossos sentidos para os aspectos não racionais da existência. A eles pertence o inconsciente. Este fator não racional deve ser considerado com muita atenção.

Se levarmos em consideração o inconsciente, somos imediatamente atraídos por ele; e, sem suficiente apoio na vida real e consciente, seremos engolidos pelo dragão do inconsciente. A senhora sabe o que isto significa! Somente quando mantiver acordada sua consciência com toda a sua capacidade crítica, poderá começar a observar o inconsciente. O inconsciente em si não é traiçoeiro nem mau – é natureza, tanto bela quanto terrível. Quando o inconsciente se mostra hostil e mau, então isso depende de sua própria atitude, que se entrega levianamente ao mundo sedutor de suas imagens. Quando temos de nos ocupar com o inconsciente em geral, então deve ser apenas de maneira ativa. Sobretudo não se deve aceitar cegamente ou tomar ao pé da letra nada do que o inconsciente produz. Tudo deve ser submetido a uma avaliação precisa, pois em geral é altamente simbólico. Podemos rejeitar totalmente um conteúdo como tal, mas o importante é a compreensão de seu sentido simbólico para decidir sobre sua aceitação.

O caminho criativo é o melhor para lidar com o inconsciente. Pense, por exemplo, numa fantasia e elabore-a com todas as forças à sua disposição. Elabore-a como se a senhora mesma fosse a fantasia ou fizesse parte dela, como se estivesse elaborando uma situação real da qual não pode escapar. Todas as dificuldades que encontrar em tal fantasia são expressão simbólica de suas dificuldades psíquicas; e na medida em que as dominar em sua imaginação, vai superá-las em sua psique.

Pense no que lhe escrevi e se não entender uma que outra coisa, dirija-se ao Dr. X. Esforce-se por compreender o melhor possível o que eu penso; se não o compreender, escreva novamente. Pois a senhora precisa aprender a lidar com essa sua atitude perigosa para com o inconsciente.

A senhora não deveria discutir sua situação abertamente com seu marido, a não ser que ele insista. Um pardal na mão é sempre melhor do que uma pomba no telhado. A vida não oferece muitas boas oportunidades, portanto não desperdice nenhuma delas.

Sincereley yours,
(C.G. Jung)

Destinatária não identificada
EUA

28.11.1932

Dear Mrs. N.,

Grandes coisas estão acontecendo aqui. Na última semana recebi o "Prêmio de Literatura da Cidade de Zurique", o que significa que já não sou profeta em meu próprio país. O triste fim da carreira promissora de um jovem profeta! É sempre triste perder a ocasião de se queixar por insatisfação, por uma boa razão. Temo que deva procurar outras razões. Deduzo de sua carta que ainda mantém suas razões.

Muito me admira que a senhora se pareça tanto com Nova York ou que Nova York se pareça tanto com a senhora.

Transmita minhas lembranças ao senhor X.

Yours devotedly,
(C.G. Jung)

Ao Conselho Municipal de Küsnacht

03.12.1932

Digníssimo senhor Presidente,

Excelentíssimos senhores,

Permitam-me que lhes manifeste meu cordial agradecimento pela honrosa congratulação[1] e pelas belas flores. Estou muito comovido pela participação dos senhores na homenagem inesperada que me foi tributada. Em meu trabalho persistente, silencioso e solitário, pouca oportunidade tive de aparecer em público e participar da vida social da comunidade. Mas agradeço ao feliz destino que me possibilitou viver aqui em Küsnacht e realizar o meu trabalho sossegadamente e cercado por esta bela natureza.

Recebam, pois, digníssimo senhor Presidente e excelentíssimos senhores, mais uma vez a expressão de meu agradecimento.

Atenciosamente
(C.G. Jung)

1. Jung havia recebido o "Prêmio de Literatura da Cidade de Zurique".

Ao Dr. med. H. Knoll
Bellelay/Berner Jura

09.12.1932

Prezado colega,

Muito obrigado pelo gentil envio de sua brochura. Sei avaliar muito bem o seu trabalho em Bellelay, pois também eu reuni bastante experiência no manicômio. É salutar e gratificante saber que uma instituição vai bem sob uma direção competente e devotada.

Não pense o senhor que em meus círculos mais próximos predomine a opinião de que os casos de esquizofrenia, tratados nas clínicas, mereçam cuidados psicológicos. Quando se fala de esquizofrenia, isto se refere a casos que nunca chegam ao conhecimento do psiquiatra, pois surgem quando muito na prática neurológica. Desses casos existem muitos. Quando comecei a trabalhar na prática, fiquei surpreso ao ver quantos casos havia que nunca entraram em contato com a clínica de doenças mentais e cujo tratamento psicoterapêutico de forma alguma poderia ser classificado como sem esperança.

Aproveito a oportunidade para fazer-lhe uma pergunta: Existem entre seus pacientes alguns que desenham ou pintam? Ficaria muito grato se pudesse mandar-me algumas dessas pinturas ou desenhos. Ou teria o senhor pacientes que gostariam de desenhar? Neste caso, pediria que deixasse que eles pintem os motivos de suas fantasias. Para mim seria muito proveitoso ter bastante material comparativo neste sentido.

Agradeço as felicitações por meu prêmio[1]. O fato me tomou de surpresa. E o interessante é que a escolha não veio de cima, mas de baixo, diretamente do público.

Saudações cordiais de
(C.G. Jung)

1. "Prêmio de Literatura da Cidade de Zurique".

Destinatária não identificada
Áustria

10.12.1932

Prezada e distinta senhora,

Muito obrigado pelo gentil envio de seu livro de visões[1]. Eu o lerei quando tiver mais tempo e lhe comunicarei as minhas opiniões.

Querer saber a verdade é também uma vontade de poder e de prazer. Na verdade, não deveríamos querer ter visões, mas elas devem simplesmente sobrevir-nos, *quod bonum felix faustum fortunatumque sit*[2]! Meus pacientes, por exemplo, têm que procurar visões, mas como castigo e não para descobrir alguma verdade; apenas para perceberem o seu próprio erro. Os mistérios das razões do mundo revelam-se quando *eles* querem, e não quando *nós* queremos. Espero encontrar em seu livro algo das imagens eternas, se realmente for o caso. – Maldição mais uma vez! Por que teve de acontecer com a senhora aquela história dos loucos? Desculpe o caráter de interjeição de meu pensamento.

Saudações cordiais e sincero agradecimento de
C.G. Jung

1. Trata-se provavelmente de um relato sobre imagens íntimas e imaginações que a destinatária enviou a Jung para interpretação e parecer; como era seu costume, o manuscrito foi devolvido à autora.
2. Seja isto bom, ditoso, favorável e proveitoso.

Ao Dr. R. Pfähler
Viena

12.12.1932

Prezado colega,

Eu estava realmente muito cercado quando dei minha conferência em Viena[1]. Mas sempre teria havido oportunidade para um aperto de mão.

Posso compreender muito bem suas impressões de Viena. O senhor como espectador de fora só conseguiu ver o lado externo das coisas, mas este lado externo é muito importante. Também toda a psiquiatria é um lado externo, e o que se ouve como teoria num momento como aquele soa como alucinação. Na realidade, porém, isto é, na prática, há neuroses pelas quais é preciso fazer alguma coisa, e só podemos fazer aquilo que sabemos. Do ponto de vista do doente, vê-se logo, se não estivermos totalmente ofuscados, que toda teorização é ridícula. Tudo depende de como tratamos o doente como pessoa. A personalidade é basicamente o mais poderoso agente da terapia. Através do esforço para criar as nossas próprias concepções, esboçamos a sua personalidade. E de acordo com a visão que temos, expressa-se a personalidade, porque também concepção, visão e convicção são basicamente mera expressão da personalidade que ainda está na obscuridade do inconsciente. É importante pois que o senhor faça toda uma série de experiências negativas; por elas aprende-se mais do que pelas positivas.

Saudações cordiais de
(C.G. Jung)

1. A conferência de Jung no "Österreichischen Kulturbund", Viena, novembro de 1932: "A voz do íntimo". Sob o título "Da formação da personalidade", em *Wirklichkeit der Seele* e em OC, vol. XVII.

À senhora Dra. E. Haesele
Salzburgo

23.12.1932

Prezada e distinta senhora,

[...]

Quanto à sua pergunta devo informar que, onde houve surtos positivos de doença mental, verifica-se uma diminuição duradoura do limiar da consciência que poderá ocasionar a repetição desses surtos. Portanto, o tratamento psíquico é sempre algo misterioso quanto aos seus resultados. Mas se a personalidade consciente estiver ainda bem conservada e houver, além disso, uma razoável porção de inteligência e boa vontade, deve-se sim fazer a tentativa de um tratamento. De qualquer forma, é melhor que aconteça algo do que nada. Às vezes acontecem casos que são totalmente curados. Eu não sou muito otimista, pois, como a senhora observa muito bem, as psicoses afetam muitas vezes de modo profundo o orgânico, quando a influência psíquica se torna inútil.

Com especial atenção
(C.G. Jung)

À Jolan Jacobi
Viena

23.12.1932

Prezada e distinta senhora,

Fazendo uso de sua autorização, dito esta carta.

[...]

A questão da revista[1] continua me preocupando muito. Concordo plenamente com os seus pontos de vista. Nada seria mais estéril do que subordinar o mundo todo a uma opinião psicológica. Como a senhora diz muito bem, isto seria apenas um centro. Gostaria, por isso, de propor "Cosmovisão" como nome da revista; sob este título poderia ser reunido tudo o que fosse universalmente interessante, inclusive a psicologia.

O problema da redação é sem dúvida o ponto crucial. A intuição e o temperamento agressivo de Heyer[2] parecem-me convenientes. Mas seria tecnicamente impossível dar-lhe um redator assistente. Já seria o caso de um comitê de redação. Mas o pagamento desse comitê seria, na minha opinião, algo impossível. Penso que o redator poderia submeter trabalhos discutíveis a um conselho de redação para um parecer mais acurado e, caso necessário, também consultar a minha opinião. Este conselho de redação mais amplo seria composto de grande número de especialistas que teriam suficiente competência para reconhecer o valor ou não de um trabalho neste sentido. Este conselho também deveria estar disposto a dar informações sobre o seu respectivo ramo de saber.

Neste sentido já recebi respostas afirmativas do Prof. Hauer, Prof. Zimmer e Prof. Pauli[3] (este para física moderna). Para filosofia e história do pensamento medieval tenho em vista duas pessoas jovens (darei sempre preferência a pessoas mais jovens). Para a psicoterapia entraria em questão Kranefeldt[4]. Para assuntos budistas eu proporia o Prof. Rousselle[5], ao qual ainda não escrevi. Ziegler[6] e Keyserling serviriam mais para contribuições originais. Será que Broch[7] seria apto para literatura moderna? Faltam-me ainda representantes idôneos para biologia, astrofísica, geologia, fisiologia, arqueologia egípcia, assírio-babilônica e americana e para a Antiguidade (mistérios!). Considerando esses aspectos, um redator inteligente e sensato poderia realizar alguma coisa.

A publicação mensal da revista, que comercialmente seria a forma mais lucrativa, parece-me por demais difícil. Precisaríamos para tanto de um redator muito ativo e devotado. Não posso esconder-lhe que ainda tenho dúvidas atrozes quanto ao projeto todo, ou seja: *poderia ser muito cedo*. Eu estou apenas agora em fase de ser conhecido no ambiente de língua alemã. O público maior ainda me conhece muito pouco, para que meu nome seja usado como atrativo de propaganda. De qualquer forma, este empreendimento precisa do apoio decidido da senhora; dessa minha afirmação pode ver o quanto confio na senhora. Para as *imponderabilia* e a apresentação do mundo os padres da Igreja precisam sempre da inteligência privilegiada de uma S. Catarina de Alexandria[8]. A senhora deverá figurar como tal na lista do conselho redacional. [...]

Receba os meus cordiais votos de Feliz Ano-novo.

Espero que também para X as coisas melhorem no ano que vai entrar.

Atenciosamente
C.G. Jung

1. Cf. carta a Hauer, de 14.11.1932, e a Zimmer, de 21.11.1932.
2. Cf. carta a Heyer, de 20.04.1934, nota 1.
3. Cf. carta a W. Pauli, de 29.10.1934, nota 1.
4. Dr. med. W.M. Kranefeldt, psicoterapeuta alemão. Obras, entre outras: *Die Psychoanalyse*, Berlim, 1930.
5. Cf. carta a Schmitz, de 26.05.1923, nota 4.
6. Leopold Ziegler, 1881-1959, filósofo.
7. Hermann Broch, 1886-1951, escritor austríaco, viveu mais tarde nos Estados Unidos. Cf. cartas a Jaffé, de 22.10.1954 e 26.12.1954.
8. No romance de Anatole France, *L'Ile des Pingouins*, Sta. Catarina de Alexandria era sempre consultada quando o sínodo celestial entrava num beco sem saída num problema teológico. Assim aconteceu, por exemplo, na questão de saber se os pinguins haviam recebido ou não uma alma imortal quando foram batizados por São Mael. A proposta que a santa fez em oração ao bom Deus foi esta: "Je vous supplie, Seigneur, [...] de donner aux pingouins [...] une âme

immortelle, mais petite" (Eu vos suplico, Senhor, [...] de dar aos pinguins [...] uma alma imortal, mas pequena!"). Cf. *Mysterium coniunctionis* I, par. 221.

Ao Dr. Hanns Welti
Zurique

23.12.1932

Prezado Dr. Welti,

Muito obrigado pelo gentil envio de seu material hieroglífico. Como leigo no assunto, não consegui entender nada. Estaria mentindo se dissesse que gostei, pois esteticamente não me diz nada. Contudo, atrai-me algo que ao artista, como já pude observar algumas vezes, parece absurdo, isto é, estou procurando o sentido. Coisas que não são úteis nem belas têm na maioria das vezes ao menos *sentido*. Por que, por exemplo, esta coisa não tem três, cinco ou mais pontas, mas só quatro? Por que, ao fotografá-la, o senhor lhe dá uma sombra projetada? Por que a base é ondulada? Se eu encontrasse semelhante objeto na cabana de um primitivo, saberia que era "ju-ju"[1], isto é, remédio e, portanto, teria sentido. Um fetiche em geral não é belo nem útil, mas tem sentido, um sentido mágico. Esta analogia me ajuda de certa forma a compreender estas coisas.

Do ponto de vista artístico, entendi perfeitamente o seu artigo no NZZ[2], mas nem assim posso endossar a arte moderna, isto é, considerá-la bela. Eu a acho horrível. A razão disso parece-me ser esta: a arte, sem saber, invadiu o âmbito psíquico e quer apresentar o sentido inconsciente pictoricamente. Só consigo entender as obras de arte moderna como ídolos do mundo subterrâneo. Mas estes só se tornam acessíveis à minha compreensão através do conhecimento da psicologia do inconsciente. Esteticamente não me agradam. É bem possível que o meu ponto de vista seja o de alguém com horizontes limitados, mas não consigo, por Deus, achar belas essas obras. Talvez elas sejam belas para um outro século. Por isso sou grato ao Criador que o ser humano não viva 200 anos, caso contrário iria encontrar-se de repente numa época em que deveria morrer sufocado.

Quanto à sua pergunta final, gostaria de observar que sempre houve fenômenos de decadência, mas que se aglutinaram em certos períodos. Pontos altos foram o término da Antiguidade, o século XII e o século XVI.

Saudações cordiais
(C.G. Jung)

1. Palavra da África Ocidental para fetiche.
2. Hanns Welti, "Picasso auf dem Zürichsee", *Neue Zürcher Zeitung*, n. 1.693, 14.09.1932.

Destinatário não identificado
Suíça

28.01.1933

Prezado Dr. N.,

Compreendo as suas dificuldades, mas devo dizer que todos os que vivem na civilização passam por aquilo que aconteceu outrora ao Doutor Fausto, que não pôde seguir o conselho mefistofélico de levar uma vida simples de camponês. Isto pelo simples fato de que a vida civilizada já não é a vida simples. Na civilização devemos saber mudar toda a nossa atitude. O senhor sabe que Fausto teve de ir então ao inferno. Hoje em dia chamamos isso de análise.

O senhor pressupõe com razão que eu seja um sujeito muito caro. Se assim não fosse, eu seria engolido com unhas, cabelos e tudo. Quis portanto aconselhá-lo bem e economizar-lhe um bom dinheiro. O senhor naturalmente ainda tem aquele costume antigo e amável de esperar resultados dos outros. Mas precisa aprender também como conseguir resultados de si mesmo. Isto o senhor pode aprender de pessoas mais simples do que eu. Em última análise nem eu mesmo poderia conseguir isso, pois o derradeiro e o melhor é o senhor mesmo que deve fazer. Só precisa aprender como se esforçar; e isto eu tinha em mente quando o aconselhei a conversar com minha esposa sobre o seu caso. Pensei que o senhor continuaria com essas conversas.

Infelizmente é impossível para mim recebê-lo nessas quatro próximas semanas, pois estarei em viagem de conferências pela Alemanha. Por isso gostaria de sugerir-lhe que experimentasse mais uma vez, e mais a fundo. O senhor sabe que aquilo que se empreende com esforço sério sempre tem retorno certo.

Com atenção especial
(C.G. Jung)

A E.Sabott
Berlim-Spandau

03.02.1933

Prezado senhor,

Sua carta me alegrou e interessou muito. Infelizmente experimentei muitas vezes aquilo que deve ter acontecido com o meu saudoso predecessor Heráclito em seu tempo, ou seja, que me chamem de "obscuro". Talvez Heráclito tenha entendido tão pouco quanto eu essa obscuridade. Mas eu me defrontei tantas vezes com esse veredicto que me acostumei a pensar que minhas opiniões ou o meu estilo eram de tal forma intricados que eles propunham enigmas insolúveis para a inteligência humana comum, também chamada de senso comum. Confesso que sempre desejei ter leitores como o senhor. Nos últimos anos cheguei à conclusão de que o nó não estava na minha cabeça, mas na dos outros. E que além de mim ainda existia um bom número de pessoas com mentalidade não deturpada e que conseguia pensar de modo correto. A estas pessoas a leitura de meus escritos nunca causou problemas digestivos.

Compreendo por isso também que o repasse em segunda mão dá menos clareza do que a comunicação direta. Acontece facilmente com os alunos que eles renunciam a elaborar a sua própria estrutura mental, pois é mais fácil repetir as palavras do professor. Ser aluno também tem suas vantagens. Creio, porém, que X., com o tempo, ainda vai chegar ao que lhe é próprio. A atmosfera intelectualmente ávida de Berlim talvez o tenha colocado apenas temporariamente diante de exigências muito grandes.

Além disso, é destino e lei que onde há professores haja também alunos. Originalmente todo aprendizado é imitação, e nem sempre é puro comodismo do aluno quando ele renuncia à sua individualidade em favor da palavra do mestre. Se não houvesse esse tipo de seguidores, a voz do professor seria fraca demais para ser ouvida no ruído das massas. Por isso muitos precisam repetir a mera palavra, mesmo que esta repetição não seja um novo nascimento provindo do coração. A imagem de Goethe, por exemplo, não seria completa sem Eckermann, só para citar sem pretensão um exemplo conhecido. Neste sentido, ser aluno não é nenhum desdouro, e ninguém chegou a mestre sem antes ter sido aluno.

Com especial atenção
(C.G. Jung)

Ao Pastor Dr. W. Arz
Wittenberg/Alemanha

17.02.1933

Prezado Pastor Arz,

O senhor tem toda razão ao dizer que o calcanhar de Aquiles é uma analogia mais ampla para a vulnerabilidade do calcanhar em geral. Em combinação com a cobra, a analogia bíblica deveria ser a mais indicada.

No que se refere às suas outras questões, pouco nos adianta termos alguma espécie de convicção. Decido por isso, sobre a probabilidade de certas concepções, segundo a empiria na medida do possível. Está excluído evidentemente que possamos algum dia provar a imortalidade da alma. Parece-me, no entanto, possível constatar ao menos certos fatos peculiares em relação à natureza da alma que não excluem o fato da imortalidade, afirmado pelas convicções religiosas[1]. O que se entende normalmente por "psique" é sem dúvida um fenômeno passageiro, na medida em que ele deve exprimir os fatos comuns da consciência. Mas no campo mais vasto da psique, ou seja, naquilo que chamamos de inconsciente, há coisas que questionam as categorias indispensáveis de nosso mundo consciente, como tempo e espaço. Temos a telepatia temporal e espacial, cuja existência só é negada hoje em dia por pessoas decididamente ignorantes. É claro que percepções não temporais e não espaciais só podem ser produzidas graças a uma qualidade semelhante da psique percebente. Por isso ela já precisa possuir de certa forma a intemporalidade e a inespacialidade, sendo então ao menos permitida a dúvida sobre a exclusiva temporalidade da psique ou, se preferir, a dúvida quanto ao tempo e ao espaço. Todo fenômeno passageiro precisa da limitação no tempo e no espaço, mas se tempo e espaço forem categorias duvidosas, também é questionável a limitação peculiar dos fenômenos. É óbvio que a intemporalidade e a inespacialidade não podem ser captadas com os meios de nossa inteligência, por isso temos de conformar-nos com essa ideia de limite. Mas sabemos com isso que existe uma porta para uma ordem das coisas bem diferente daquela que se apresenta em nosso mundo empírico da consciência. Isto é tudo com que a ciência pode contribuir para esta questão. Para além disso existe ainda a experiência psicológica subjetiva que pode ser convincente em alto grau para o indivíduo, mesmo que não seja partilhada por um público maior.

Com especial atenção
(C.G. Jung)

1. Cf. para isso o capítulo "Sobre a vida depois da morte", em *Memórias*, bem como "A alma e a morte", em *Wirklichkeit der Seele* e em OC, vol. VIII.

Ao pastor Josef Schattauer
Salzburgo

20.02.1933

Prezado Pastor Schattauer,

[...][1]

Quando o senhor coloca São Francisco essencialmente numa linha de religiosidade primitiva, só posso dar-lhe razão, mas há necessidade de uma iluminação especial se uma pessoa de séculos mais desenvolvidos quiser viver como um primitivo. Também comungo de sua convicção de que uma religiosidade autêntica é o melhor remédio para todos os sofrimentos psíquicos. O difícil é transmitir às pessoas um conceito de religiosidade autêntica. Tive a experiência de que a terminologia religiosa assusta ainda mais essas pessoas, por isso sempre tive de trilhar o caminho da ciência e da experiência, não importa de qual tradição, para levar os meus pacientes ao conhecimento de verdades espirituais. Quando diz que os reformadores escavaram muito, devo acrescentar que a ciência moderna escavou mais ainda, e tanto que na psique das pessoas cultas de hoje só existe um grande buraco negro. Este fato obrigou-me a construir uma psicologia que descobrisse novamente o acesso às experiências de cunho espiritual. A Igreja Católica deve agarrar-se ao que ainda existe de vivo da religiosidade primitiva; eu, porém, preciso fazer o trabalho pioneiro num mundo onde desapareceu tudo o que se refere ao originário.

Saudações cordiais de

(C.G. Jung)

1. A parte omitida trata de indicações bibliográficas para uma conferência do destinatário sobre Jung.

Ao pastor Dr. W. Arz
Wittenberg/Alemanha

10.04.1933

Prezado Pastor Arz,

Nada tenho a opor que comente em seus círculos aquilo que lhe escrevi em caráter privado.

Cientificamente não é possível definir nada quanto ao fenômeno do espírito em geral. Essas coisas são tão delicadas que fogem à compreensão científica. É assunto ultrapassado que só a pessoa humana possua o primado da razão. Eu inclusive já constatei que as pessoas são mais irracionais do que os animais. Uma vez que só podemos conhecer empiricamente o psíquico em extensão bem limitada, faremos bem em considerar a psique experimentável como um pequeno mundo da consciência que é influenciada, a partir da grande escuridão que nos cerca, por todo tipo de coisas e fatores desconhecidos e possíveis. Entre esses fatores podemos incluir talvez o que chamamos de espírito; a ciência pode chegar até lá, mas não além.

O que penso do espírito eu o escrevi num ensaio sobre "Espírito e vida" (*Seelenprobleme der Gegenwart*, Rascher, Zurique, 1931[1]). Lá o senhor encontra uma formulação de minha ideia sobre o lugar de nossa psique no cosmos.

Por isso acho certo que a pessoa, consciente de suas limitações, sinta-se apenas em modesto grau como criador, e muito mais como criatura ou objeto de um fator (cientificamente desconhecido) que tem a clara tendência de realizar-se na vida humana. Nunca deveríamos confundir esses papéis, caso contrário surgirá sempre uma inflação. Neste sentido gostaria de recomendar-lhe um livro meu que foi editado por Reichl (Darmstadt), *O eu e o inconsciente*[2].

Talvez o senhor conheça também o livro que publiquei em coautoria com o falecido Richard Wilhelm, *O segredo da flor de ouro*.

Saudações cordiais de
(C.G. Jung)

1. Em OC, vol. VIII.
2. Em OC, vol. VII.

A Jolan Jacobi
Viena

10.04.1933

Prezada e distinta senhora,

Suponho que já tenha ouvido de Brody o que aconteceu com o falcão que voou de sua mão para o azul do céu[1]. Voltou mansinho para casa e escondeu-se dentro de seu próprio ovo; como outrora a pomba de Noé que não encontrou lugar onde pousar. A história muito improvável de que a pomba traga para casa um raminho de oliveira ainda não aconteceu; o navio ainda está sobre as ondas, mais altas do que nunca.

Pessoalmente não lamento nem um pouco esta deflação, pois não estou interessado em arranjar uma nova oportunidade de trabalho. Estou convencido de que ainda não existem as pessoas que poderiam fazer isso por iniciativa própria.

Mais triste do que este fato parece-me o destino de X. Soube indiretamente que está mal. A partir daquela conversa que tive com ele em Viena, era previsível este declínio catastrófico, pois ninguém pode desafiar impunemente as leis da vida.

Sei que nesses dias a senhora passou por grandes dificuldades.

Com os melhores votos, permaneço sempre
C.G. Jung

1. Refere-se ao plano fracassado da criação de uma revista. Cf. cartas a Hauer, de 14.11.1932, Zimmer, de 21.11.1932 e Jacobi, de 23.12.1932.

A Jolan Jacobi
Viena

21.04.1933

Prezada e digníssima senhora,

Muito obrigado por sua carta bem detalhada! Pelo que a senhora diz, Dr. X. parece ser o homem certo. Se ele consegue atrair a senhora Y., em cujo critério sadio deposito a maior confiança, então ele já deve ser alguma coisa. Um neurastênico comum não faria isso. Z. é um caso extremamente difícil, cuja degeneração neurótica infelizmente já progrediu muito. O perigo está em que o tratamento se perca em minúcias. Com Z. é preciso ter sempre em vista o todo. Precisa ser curado de "cima", pois trata-se em última análise do grande conflito de cosmovisão que se abateu sobre ele na forma de uma imagem infantil e antiquada, corporificada em sua esposa. Por isso é necessário considerar, de um lado, a grande questão e, de outro lado, seu infantilismo e sua ocupação com ninharias. Uma tarefa nada fácil! Ficaria feliz se conhecesse em Viena um neurologista inteligente. Já me perguntaram isso mais vezes.

Conforme disse minha esposa, já se amontoou todo tipo de estrume sobre o assunto da revista[1]. Oh, essa *anima*! Provavelmente não precisarei mais dar nenhum esclarecimento. O essencial, por exemplo, da "célebre" reunião em Munique consistiu de minha conversa *bem particular* com Heyer, onde estivemos só nós dois. Eu precisava saber em que programa ele se basearia. Eu já tinha naquela época minhas dúvidas particulares, mas precisava esperar o documento oficial, ou seja, o prospecto, donde deveria constar como os donos planejavam o empreendimento. Vi então que *tudo* recaía sobre mim, ficando eu tremendamente sobrecarregado. *An absolutely unworkable proposition!* O que os homens falam nessas horas de confabulações e palpites é o que denominamos em inglês de "eyewash" – "colírio". Tudo inútil, sem valor, até haver um contrato assinado. *Só ele vale*. Tudo o mais é dança divertida, enganadora e intrigante da anima que só enlouquece as mulheres que sempre querem saber o porquê e o como. O importante é saber como *não* funciona.

Dê minhas lembranças a X. e diga-lhe que, devido ao seu amor tão facilmente ferido, medite sobre as palavras de Paulo na Epístola aos Coríntios: "O amor tudo suporta" etc.

Saudações cordiais
Jung

1. Cf. carta a J. Jacobi, de 10.04.1933.

Ao Dr. G. Meyer
Guebwiller/França

20.05.1933

Prezado colega,

Infelizmente, devido a uma sobrecarga constante de trabalho, não me é possível recebê-lo na data que o senhor propôs. Necessito urgentemente de descanso.

Além do mais é uma coisa muito útil experimentar um conflito entre opostos. Ninguém pode resolver este conflito para o senhor, pois é um conflito dentro de sua própria natureza. Um homem deve poder resistir a esse combate. Para um médico é inclusive indispensável esse ato de coragem. Quem resolvesse esse conflito para o senhor estaria privando-o de uma vantagem, pois estaria tirando-lhe um mérito em que se baseia em última análise toda autoestima e virilidade. O senhor pode encontrar em meus livros todas as indicações necessárias que tornam possível a solução em nível humano e intelectual. Se precisar de ajuda humana, existem muitas pessoas simples que, na candura de seu coração, podem dar-lhe o apoio necessário.

Saudações cordiais
C.G. Jung

A Christian Jenssen
Colônia

29.05.1933

Prezado senhor,

Dei uma rápida olhada em seu artigo que me enviou com tanta gentileza. Só posso agradecer pelo que observei, pois existem de fato poucas pessoas que perceberam que eu digo algumas coisas diferentes de Freud. Infelizmente sou desconhecido na Alemanha. O mundo anglo-saxão já me conhece há mais tempo (se me entendem, é outra questão).

Minha diferença em relação a Freud encontra-se em *Seelenprobleme der Gegenwart*, no artigo "Der Gegensatz Freud Jung"[1].

Também gostaria de corrigir nesta oportunidade o erro de que eu provim da escola de Freud. Sou discípulo de Bleuler e já tinha algum nome na ciência, através de minhas pesquisas sobre psicologia experimental, quando tomei o partido de Freud e abri propriamente a discussão – o que aconteceu em 1905[2]. Minha consciência científica não me permitiu, por um lado, abafar o que havia de bom em Freud e, por outro lado, manter a atitude absurda de que era vítima a psique humana nesta teoria. Logo pressenti que esta teoria sexual, em parte diabólica, haveria de confundir a cabeça das pessoas, e quase sacrifiquei minha carreira científica para combater com todas as minhas forças esta depreciação absoluta da psique. Ficaria grato se me indicasse num eventual cartão postal em que páginas de minhas obras encontrou "cavilações intelectuais" ou outro tipo de enrediças. Sou essencialmente um empírico e já percebi que as pessoas acham que estou delirando quando não me entendem.

Atenciosamente
(C.G. Jung)

1. "A divergência entre Freud e Jung", em OC, vol. IV.

2. Cf. para isso *Memórias*, p. 153: "Quebrei minhas primeiras lanças em favor (de Freud) em Munique quando, num congresso, o seu nome foi propositalmente omitido ao se falar de neuroses obsessivas. Em seguida, em 1906, escrevi um artigo para a revista *Münchener medizinische Wochenschrift* sobre a teoria freudiana das neuroses, que havia contribuído grandemente para a compreensão das neuroses obsessivas". Trata-se do artigo "A teoria de Freud sobre a histeria – resposta à crítica de Aschaffenburg" (em OC, vol. IV). Já em sua dissertação *Sobre a psicologia e a patologia dos fenômenos chamados ocultos*, 1902 (em OC, vol. I), Jung se referia em sentido positivo à psicanálise de Freud.

Ao Dr. Paul Maag[1]
Adelboden/Suíça

01.06.1933

Prezado colega,

Muito obrigado pela gentil confirmação de minhas expectativas. É claro que o senhor tem razão quando diz que ainda não encerrei a minha luta pela cosmovisão e espero convictamente que esta luta não chegue ao fim tão cedo, pois não consigo enxergar nenhum estado invejável na posse da verdade absoluta. Por isso não gostaria também de fazer prognósticos especiais para o futuro, uma vez que a parte modesta que me cabe na luz do conhecimento não me permite saber para onde e para que objetivos se movem os fios entrelaçados do destino.

A teologia e a Igreja não me constrangem nem um pouquinho. Ao contrário, agradeço a ambas os pontos de vista muito valiosos. Agradeço-lhe a indicação do livro de Martensen, *Jacob Böhmes Leben und Autorschaft*. A pessoa e os escritos de Jacob Böhme já me são conhecidos há muito tempo. Como o senhor deve ter percebido, também me é familiar a diferença entre mito e revelação divina; sempre me ocupei apenas com os mitos e nunca com a verdade revelada. Por isso fiquei surpreso que o senhor me considerasse de forma muito gentil como um ateu. O senhor certamente já percebeu que eu trato apenas de psicologia e não de teologia. Quando abordo, portanto, o conceito de Deus, eu o faço apenas do ponto de vista da psicologia, e não de sua hipóstase. Deixei bem claro em meus escritos esta limitação epistemológica, cientificamente necessária. Devo confessar também que nunca fui considerado ateu por meus leitores, porque os princípios da teoria do conhecimento já penetraram de certa forma na carne e no sangue das pessoas cultas de nossa época. Também no tempo de Kant houve alguns teólogos que incidiram no lamentável erro de considerar Kant um ateu[2]; mas já então havia um público culto bem grande que sabia distinguir entre a crítica do conceito de Deus e a fé em Deus. Creio que o senhor me faz injustiça se julga que eu não domine os elementos da gnoseologia. Se quiser submeter a um exame acurado as explicações gnoseológicas que se encontram em meu livro sobre os tipos, poderia então conhecer precisamente minha posição filosófica. Poderá constatar então que está muito longe de mim negar os conteúdos da experiência religiosa.

Com o apreço do colega
(C.G. Jung)

1. Dr. Paul Maag, médico, fundador e diretor de um sanatório no Cantão de Thurgau.
2. Em seu livro *Crítica da razão pura* (1781), Kant refuta a pretensão de verdade absoluta das afirmações dogmáticas na teologia e com isso ficou exposto à acusação de ateísmo. Cf. *Sobre as raízes da consciência*, 1954, p. 91s. (em OC, vol. IX/1, par. 150): "Neste século e meio depois da 'Crítica da razão pura' foi se impondo aos poucos a ideia de que pensamento, razão, inteligência etc. não eram processos existentes em si, livres de todos os condicionamentos subjetivos e a serviço das leis eternas da lógica, mas que eram funções psíquicas..."

Ao Prof. J.H. Schultz[1]
Berlim-Charlottenburg

09.06.1933

Prezado Professor Schultz,

Dr. Cimbal[2] contou-me agora todos os detalhes e esclareceu a situação. Uma vez que a Associação não se desfaz, também não há por que falar da renúncia da diretoria como um todo. Tendo o Prof. Kretschmer se afastado da presidência, chegou agora a minha vez[3]. Já alertei há mais tempo o Dr. Cimbal sobre as possíveis inconveniências de uma presidência estrangeira. Mas ele achou que não havia inconveniência. Dispus-me então a assumir a presidência até que fosse solucionada a problemática surgida. Como suplente indiquei o Dr. Heyer[4].

Estou plenamente de acordo com a formação da comissão sugerida[5].

Com especial atenção
(C.G. Jung)

1. J.H. Schultz, professor de neurologia, 1884-1971, *Das autogene Training*, Stuttgart, 1932.
2. Cf. carta a Cimbal, de 02.03.1934.
3. Dr. med. Ernst Kretschmer, 1888-1964. Sua obra mais conhecida é *Körperbau und Charakter*, 1921. Naquela época, professor de psiquiatria em Marburgo e presidente da "Allgemeinen Ärztlichen Gesellschaft für Psychotherapie" (Associação Médica Geral de Psicoterapia). Após sua renúncia, em 1933, a presidência passou automaticamente a Jung, vice-presidente desde 1930. Sobre a modificação da Associação após a tomada de posse de Jung, cf. carta a Allers, de 23.11.1933. Cf. também OC, vol. X, apêndice, par. 1014 e 1016, bem como a nota 2.
4. Cf. carta a Heyer,de 20.04.1934, nota 1.
5. Prof. J.H. Schultz havia sugerido a formação de um comitê para tratar das questões que surgissem no "interregno". Além de outros psiquiatras, também Jung faria parte dele.

Ao Dr. Paul Maag
Adelboden/Suíça

12.06.1933

Prezado colega,

Receba os meus mais efusivos agradecimentos por sua amável carta. O senhor julga injustamente que eu sinta algo como desprezo pelo fato de o senhor ter uma posição especificamente ortodoxa[1]. Longe de mim semelhante atitude. Só posso afirmar de novo que, enquanto psicólogo, devo cumprir o meu dever científico, não podendo ultrapassar os limites naturais de uma ciência sem me tornar culpado de uma arrogância intelectual. Não consigo em hipótese alguma conciliar com minha consciência científica fazer, num autoengrandecimento imodesto, qualquer afirmação sobre Deus que proceda da fé ou de alguma hipótese subjetiva e que ultrapasse os limites colocados para a ciência. Mesmo o que eu pessoalmente penso sobre as últimas coisas está, enquanto objeto da ciência, sujeito à crítica científica. Mas isto não impede que eu tenha opiniões próprias. O senhor não pode conhecer essas opiniões, pois nunca as declarei. Se, portanto, dá a entender em sua prezada carta que sabe perfeitamente em que Deus eu acredito, só me resta admirar a força de sua imaginação. Minha humilde opinião seria de que neste caso o senhor faria bem em perguntar-me antes o que eu realmente penso de Deus, e isto fora de minha especialidade. Poder-se-ia deduzir então que eu seja um maometano, um budista ou um cristão ortodoxo como o senhor. Qualquer que fosse minha crença subjetiva, eu consideraria absolutamente imoral antecipar através dela o cientificamente conhecível. Minha atitude subjetiva é respeitar toda convicção religiosa, mas traço uma rigorosa linha divisória entre o conteúdo da fé e as exigências da ciência. Considero imprópria a mistura dessas incomensurabilidades. Considero também pretensioso atribuir ao conhecimento humano uma capacidade que ultrapassa comprovadamente os seus limites. Com toda modéstia devemos conformar-nos com a limitação de todo saber humano e ter como dádiva da graça quando nos acontece alguma experiência do inescrutável. O que a humanidade denominou Deus desde os tempos mais antigos é simplesmente o inescrutável. Não fosse assim, a formiga teria a mesma possibilidade de conhecer o ser humano e sua natureza como nós conhecemos a natureza da formiga.

Como vê, sou totalmente incorrigível e incapaz de fazer uma mistura de teologia e ciência. Esta foi, como o senhor também sabe, a prerrogativa da alta Idade Média e, ainda hoje, da Igreja Católica que colocou acima de toda a ciência a "Summa", de Tomás de Aquino[2]. Uma das grandes conquistas do protestantismo foi separar o que se refere a Deus daquilo que se refere ao mundo. Com o conhecimento humano nós nos movemos sempre dentro do círculo estreito do humano; quanto às coisas de Deus, o homem deveria ficar quieto e não querer fazer afirmações pretensiosas sobre aquilo que é simplesmente maior do que ele. Não há como discutir sobre a fé como fenômeno religioso. Mas parece-me que lá onde a fé entra na vida prática deve-se admitir que ela tem de vir acompanhada da verdadeira virtude cristã da modéstia, que não insiste no absoluto, mas admite conceder ao Deus inescrutável caminhos que nada têm a ver com a revelação cristã. Quando os apóstolos, Paulo e mesmo João, o autor do Apocalipse, acentuam a singularidade e exclusividade, sabemos que eles também eram homens mortais, estando por isso submetidos aos limites da compreensão humana.

Espero ter caracterizado suficientemente o meu ponto de vista.

Com alta estima do colega
(C.G. Jung)

1. Cf. carta a Maag, de 01.06.1933.
2. *Summa Theologica*, a obra principal de Tomás de Aquino, escrita entre 1265 e 1273.

To Mr. S. Malkinson
Berna

12.06.1933

Dear Sir,

Temo que no futuro próximo haja pouca esperança (de atendê-lo), pois em outubro devo encerrar o meu período de atendimentos. Tenho várias conferências aqui e na Alemanha, e isto consome a maior parte de meu tempo. Eu realmente não recuso minha compaixão pela humanidade sofredora, mas sou apenas um para grande número de pacientes, e para um só é totalmente impossível fazer o trabalho todo.

É um erro acreditar que apenas a autoridade possa ajudar-lhe neste campo. O senhor tem uma inteligência como todos os outros, e pode utilizá-la se souber como. Cada um de meus alunos estaria em condições de dar-lhe suficiente visão e compreensão para o senhor mesmo poder tratar-se, caso não sofra do preconceito de que é o outro que o cura. Em última análise é cada um que precisa ganhar a sua batalha, e ninguém pode fazer isso por ele.

Sincerely yours,
(C.G. Jung)

Ao Dr. Paul Maag
Adelboden

20.06.1933

Prezado colega,

Deduzo de sua carta que entendeu minha frase "atribui-se ao conhecimento humano uma capacidade que ultrapassa os seus limites"[1] como estando em contradição com minha outra frase de que existe a possibilidade da experiência subjetiva. O senhor parece esquecer que eu nunca neguei a possibilidade da experiência subjetiva. A experiência subjetiva só pode ser objeto da ciência enquanto for tomada como psicologema. O senhor escreve: "A ausência de preconceitos pertence à natureza da ciência". Esta frase exclui com toda a clareza a ingerência da fé, pois a fé é um preconceito porque não é conhecimento científico. Todos os conhecimentos científicos estão sujeitos a discussão, a fé não. O que fazer com um budista que considera Buda o salvador do mundo, que não acredita em nenhum Deus, e assim mesmo tem uma fé tão forte e firme como qualquer cristão que acredita em sua especial concepção? Como provar que um deles está certo e o outro não? Se não separar fé e ciência, então está subordinando, como fez a Idade Média, toda a ciência à teologia; e em que se apoia a teologia para fundamentar a sua teoria suprema da ciência? Na fé, que está além de qualquer possibilidade de discussão. Portanto como princípio científico ela é absolutamente inválida, caso contrário a ciência é preconceituosa. Mas, segundo sua própria concepção, ela não o pode ser, pois é de sua natureza estar imune de preconceitos.

O quanto a fé é subjetiva pode o senhor constatá-lo no fato de eu não acreditar que o cristianismo seja a única e a maior manifestação da verdade. No budismo há no mínimo tanta verdade quanto no cristianismo, e nas outras religiões também. Se eu, por exemplo, tivesse de escolher entre a Igreja Ortodoxa grega e o Islã, eu haveria de preferir o Islã. Se o senhor insiste na sua fé, os outros também vão insistir na deles. E, assim, para o entendimento, só resta uma guerra religiosa, e não uma possibilidade de real entendimento.

Com o apreço do colega
(C.G. Jung)

1. Cf. carta a Maag, de 12.06.1933.

To Mrs. L.G. Oppenheim
Ray Brook, N.Y./EUA

12.08.1933

Dear Mrs. Oppenheim,

Há um ano ouvi de um amigo a notícia da morte repentina de Mr. Oppenheim[1]. É verdade que tal morte e tal sofrimento parecem descabidos quando se considera esta vida como apogeu de toda a existência. Conheci muitas pessoas que morreram quando haviam realizado tudo que eram capazes de fazer. Neste caso, a medida de sua vida estava plena, tudo dito, tudo realizado, não sobrando mais nada. A resposta para a vida humana não está dentro dos limites desta vida.

Sincerely yours,
(C.G. Jung)

1. James Oppenheim, 1882-1932, escritor norte-americano. O seu livro *American Types*, 1929, baseava-se na teoria junguiana dos tipos.

To Prof. Daisetz Teitaro Suzuki[1]
Kyoto/Japão

22.09.1933

Dear Professor,

Na qualidade de admirador de sua primeira obra sobre o zen-budismo, muito me alegrei com o valioso presente de seus *Essays in Zen Buddhism*, Second Series[2].

O Zen é verdadeira mina de ouro para as necessidades do "psicólogo" ocidental. Antigamente teríamos denominado o psicólogo de filósofo; mas, como o senhor sabe, a filosofia foi usurpada pelas Faculdades de Filosofia e, com isso, alienada da vida. Mas como a psique não poderia ser relegada às estantes de uma ciência acadêmica, pessoas que, por profissão, tinham de lidar com a psique humana – por exemplo, neurologistas como eu – tiveram de compor a sua própria filosofia e chamá-la, pelas razões acima, de "psicologia". O meu conhecimento das obras clássicas do Oriente longínquo sempre me ajudou muito nas minhas lides psicológicas. Por isso estou profundamente agradecido ao senhor pelo presente amável e magnânimo.

Most sincerely yours,
(C.G. Jung)

1. Daisetz Teitaro Suzuki, 1870-1966, especialista japonês de Zen.
2. Suzuki, *Essays in Zen Buddhism*, Series II, Londres, 1933.

A Albert Oppenheimer
Haia/Holanda

10.10.1933

Prezado senhor,

Como não sou profeta, é impossível predizer-lhe para onde caminha a nossa época. Mas sei da experiência com muitas pessoas do nosso tempo que existe uma tendência instintiva bem declarada de reconduzir o indivíduo à consciência de si mesmo. A responsabilidade disso cabe sem dúvida à catástrofe da guerra mundial. O que acontece no indivíduo vai acontecer depois de algum tempo, pelo processo da soma natural, também nas nações. A situação econômica precária também contribui com isso em grande escala. As nações vão aferrar-se sempre mais às suas peculiaridades, e nós iremos assistir em toda parte um fortalecimento do nacionalismo. Ao contrário da expectativa racional de um entendimento em nível mundial, ainda se construirá por muito tempo a individualidade da nação isolada. A necessidade torna cada pessoa egoísta e aumenta a desconfiança entre os homens.

É claro que desse modo a civilização, se não ameaçada diretamente, sofrerá um atraso considerável em seu progresso. Isto no entanto é louvável, uma vez que nosso progresso foi rápido demais para a humanidade real; foi devido a isso que nos tornamos unilateralmente intelectualistas e racionalistas, esquecendo totalmente que existem outros fatores que não se deixam influenciar pela linha reta da razão e da inteligência. Por isso vemos em toda parte o flamejar de uma emocionalidade mística que foi declarada extinta desde a Idade Média. Às nações acontece o mesmo que aos indivíduos; quando o indivíduo cresce demais para o alto, as suas raízes vão demais para o fundo, isto é, após certo tempo também sua própria sombra vai alcançá-lo em seu rápido progresso, quando então cada qual encontrará o suficiente para fazer em casa. No indivíduo chamamos isto de conflito, na nação chama-se guerra civil ou revolução.

Acredito que contínuas divisões e desordens vão trazer aos poucos uma situação de equilíbrio que será uma base da reconstrução. Mas creio também que a fase de desintegração vai durar ao menos por algumas décadas. Para a nossa geração não prevejo nenhum ganho social ou político especial, mas, em compensação, um grande ganho psíquico. Este não é idêntico ao que chamamos até agora de progresso da civilização.

Com especial atenção
(C.G. Jung)

Ao Dr. Hans Schäffer
Estocolmo

27.10.1933

Prezado Dr. Schäffer,

Muito obrigado por sua amável e interessante carta. Sua tentativa original de tipificar os indivíduos humanos[1] mostra que o problema tipológico pode ser abordado de todos os lados possíveis e, em geral, com considerável proveito para aquele que inventou o esquema correspondente.

Sua tentativa é essencialmente caracterológica, o que não posso dizer de minha tipologia. Minha intenção também nunca foi caracterizar personalidades e por isso não coloquei no início de meu livro a descrição dos tipos. Procurei antes criar um esquema claro de conceitos que se baseia em fatores empiricamente verificáveis. Minha tipologia não tem por isso a intenção de caracterizar personalidades, mas reunir em categorias simples e bem-dispostas o material empírico-psicológico tal qual ele se apresenta a um psicólogo e terapeuta na prática diária. Nunca considerei a minha tipologia como um método caracterológico, nem a usei com este fim. Para semelhante uso ela é muito genérica e, por isso, muito pobre. Como o senhor observa muito bem, há necessidade de 27 categorias, e talvez mais algumas, para caracterizar adequadamente as diferenças psíquicas das pessoas. Mas para o psicólogo que precisa lidar praticamente com pessoas é de importância secundária diagnosticar caracterologicamente o que está diante dele; para ele é muito mais importante ter uma linguagem e terminologia onde são expressas e formuladas ao menos as diferenças mais grosseiras dos indivíduos.

O seu objetivo caracterológico pretende dar um quadro satisfatório do caráter de uma pessoa. A minha tipologia pretende esclarecer conceitualmente um material empírico-psicológico, produzido por qualquer indivíduo, e assim subordiná-lo a alguns pontos de vista genéricos. Esta minha intenção foi mal-entendida muitas vezes, pela simples razão de o leigo não ter ideia alguma do material empírico e específico do psicoterapeuta. Para o relacionamento prático com as pessoas é sem dúvida da maior importância saber com quem se está lidando. Para o terapeuta isto é indiferente, pois tem de virar-se com o paciente cuja psicologia está de tal modo constituída que só resta mudá-la. Por isso categorias como "delicadeza", "bondade humana", "intelecto" etc. só entram em consideração como circunstâncias complementares mais ou menos agradáveis.

Devo, porém, acrescentar às minhas considerações que os seus resultados são de grande importância biográfica e constituem evidentemente uma contribuição de valor extraordinário para o conhecimento das personalidades contemporâneas.

Com toda a minha consideração de colega,
(C.G. Jung)

1. Dr. Schäffer havia escrito a Jung sobre um sistema tipológico por ele inventado; baseava-se sobre nove, mas depois 27 traços caracterológicos.

A Elisabeth v. Sury[1]
Riehen na Basileia

14.11.1933

Prezada senhorita,

Refleti mais uma vez sobre sua sugestão de dar uma conferência em Paris e cheguei à conclusão de que seria prematuro, considerando-se a atual situação intelectual na França, dar uma conferência na Sorbonne. Daria a impressão de propaganda em causa própria. Eu consideraria tal procedimento não apenas imprudente, mas também enganoso. Sempre agi de acordo com o princípio de que, se as pessoas têm necessidade de me ouvir, elas podem convidar-me para falar-lhes. Por isso prefiro aguardar que alguma coisa se processe espontaneamente ou não em Paris.

Já fiz muitas vezes a experiência de que não adianta falar para um público despreparado. Toda a minha psicologia está estruturada de forma tal que só pode ser assumida por alguém preparado para isso. Ela concorda muito pouco com a expectativa consciente da época, de modo que não é possível enxertá-la sobre algo conhecido. Portanto é melhor esperar e deixar ao progresso intelectual da França a decisão de querer ou não alguma aproximação positiva com este tipo de psicologia.

Lamento que tenha de decepcioná-la quanto à minha disposição de atender à sua sugestão.

Saudações cordiais
(C.G. Jung)

1. Elisabeth von Sury, psicóloga analítica.

Ao PD Dr. med. Rudolf Allers[1]
Viena

23.11.1933

Prezado colega,

A razão de não lhe chegar nenhuma comunicação sobre o estado de coisas na Alemanha é que ninguém tinha clareza sobre o que acontecia ou sobre o que iria acontecer. Vou descrever rapidamente como as coisas estão.

O *Zentralblatt*[2] deve continuar. Como presidente de uma associação médica supraestatal de psicoterapia[3], sou o editor, mais ou menos involuntário, dessa revista. E, como tal, gostaria de ter garantida sua colaboração com o *Zentralblatt*, nomeadamente em sua função anterior de redator da seção de recensões. Posso adiantar que o *Zentralblatt* vai consistir em grande parte de recensões, até que as condições estejam mais claras na Alemanha.

O grupo alemão[4] da Associação de Psicoterapia está "sintonizado" (*gleichgeschaltet)* e está sob a direção do Prof. Göring[5] em Elberfeld. (G. é primo do primeiro-ministro!) Conforme me informaram recentemente na Alemanha, todas as associações, consultórios e outras organizações médicas que se ocupam da psicoterapia ficarão subordinados a ele. As deliberações ainda continuam. Göring também assumirá a edição de um caderno especial no *Zentralblatt*[6] que deverá expressar o que a psicoterapia significa e sente sob as circunstâncias políticas atuais na Alemanha. Confesso que este assunto ainda me é obscuro.

Eu me assegurei correspondentes na Suíça, Holanda e Suécia para garantir uma sofrível sobrevivência do *Zentralblatt*. Ainda não está decidido quem assumirá a redação. Uma vez que o grupo alemão é o mais forte, pensei em Cimbal ou eventualmente em Heyer de Munique. Quanto a um redator estrangeiro, temo que ele encontraria certas dificuldades na situação atual, pois o governo alemão, como o senhor sabe, parece querer ter numa proximidade segura e desconfortável os redatores de todos os periódicos publicados na Alemanha. Caso contrário eu teria proposto o seu nome como redator. Escrevi sobre o assunto a Cimbal, mas até agora não recebi resposta. Tem de ser necessariamente um redator "sintonizado". E como está em melhores condições de ter um bom faro para o que se pode dizer ou não, ele é bem mais indicado do que eu. De qualquer maneira será um "pisar sobre ovos"[7].

Agradeço o envio do anúncio dessa nova revista[8]. Eu recusei agradecido a oferta de colaborar, pois desejo voltar minha atenção em primeiro lugar para o *Zentralblatt*. A psicoterapia precisa manter o seu lugar dentro da Alemanha, e não se transferir para fora, não importando as grandes dificuldades que ali possa enfrentar. Göring é uma pessoa muito gentil e razoável, de modo que espero o melhor para a nossa colaboração.

Assim que tiver outras informações eu escreverei.
Enquanto isso, meu maior apreço de colega.
(C.G. Jung)

1. Dr. med. Rudolf Allers, psicoterapeuta austríaco, de origem judaica. Emigrou para a América do Norte, onde lecionou na Georgetown University, Washington, D.C.

2. *Zentralblatt für Psychotherapie und ihre Grenzgebiete*, editora S. Hirzel, Leipzig. Era a revista da "Allgemeine Ärztliche Gesellschaft für Psychotherapie" e permaneceu seu órgão mesmo após a internacionalização.
3. Trata-se da "Allgemeine Ärztliche Gesellschaft für Psychotherapie", cuja internacionalização Jung promoveu poucas semanas depois de assumir o cargo de presidente (junho de 1933). Os estatutos da Associação Internacional foram aprovados no Congresso de Bad Nauheim, maio de 1934. Cf. carta a v.d. Hoop, de 12.03.1934, nota 1.
4. A Associação Internacional compunha-se dos grupos nacionais de diversos países. Cf. carta a Bjerre, de 22.01.1934 e a Maeder, de 22.01.1934.
5. Prof. Dr. M.H. Göring, psiquiatra, foi o presidente do grupo alemão. O mesmo sobrenome do futuro marechal do Reich foi causa de muitos mal-entendidos.
6. Foi planejado um *caderno suplementar alemão*, sob a editoria do Prof. M.H. Göring; deveria conter uma declaração, assinada por Göring, em que o grupo alemão se comprometia a seguir os princípios políticos e ideológicos de Hitler. O caderno destinava-se à distribuição exclusiva na Alemanha. Por negligência ou erro (posteriormente surgia a pergunta: Foi intencional?), esta "profissão de lealdade" (em suas cartas posteriores Jung fala do *manifesto de Göring*) apareceu não só no caderno suplementar *Deutsche Seelenheilkunde*, Leipzig, 1934, mas também no número regular do *Zentralblatt*, dezembro de 1933, sem que Jung fosse disso informado pelo redator (Dr. W. Cimbal, Hamburgo). Como Jung figurasse como editor do *Zentralblatt*, a publicação causou uma polêmica contra ele. Cf. Gustav Bally, "Deutschstämmige Psychotherapie?", em *Neue Zürcher Zeitung*, n. 343, de 27.02.1934. Jung respondeu com o artigo "Zeitgenössisches", em *Neue Zürcher Zeitung*, n. 437, de 13.03.1934 e n. 443, de 14.03.1934 ("Atualidades", em OC, vol. X). Cf. A. Jaffé, "Der Nationalsozialismus", em *Aus Leben und Werkstatt von C.G. Jung*, Zurique, 1968.
7. Cimbal assumiu a redação.
8. Provavelmente trata-se da revista trimestral *Psychotherapeutische Praxis*, ed. por N. Stekel, Viena, e A. Kronfeld, Berlim. O primeiro número circulou em março de 1934.

À senhora R.[1]
Suíça

15.12.1933

Prezada senhora R.,

Suas perguntas são irrespondíveis, pois a senhora quer saber como se *deve* viver. A gente vive como *pode*. Não existe um único caminho determinado para o indivíduo, que lhe fosse prescrito ou adequado. Se quiser, dirija-se à Igreja Católica onde lhe dirão isto e aquilo. Mas este caminho corresponde ao que é seguido pela humanidade em geral. Se, no entanto, quiser trilhar seu caminho próprio, então será o caminho que a senhora há de fazer, que não é prescrito para ninguém, que não se conhece de antemão, mas que surge simplesmente por si mesmo quando se dá um passo depois do outro. Se fizer sempre aquilo que se apresenta como o passo seguinte, então andará da forma mais certa e segura ao longo das linhas prescritas pelo seu inconsciente. Aí não adianta nada especular sobre o que se deve viver. Sabe-se então também que isto não se pode saber. O importante é fazer silenciosamente a coisa mais próxima e mais necessária. Enquanto se acha que ainda não sabe o que é isto, é sinal que ainda temos muito dinheiro para gastar em especulações inúteis. Mas quando se faz com convicção o mais próximo e o mais necessário, então se faz sempre o que tem sentido de acordo com o destino.

Com os melhores votos e saudações cordiais
(C.G. Jung)

1. A destinatária era uma personalidade psiquicamente abalada.

A H. Oberhänsli
Schaffhausen/Suíça

16.12.1933

Prezado senhor,

Muito obrigado por sua amável carta de 18 de novembro que só consegui responder agora. Agradeço igualmente a brochura que me enviou sobre Cristo e o papa.

O senhor tem razão quando acha que a religião deveria existir para curar os sofrimentos psíquicos. Sempre defendi essa ideia, mesmo no campo médico.

No que se refere às diferentes confissões, não se trata mais hoje em dia do direito de cada uma dessas confissões, mas da existência da ideia religiosa como tal, e por isso não gostaria de colocar muito peso na diferença entre as várias confissões. Sou da opinião de que o catolicismo, ao menos em sua organização eclesiástica, é uma secularização absoluta do cristianismo, que nada tem a ver com a intenção do fundador da religião cristã. É uma religião como tal, como o budismo, o confucionismo, taoismo etc. A decisão sobre estas irregularidades, evidentemente previstas no plano divino da criação, devemos deixá-la humildemente ao critério do Criador e nos contentarmos em ser, do ponto de vista do mundo, protestantes que não ficam muito atrás do Criador em tolerância.

Saudações cordiais
(C.G. Jung)

Ao Dr. Poul B. Bjerre[1]
Estocolmo

22.01.1934

Prezado colega,

Agradeço muito sua disposição de participar na reorganização da Associação Médica Geral de Psicoterapia. Estou muito satisfeito com sua ajuda.

Atualmente trata-se sobretudo da organização da Associação Internacional. Como o senhor sabe, a Associação alemã foi obrigada, devido à mudança política na Alemanha, a formar um grupo sob a direção de um "Führer". Este grupo, como o senhor bem pode imaginar, está sujeito a rígidas diretrizes políticas. Sua existência teria sido impossível sem a submissão absoluta ao Estado nacional-socialista. Sugeri, por isso, ao grupo alemão que se submetesse sem hesitação, pois o que interessa é salvar nesta hora difícil a psicoterapia gravemente ameaçada na Alemanha de hoje. Entrei imediatamente em contato com os círculos dirigentes para tentar garantir a continuidade e o reconhecimento da psicoterapia. Todas as organizações alemãs estão sob o comando uniforme do Prof. Göring em Elberfeld. Ele é o "Führer" responsável.

Devido a esta formação de um grupo nacional, afetado pelas condições políticas especiais, a parte internacional da Associação foi forçada, por sua vez, a formar grupos nacionais que constituem uma organização básica, dentro da qual foi aceito o grupo nacional alemão. Através dessa organização tento impedir que estas correntes políticas peculiares do grupo alemão – que é o mais numeroso – passem para a Associação em geral. Esta é a preocupação e o temor de muitos estrangeiros, sobretudo dos judeus que são em grande número. Se conseguirmos organizar alguns grupos nacionais em países neutros, isto será um contrapeso para dar ao grupo alemão uma oportunidade ímpar de manter contato com o mundo exterior neste isolamento intelectual que o oprime atualmente. Este contato é imprescindível para o progresso da psicoterapia na Alemanha, pois a Alemanha está agora mais isolada do que esteve durante a guerra mundial.

Ficaria muito grato se o senhor tomasse a iniciativa na Suécia de fundar um grupo nacional, que se tornaria membro da Associação geral. Bastaria que o indivíduo declarasse sua filiação à Associação Internacional. Naturalmente ficaria a seu critério organizar o grupo de tal forma que realizasse eventualmente reuniões locais na Suécia, mas não é necessário. Dr. W. Cimbal é o secretário-geral de toda a Associação. Peço que entre em contato com ele sobre o montante da contribuição para a Associação e sobre a assinatura do *Zentralblatt*. Talvez seja possível arranjar condições especiais para a assinatura.

Além do mais, ficaria feliz se o senhor pudesse garantir sua colaboração com o *Zentralblatt*. Penso que isto poderia ser feito assim: de vez em quando, pessoalmente ou através de um colaborador seu, chamar-nos a atenção para novas publicações de cunho psicoterapêutico. Também estamos abertos a receber contribuições originais. O envio de material para o *Zentralblattt* deve ser endereçado ao Dr. Cimbal.

Com o apreço do colega
(C.G. Jung)

P.S. Soube agora mesmo que em Copenhague foi fundado um (grupo nacional) dinamarquês sob a presidência do Dr. Paul Reiter, do St. Hans Hosp. pr. Roskilde.

1. Dr. med. Poul Bjerre, 1876-1964, psiquiatra e psicoterapeuta sueco. Sua tentativa de formar um grupo nacional sueco da "Internationale Ärztliche Gesellschaft für Psychotherapie" aconteceu apenas em 1936. Cf. carta a Bjerre, de 08.05.1936.

Ao Dr. Alphonse Maeder
Zurique

22.01.1934

Prezado amigo,

Trata-se da questão da organização de um grupo nacional suíço da "Allgemeine Ärztliche Gesellschaft für Psychotherapie"[1]. Devido às mudanças revolucionárias na Alemanha, os alemães foram obrigados a formar um grupo nacional sob o comando de um "Führer". Este grupo deve jurar lealdade ao Estado nacional-socialista e é obrigado a respeitar as diretrizes políticas dentro da organização. O "Führer" é o Professor Dr. M.H. Göring (Wuppertal-Elberfeld). Devido à renúncia do Professor Kretschmer, para quem as coisas ficaram muito "complicadas", fui guindado do posto de segundo presidente de honra para primeiro presidente[2]. Jamais teria aceito essa função duvidosa, não tivesse o grupo alemão insistido tanto em ter um presidente estrangeiro para a organização supraestatal. O secretário-geral é o Dr. Cimbal (Altona).

Essencialmente trata-se de alguém assumir a iniciativa de reunir todos os médicos da Suíça que se interessam pela psicoterapia, com a finalidade de incentivá-los a se filiarem à "Allgemeine Ärztliche Gesellschaft für Psychotherapie". Antes de tudo seria necessário organizar razoavelmente um grupo nacional. Seria desejável naturalmente que este grupo pudesse reunir-se uma ou duas vezes por ano, mas indispensável não é, uma vez que também a Associação Internacional só se reúne uma vez por ano. Muito me agradaria se o senhor organizasse este grupo e assumisse a presidência.

Estou fazendo as mesmas negociações com Bjerre em Estocolmo. Os holandeses ainda querem esperar para ver o que acontece nos outros países. Estou convencido de que, se os grupos suecos e suíços se constituírem, também os holandeses resolverão fazer alguma coisa neste sentido. Devido à situação política atual, nada se pode fazer na Áustria, ainda mais que lá os psicoterapeutas são quase todos judeus. Parece-me que muitas pessoas temem andar junto com a Alemanha, devido à orientação do regime vigente. Mas sei por experiência própria que a postura dos alemães é justamente a inversa. O próprio Prof. Göring escreveu-me dizendo que os estrangeiros considerassem psicoterapicamente a situação alemã atual. Realmente a condição da ciência alemã não é invejável. Por isso acho mesmo necessário que os neutros de fora deem a ela a possibilidade de uma filiação internacional mediante a criação de uma organização básica. A Alemanha está intelectualmente mais afastada dos outros países hoje do que esteve durante a guerra. Por isso precisa urgentemente do contato com o resto do mundo cultural.

Quanto à parte prática, não pretendo impor-lhe nada. Apenas gostaria de dizer-lhe o que eu penso. A fundação poderia ser feita através de uma carta circular[3] que pediria apenas a assinatura do destinatário. A contribuição de sócio poderia ser bem baixa, uma vez que não estamos vinculados às taxas alemãs. Mas seria recomendável que entrasse em contato com o Dr. Cimbal para maiores esclarecimentos, sobretudo no tocante à assinatura do *Zentralblatt* que, sendo em número maior, poderá eventualmente ter condições mais favoráveis.

Se tiver alguma dúvida, estou pronto para ulteriores esclarecimentos. Não creio que seja necessário por enquanto um encontro pessoal nosso.

Agradeço o gentil envio de duas separatas, das quais uma eu já conhecia.

Saudações cordiais de seu
(Jung)

1. Em janeiro de 1935 foi fundado o grupo nacional suíço, através de um comitê. Além de Jung, faziam parte do grupo, entre outros, as seguintes personalidades: Dr. med. Kurt von Sury, Dr. med. C.A. Meier, Dr. med. Kurt Binswanger e Dr. phil. G.A. Farner. Dr. Maeder não aderiu. O grupo nacional denominou-se "Schweizerische Gesellschaft für Praktische Psychologie" (SGPP) e existe ainda hoje.
2. Cf. carta a Schultz, de 09.06.1933, nota 3.
3. Cf. OC, vol. X, apêndice, "Carta circular 1934".

Ao Dr. B. Baur
Zurique

29.01.1934

Prezado Dr. Baur,

Muito obrigado pelas gentis provas. No tocante ao argumento da precessão[1], não se trata de uma contestação da validade da astrologia, mas da validade da teoria primitiva de que as próprias estrelas irradiassem certos efeitos. O argumento da precessão diz que uma pessoa (atual) que nasceu em Áries 1 (quando Áries deslocou-se supostamente um grau no horizonte oriental) não nasceu neste momento, mas em Peixes 1. As forças ocultas do Sol estão em posições semelhantes em Áries 1, Lua por exemplo em Câncer 7, Vênus e Júpiter em posições semelhantes; por isso não concordam astronomicamente, nem podem proceder dessas posições meramente aparentes e estabelecidas aleatoriamente. Choisnard[2] diz por isso com razão: "Le bélier reste toujours à la 12ᵉ partie du zodiaque etc.", significando com isso que o Sol em Áries não é um enunciado astronômico, mas uma indicação de tempo. É o tempo primaveril que contém as forças ativas, não importando em que zodíaco astronômico real o Sol esteja. Dentro de alguns séculos, quando dissermos ser tempo de Áries, na verdade o Sol estará em Capricórnio, portanto em pleno inverno, sem que a primavera tenha perdido suas forças.

O fato de a astrologia fornecer resultados válidos prova que não são as posições aparentes dos astros que atuam, mas os tempos que são medidos e determinados por posições arbitrariamente designadas dos astros. O tempo apresenta-se então como uma corrente de acontecimentos, cheia de qualidades, e não, como gostaria a nossa filosofia, como uma concepção abstrata ou condição do conhecimento.

A validade dos resultados do oráculo do *I Ching*[3] indica o mesmo fato peculiar. O exame minucioso do inconsciente mostra que existe uma coincidência curiosa com o tempo, donde se segue também que os antigos puderam projetar a sucessão de conteúdos inconscientes e internamente percebidos para as determinações externas do tempo de natureza astronômica. Este fato é a base da conexão entre acontecimentos psíquicos e determinações de tempo. Não se trata portanto de uma conexão indireta, como o senhor supõe, mas direta. As conjunções, oposições etc. não são afetadas pelo fato de nós denominarmos arbitrariamente Áries 1 como Peixes 1.

Saudações cordiais
(C.G. Jung)

1. O ponto da aparente órbita do Sol (eclíptica) na qual se encontra o Sol no momento do equinócio em 21.03. (0° Áries) é chamado de ponto primaveril. Devido ao movimento rotativo do eixo da Terra, o ponto primaveril desloca-se no sentido do ponteiro do relógio para a eclíptica, o que é chamado de sua precessão. Este processo foi descoberto no século II aC pelo astrônomo grego Hiparco de Samos. Uma rotação completa do ponto primaveril ao longo das doze constelações astrais que o astrônomo conta atrás da eclíptica dura aproximadamente 25.000 anos, o chamado "ano platônico". Com isso, o ponto primaveril é visto aproximadamente a cada 2.000 anos no plano de fundo de uma outra constelação (um "mês platônico"). Durante os últimos 2.000 anos, esteve atrás da constelação de Peixes. Agora aproxima-se da constelação de Aquário. Na astrologia ocidental a precessão do ponto primaveril não é levada em consideração. Ainda hoje, nos horóscopos ocidentais, o ponto primaveril está em 0° Áries. Este é o principal argumento contra a astrologia. Cf. carta a Corti, de 12.09.1929, nota 2.
2. Paul Flambart (= Paul Choisnard), *Preuves et base de l'Astrologie scientifique*, 2ª edição, Paris, p. 162: "... aujourd'hui comme dans l'antiquité on peut appeler Bélier la douzième partie du zodiaque que traverse le soleil aussitôt après l'équinoce de printemps..."
3. *I Ging, Das Buch der Wandlungen*. Traduzido para o alemão e comentado por Richard Wilhelm, Jena, 1923, 2 vols. Trata-se do livro da sabedoria e dos oráculos, cujas origens remontam à antiguidade mítica.

A Olga Fröbe[1]
Ascona/Tessin

20.01.1934

Prezada e distinta senhora,

Como vejo em sua carta, o programa está bem cheio e certamente vai satisfazer o seu público. Por isso acho quase supérfluo acrescentar mais conferências. Gostaria de dar a preferência aos sinólogos e indólogos e manter num plano de fundo a psicologia que é um campo difícil e insípido para o leigo de gosto asiático e do qual ninguém se importa quando não precisa. Ensina a experiência que só procura a psicologia aquele para o qual fracassaram todos os outros caminhos. Mas pertence à psicologia no sentido estrito todo o uso prático do *I Ching*. É preciso ter uma compreensão psicológica bem ampla para saborear o *I Ching* com proveito sob este aspecto. Mas a experiência direta é substituída por um excessivo conhecimento oriental e, assim, fica obstruído o acesso à psicologia. É compreensível, porém, que as pessoas tentem primeiro os caminhos já percorridos, antes que possam decidir-se a andar pelo caminho ainda não trilhado.

Eis as razões que me levam a manter no plano de fundo as questões psicológicas[2]. Por isso gostaria de participar em seu congresso apenas como um simpatizante.

Com especial atenção

(C.G. Jung)

1. Olga Fröbe-Kapteyn, 1881-1962, fundadora e diretora dos congressos Eranos em Ascona/Suíça. Durante muitos anos aconselhou-se com Jung sobre as questões do programa. O primeiro congresso realizou-se em agosto de 1933. Jung falou sobre o tema "Sobre a empiria do processo da individuação" (ampliado em *Configurações do inconsciente* e em OC, vol. IX/1). Até 1951 ele dava conferências quase regularmente e era o centro intelectual dos congressos. Os *Eranos-Jahrbücher* eram publicados anualmente com todas as conferências. Após a morte de Olga Fröbe, assumiram a direção dos congressos o Prof. Adolf Portmann e Rudolf Ritsema.
2. Jung decidiu-se depois a dar uma conferência: "Über die Archetypen des kollektiven Unbewussten" (Sobre os arquétipos do inconsciente coletivo), em *Eranos-Jahrbuch*, 1934, Zurique, 1935, em *Sobre as raízes da consciência* e em OC, vol. IX/1.

Ao Dr. Erich Neumann[1]
Zurique

29.01.1934

Prezado colega,

É possível que o procure um Dr. X. Ele tem sede de terapia. E tem necessidade dela, pois só possui uma auréola intelectual que perambula solitária e sem estribeiras pelo mundo. Talvez seja um caso interessante, mas não conte com dinheiro.

Saudações cordiais

(C.G. Jung)

1. Dr. phil. Dr. med. Erich Neumann, 1905-1960, psicólogo analítico, desde 1935 em Tel Aviv. Obras, entre outras: *Ursprungsgeschichte des Bewusstseins*, Zurique, 1949 (Prefácio de Jung em OC, vol. XVIII); *Tiefenpsychologie und neue Ethik*, Zurique, 1949; *Kunst und schöpferisches Unbewusstes*, Zurique, 1954; *Die Grosse Mutter*, Zurique, 1956; *Krise und Erneuerung*, Zurique 1961; *Das Kind*, Zurique, 1963, e muitas contribuições nos *Eranos-Jahrbüchern*, XVI até XXIX.

Ao Dr. Bernhard Baur-Celio[1]
Küsnacht-Zurique

30.01.1934

Não gostaria de deixar sem resposta a sua "questão de consciência". Falo evidentemente só daquilo que conheço e que posso comprovar. Não quero perturbar a cabeça de ninguém com minhas suposições. Além disso, fiz experiências que são por assim dizer "indizíveis", "secretas" porque não se pode expressá-las corretamente e porque ninguém pode entendê-las (nem sei se eu mesmo as entendi mais ou menos), "perigosas", pois 99% das pessoas me declarariam louco se ouvissem algo semelhante de mim, "catastróficas" pois poderiam bloquear o possível acesso a um mistério vivo e maravilhoso, através do preconceito causado pela comunicação, "tabuizadas" porque são uma δεισιδαιμονία[2] envolvida e protegida pela ἄδυτον[3], como expressa muito bem Goethe[4]:

"Caverna, a proteção mais profunda.
Leões vagueiam silenciosos –
Amigáveis ao nosso redor,
Lugar sagrado das honras
Santo tesouro do amor".

E já foi dito demais – meu público poderia ser contaminado venenosamente pela desconfiança do "poetar" – o caminho mais doloroso do erro!

Quem poderia falar de "credo" quando está *sob* a sua experiência, πιστεύων ὁράματι δεινῷ[5], quando sabe como é supérfluo "acreditar", quando "sabe" mais do que o suficiente, quando a experiência o colocou inclusive contra a parede?

Não gostaria de seduzir ninguém para a fé e, assim, tirar-lhe a vivência. Eu precisaria em grau máximo de minha saúde psíquica e física para manter-me firme naquilo que chamamos de "paz"; por isso não gostaria de fazer alarde de minhas experiências. Mas uma coisa quero dizer-lhe: a chamada pesquisa do inconsciente revela de fato e de verdade o antiquíssimo e sempiterno *caminho da iniciação*. A teoria de Freud é uma tentativa apotropaica de soterramento como autopreservação diante dos perigos da "longa estrada"; somente um "cavaleiro" ousa "la queste" e a "aventure". Nada está definitivamente soterrado – esta é a terrível descoberta de todo aquele que abriu aquela porta. Mas o medo atávico é tão grande que o mundo agradece a Freud que ele tenha confirmado "cientificamente" (que bastardia de ciência!) que nada foi visto atrás daquela porta. Não é apenas o meu "credo", mas a experiência maior e mais decisiva de minha vida que aquela porta (abre), uma porta lateral discretíssima que dá para uma vereda quase imperceptível e facilmente desconsiderada – estreita e confusa, porque poucos pés nela andaram –, mas que leva ao mistério da transformação e renovação. É literalmente o

Intrate per angustam portam.
Quia lata porta et spatiosa via est
quae ducit ad perditionem
Et multi sunt qui intrant per eam.
Nam angusta porta et arcta via est
quae ducit *ad vitam*.
Et pauci sunt qui inveniunt eam!
Attendite a falsis prophetis que veniunt
ad vos in vestimentis ovium –
intrinsecus autem sunt lupi rapaces[6].

O senhor deverá ter entendido por que prefiro falar de "scio" e não de "credo" – porque não quero agir misteriosamente. Mas se eu falasse de um mistério vivo e real, isto *pareceria* infalivelmente que eu estou *agindo misteriosamente*. Somos misteriosos quando falamos de um mistério *real*. Por isso é melhor não falar dele para evitar a aparência má e confusa. Como toda a vida real, é uma viagem entre Cila e Caribdes.

1. Dr. phil. Bernhard Baur-Celio, professor no seminário cantonal de Küsnacht-Zurique. Recebeu a carta de Jung, que ele conhecia pessoalmente, sem a parte introdutória nem final. Ele havia perguntado se Jung dispunha de um conhecimento "misterioso" que ia além dos conhecimentos expostos em seus livros.
2. Região numinosa, santa.
3. Temor supersticioso dos deuses.
4. *Fausto* II, ato 5.
5. Crendo no fenômeno terrível.
6. Mateus 7,13-15: "Entrai pela porta estreita, pois larga é a porta e espaçosa a senda que leva à perdição, e muitos os que por ela entram. Quão estreita é a porta e apertado o caminho que leva à vida, e poucos são os que o encontram. Guardai-vos dos falsos profetas. Vêm a vós disfarçados com peles de ovelhas, mas por dentro são lobos vorazes".

Nesta carta Jung alude a experiências que ele descreveu no capítulo "Confronto com o inconsciente", em *Memórias*.

Destinatário não identificado
Holanda

05.02.1934

Prezado Dr. N.,

O senhor há de entender que é impossível esclarecer toda a sua situação psíquica através de uma carta. Sobre o que me escreveu é possível dizer muita coisa em resposta.

Antes de mais nada, é preciso que tenha bem claro que a descoberta do inconsciente, como acontece na análise, é basicamente o início de um caminho sobre o qual não se pode parar, mas que deveria ser trilhado até o fim. Por trás de todas as racionalizações da teoria de Freud há sempre ainda fatos que devem ser entendidos. É inútil depreciá-los com a conhecida fórmula "nada mais do que"[1]. Se acontecer excepcionalmente que se consiga calar a exigência interna, perdeu-se alguma coisa e a pessoa terá que pagar seu aparente sossego com uma secura interna. As realidades irracionais que se manifestam indiretamente como "complexos de incesto", "fantasias infantis" etc. são passíveis de uma outra interpretação. São forças psíquicas que outros tempos e outras culturas também viram sob outro prisma. Para experimentar este outro lado, deveríamos ter a coragem de não racionalizar os enunciados do inconsciente, mas tomá-los a sério. Isto provavelmente seria dizer muito, e talvez até demais, com poucas palavras. Não sei se o senhor conhece o meu pequeno livro *O eu e o inconsciente*. Lá encontrará a explicação do que afirmo.

A fobia na psicose é sempre um sinal de que as realidades irracionais da psique querem afluir e ser assimiladas. Como o senhor viu muito bem, a aparente unidade de sua consciência ameaça desfazer-se nas oposições. Este problema pode encontrá-lo no meu livro *Tipos psicológicos*, nos capítulos sobre Schiller e Spitteler. O inconsciente no seu caso gostaria de forçar um confronto sério, onde se pretende obviamente defender sua própria posição diante de sua atitude consciente. O inconsciente não é de forma alguma, como aparece na concepção de Freud, um saco vazio em si, onde são reunidos os restos da consciência, mas é toda a outra metade da psique viva. E, mais, é um reflexo psíquico de todo o mundo. Se o senhor aprofundar-se nessa problemática, perceberá logo que nosso eu está colocado entre duas realidades opostas do mundo, entre o chamado mundo externo, acessível aos sentidos, e entre a condição psíquica inconsciente que torna possível a compreensão do mundo em geral. Esta condição psíquica precisa ser necessariamente distinta do chamado mundo exterior, caso contrário não haveria nenhuma possibilidade de compreender este último, pois o igual não pode conhecer o igual.

Psiquicamente o senhor está por assim dizer diretamente diante da realização do inconsciente coletivo. Para isso só lhe serve indiretamente o saber emprestado, isto é, somente quando tiver experimentado em sua vivência própria, ao menos em parte, o inconsciente que se apresentou individualmente ao senhor. Duvido que consiga trilhar este caminho totalmente só. Em todos os casos deveria ter alguém que o apoiasse ao menos moralmente, ou com algum conselho competente. Algumas orientações práticas pode consegui-las nos livros acima indicados. De qualquer modo pode estar certo de que se trata de um processo natural de desenvolvimento. Se tivermos a paciência de deixar atuar os opostos existentes, surgirá um terceiro. Os sonhos podem ser muito úteis neste sentido. Mas o senhor não deve interpretar redutivamente os símbolos propostos pelos sonhos, mas entendê-los como símbolos, isto é, como a melhor formulação possível de fatos desconhecidos, e que não pode ser reduzida mais ainda. [...]

Com toda consideração
(C.G. Jung)

1. Expressão muitas vezes usada por Jung para criticar a redução de algo desconhecido para o conhecido. Ela provém de William James, *Pragmatism*, Londres, 1907: "What is higher is explained by what is lower and treated for ever as a case of 'nothing but' – nothing but something else of a quite inferior sort".

Destinatário não identificado
Alemanha

20.02.1934

Prezado senhor,

Não é possível consertar com umas poucas palavras uma desastrada conduta de vida. Mas não existe buraco tão fundo do qual não se possa sair, quando se emprega o esforço correto no lugar certo.

Quando se está no atoleiro como o senhor, não se tem mais direito de se preocupar com a estupidez de sua própria psicologia, mas é preciso fazer com empenho e dedicação o que estiver ao alcance e merecer a estima dos outros. Na menor coisa que fizer dessa forma, o senhor encontrará a si mesmo. O mesmo aconteceu com X. Também ele teve de fazer isso arduamente, e sempre nas coisas mais imediatas, mais insignificantes e mais penosas.

Com especial consideração
(C.G. Jung)

Ao Dr. Oluf Brüel[1]
Copenhague

02.03.1934

Prezado Dr. Brüel,

Agradeço muito os seus esforços em organizar os correspondentes grupos nacionais na Suécia e na Dinamarca. Também a consulta que fiz ao Dr. Bjerre ficou sem resposta.

A organização do grupo nacional alemão ainda não chegou a um ponto satisfatório. Também o assunto do *Zentralblatt* está confuso devido às ingerências políticas. Assim, por exemplo, o Manifesto de Göring[2], que fora combinado só aparecer numa edição especial para a Alemanha, foi inserido, sob o meu nome, no último número do

Zentralblatt. Isto foi contra o meu expresso desejo de que o caderno especial para a Alemanha fosse assinado por Göring, e não por mim. Não posso responsabilizar o nosso benemérito redator, Dr. Cimbal, por essa irregularidade. São essencialmente as condições peculiares da política interna que dificultam em grande escala a organização do *Zentralblatt*. Considero um erro tático em relação aos demais países quando certos manifestos exclusivamente alemães e visando somente à Alemanha são inseridos numa revista de circulação internacional.

Na Suíça encontro grandes dificuldades, sobretudo de natureza política, para fundar um grupo nacional. Lamento a miopia de meus conterrâneos.

No futuro tudo farei para eliminar do *Zentralblatt* qualquer ingerência política. Pelas últimas informações que tive, ainda não saiu o decreto ministerial que deveria sancionar a constituição do grupo nacional alemão. Assim que tiver maiores informações, eu lhe escreverei.

Enquanto isso, receba a mais alta consideração do colega
(C.G. Jung)

1. Dr. med. Oluf Brüel, fundador de um grupo nacional dinamarquês da "Internationale allgemeine Gesellschaft für ärztliche Psychotherapie" sob a presidência dele. Sua tentativa de formar grupos correspondentes na Suécia e Noruega não teve êxito.
2. Cf. carta ao Dr. R. Allers, de 23.11.1933, nota 6.

Ao Dr. Walter Cimbal[1]
Altona

02.03.1934

Prezado colega,

Infelizmente uma indisposição de saúde impediu-me de escrever-lhe antes. Aproveito a oportunidade para comunicar-lhe que me desagradou o fato de ter saído no *Zentralblatt* o Manifesto do Göring[2], que só deveria entrar no caderno especial alemão. Como o senhor deve lembrar-se, eu lhe manifestei o expresso desejo de que o Prof. Göring assinasse o caderno alemão. Eu, como estrangeiro, não me enquadro na política interna da Alemanha. E também com relação aos assinantes estrangeiros é um lamentável erro tático quando manifestos de mera política interna, que podem ser entendidos como emergência para as necessidades alemãs, são esfregados sob o nariz de leitores estrangeiros críticos. Não quero com isso fazer-lhe uma censura pessoal, pois reconheço o esforço incansável que está fazendo para reorganizar a Associação e o seu órgão oficial. Suponho que o senhor foi forçado a este passo por pressões de política interna. Gostaria, no entanto, de pedir-lhe encarecidamente que apresentasse de forma totalmente apolítica o *Zentralblatt* destinado à circulação internacional, caso contrário será impossível conseguir que os (médicos) estrangeiros entrem para a Associação. Entenda-se que não assumirá qualquer confissão política determinada.

O *Zentralblatt* já desencadeou uma campanha contra mim em Zurique[3]. O senhor há de entender também que eu, como editor do *Zentralblatt*, tenho de exercer certa influência, ao menos com relação a alguns aspectos, sobre a apresentação de nosso periódico. E pode ter certeza de que não o utilizarei, em hipótese alguma, para qualquer tipo de publicação de política interna inadmissível. Mas, como presidente da Associação supraestatal, devo zelar para que, sob a minha gestão, o periódico conserve uma linha científica, fora de qualquer política.

Com os melhores votos de seu

(C.G. Jung)

1. Dr. med. Walter Cimbal, nascido em 1887, psicoterapeuta em Hamburgo, secretário da "Internationale Ärztliche Gesellschaft für Psychotherapie" e redator do *Zentralblatt für Psychotherapie und ihre Grenzgebiete*, de 1926 a 1935.
2. Cf. carta a Allers, de 23.11.1933, nota 6.
3. Ataque de G. Bally a Jung: "Deutschstämmige Psychotherapie?", em *Neue Zürcher Zeitung*, n. 343, de 27.02.1934. A resposta de Jung "Atualidades", em *Neue Zürcher Zeitung*, n. 437, de 13.03. e n. 443, de 14.03.1934 (em OC, vol. X).

Ao Dr. J.H. van der Hoop[1]
Amsterdã

02.03.1934

Prezado colega,

Como pode ver no último número do *Zentralblatt*, encontra-se ali um decreto político de Göring, o presidente do grupo nacional alemão. Este decreto estava previsto para um caderno especial alemão que, de acordo com minha instrução, deveria ser assinado apenas por ele[2]. Para minha grande surpresa, este decreto entrou no *Zentralblatt* contra o meu desejo expresso de reservar o *Zentralblatt* exclusivamente para assuntos científicos. Não esteve em meu poder impedir este lamentável acontecimento. Deve ser atribuído a certas condições de política interna. Na situação atual é tremendamente difícil dar prosseguimento a algum assunto científico sem que imediatamente seja tomado pelo fogo político. Não gostaria de responsabilizar Cimbal nem Göring pessoalmente por esse imperdoável erro tático, pois sei que ambos estão sob uma pressão política muito grande. Se os grupos estrangeiros não apoiarem o meu esforço de manter o contato científico com a Alemanha, minha força sozinha não bastará para formar um contrapeso à onda política avassaladora que ameaça engolir tudo. Maeder escreveu-me que não pretende fazer nada neste sentido, pois está agora voltado totalmente para a obra de conversão do Movimento de Oxford.

Saudações cordiais
(C.G. Jung)

1. Dr. med. J.H. van der Hoop foi presidente do grupo nacional holandês da "Internationale Gesellschaft für Ärztliche Psychotherapie". Cf. OC, vol. X, apêndice, par. 1048 e 1055.
2. Cf. carta a Allers, de 23.11.1933, nota 6.

Ao Dr. med. A. Pupato
Zurique

02.03.1934

Prezado colega,

A questão por mim levantada sobre a peculiaridade da psicologia judaica[1] não quer dizer que eu pretenda menosprezar o judeu, mas é mera tentativa de descobrir e formular aquela especificidade intelectual que distingue o judeu dos outros. Nenhuma pessoa sensata há de negar que existem essas diferenças, assim como existem diferenças consideráveis na atitude intelectual de alemães e franceses em geral, ainda que o fígado do francês funcione de modo exatamente igual ao do alemão. Mas a postura intelectual tem pouco a ver com o fígado. Quando se trata, porém, de teorias psicológicas, temos de criticar cuidadosamente, para fazer justiça à ciência, todas as concepções conscientes e inconscientes, pois em cada teoria psicológica entram inevitavelmente todos os pressupostos intelectuais do indivíduo. A psicologia distingue-se das outras ciências pelo fato de o objeto de sua pesquisa ser ao mesmo tempo o instrumento com o qual se pesquisa. Esta é a razão de existirem tantas teorias psicológicas, estando algumas delas em clara conexão com o respectivo pressuposto histórico do indivíduo em questão. Há, por exemplo, já na própria fenomenologia das neuroses diferenças gritantes entre a clínica alemã e a francesa, o que chamou a atenção inclusive dos antigos neurologistas. Assim, por exemplo, falta completamente no ambiente alemão a típica "grande hystérie" que encontramos no Salpêtrière. Ninguém com alguma experiência mundial há de negar que a psicologia americana é peculiar e reconhecidamente diferente da inglesa. Por isso não me parece o cúmulo do absurdo supor...[2] Em minha humilde opinião, mostrar essa diferença não pode ser *eo ipso* uma ofensa ao judeu, uma vez que não se formula nenhum juízo de valor. Se alguém que deseja entender a minha peculiaridade me dissesse que isto ou aquilo em mim é especificamente suíço, campesino ou cristão, não entenderia por que me ofender e concordaria sem mais que estas diferenças existem. Não posso entender que um chinês se ofenda quando um europeu constata que a postura intelectual chinesa é diferente da europeia. Ou será uma ofensa para o francês, inglês ou chinês o fato de o chinês se entender melhor com o francês do que com o inglês?

Na minha opinião, a peculiaridade judaica poderia esclarecer-nos por que o judeu é um elemento simbiótico absolutamente essencial em nossa população. Se realmente não houvesse diferença entre os judeus e os outros, não poderíamos distingui-los dos demais e então nada significaria sua influência intelectual específica e historicamente reconhecida sobre o seu meio ambiente. Deve-se admitir que um povo que se conservou praticamente genuíno durante milênios e manteve sua fé em sua eleição seja psicologicamente diferente de alguma forma dos povos germânicos relativamente jovens e cuja cultura é apenas um pouco mais velha do que mil anos.

É verdade que eu combato a psicologia freudiana devido à sua pretensão de ser a única válida. A monotonia da explicação freudiana oblitera todos os fatos da rica diversidade. Estou convencido de que não faço favor a ninguém se medir a todos com a mesma medida de meu pressuposto subjetivo. Se eu quiser conhecer corretamente a natureza de alguém, devo ver onde e até que ponto ele é diferente de mim. Só então poderei reconhecê-lo de modo realmente objetivo. Eu consideraria uma grande felicidade se, por exemplo, a Alemanha e a França se esforçassem por entender-se melhor, e se uma pudesse compreender e aceitar a outra em seus valores específicos. Mas, como as coisas estão, uma declara a outra excluída dos pressupostos de sua psicologia, fato que se pode constatar todos os dias na leitura dos jornais alemães e franceses.

Também é fato por assim dizer corriqueiro que todas as pessoas sejam iguais em certos aspectos. Disso não surgem os mal-entendidos, mas sim das diferenças. Por isso elas merecem ser consideradas como objeto de pesquisa.

Com a mais alta consideração
(C.G. Jung)

1. Cf. "A situação atual da psicoterapia" e "Atualidades", em OC, vol. X.
2. Na cópia da carta em nosso poder falta o restante da frase que, de acordo com o sentido, poderia soar assim: "... que os judeus tenham uma psicologia que se diferencia de maneira característica daquela dos não judeus".

Ao Dr. J. van der Hoop
Amsterdã

12.03.1934

Prezado colega,

É óbvio que a Associação Internacional ("supraestatal") é totalmente independente do grupo nacional alemão que, como o senhor sabe, nem pode existir sem estar "coordenado". Esta exigência imposta ao grupo alemão só vale para o âmbito alemão.

A Associação Internacional será composta essencialmente dos vários grupos nacionais. Como não é possível, por razões políticas e outras, constituir em toda parte grupos nacionais, haverá necessidade de aceitar membros isolados e que não pertencem a um grupo nacional. Sobre isso ainda não há determinações, pois propositalmente ainda não elaborei nenhum estatuto para a Associação Internacional. Pretendo realizar este trabalho no próximo congresso[1].

Como o senhor pôde ver no *Zentralblatt*, a Associação alemã comporta-se como sociedade independente, mas vincula-se à Associação Internacional como uma de suas unidades. Mas esta situação, condicionada pelas condições políticas especiais, não vale para a organização da Associação Internacional. Esta pode aceitar membros de todo tipo; raça, religião e coisas semelhantes não se levam em consideração, muito menos opiniões políticas. Na qualidade de sociedade médica somos algo como a Convenção de Genebra que internacionaliza o médico como politicamente neutro. Não ignoro o fato de que em certos casos poderão surgir dificuldades para os alemães como, por exemplo, em congressos, se realizados na Alemanha. Talvez haja necessidade de realizar os congressos em outro país.

Nos estatutos gerais há que prestar atenção a certos pontos. Para impedir, por exemplo, que o grande número de membros alemães decida sobre a diretoria da Associação Internacional, é necessário que se organizem grupos nacionais ou mesmo associações particulares que nomeiem uma espécie de vogais ou representantes. Desse modo será possível paralisar, numa reunião constituinte, uma influência eventualmente imbatível dos alemães. Os alemães têm grande interesse em estar vinculados ao estrangeiro, por isso não temo que criem dificuldades especiais (prevenir o erro!) Em todo caso, não custa tentar.

A questão de permitir a filiação à Associação Internacional de psicoterapeutas alemãs que não pertencem ao seu grupo nacional é bem delicada. De nossa parte não haveria nenhuma dificuldade. Mas não é impossível que as autoridades políticas alemães tomassem medidas contra isso. Isto fugiria, pois, de nossas mãos. Apresentarei em todo caso a proposta de que se outorgue, a par dos grupos nacionais, a qualidade de membros também a psicoterapeutas isolados, não importando donde venham. Mas, no interesse do equilíbrio frente à Alemanha, seria preciso insistir que os membros isolados só pudessem ter voz na eleição da diretoria se se filiassem a um grupo nacional. Pelas razões acima, gostaria que a diretoria fosse eleita dentre as pessoas de confiança dos grupos nacionais.

A questão da contribuição de sócio é um assunto técnico a ser esclarecido quando da discussão dos estatutos no próximo congresso.

Quanto ao próximo congresso há uma grande dificuldade, pois, como ainda não existem estatutos gerais, não estamos em condições de apresentar delegados dos grupos nacionais. Eu lhe pediria então que escolhesse reservadamente alguns colegas que participariam da reunião constituinte de Nauheim. Com esses representantes discutiremos e aprovaremos os estatutos. Temos de fazer isso com um número limitado de pessoas, pois mostra a experiência que é impossível discutir e aprovar estatutos no plenário de um congresso. Isto só pode ser feito em recinto fechado. De resto, pode estar certo, creio eu, de que o palavrório nacional-socialista dos membros alemães estará voltado principalmente para a situação política e não para a convicção religiosa dos respectivos senhores.

Sou grato por sua colaboração positiva. Sem ela seria realmente impossível manobrar de forma produtiva esta situação complicada e verdadeiramente insana. Se alguma coisa não estiver bem esclarecida, estou disposto a dar outras informações.

Com os melhores votos de
(C.G. Jung)

P.S. Acabo de saber que o Congresso foi fixado para 10 de maio, em Nauheim.

1. Os estatutos da "Internationale Allgemeine Ärztliche Gesellschaft für Psychotherapie", elaborados por Jung, foram aprovados no Sétimo Congresso de Psicoterapia em Bad Nauheim, em maio de 1934. E assim foi fundada de fato e de direito a Associação Internacional a partir da presidência de Jung. Suíça, Holanda, Suécia, Dinamarca e Alemanha foram representadas por delegados. Os estatutos continham um parágrafo que permitia a pessoas isoladas se associarem. Isto foi comunicado aos médicos através de uma carta circular especial, assinada por Jung (01.12.1934): "... chegou-se a convencionar que a pertença a um grupo nacional é facultativa, isto é, que existe a possibilidade de filiar-se individualmente à 'Associação Internacional Geral e Médica de Psicoterapia'. A 'Associação Internacional' é política e confessionalmente neutra". Esta disposição permitiu que médicos judeu-alemães fossem membros da Associação Internacional sem precisar filiar-se ao grupo nacional alemão. Cf. OC, vol. X, apêndice.

A Claire Kaufmann
Berlim-Steglitz

12.03.1934

Prezada senhorita,

Não tenho nada contra o seu desejo de escrever-me cartas "que cheguem às mãos dele"; ao contrário, posso dizer-lhe que me interessa o seu modo de pensar. Eu não sei quem a senhorita é, nem o seu nome me dá alguma ideia, mas nem por isso o seu raciocínio filosófico deixa de ser interessante. Se não esperar que lhe responda sempre e detalhadamente, então está tudo bem.

Transparece nitidamente sua feminilidade quando a senhorita condiciona a existência do filósofo à frase: "Quando a vida dele se realiza no conceito". Sabemos muito bem que a ambição do homem está em que seu conceito se realize na vida, enquanto o desejo mais secreto de todas as mulheres é que sua vida se realize em conceitos. Isto naturalmente não é uma crítica fundamental, mas apenas uma observação amiga do fato tão natural de que o homem quer entender, ao passo que a mulher quer ser entendida. Com esta finalidade ela procura tornar compreensível sua vida a ela mesma.

Saudações cordiais
(C.G. Jung)

Ao Dr. Oluf Brüel
Copenhague

19.03.1934

Prezado colega,

Estou a par da divergência de opiniões entre o senhor e o Dr. Bjerre[1]. Não gostaria de defender uma análise independente, feita por leigos. Tenho a este respeito uma posição de meio-termo. Durante longos anos pude constatar por experiência própria que assistentes leigos de médicos realizaram muitas vezes um trabalho bem proveitoso; mas gostaria de insistir que a análise feita por leigos sempre deveria ficar sob o controle do médico. Se o senhor não chegar a um acordo com Dr. Bjerre, seria bom pensar na formação de duas associações. Devido às condições políticas, a associação alemã já é, de qualquer forma, uma associação à parte, e a nossa organização internacional futura precisa levar em consideração esses fatos.

Para o congresso da associação alemã, a realizar-se em maio, em Bad Nauheim, vou elaborar a minuta dos novos estatutos que será submetida à aprovação de um comitê integrado por delegados de todos os grupos nacionais[2].

Eu também lamentei que o Manifesto Nacional-socialista de Göring fosse publicado no *Zentralblatt*[3]. Supus erroneamente que este decreto só entraria no caderno especial alemão. Devido à grande distância e ao consequente atraso que ela causa, não posso estar sempre a par do que acontece. Mas dei instruções severas ao redator que o *Zentralblatt* deve manter-se neutro. Por isso recusei que o meu artigo, a ser publicado em breve no *Zentralblatt*[4], aparecesse também no caderno especial alemão, mesmo contrariando o desejo de meus colegas alemães.

Vou esforçar-me também para manter a Organização Internacional num plano absolutamente neutro e regulamentar de tal forma as relações dos grupos individuais através de normas estatutárias que será impossível a um grupo influenciar a política de toda a associação, mesmo que tenha maior número de associados[5]. O meu plano é que cada grupo nacional indique dois representantes que, reunidos num comitê, aprovem os estatutos. Como todos os demais grupos, a Alemanha terá apenas dois representantes. As situações legais mais complicadas vou submetê-las para esclarecimento a um jurista competente. Passei ao Dr. Cimbal a tarefa de se informar junto a quem de direito se é possível na Alemanha de hoje a aprovação de estatutos internacionais. Se não for possível, farei chegar aos diversos representantes dos grupos nacionais a minuta dos estatutos através de uma carta circular.

Comuniquei ao meu editor o seu desejo de resenhar o meu livro[6].

Finalmente, quero pedir-lhe que transmita a todos aqueles que se preocupam com a situação política da Alemanha que eu estou em terreno estritamente neutro e que também os médicos alemães só estão forçados temporariamente a professar um credo político especial. Mas o trabalho médico em si, como já foi estabelecido na Convenção de Genebra[7], é assunto de interesse internacional.

Agradeço o envio de sua interessante separata, bem como a informação dinamarquesa[8], que passei ao redator.

Saudações do colega
(C.G. Jung)

1. A divergência referia-se ao papel do analista leigo (não médico) e à sua admissão na Associação Internacional. Cf. carta a Bjerre, de 11.01.1935.
2. Cf. carta a Hoop, de 12.03.1934, nota 1.
3. Cf. carta a Allers, de 23.11.1933, nota 6.
4. "Zur gegenwartigen Lage der Psychotherapie", *Zentralblatt für Psychotherapie und ihre Grenzgebiete*, VII, 1, Leipzig, 1934 ("A situação atual da psicoterapia", em OC, vol. X).
5. Ficou estabelecido nos estatutos que nenhum grupo nacional poderia ter mais de 40% dos votos presentes. Assim foi limitada, dentro da Associacão Internacional, a influência do grupo nacional alemão, o mais numeroso.
6. *Wirklichkeit der Seele*, Zurique, 1934.
7. Pacto internacional para a proteção aos feridos e doentes durante o período da guerra, 1864. Em 1906, numa versão atualizada, foi garantida proteção internacional à Cruz Vermelha.
8. Cf. carta a Bjerre, de 22.01.1934, P.S.

A Wilhelm Laiblin[1]
Stuttgart

19.03.1934

Prezado senhor,

Muito agradecido por sua carta que me interessou bastante, como também por suas duas cartas abertas ao bispo[2].

Quanto ao sonho[3], concordo com o senhor de que as estrelas e luas caindo referem-se ao término de todo um mundo de ideias que se tornou obsolescente. Creio que se pode ousar também a conjectura de que as três luas se referem ao conceito trinitário. A segunda parte do sonho refere-se claramente à anima que lhe oferece comida e bebida, mas a um preço exorbitante. No sonho não há nada que indique haver alguma necessidade ou algum motivo individual para uma tomada pública de posição. As estrelas caem de qualquer maneira, não se pode nem é preciso acelerar a sua queda. Eu acho que posso entender o fato de seu bispo não lhe ter respondido as cartas. Quem nestas circunstâncias tem de manter uma Igreja não pode ocupar-se com problemas que questionam a validade dessa mesma Igreja. O significado do sonho é apenas que, quando as Igrejas se calam, a psique passa a fornecer comida e bebida. Entendo também que na atual situação, que exige soluções coletivas, o senhor estivesse bem próximo da oportunidade de tomar a palavra. Nós não dependemos incondicionalmente do inconsciente, mas podemos e devemos também, por livre e espontânea vontade, atuar sobre o meio ambiente. Eu teria tomado o sonho em outro sentido. A mim pareceria que o inconsciente me havia convidado, num sentido bem anticristão, a entrar na casa, comer lá calmamente e pagar as respectivas despesas.

Enquanto a Igreja não praticar uma coação da consciência, pode-se mantê-la tranquilamente viva para aqueles, sobretudo os fracos, para os quais não se deve dar escândalo. Por isso sou muito conservador e comedido nessas questões, pois estou convencido de que a confissão católica e protestante ainda não perderam sua razão de ser. Uma renovação das convicções religiosas ainda não encontrou forma nem caminho, não devendo portanto os fracos e os que dependem de formas serem conduzidos para o sem-forma. Concordo plenamente com o conteúdo de suas cartas. Se é para ser dito, então deve ser dito mesmo. Apenas me pergunto se já é hora de dizer isso agora.

Saudações cordiais
(C.G. Jung)

1. Wilhelm Laiblin, desde 1937 psicólogo analítico.
2. Como se depreende da carta de Laiblin a Jung, ele escreveu duas cartas ao bispo da Igreja evangélica regional de Württenberg e publicou-as depois de não ter recebido resposta (*Kommende Gemeinde*, ano 5, Stuttgart, dezembro de 1933). Sobretudo na segunda carta, Laiblin, levado por um conflito de consciência, teceu críticas ao credo e à verdade metafísica do dogma.
3. No sonho "sob um ribombo semelhante ao de trovões, caiu uma chuva muito espessa de estrelas, como uma forte nevasca". Ao mesmo tempo partiram-se duas ou três luas e desfizeram-se em pedaços cada vez menores até desapareceram por completo. Não houve prejuízos em parte alguma, mas o sonhador e seu companheiro ficaram profundamente assustados. Voltaram para casa. Lá uma jovem senhora ofereceu ao sonhador comida e bebida. Mas o preço que deveria pagar pareceu-lhe exorbitante.

Ao Dr. B. Cohen
Friedrichstadt/Alemanha

26.03.1934

Prezado senhor,

Gostaria de agradecer-lhe muito pelo seu artigo compreensivo e sensato no *Israelitisches Wochenblatt*[1]. Acontecimento semelhante é raridade numa época em que a estupidez celebra verdadeira orgia.

É justa sua crítica à minha ignorância em questões judaicas. Não sei hebraico. Mas o senhor parece imputar-me uma atitude política que realmente não possuo. Não sou de forma alguma adversário dos judeus, ainda que seja adversário de Freud. Eu o critico por seu ponto de vista materialista, intelectualista e também irreligioso, mas não por ser judeu. Enquanto sua teoria se baseia em alguns aspectos em premissas judaicas, ela é inválida para o não judeu. Também não nego a minha parcialidade de protestante. Se Freud tivesse sido mais tolerante com as ideias dos outros, eu estaria ainda hoje do lado dele. Sua intolerância – que para mim era um escândalo – eu a considero como uma idiossincrasia pessoal.

O comentário redacional, pelo qual o senhor não é responsável, permitiu-me a ironia de entender minha relação com o mundo chinês[2] como uma alusão antissemita. O que sabem essas pessoas sobre os chineses? Não têm a mínima noção de que venho quebrando a cabeça, desde 1919, sobre o *I Ching*. Sou de antemão um...[3], que não pode ser interpretado politicamente. Mas se alguém o fizer assim mesmo, tropeçará de surpresa em surpresa. Minha relação com a Alemanha é recente e deve-se a um altruísmo ingênuo, mas não com mentalidade política. O problema do "antissemitismo" é colocado para os psicoterapeutas e não para a imprensa política. Ou será que ainda vai a extremos como antigamente, quando na França não se queria aceitar o conceito "dementia praecox" porque era "made in Germany"? Há 30 anos disse-me um intelectual francês a este respeito: "Voyez-vous, il y a des frontières politiques même en science". Sobretudo na psicoterapia não pode haver uma única medida para tudo, mas há necessidade de infindas nuanças se quisermos entender bem as pessoas.

Com especial consideração
C.G. Jung

1. B. Cohen, "Ist C.G. Jung 'gleichgeschaltet'?", *Israelitisches Wochenblatt für die Schweiz*, 16.03.1934.
2. A referida passagem é esta: "É um erro imperdoável considerar válidos para todos os resultados de uma psicologia judaica. Ninguém consideraria como obrigatoriamente válida para nós a psicologia chinesa ou hindu. A acusação gratuita de antissemitismo que me foi feita por causa dessa crítica é tão descabida como se me tivessem acusado de um preconceito antichinês..." (*O eu e o inconsciente*, em OC, vol. VII, par. 240, nota 9). Cf. também o prefácio de Jung ao *Zentralblatt für Psychotherapie und ihre Grenzgebiete*, n. VI, 3, dezembro de 1933, em OC, vol. X. apêndice, par. 1014.
3. Na cópia que temos há uma lacuna. Trata-se provavelmente da palavra grega ξῷον (animal).

Ao Dr. Max Guggenheim
Lausanne

28.03.1934

Prezado colega,

É realmente inquietador quando se vê que alguém na minha posição tem algo a tratar com a Alemanha "sintonizada". Mas o senhor não deve esquecer que estar "sintonizado" na Alemanha é um fato político que não elimina os outros fatos de que há seres humanos na Alemanha. O senhor pode estar certo de que eu seria julgado bolchevista se fizesse para a Rússia o mesmo que fiz para os alemães, pois também lá tudo é politizado e está estritamente nos conformes. Apesar disso, persiste na Rússia o trabalho dos *quakers*, e ninguém dirá que eles são bolchevistas.

Abstraindo da perseguição aos judeus na Alemanha, temos de admitir que lá se faz um trabalho científico que serve de exemplo para nós na Suíça. Por isso não nos é indiferente o que lá acontece no campo da psicoterapia. Em momentos críticos tive de olhar por trás dos bastidores, e o que vi lá me levou a agir, pensando também no que irá acontecer no futuro na Suíça. O senhor provavelmente percebeu que nós suíços não somos muito inventivos, mas nos deixamos influenciar em grande parte pelas inovações dos outros países. Se eu fizesse a tentativa de abortar certos desenvolvimentos na Alemanha, isto aconteceria na fonte, cujos efeitos, mais cedo ou mais tarde, iriam desembocar com certeza na Suíça. Como psicoterapeuta não posso ficar indiferente ao que vai acontecer com a psicoterapia. O desenvolvimento que tiver na Alemanha será também determinante para nós. Freud disse-me certa vez com razão: "O destino da psicoterapia será traçado na Alemanha". De início estava fadada ao fracasso total, porque era considerada judia. Este preconceito eu o derrubei com a minha intromissão e, assim, possibilitei a existência dela não só para os chamados psicoterapeutas arianos, mas também para os judeus. Em toda esta subversão contra mim, esquece-se que a grande maioria dos psicoterapeutas na Alemanha são judeus. Não se sabe e também não se diz abertamente que eu defendi pessoalmente junto ao governo alguns psicoterapeutas judeus. Se os judeus começarem a falar mal de mim, só pode ser miopia declarada, e espero que façam a sua parte para debelar esta atitude insensata. A Associação Psicoterapêutica que tem muitos membros judeus está garantida em sua existência, bem como a pertença a ela dos médicos judeus[1]. Os judeus deveriam na verdade ser gratos a mim; mas a atitude paranoica, como o senhor diz, parece impedir uma visão mais clara. Também está assegurada a continuidade do *Zentralblatt für Psychotherapie* e defendi lá com êxito que o redator judeu da seção de recensões, Allers, de Viena[2], pudesse continuar realizando o seu trabalho como até agora. Houve queixas durante a guerra de que os aliados estavam usando contra a Alemanha o bloqueio da fome. A compreensível oposição dos judeus ao governo de Hitler está fazendo agora o mesmo: tudo o que é alemão é simplesmente proscrito, pouco importando se se trata de pessoas totalmente inocentes sob o aspecto político. Também isto eu considero miopia.

Com o apreço do colega,
(C.G. Jung)

1. Carta a Hoop, de 12.03.1934, nota 1.
2. Cf. carta a Allers, de 23.11.1933.

À senhora E. Beit von Speyer
Frankfurt no Meno

13.04.1934

Prezada e distinta senhora,

Como deve ter percebido, sua carta ficou sem resposta. A razão disso é que estive fora de casa e só a encontrei na minha volta, quando já era tarde demais. Fiquei muito penalizado, mas era o tempo de minhas férias.

Agradeço o envio de seu quadro muito interessante. É a representação exata de sua atitude psíquica fundamental. É característico que represente as quatro funções como quatro animais. Isto significa que os princípios dessas funções ainda têm uma forma instintiva. Aqui existem ainda outras possibilidades de desenvolvimento.

Meu confronto com a história contemporânea não foi muito bom. É difícil fazer algo com a Alemanha aqui de fora, sem cair sob suspeita política cá e lá. Muitos acham que me tornei um antissemita sanguinário porque ajudei os médicos alemães a consolidar novamente a Associação Psicoterapêutica e porque eu disse que entre a psicologia judaica e a psicologia chamada ariana havia certas diferenças, principalmente devido ao fato de os judeus possuírem uma história cultural que é 2.000 anos mais antiga do que os chamados arianos[1]. Sobre isso desabou um enorme protesto. Não é nenhum prazer ser famoso. É sentir-se como uma cidade construída sobre a montanha, que não pode ficar escondida.

Saudações cordiais
(C.G. Jung)

1. Cf. "A situação atual da psicoterapia", *Zentralblatt für Psychotherapie und ihre Grenzgebiete*, VII, 1934 (em OC, vol. X).

Ao Dr. Gustav R. Heyer[1]
Munique

20.04.1934

Meu caro Heyer,

Ainda que não considere cor-de-rosa a situação, preciso ir a Nauheim[2] para cumprir a minha promessa, feita aos alemães, de envidar todos os esforços para restabelecer a coesão da Associação. Se vou conseguir, é outra questão. Pessoalmente tenho minhas dúvidas. Se o Prof. Göring transformar um assunto puramente médico em política, então nós estrangeiros nada podemos fazer. Mas primeiro vamos esperar.

Devo dizer-lhe que seria muito bom, também por razões pessoais minhas, que você viesse a Nauheim. Tenho o pressentimento de que pisarei em solo cuja natureza conheço muito pouco, e precisarei de alguém ao meu lado para me dar as informações necessárias. Não posso confiar em Cimbal e nos outros, pois os interesses e motivos são muito turvos para que alguém de fora, como eu, possa enxergar claramente.

Considero este congresso como tentativa única e talvez a última de conseguir uma coesão geral, mas que talvez não esteja de todo oportuna. Mas é preciso ter experimentado isto na realidade, para poder retirar-se com a consciência tranquila. De qualquer forma não estou disposto a ficar por muito tempo na presidência que me foi imposta por uma circunstância especial[3], mas passá-la adiante logo que possível, pois significa para mim uma sobrecarga de trabalho que, em circunstâncias normais, nunca teria aceito.

Gostaria de pedir-lhe ainda que me comunicasse imediatamente, por cartão-postal, se você acha oportuno que eu dê uma conferência em Nauheim[4]. Pessoalmente acho que não deveria fazê-lo, pois gostaria de manter-me como espectador e observador. Manifestei ao Prof. Göring meu consentimento de maneira dúbia e condicional, de modo que é fácil recuar.

Enquanto isso, minhas saudações cordiais.
(Jung)

1. Dr. med. Gustav Heyer, psicoterapeuta. Obras, entre outras: *Seelenführung*, Potsdam, 1929; *Der Organismus der Seele*, Munique, 1923; *Vom Kraftfeld der Seele*, Zurique, 1949 (Prefácios de Jung em OC, vol. XVIII); *Seelenkunde im Umbruch der Zeit*, Berna e Stuttgart, 1964. Dr. Heyer morreu em 1967.
2. Sétimo Congresso de Psicoterapia, em Bad Nauheim, maio de 1934.
3. Cf. carta a Schultz, de 09.06.1933, nota 3.
4. A conferência de Jung foi: "Über Komplextheorie", em *Zentralblatt für Psychotherapie*, vol. VII, 2. Numa forma ampliada "Allgemeines zur Komplextheorie", aula inaugural na Eidg. Technischen Hochschule, 05.05.1934, em *Sobre energia psíquica e a natureza dos sonhos*, capítulos 1, 3, 6, 9, 10 e 11 das OC, vol. VIII.

To Leslie Hollingsworth
Jackson Heights/EUA

21.04.1934

Dear Mr. Hollingsworth,

Naturalmente é possível fazer conjeturas sobre uma religião do futuro, mas pouco adianta. Certamente também os cristãos do ano 80 faziam suas conjeturas, mas nunca poderiam ter sonhado com a pompa do Vaticano, quando Alexandre VI ocupou o trono de São Pedro, com os papas em Avignon e com os 10.000 hereges cristãos que foram queimados na Espanha etc. Nunca se pode dizer com exatidão como será uma religião no futuro, nem sobre o que se baseará. Não se sabe se a religião vai basear-se no amor ou no temor, pois o cristianismo mostrou que mesmo uma religião de amor pode basear-se no temor e despertar tanto amor quanto temor. Também não sabemos se disso nascerá uma fraternidade das pessoas ou outra coisa tão bela como isso.

As religiões não são incondicionalmente belas ou boas. São manifestações poderosas do espírito, e não está em nosso poder comandar o espírito. Grandes catástrofes, como terremotos e incêndios, já não convencem o bom-senso moderno, e não precisamos delas. Há coisas mais horríveis, isto é, a loucura dos homens, as grandes epidemias mentais, sob as quais nós todos sofremos hoje. Toda pessoa anseia por paz e compreensão mútua, mas com fatalidade infernal as nações trabalham em prol da guerra e da incompreensão. Nem o mais modesto desarmamento foi possível até agora. Isto mostra de onde vêm as nossas verdadeiras catástrofes. É curioso que as pessoas continuem tão inconscientes para conhecer os perigos que na verdade as ameaçam.

Além disso, o meu chamado artigo na *Cosmopolitan Magazine* foi uma entrevista com um repórter e não um artigo que eu tivesse escrito[1]. Nem mesmo cheguei a receber um exemplar impresso.

Sincerely yours,
(C.G. Jung)

1. "Does the World stand on the Verge of Spiritual Rebirth?", em *Hearst's International Cosmopolitan*, Nova York, abril de 1934. Cf. *C.G. Jung Speaking*, Princeton University Press.

Ao Dr. B. Cohen
Friedrichstadt/Alemanha

28.04.1934

Prezado Dr. Cohen,

Muito obrigado por sua amável carta. Minha referência à China[1] parece ter causado todo tipo de mal-entendidos. Se comprendi bem sua carta, o senhor parece supor que penso que há paralelos entre as doutrinas judaicas e orientais. Longe de mim tal suposição que jamais foi cogitada. Se mencionei a China foi para mostrar de maneira drástica que era absurdo acusar-me de antissemitismo só porque afirmei que havia diferenças entre os judeus e os chamados arianos europeus. Disse então que poderiam atribuir-me igualmente uma tendência antichinesa, pois afirmei em meu livro, em coautoria com Wilhelm, *O segredo da flor de ouro*, que havia diferenças essenciais entre a mentalidade oriental e ocidental. Não poderíamos portanto assumir diretamente as doutrinas e métodos orientais sem prejuízo de nossa própria psique. Estou convencido, por minha própria experiência concreta com pessoas orientais, de que elas nunca considerariam minha atitude crítica como esnobismo europeu. Mas o infeliz preconceito e mal-entendido que existem entre judeus e cristãos provocaram tal melindre, de modo que qualquer alusão a certas diferenças logo é entendida como hostilidade. Mas insisto constantemente no seguinte: faz uma grande diferença se alguém tem atrás de si uma cultura de 1.000 ou 3.000 anos. O mesmo acontece com o indivíduo, se ele tem atrás de si uma genealogia de pessoas cultas ou de primitivos. Observei especialmente entre os hindus e na mística hindu que esta diferença é enorme. Lá existem doutrinas que o hindu admite perfeitamente, mas cuja simples menção causaria os maiores mal-entendidos para o europeu. O mesmo vale para muitos pontos de vista de Freud. Numa atmosfera serena e abstrata eles são perfeitamente discutíveis, mas atuam destrutivamente sobre um público mais simples, como pude constatar várias vezes. Este é sem dúvida o sentido profundo da história do rabino, que o senhor bem conhece: Ele sabia que o cachorro que late não morde, mas não tinha certeza se o cachorro também sabia disso. Por isso preferiu manter distância do cachorro que latia.

Concordo com a sua resposta[2] e sou-lhe grato por ter assumido este trabalho. Eu lha remeto de novo. Talvez eu possa sugerir-lhe que, ao enviá-la, lembre que se correspondeu pessoalmente comigo e por isso pode julgar por experiência própria. Estou certo de que sua explicação será bem mais convincente do que se eu tomasse a palavra.

Novamente obrigado e com a mais alta consideração
(C.G. Jung)

1. Cf. carta a Cohen, de 26.03.1934, nota 2.
2. Não foi possível encontrar nenhuma publicação da resposta.

Ao Dr. James Kirsch[1]
Tel Aviv/Palestina

26.05.1934

Meu prezado Kirsch,

Fiquei muito alegre por me haver escrito de novo. Parece que foram espalhados boatos divertidos sobre mim. O único fato verdadeiro por trás de todo esse fuxico é que, na qualidade de presidente de honra da Associação Internacional de Psicoterapia, não podia abandoná-la no momento em que Kretschmer renunciou. Fui solicitado insistentemente pelos médicos alemães a permanecer no cargo, e o que fiz então foi o que qualquer um faria se estivesse em meu lugar, isto é, cumprir minha obrigação para com a Associação Internacional. Ela consistia essencialmente em manter a organização básica e inserir o (grupo) alemão nessa organização. Isto aconteceu no último congresso de Nauheim. Deve-se registrar aí também o feliz evento de que, por sugestão minha, foi introduzido um parágrafo especial que permitia aos médicos judeu-alemães integrarem a Associação Internacional como membros isolados. Tornaram-se assim membros com todos os direitos.

Não preciso entrar em detalhes sobre os outros boatos. É deslavada mentira que eu tenha dito que os judeus eram desonestos na análise. As pessoas devem julgar-me realmente muito estúpido se pensam que eu poderia afirmar semelhante idiotice. Também não me dirigi a Hitler por rádio ou por qualquer outro meio, nem fiz nenhuma declaração política.

Minha opinião de que os judeus, ao que tudo indica, não desenvolveram uma forma cultural própria[2] baseia-se 1. em fatos históricos, 2. sobre os outros fatos de que a contribuição propriamente cultural dos judeus se desenvolve mais claramente dentro de uma cultura hospedeira, onde o judeu se torna muitas vezes o representante da cultura ou o seu promotor. Esta tarefa é tão singular e exigente que é difícil conceber como ao lado disso ainda poderia surgir uma cultura judaica individual. Mas como na Palestina existem de fato situações muito específicas, incluí um cauteloso "ao que tudo indica" em minha frase. Não quero negar a possibilidade de que lá surja algo próprio, mas até agora não tomei conhecimento de nada. Simplesmente não consigo ver nenhum sinal de antissemitismo nesta opinião.

Quanto à sua recomendação de escrever um trabalho específico sobre esta questão, isto já foi antecipado; propus ao Dr. Neumann, que trabalhou comigo e que se encontra atualmente também na Palestina, uma troca de correspondência que trataria de todas as questões controvertidas[3]. Mas até agora não tive resposta dele.

O complexo judeu de Cristo é um assunto que merece a maior atenção. Como o senhor sabe, concordo neste aspecto plenamente com o senhor. A existência desse complexo condiciona uma mentalidade geral um tanto histérica que se tornou clara para mim sobretudo agora nesta caçada anticristã contra mim. O simples fato de eu falar de uma diferença entre a psicologia judaica e a cristã basta para fazer aflorar em cada um o pressuposto de que eu seja um antissemita. Ou como, por exemplo, acha o *Schweizer Israelitische Wochenblatt*: com minha afirmação de que não sou antissemita como tampouco antichinês queria comparar os judeus a uma horda mongólica[4]. Este melindre é simplesmente doentio e torna praticamente impossível qualquer discussão. Como é do seu conhecimento, já Freud me havia acusado de antissemitismo só porque eu não podia endossar o seu materialismo insensível. Com esta disposição de farejar antissemitismo em toda parte, acaba-se provocando diretamente o antissemitismo. Não consigo entender por que um judeu não pode aceitar, como um cristão por exemplo aceita, que a crítica é pessoal a ele quando se expressa uma opinião sobre ele. Por que logo se presume que com isso se quer condenar o povo judeu? O indivíduo é por acaso o povo? Considero isso um modo indigno de calar a boca do adversário. Na maioria dos casos sempre me entendi muito bem com os meus pacientes e colegas judeus. Minhas críticas já atingiram outras pessoas, mas nunca referiram isso ao fato de serem ingleses, americanos ou franceses. Mas também aqui há uma exceção que desejo mencionar: os alemães. Já me aconteceu mais de uma vez que, ao criticar um alemão individualmente, ele imediatamente concluiu que eu odiava os alemães. Mas é muito mesquinho querer esconder a própria inferioridade por trás de um preconceito político. [...]

Se estivesse em sua posição, aproveitaria para esclarecer estes aspectos. Para isso pode recorrer aos resultados objetivos do Congresso de Nauheim[5] que deixam bem claro que não posso ser um antissemita. O senhor deveria conhecer-me o bastante para não me atribuir sem mais uma estupidez tal como o antissemitismo não individual. O senhor sabe muito bem o quanto considero o ser humano como uma personalidade e quanto luto para retirá-lo de seu condicionamento coletivo e torná-lo um indivíduo. E isto só é possível, como o senhor também sabe, quando ele reconhece sua singularidade que lhe foi imposta pelo destino. Ninguém que seja judeu pode tornar-se pessoa humana sem que saiba que é um judeu, pois esta é a base a partir da qual pode chegar a ser pessoa em grau maior. Isto vale para todas as nações e raças. O nacionalismo, por mais antipático que seja, é por isso uma *conditio sine qua non*, só que o indivíduo não deve ficar preso nele. Mas como partícula da massa não deve passar além disso. Como pessoa humana sou um europeu, como átomo na massa sou um cidadão que mora na Seestrasse 228, Küsnacht em Zurique.

Espero que estes esclarecimentos lhe bastem, caso contrário preciso indicar-lhe testemunhas e referências que, sob juramento, lhe confirmem a veracidade de minhas palavras. Na linguagem jurídica chama-se isto de "apresentação de provas". Se encontrar o Dr. Neumann, dê-lhe lembranças minhas e lembre-o de que espero ouvir alguma coisa da parte dele.

Finalmente quero comunicar-lhe que saiu o meu novo livro *Wirklichkeit der Seele*, onde incluía um ensaio de um autor judeu sobre a psicologia do Antigo Testamento[6], para contrariar os nacional-socialistas e todos aqueles judeus que me difamaram como antissemita. A próxima coisa que vão inventar é que estou completamente sem opinião, não sendo antissemita nem nazista. Vivemos numa época simplesmente submersa na demência. "Quem Deus vult perdere prius dementat"[7].

Saudações cordiais de seu
C.G. Jung
et semper idem.

1. Dr. med. James Kirsch, nascido em 1901, psicoterapeuta, desde 1940 em Los Angeles. Fundador do "Analytical Psychology Club of Los Angeles" e da "Society of Jungian Analysts in Los Angeles". Obras, entre outras: *Shakespeare's Royal Self*, Nova York 1966. Excertos desta carta em Ernest Harms, "Carl Gustav Jung – Defender of Freud and the Jews", em *The Psychiatric Quarterly*, Utica, N.I., abril de 1946.
2. Cf. para isso "A situação atual da psicoterapia", em OC, vol. X.
3. O plano não se realizou.
4. Cf. carta a Cohen, de 26.03.1934. Num adendo da redação ao ensaio de Cohen foi criticada a referência de Jung aos chineses; não figura no texto a expressão "horda mongólica".
5. Cf. carta a van der Hoop, de 12.03.1934, nota 1.
6. Hugo Rosenthal, "Der Typengegensatz in der jüdischen Religionsgeschichte".
7. A quem Deus quer perder, primeiro o enlouquece.

Ao Prof. M.H. Göring
Wuppertal-Elberfeld/Alemanha

07.06.1934

Digníssimo Professor Göring,

Comunicou-me o Dr. Cimbal que houve dificuldades com o Professor Kretschmer. Não quero evidentemente imiscuir-me em assuntos internos da Alemanha, mas gostaria de deixar bem clara para o senhor a minha posição nessas contingências, para que tenha uma orientação exata sobre as minhas intenções.

Se chegar ao ponto de a psicoterapia na Alemanha ficar subordinada à psiquiatria, isto seria simplesmente uma catástrofe. Os psiquiatras sempre quiseram oprimir a psicoterapia em todas as suas formas. Nunca experimentamos qualquer incentivo por parte da psiquiatria. Nunca o psiquiatra mostrou qualquer interesse em nossos esforços. Em princípio, o psiquiatra não entende nada de psicoterapia, uma vez que nunca chega à situação de ter que usá-la. Poderíamos então, com o mesmo direito, subordinar a clínica médica à cirurgia. Se, portanto, chegar ao ponto de a psicoterapia alemã ser anexada à psiquiatria e, assim, perder a sua autonomia, eu pediria sem hesitar minha demissão, pois perderia a confiança no futuro da psicoterapia na Alemanha[1]. Eu deveria fazê-lo como sinal de protesto diante de meu próprio país, pois sempre defendi aqui que a psicoterapia devia estar separada da neurologia e da psiquiatria.

Com especial consideração
(C.G. Jung)

1. Jung decidiu-se pela colaboração cultural entre psiquiatras e psicoterapeutas na Alemanha nacional-socialista só para manter como método e especialidade autônomos a ainda jovem psicoterapia. Havia na época o perigo de ser reprimida pelo governo e subordinada à psiquiatria. Nesse caso a colaboração de Jung com os alemães teria sido inútil. Cf. para isso o ensaio de Jung "Atualidades", em OC, vol. X.

Ao Dr. Gerhard Adler
Berlim

09.06.1934

Prezado Dr. Adler,

Muito agradecido por sua extensa carta[1], cujo teor posso endossar na íntegra. Em diversas passagens do meu artigo dei a entender que Freud não me parece ser a expressão típica da atitude judaica em relação ao inconsciente. Eu disse claramente que seu ponto de vista não era obrigatoriamente o de todos os judeus. Apesar disso existe na atitude dele algo tipicamente judaico, o que posso provar pelas palavras que o senhor mesmo usa: "Quando um judeu esquece suas raízes, então ele sucumbe duas ou três vezes ao perigo da mecanização e intelectualização". Com isso o senhor lembra exatamente o que é tipicamente judeu. É pois tipicamente judeu que Freud possa esquecer suas raízes a tal ponto; e tipicamente judeu que os judeus possam esquecer totalmente que são judeus, mesmo sabendo que o são. É isto que preocupa na atitude de Freud, e não só sua cosmovisão materialista e racionalista. Por essa última não se pode responsabilizar Freud. Sob este aspecto ele é apenas um expoente típico do agonizante século XIX, assim como Haeckel, Dubois-Reymond ou o asno-força-e-matéria (*Kraft-und-Stoff-Esel*) de Büchner[2]. Mas essas pessoas não estão completamente sem raízes como o racionalista judeu, sendo portanto bem mais ingênuas e, por isso mesmo, menos perigosas. Quando critico em Freud o aspecto judeu, não critico *o judeu*, mas a possibilidade condenável do judeu – que aparece também em Freud – de poder negar a sua própria natureza[3]. Na verdade o senhor deveria estar contente por eu pensar de modo tão rigoroso, pois dessa forma falo no interesse de todos os judeus que gostariam de encontrar o verdadeiro retorno à sua própria natureza. Acho que os judeus religiosos de nosso tempo deveriam ter a coragem de distinguir-se claramente de Freud, pois precisariam demonstrar que o espírito é mais forte do que o sangue. Mas com o preconceito de que quem critica Freud está criticando o judeu em geral, prova-se sempre de novo que sangue significa mais do que espírito, e sob este aspecto o antissemitismo frequentou realmente a escola do preconceito judaico.

Quanto à minha afirmação de que os judeus não criaram uma "forma cultural" própria, o senhor precisa observar que eu não disse "cultura". Eu disse expressamente que os judeus possuem uma cultura de aproximadamente 3.000 anos, mas é possível ter uma cultura sem ter uma forma cultural própria. Assim, por exemplo, a Suíça possui uma cultura, mas não uma forma cultural. Seria preciso provar minuciosamente que os judeus criaram uma forma cultural própria. Em todo caso, isto não aconteceu nos últimos 2.000 anos. É muito difícil conceder que um povo relativamente pequeno, espalhado desde a Índia, passando pela Europa até a América, estivesse em condições de criar uma forma cultural própria. Este mesmo argumento eu o encontrei numa carta de um judeu que li há poucos dias. Na tão proverbial inteligência dos judeus, parece-me sempre incompreensível que eles já não consigam ver as verdades mais simples porque ficam ofuscados pelos melindres. O sangue é sem dúvida mais espesso do que o espírito, mas para o judeu, como o senhor afirma com muita acuidade, é um tremendo perigo perder-se na viscosidade do puramente material.

Quanto ao terceiro ponto, isto é, a avaliação negativa do inconsciente[4], eu deveria ter dito: do inconsciente pessoal. Mas julguei que a partir do precedente havia ficado bem claro tratar-se do inconsciente pessoal, pois quando Freud fala do inconsciente sempre pensa neste.

Espero que com isso ficaram ao menos esclarecidos os mal-entendidos.

Com cordiais saudações
(C.G. Jung)

1. Dr. Adler manifetou sua preocupação com referência a certas passagens no ensaio de Jung "A situação atual da psicoterapia", *Zentralblatt für Psychotherapie und ihre Grenzgebiete*, VII, 1934 (em OC, vol. X).
2. Ludwig Büchner, 1824-1899, era um representante do materialismo crasso. Seu livro *Kraft und Stoff* foi publicado em 1855.
3. Racialmente Freud sempre sentiu-se judeu, mas bem cedo sofreu pelo fato de ser judeu. Tinha um conhecimento muito grande da Bíblia, mas sentia ódio da religião judaica ("a fervent hatred of the Jewish religion, and particularly of its commandments" e "a radical opposition to the practices of traditional Judaism"). Cf. Ernst Simon, "Freud, the Jew", em *Year Book II of the Leo Baeck Institute of Jews from Germany*, Londres, 1957, p. 277 e 279. Cf. também Erich Neumann, "Freud und das Vaterbild", em *Merkur*, Stuttgart, agosto de 1956.
4. A passagem é esta: "A exemplo do chinês culto, o judeu, enquanto membro de uma raça com cultura de aproximadamente três mil anos, tem um campo de consciência psicológica bem maior do que o nosso. Por isso também é menos perigoso para o judeu em geral avaliar negativamente o seu inconsciente..."

To Dr. Mark Wyman Richardson
Boston (Mass.) EUA

14.06.1934

Dear Dr. Richardson,

Muito obrigado pelo gentil envio da separata sobre o caso Margery[1]. Conheço-o das Atas da "American Society of Psychical Research", mas estou satisfeito em possuir agora a coletânea integral nesta separata, pois o caso me interessou muito. Os fenômenos observados pelo senhor são de fato muito instrutivos, sobretudo do ponto de vista filosófico. Há muitos anos venho acompanhando de perto os progressos da pesquisa mediúnica, mas devo dizer que não encontrei ainda um caso tão surpreendente de mediunidade como o de Mrs. Margery. Reconheço a enorme contribuição que a exata observação dos fenômenos mediúnicos trouxe para a ciência, mas sinto falta, em todos os relatos desses fenômenos, do lado ideológico, isto é, psicológico.

Eu estaria sumamente interessado em conhecer algo sobre a vida da médium, bem como sobre tudo o que ela sabe dos espíritos controladores que exercem algum papel em suas apresentações. Não me preocupam as mensagens ininteligíveis dos espíritos, pois interessa-me sua psicologia como material comparativo daquilo que já conheço sobre os conteúdos do inconsciente. Seria possível que a médium escrevesse uma autobiografia minuciosa nos moldes, por exemplo, da biografia de Mme. Espérance?[2] Seu pequeno livro é de grande valor como documento psicológico, e eu gostaria que tivéssemos mais relatos francos e claros como este. Isto contribuiria muito para nossa pesquisa psicológica. De qualquer forma sou-lhe grato por me haver informado sobre os resultados de suas observações. O senhor realmente lançou luz sobre o lado mais escuro e, ao mesmo tempo, mais importante da psique humana, sobretudo no ponto em que ela toca a realidade transcendental. Concordo plenamente com o senhor de que essas observações alargam o horizonte das pessoas e lhes dão uma visão mais profunda do...[3]

1. Mrs. Margery, pseudônimo de Mrs. L.R.G. Crandon, médium americana muito controvertida (morreu em 1941). Seus fenômenos de materialização foram desmascarados como fraude, mas seus fenômenos telepáticos continuam inexplicados. Na literatura especializada há muitos relatos de suas sessões.

2. Mme. Espérance foi uma médium muito conhecida por causa de seus fenômenos de materialização. Em sua autobiografia *Im Reiche der Schatten. Licht aus dem Jenseits*, 2ª edição, Berlim, 1922, diz que desenvolveu seus dotes mediúnicos a partir de uma psicose alucinatória na infância.

3. Falta o final que não foi possível reconstituir.

Ao Dr. C.E. Benda
Berlim-Charlottenburg

19.06.1934

Prezado colega,

Meus efusivos agradecimentos pelo gentil envio de sua separata.

Eu me pergunto o que foi que o levou a entender tão mal o meu ensaio[1], a ponto de achar necessário defender contra mim a cultura judaica. Ninguém está mais convencido do que eu de que os judeus são um povo com cultura. Mas entre cultura e forma cultural há evidentemente uma diferença muito grande. Os suíços, por exemplo, são um povo com cultura, mas não possuem uma forma cultural própria. E, como o senhor observa muito bem, há necessidade de certas condições como determinado tamanho (número) do povo e um território estável etc. Segundo minha opinião, a Bíblia não é uma forma cultural, mas um documento.

Um povo que não tem relação com um território, isto é, que não tem solo nem pátria, é denominado geralmente de nômade. Se o senhor, portanto, submeter a um exame imparcial esses dois pontos reclamados pelo senhor, concluirá que ali não há nenhuma crítica injusta. Se neste mesmo ensaio eu tivesse afirmado dos judeus o que afirmei dos alemães, então haveria certa razão para que os ânimos se exaltassem; pois "bárbaro" é um julgamento que beira a uma avaliação.

O fato de se tratar na psicanálise de um assunto por assim dizer nacional-judaico não fui eu que o inventei, mas Freud[2]. Quando escrevi o meu livro sobre *Transformações e símbolos da libido* e nele me desviei em um ponto da teoria ortodoxa, acusou-me de repente de antissemitismo[3]. Disso tive de concluir que eu havia cometido um crime contra os judeus. Desde então sou objeto desse preconceito que foi repetido por todos os freudianos, ficando claro que a psicanálise era realmente uma psicologia judaica que ninguém poderia criticar sem se tornar culpado de antissemitismo.

Além do mais, se eu fosse um devorador de judeus, não publicaria livros em parceria com eles[4], como já o fiz, nem prefaciaria livros de autores judeus[5]. Na atmosfera quente da política atual é perfeitamente compreensível que a clarividência esteja algo comprometida. Por isso não posso levar a mal quando os meus críticos sucumbem à ideia infantil de que escrevi as minhas obras por puro ressentimento. O fanatismo das paixões de nosso tempo enfraquece o critério objetivo e faz ver fantasmas onde eles não existem.

Com a consideração do colega
(C.G. Jung)

1. "A situação atual da psicoterapia", *Zentralblatt für Psychotherapie und ihre Grenzgebiete*, VII, 1934 (em OC, vol. X).
2. Cf. carta de Freud a Abraham (03.05.1908), em E. Jones, *Sigmund Freud* II, p. 67: "Seja tolerante e não esqueça que para o senhor é mais fácil do que para Jung seguir o meu pensamento, pois em primeiro lugar o senhor é totalmente independente e, depois, porque está mais próximo de minha constituição intelectual pela afinidade da raça, ao passo que ele como cristão (aqui Jones acrescenta em nota de rodapé: "A expressão usual judaica para 'não judeu'") e filho de pastor só encontra o caminho para mim contra grandes resistências interiores. Tanto mais valiosa é portanto sua adesão. Eu quase diria que seu surgimento tirou a psicanálise do perigo de ela tornar-se um assunto nacional judeu.
3. Cf. S. Freud, *Zur Geschichte der psychoanalytischen Bewegung* (História abreviada da psicanálise), Leipzig, Viena e Zurique, 1924, p. 44: "... em favor dele, porém, falam sua insigne aptidão, as contribuições que já trouxe para a análise, sua posição independente e a impressão de energia segura que constitui sua natureza. Ele pareceu disposto a aproximar-se de mim numa relação amistosa e abandonar por amor a mim o preconceito racial que ele se permitira até então".
4. Cf. carta a Kirsch, de 26.05.1934, último parágrafo.
5. Cf. prefácio ao livro de Gerhard Adler, *Entdeckung der Seele*, Zurique, 1934 (em OC, vol. XVIII).

Ao Dr. phil. G.A. Farner[1]
Zurique

29.06.1934

Prezado Dr. Farner,

Muito obrigado pela gentileza de me enviar o seu livro de viagens[2]. Não desprezo este tipo de alimento que tanto mais sabor tem quando entra em minha casa trazido com boas intenções.

O senhor poderia tranquilamente ter-me procurado no domingo. Quando estou à vista de todos, então estou disponível. Mas a invisibilidade significa: Deixem-me em paz!

Realmente eu mesmo construí com dois trabalhadores a Torre redonda[3]. Aprendi nas pedreiras de Bollinger a rachar as pedras e também frequentei a escola dos pedreiros; com certa inteligência inata, aprendi relativamente rápido a arte deles. O senhor adivinhou bem que um dos motivos foi compensar pela maleabilidade da matéria o aéreo da psicologia. A forma histórica tinha que garantir-se um abrigo agradável para as almas dos antepassados. Posso dizer-lhe que o decano daquele cortejo fúnebre chegou a sorrir quando entrou novamente no ambiente frugal costumeiro, onde havia cheiro de fumaça e cinza e, às vezes, também de vinho e toucinho defumado. Como o senhor sabe, em tempos mais remotos ainda as almas dos antepassados moravam nas panelas da cozinha. Os Lares e os Penates são elementos psicológicos importantes que, se possível, não deveriam ser espantados por uma excessiva modernidade.

(C.G. Jung)

1. Dr. phil. G.A. Farner, psicólogo. Cf. carta a Maeder, de 22.01.1934, nota 1.
2. G.A. Farner, *Sturmfahrten im Faltkajak*, Berna, 1930.
3. Cf. o capítulo "A Torre", em *Memórias*.

Destinatária não identificada
Alemanha

13.07.1934

Prezada senhora N.,

Se o Dr. X. se sente bem no estudo da literatura filosófico-religiosa, isto significa que esta atividade é vital para ele. Além do tratamento corporal, nada mais se pode fazer além de apoiar esta tendência de sua natureza. É de fato surpreendente que um homem de 30 anos possa ter uma relação tão vital com essas ideias, uma relação que afeta inclusive o corporal. Seja qual for a razão disso, parece tratar-se de um assunto da máxima importância. Mas antes deveríamos responder esta pergunta: É absolutamente certo que o Dr. X. não está fugindo de algum desafio coletivo de importância vital e que por isso apresentou-se uma intensidade fora do comum em sua atividade psíquica? Neste caso, a redução de sua capacidade de trabalho teria o significado de uma resistência por parte do instinto. Infelizmente conheço muito pouco da vida do Dr. X. para arriscar um julgamento. Mas em pessoas mais jovens é preciso prestar sempre atenção neste aspecto, porque facilmente são encobertas de modo enganoso as exigências instintivas por meio de interesses espirituais. Se não for este o caso, nada mais resta a não ser deixá-lo entender-se com o inconsciente, haja o que houver. Suporia então que isto poderia ser assim porque a metade da vida chegou cedo demais em vista de uma expectativa de vida relativamente curta[1]. [...]

Saudações cordiais

(C.G. Jung)

1. Dr. X. faleceu aos 50 anos de idade.

To Elined Kotschnig[1]
Washington, D.C./EUA

23.07.1934

Dear Mrs. Kotschnig,

O símbolo da abelha é bastante incomum, ainda que ela pertença à grande família dos insetos[2]. Em geral, os insetos indicam o sistema nervoso simpático e precisamente uma atividade específica desse sistema. Isto se relaciona com o fato de os insetos só terem um sistema nervoso simpático que funciona em grande parte de modo automático e mecânico. No caso de sua paciente, a abelha mostra uma atividade intensa, um contínuo vibrar que produz uma espécie de zumbido como o de um enxame. Existe uma inquietação peculiar nos centros inferiores, estreitamente ligados à sexualidade. A abelha é o símbolo da kundalini adormecida que está pronta a levantar-se. Por isso se diz na ioga tântrica[3] que ela produz um zumbido como o de um enxame de abelhas eroticamente excitadas. Com isso pretende indicar-se uma inquietação interna fora do comum que atrai para si toda a atenção, de modo que a consciência se torna quase inacessível a impressões e argumentos externos.

O objetivo dessa atividade nunca é aquilo que a consciência poderia supor, portanto nenhuma experiência erótica diretamente acessível. Trata-se, ao contrário, de uma intensificação do si-mesmo. Nestes casos as pessoas só costumam apaixonar-se quando não são correspondidas no amor. Isto acontece para impedir uma experiência erótica. No seu caso, uma experiência erótica afastaria a paciente de seu objetivo secreto, o que é, ao menos no momento, a individuação, e esta está situada para ela numa conscientização maior de seu si-mesmo[4]. Realmente a abelha simboliza aquele instinto que a torna completamente autoerótica. Isto no momento não é falso, pois ela não está suficientemente madura. Em certo sentido ela é ainda como uma criança que precisa de toda sua libido para o desenvolvimento próprio. Supostamente a abelha simboliza fantasias e pensamentos eróticos pelos quais ela é picada. O quadro que ela pintou mostra que o instinto-abelha procura a rosa, isto é, a mandala, símbolo do si-mesmo.

Sincerely yours,
C.G. Jung

1. Mrs. Elined Kotschnig, psicóloga analítica.
2. Mrs. Kotschnig havia perguntado a Jung o sentido de um quadro que sua analisanda, uma jovem americana de boa formação acadêmica, havia pintado: vinte ou mais abelhas se agrupavam em torno de uma rosa no centro do quadro. A analisanda não tinha consciência do significado erótico do quadro.
3. Ioga tântrica está aqui no lugar de ioga kundalini. No geral, ioga significa uma técnica para libertar-se de maya, a ilusão cósmica. O tantrismo foi um movimento religioso-místico que surgiu no século VI dC, tendo no centro o culto à deusa Shakti como "energia" projetada e personificada do masculino. Cf. H. Zimmer, *Philosophie und Religion Indiens*, Zurique, 1961, p. 67, nota 3.
4. Segundo a concepção posterior de Jung, as experiências de relacionamento não se opunham à individuação, mas eram condições básicas dela. Cf. "A psicologia da transferência", em OC, vol. XVI, par. 448.

A Hermann Hesse
Montagnola/Tessin

18.09.1934

Prezado senhor Hesse,

Receba meus agradecimentos pelo que me enviou. Muito me divertiu que me considerasse "professoral"[1]. Consegui, portanto, enganar até mesmo o seu olhar de espião. É preciso ter um bom público "dans ce meilleur des mondes possibles"; pois não ter um bom, não vale a pena. As pérolas não devem ser lançadas aos porcos.

Com a observação sobre a sublimação[2], o senhor me faz injustiça. Não é por despeito que combato este conceito, mas por inúmeras experiências que fiz com pacientes (e também com médicos) que, diante da dificuldade, fogem e "sublimam", isto é, reprimem. *Sublimatio* faz parte da arte régia de como se faz o verdadeiro ouro[3]. Disso Freud não sabe nada ou, pior ainda, atravancou todos os caminhos que poderiam levar à verdadeira *sublimatio*[4]. Esta, porém, é mais ou menos o contrário daquilo que Freud entende por sublimação. Não é nenhum traslado *voluntário* e *forçado* de um instinto para um campo de uso impróprio, mas uma *transformação alquímica* para a qual são necessários o *fogo* e a matéria-prima *negra*. A *sublimatio* é um grande mistério. Freud apossou-se desse conceito e o aplicou inadequadamente à esfera da vontade e ao *ethos* burguês e racionalista[5]. Anathema sit! Mas quem hoje em dia entende dessas coisas? Por isso permanece na obscuridade.

Saudações cordiais

(C.G. Jung)

1. Em seu ensaio "Über einige Bücher" (*Die Neue Rundschau*, vol. 45, II, 1934), Hesse comentou, entre outros, o livro de Jung *Wirklichkeit der Seele*. Ele escreveu: "O tom ficou talvez um pouco menos professoral do que antigamente. Agora, aos sessenta anos, Jung não é mais um desconsiderado *outsider*; mas, por mais belo que isto seja, dá pena de vez em quando não ter mais a marginalidade e o distanciamento do mundo do outrora 'oculto' Jung".

2. No referido comentário, Hesse escreveu: "Num ensaio sobre Freud, C.G. Jung ironiza de vez em quando o conceito de 'sublimação', formulado por Freud. Para nós não psicólogos [...] não existe em toda a história da humanidade nada mais interessante, nada mais importante até, do que exatamente o processo de sublimação..." As observações irônicas estão no ensaio "Sigmund Freud, um fenômeno histórico-cultural" (em OC, vol. XV).

3. O "ouro verdadeiro" é uma das ideias básicas da alquimia. Ele não se refere ao metal, mas é símbolo de um estado de perfeição que combina o ctônico e o espiritual, o corpo e a alma, a luz e a escuridão, tudo numa totalidade polar. Como união dos opostos, o ouro alquímico é denominado "res simplex". É a tão procurada "substância simples" que alguns textos também relacionam a Deus. Psicologicamente poderíamos interpretar o "ouro verdadeiro" como símbolo do si-mesmo. Cf. "Sobre as raízes da consciência", 1954, p. 185, nota 147 (em OC, vol. XIII).

4. A verdadeira *sublimatio* é um processo de transformação que pode acontecer tanto no espiritual como na matéria e cujo objetivo está numa união dos opostos, na obtenção do "ouro verdadeiro".

5. Ao contrário da concepção alquímica, o conceito freudiano de sublimação delimita uma mudança que só ocorre numa direção, isto é, do ctônico para o espiritual: uma transformação de moções instintivas biológicas, como a sexualidade, em modos de proceder ditados pelo espírito, onde os objetivos naturais são substituídos por outros como, por exemplo, sociais, artísticos etc.

Destinatário não identificado
Inglaterra

29.09.1934

My dear N.,

Muito obrigado por sua carta! O casamento é de fato uma realidade brutal, mas é um *experimentum crucis* da vida. Espero que aprenda a *suportar*, ao invés de lutar contra as necessidades opressoras do destino. Só assim o senhor ficará no centro.

Gostaria de voltar à Inglaterra, mas é extremamente difícil para mim elaborar novas conferências.

Dê lembranças minhas à sua esposa.

Cordially yours,
(C.G. Jung)

Ao Dr. James Kirsch

29.09.1934

Meu prezado Kirsch,

Infelizmente tive que realizar tantas tarefas urgentes que não me sobrou tempo para escrever-lhe com sossego.

Em seu artigo[1], que endosso totalmente na tendência e nas afirmações, contesto apenas que eu identifique os judeus de certo modo com Freud.

Em primeiro lugar, não o faço; em segundo lugar, sempre foi salientado pelo lado judaico que a psicanálise (= Freud e Adler) era talento judaico[2] (por exemplo, recentemente por Kronfeld[3]). Se isto é dito pelos próprios judeus, sou por assim dizer forçado a admitir que ao menos grande número de judeus competentes se identifique simplesmente com a psicologia freudiana. Deve-se concluir disso que eles assumem o ponto de vista redutivo como correspondendo em alto grau à sua psicologia e, sobretudo, porque nenhum outro ponto de vista foi defendido pelo lado judaico. Calar-se neste assunto pode valer como consenso. Concordo plenamente com o senhor de que seria importante e salutar para os judeus encararem o lado positivo do inconsciente.

O que mais desejo é que se encontre um caminho para debelar os melindres e a emotividade que tudo envenenam. Caso contrário, nunca se chegará a um entendimento objetivo. Tempos atrás eu era tido como odiador dos alemães porque criticava seu barbarismo, agora me acusam os judeus de procurar aliar-me aos alemães. [...]

Muito obrigado pelos votos de feliz aniversário que o senhor e sua esposa me enviaram!

Quanto à sua paciente, está correto que os sonhos dela foram provocados pelo *senhor*. A psique da mulher é terra que anseia pela semente. Este é o sentido da transferência. O mais inconsciente recebe sempre a fecundação psíquica do mais consciente. Daí o *guru* na Índia. Isto é uma verdade antiquíssima. Assim que certos pacientes começam o tratamento comigo, muda o tipo de sonho. No sentido mais restrito, todos nós sonhamos *não a partir de nós mesmos*, mas a partir daquilo que *existe entre nós e o outro*. [...]

Saudações cordiais
C.G. Jung

1. J. Kirsch, "Einige Bemerkungen zu einem Aufsatz von C.G. Jung", em *Jüdische Rundschau*, Berlim, 29.05.1934. Trata-se de uma opinião sobre o ensaio de Jung "A situação atual da psicoterapia", em *Zentralblatt für Psychotherapie und ihre Grenzgebiete*, VII, 1934, e em OC, vol. X. Artigos sobre o mesmo tema de Erich Neumann e Gerhard Adler, em *Jüdische Rundschau*, 15.06.1934 e 03.08.1934.
2. Cf. carta a Benda, de 19.06.1934, nota 2.
3. Dr. med. Arthur Kronfeld, psiquiatra e psicoterapeuta. Em 1911 publicou um resumo da psicanálise, negativamente avaliado por Freud, em *Archiv für die gesamte Psychologie*, XII. Cf. Jones, *Sigmund Freud*, II, p. 150.

A Hermann Hesse
Montagnola/Tessin

01.10.1934

Prezado senhor Hesse,

Muito obrigado por sua minuciosa resposta[1].

Não se deveria na verdade discutir sobre termos. Mas, com toda a humildade, gostaria de observar que o termo "sublimação" não se aplica ao caso do artista, pois nele não se trata da transformação de um instinto primário, mas muito mais do fato de um instinto primário (instinto artístico) tomar conta da personalidade total, de tal forma que todos os outros instintos desaparecem, surgindo então o trabalho de perfeição divina[2].

Perdoe este preciosismo de conceitos, mas estamos inseridos num mundo maldoso, onde muitas moscas sucumbem nas teias dos conceitos.

Saudações cordiais
(C.G. Jung)

1. Em sua resposta à carta de Jung, de 18.09.1934, Hermann Hesse traz de novo sua interpretação do conceito de "sublimação". A carta tem a data de "setembro de 1934". Transcreveremos a seguir, com a gentil autorização da editora Suhrkamp, as partes mais importantes:
"Estimado Dr. Jung,
[...] Compartilho de sua ideia sobre a sublimação freudiana e a endosso; também não defendi a sublimação de Freud contra o senhor, mas o conceito em si mesmo; ele é para mim um conceito importante em toda a problemática cultural. E aqui temos opinião divergente. Para o senhor, como

médico, a sublimação é algo voluntário, transferência de um instinto para um campo impróprio para o seu uso. Para mim sublimação é, ainda que em última instância, também 'repressão', mas só emprego esta palavra sublime quando me parece lícito falar de 'repressão bem-sucedida', portanto da atuação de um instinto sobre um campo, ainda que impróprio, mas culturalmente elevado como, por exemplo, o da arte. Considero, por exemplo, a história da música clássica como a história de uma técnica de expressão e procedimento em que toda uma série de gerações de mestres transportaram, quase sempre sem o perceber, instintos para um campo que chegou assim, devido a este genuíno 'sacrifício', a uma perfeição, a um classicismo. Este tipo de classicismo é para mim digno de qualquer sacrifício e se, por exemplo, a música clássica europeia, no rápido caminho de sua perfeição de 1500 até dentro do século XVIII, engoliu como vítimas os seus mestres ou, antes, servidores, irradia em compensação desde então luz, consolo, coragem e alegria ininterruptos; foi e será por muito tempo ainda, para milhares de pessoas, mesmo que não o tenha sabido bem, uma escola de sabedoria, bravura e arte de viver. E sempre que uma pessoa talentosa promove tais coisas com uma parte de suas forças instintivas, eu considero sua existência e seu agir da maior valia, mesmo que como indivíduo seja talvez patológico. O que parece ilícito durante uma psicanálise, isto é, o desviar para uma sublimação aparente, isto me parece lícito, válido e até desejado, quando isto surte êxito e quando o sacrifício traz fruto. Exatamente por isso a psicanálise é tão complexa e perigosa para os artistas, porque ela pode proibir, para aquele que a toma a sério, o exercício de sua arte para a vida toda. Se isto acontece num amador, tudo bem – mas se acontecesse a um Händel ou Bach, prefiriria que não existisse análise alguma e que ficássemos em vez dela com Bach.
Em nossa categoria, na arte, nós artistas praticamos a verdadeira *sublimatio*, e não por vontade ou ambição, mas por graça – mas com isso não se entende o 'artista' como ele é imaginado pelo povo e pelo amador, mas o servidor e Dom Quixote que, mesmo em sua loucura, é cavaleiro, vítima [...]. No senhor sempre tive instintivamente a sensação de que sua fé é autêntica, um mistério. Sua carta confirma isto, o que me alegra. Para o seu mistério o senhor tem a similitude da química, assim como para o meu eu tenho a música, não qualquer música, mas a dos clássicos. No *Lü Bu We*, capítulo II, está tudo o que pode ser dito sobre isso e formulado de maneira absolutamente precisa. Há anos venho tecendo, com muitas interrupções de dentro e de fora, um fio de sonho que me aproxime dessa similitude da música; espero que um dia eu lhe possa mostrar algo de concreto. Com saudações cordiais, as. Herm. Hesse".
A carta foi publicada em: Hermann Hesse, *Briefe*. "Die Bücher der Neunzehn", vol. 117, Frankfurt no Meno, 1965, p. 136s. (Copyright: Suhrkamp-Verlag).
2. Cf. para isso Jung: "Porque a arte é inata nele (o artista), como um instinto que dele se apodera, fazendo-o seu instrumento. Em última instância, o que nele quer não é ele, enquanto indivíduo pessoal, mas a obra de arte". Em "Psicologia e poesia" (em OC, vol. XV, par. 157). E ainda: "O espiritual também aparece na psique como um instinto. [...] Não deriva de outro instinto, como nos quer impingir a psicologia dos instintos, mas é um *princípio sui generis*". Em "A energia psíquica" (em OC, vol. VIII, par. 108).

To Samuel D. Schmalhausen, Ph.D.
c/o Falcon Press, New York

19.10.1934

Dear Sir,

Muito obrigado pelo gentil envio de seu interessante livro.

Psicologicamente é importante considerar o desenvolvimento da pessoa tanto sob o aspecto das influências coletivas quanto de seu ponto de vista individual. Enquanto médico preocupo-me naturalmente com as pessoas doentes e não com o movimento marxista. O modo como o marxismo pode atuar sobre as pessoas só é possível constatá-lo onde este movimento influencia realmente o indivíduo como, por exemplo, na Rússia, Alemanha e Itália. Há e sempre haverá os dois aspectos, isto é, o ponto de vista do líder social que, enquanto idealista, vê o bem-estar numa maior ou menor supressão do indivíduo (em favor da comunidade), e o líder espiritual que objetiva apenas um aperfeiçoamento do indivíduo. Não vejo possibilidade de uma conciliação entre eles, uma vez que constituem um par necessário de opostos que mantém o mundo em equilíbrio.

Sincerely yours,
(C.G. Jung)

Ao Prof. Wolfgang Pauli[1]
Physikal. Institut der Eidg. Techn. Hochschule
Zurique

29.10.1934

Prezado Professor Pauli,

Muito obrigado por me informar sobre o ensaio de Jordan[2]. Creio que se deve publicar este ensaio, pois faz um verdadeiro transbordo do modo de ver físico para o campo psicológico. Este ensaio era inevitável. Ao consequente exame do núcleo do átomo, que chegou à conclusão de que o observado também sofre uma alteração pelo observador, não poderia passar despercebido que a natureza do processo observado se torna perceptível na alteração provocada pela observação. Dito de maneira mais simples: quando se olha bastante tempo para dentro de um buraco escuro, então percebe-se aquilo que se vê lá dentro. Este é por isso também o princípio do conhecimento na ioga, que faz todo o conhecer derivar do vazio absoluto da consciência. Este caminho do conhecimento é portanto um caso especial de pesquisa introspectiva do psíquico em geral.

No que se refere às observações de Jordan sobre os fenômenos parafísicos, a clarividência espacial é naturalmente um dos fenômenos mais evidentes que provam a não existência relativa de nossa representação empírica do espaço. Para completar o seu argumento ele deveria ainda apresentar necessariamente a televisão temporal, comprovando assim a relatividade da nossa representação de tempo. Jordan aborda naturalmente esses fenômenos do ponto de vista por assim dizer físico, ao passo que eu parto do ponto de vista psíquico, isto é, do fato do inconsciente coletivo, como o senhor observou muito bem. Ele representa uma camada do psíquico em que as diferenças individuais da consciência são mais ou menos suprimidas. Mas quando as consciências individuais são extintas no inconsciente, toda percepção se realiza no inconsciente por assim dizer como numa pessoa. Jordan diz que emissor e receptor observam no mesmo espaço consciente e ao mesmo tempo o mesmo objeto. Também poderíamos inverter esta frase e dizer que no "espaço" inconsciente emissor e receptor são um e o mesmo sujeito percebente. Como vê, eu falaria como psicólogo do ponto de vista do sujeito percebente, ao passo que o físico se expressa do ponto de vista do espaço comum em que se encontram dois ou mais observadores. A última consequência da ideia de Jordan levaria à suposição de um espaço absolutamente inconsciente em que muitos observadores observam sempre o mesmo objeto. A concepção psicológica soaria assim: no inconsciente só há um observador que observa uma infinidade de objetos.

Se quiser chamar a atenção de Jordan para os meus escritos, gostaria de sugerir-lhe que, além do ensaio[3] já mencionado pelo senhor, recomendasse também o outro que está no mesmo volume, "Das Grundproblem der gegenwärtigen Psychologie"[4]. Quanto ao inconsciente coletivo há num volume mais antigo, *Seelenprobleme der Gegenwart*, um ensaio em que abordo mais profundamente este tema, isto é, no ensaio "Die Struktur der Seele" (p. 144)[5]. Eu lhe ficaria grato se pudesse conseguir para mim o ensaio de Jordan.

Ocorre-me agora que sobre a relatividade do tempo existe um livro de um aluno de Eddington, de nome Dunne, com o título *An Experiment with Time*, onde ele aborda a televisão temporal de modo semelhante como Jordan aborda a televisão espacial[6]. Ele postula um número infinito de dimensões temporais, correspondendo quase aos "graus intermediários" de Jordan. Estaria muito interessado em saber como o senhor vê esses argumentos de Dunne.

Agradeço as notícias sobre o seu estado pessoal e desejo-lhe continuidade nos sucessos.

Saudações amigáveis de
(C.G. Jung)

1. Wolfgang Pauli, 1900-1958, professor de Física Teórica, Prêmio Nobel de Física em 1945. Lecionava na Eidg. Technischen Hochschule de Zurique. Até sua morte, Pauli sempre trocava ideias com Jung. Publicação em coautoria com Jung: *Naturerklärung und Psyche*, Zurique, 1952. A contribuição de Pauli: "Der Einfluss archetypischer Vorstellungen auf die Bildung naturwissenschaftlicher Theorien bei Kepler". A contribuição de Jung: "Sincronicidade: um princípio de conexões acausais". Cf. também o ensaio de Pauli, "Naturwissenschaftliche und erkenntnistheoretische Aspekte der Ideen vom Unbewussten", em *Dialectica*, vol. 8, n. 4, Neuchâtel, 15.12.1954.
2. Pascual Jordan, "Positivistische Bemerkungen über die paraphysischen Erscheinungen", mais tarde publicado em *Zentralblatt für Psychotherapie und ihre Grenzgebiete*, IX, 3, Leipzig, 1936. Jordan explica aí os fenômenos telepáticos pela ideia do espaço relativo. Em suas especulações futuras sobre a sincronicidade, Jung se refere várias vezes a este ensaio.
3. "A alma e a morte", em *Wirklichkeit der Seele* e em OC, vol. VIII.
4. Em *Wirklichkeit der Seele*, 1934 e OC, vol. VIII.
5. Em OC, vol. VIII.
6. John William Dunne, *An Experiment with Time*, Londres, 1927. Jung comenta em seu ensaio sobre a sincronicidade um sonho precognitivo, citado por Dunne. Cf. OC, vol. VIII, par. 852s.

Esta carta, que faz parte de uma vasta correspondência entre Pauli e Jung, foi publicada aqui com a gentil anuência da Profa. Franka Pauli.

Ao Prof. Pascual Jordan[1]
Physikal. Institut der Universität
Rostock/Alemanha

10.11.1934

Prezado Professor Jordan,

Queira aceitar meus efusivos agradecimentos pelo gentil envio de sua separata, que eu em parte já conhecia[2].

Não sou matemático, mas assim mesmo me interesso pelo progresso da nova física que se aproxima sempre mais da natureza do psíquico, fato que eu já vinha percebendo há mais tempo. Várias vezes discuti este assunto com Pauli. Trata-se aqui de aspectos da psique humana que só podem ser abordados com grande cautela, pois estamos expostos a muitos mal-entendidos. O senhor provavelmente ainda irá sentir isso. Enquanto o senhor se mantiver do lado físico do mundo, pode-se dizer praticamente tudo o que é de certo modo demonstrável, sem incidir no preconceito de anticientífico; mas quando se toca no problema psicológico, então o homem pequeno, que também faz ciência, fica fora de si.

Quanto ao seu ensaio, só posso dizer que o li com sumo interesse[3]. Ele representa um momento altamente notável da história do pensamento humano, isto é, aquele momento em que se fecha o círculo ou quando se dá a abertura do túnel que liga os lados opostos da montanha[4]. Não sei se Pauli comentou com o senhor o conteúdo de minha carta que lhe escrevi a respeito da leitura de seu manuscrito[5]. Se isto não aconteceu, tomo a liberdade de anexar aqui uma cópia das passagens que lhe dizem respeito. Gostaria de informá-lo também que instruí o meu livreiro para mandar-lhe o livro em que está o meu ensaio "Die Struktur der Seele"[6].

No que se refere à hipótese do inconsciente coletivo, ainda não publiquei, nem de longe, todo o material. Pelas razões acima indicadas, preciso restringir-me de momento a salientar o paralelismo dos fenômenos psíquicos. Neste sentido publiquei também, em coautoria com o falecido Richard Wilhelm, um pequeno livro sobre um texto taoista, com o título *O segredo da flor de ouro*. Também lá o senhor encontrará os paralelos de que estou falando. Aqueles casos típicos de paralelismo temporal, que chamamos comumente de coincidências, mas que eu chamo de fenômenos sincronísticos, são bem numerosos na observação do inconsciente. Sobre isso existe também um livro, um tanto absurdo, de Kammerer, *Das Gesetz der Serie*, que o senhor talvez desconheça[7]. Menciono de passagem que a ciência chinesa se baseia no princípio da sincronicidade[8], isto é, sobre o paralelismo temporal, o que para nós vale como superstição. A obra básica neste sentido é *I Ching*, da qual existe uma ótima edição, magistralmente comentada por Richard Wilhelm.

Também escrevi a Pauli sobre um aluno de Eddington, de nome Dunne, que escreveu o livro *An Experiment with Time*. Não sei se comentou isso com o senhor. Ele aborda os mesmos problemas. O material psicológico que Dunne apresenta é, na minha opinião, perfeitamente confiável. Observei muitos casos desse tipo, pois, por razões práticas, ocupo-me há 35 anos com a psicologia dos sonhos.

Mais uma vez agradecido e com elevada consideração,

C.G. Jung

1. Pascual Jordan, nascido em 1902, professor de Física Teórica, estava envolvido no desenvolvimento da mecânica quântica. Outro campo de sua pesquisa eram as questões básicas da cosmologia e biologia. Cf. Jung-Pauli, *Naturerklärung und Psyche*, 1952 (em OC, vol. VIII, par. 862, nota 43) e "Sincronicidade: um princípio de conexões acausais" (em OC, vol. VIII, par. 440, nota 131).
2. Não foi possível descobrir o título exato da separata. Mas o Prof. Jordan comunicou-nos (18.06.1966) que os escritos tratavam dos princípios gerais da mecânica quântica e de sua relação com a causalidade.
3. Prof. Pauli havia enviado a Jung o ensaio de Jordan "Positivistische Bemerkungen über die paraphysischen Erscheinungen" e comunicado isto a Jordan. Devido a isso Jordan enviou a Jung a separata acima referida. Destacamos algumas frases da carta que acompanhou a remessa (02.11.1934): "Para minha alegria, soube do senhor Pauli que ele lhe mandou uma cópia do manuscrito onde eu procuro integrar em nossa cosmovisão científica os fenômenos telepáticos etc. Ou, antes, tentar uma certa *ampliação* básica dessa cosmovisão, o que me parece oportuno em vista da física mais moderna e de suas considerações epistemológicas pertinentes, bem como em vista da moderna psicologia do inconsciente. Pauli chamou-me a atenção para a afinidade entre os meus conceitos expostos no manuscrito e o seu conceito de "inconsciente coletivo"; estou a ponto de conseguir duas de suas obras que o senhor Pauli me indicou. Li com grande interesse o seu ensaio 'Seele und Tod' que o senhor Pauli me enviou..." ("A alma e a morte", em OC, vol. VIII. No ensaio, Jung aborda, entre outras coisas, os "fenômenos telepáticos espaciais e temporais").
4. "De fato, o físico esperaria uma correspondência psicológica neste ponto, porque a situação epistemológica relativamente aos conceitos de 'consciência' e 'inconsciente' parece oferecer uma analogia bastante aproximada com a 'complementaridade' na física. [...] É inegável que o desenvolvimento da 'microfísica' aproximou muito a maneira de descrever a natureza nesta ciência daquela da psicologia moderna". (De uma carta de Pauli a Jung, provavelmente de 1945, citada por Jung em "Considerações teóricas sobre a natureza do psíquico", em OC, vol. VIII, par. 439, nota 129.)
5. Cf. carta a Pauli, de 29.10.1934.
6. Em OC, vol. VIII.
7. Paul Kammerer, *Das Gesetz der Serie*, Stuttgart e Berlim, 1919.
8. O princípio da sincronicidade é um princípio explicativo que se aplica quando um estado psíquico (por exemplo, uma emoção) ou uma imagem interior (por exemplo, um sonho) coincide significativamente com um ou mais acontecimentos externos (passados, presentes ou futuros), *sem que haja uma dependência causal*. Para a vivência do percebente surge uma quase simultaneidade dos acontecimentos internos e externos, falando por isso Jung de fenômenos sincronísticos, e não sincrônicos. Ele explica a coincidência significativa dos acontecimentos sincronísticos que não se relacionam causalmente como um "estar ordenado" sem causa de processos psíquicos e físicos, onde um arquétipo deve ser entendido como o "ordenador". Ele formulou experimentalmente o princípio da sincronicidade num círculo fechado de seus "seminários ingleses" (outono de 1929). Em seu "Em memória de Richard Wilhelm" (1930) ele mencionou isso pela primeira vez em público (em: Jung-Wilhelm, *O segredo da flor de ouro* e em OC, vol. XV). As explicações definitivas só aconteceram em 1952, no ensaio "Sincronicidade: um princípio de conexões acausais", em: Jung-Pauli, *Naturerklärung und Psyche*, e em OC, vol. VIII.

Até 01.04.1948 não se encontrou outra carta de Jung a Jordan. Deduz-se, porém, de uma carta do Prof. Jordan (17.02.1936) que deve ter havido uma troca de cartas, pois nela agradece a impressão em separata de "Símbolos oníricos do processo de individuação" (em *Eranos-Jahrbuch 1935*, Zurique, 1936, e agora como capítulo II de *Psicologia e Alquimia*, OC, vol. XII). Entre outras coisas, escreve o Prof. Jordan: "... impressiona-me muito ver como se começa a abrir aqui também para a *alquimia* uma compreensão posterior; julguei superficialmente desde longa data, e que se manteve até hoje, que a alquimia era assunto a ser enterrado; mas até agora também não encontrei nenhuma explicação mais profunda disso que representou um fenômeno tão importante em nossa história cultural..."

Ao Dr. Hans C. Bänziger[1]
Zurique

26.11.1934

Prezado colega,

O senhor deve ter feito a experiência de que os pontos de vista da moderna psicoterapia ultrapassam de longe os limites da medicina e que eles despertaram um interesse do público em geral que começa a ser ameaçador. Sem dúvida, o senhor sabe também que o próprio Freud, apesar de sua forte resistência contra a psicanálise "selvagem", foi obrigado a atribuir competência à sua filha não médica[2] e manifestar publicamente opiniões bastante heréticas em relação ao futuro médico da psicanálise[3]. Sou de opinião pois que os médicos fariam bem em não perder de vista este movimento. Por essa razão acentuei no último congresso psicoterapêutico em Nauheim a importância de que o movimento não médico ficasse sob o controle do médico, fixando-se para o psicólogo não médico um determinado currículo escolar e certo relacionamento com o médico[4]. Existe, sem dúvida, grande número de casos que exigem formação psicológica, mesmo que não possam ser classificados em qualquer grupo clínico de neuroses. Há também pessoas que por causa disso não procuram o médico, mas, se forem católicas, dirigem-se ao confessor. Muitas vezes são essas pessoas que constituem a clientela do aconselhador psicológico. Como o senhor corretamente supõe, existem entre essas pessoas também casos declarados de neurose que, por essas e outras razões, pertenceriam ao médico. Se o interesse do médico se fecha de antemão para o grande movimento já existente de psicólogos leigos, então este movimento não será reprimido, mas ao contrário, como sabemos da experiência, tornar-se-á autônomo. E, assim, o médico perde qualquer controle sobre a atividade dos terapeutas leigos. No meu modesto entender, uma política de visão ampla há de lutar por uma colaboração regulamentada entre psicólogos leigos e médicos exatamente para impedir que o charlatanismo prospere.

Mas a medicina psicológica precisa, como qualquer outro ramo da arte médica, de forças auxiliares técnicas que necessitam, por sua vez, de uma formação especializada. Já existe para tanto uma pedagogia curativa que – ao menos entre nós – não está nas mãos dos médicos, mas da qual os médicos deveriam ter algum conhecimento.

Se os médicos quiserem adotar a postura de não quererem saber nada desses desenvolvimentos, serão um dia confrontados com o fato de que o desenvolvimento fugiu ao seu controle. Baseado em longa experiência, cheguei à conclusão de que seria melhor congregar os grupos dissidentes e elaborar uma normatização que separasse claramente as competências e permitisse o tão necessário controle médico sobre o trabalho dos psicólogos não médicos.

Devo confessar que não entendo suas razões de manter-se alheio a esses esforços. Sou bem mais da opinião de que não é indicado sob qualquer circunstância praticar a política do avestruz. Na Alemanha procura-se agora colocar em certa relação com a medicina a prática psicológica não médica; só assim será possível um verdadeiro controle. Neste campo acontece o mesmo que com a luta contra as doenças venéreas: esconder a prostituição não impede os contágios. Não acho tão ruim que se abandonem pontos de vista mecanicistas e hormonistas, pois não tratamos as neuroses com mecanismos nem com hormônios, mas psiquicamente, e o fato de a psique ser um sistema hormonal pertence por enquanto, ou ainda, à mitologia. Sob esse aspecto sou a favor também que o psicoterapeuta reconheça que ele não trata e cura com dietas, pílulas ou com o bisturi.

Com a consideração do colega
(C.G. Jung)

1. Hans Conrad Bänziger, 1895-1956, psiquiatra e psicoterapeuta. Obras, entre outras: *Persönliches und Archetypisches im Individuationsprozess*, Zurique, 1947; "Sinn und Urbild in der Psychoanalyse", em *Du*, Zurique, 1951.
2. Anna Freud, filha mais nova de Freud, pertence aos representantes mais destacados da psicanálise.
3. Cf. a obra de Freud *Zur Frage der Laienanalyse* (A questão da análise por leigos), 1926.
4. A palestra de Jung em Nauheim (maio de 1934) não foi conservada. Mas deduz-se do resumo (em *Zentralblatt* VII, 3) que os pontos principais coincidem com o "Votum C.G. Jung", em OC, vol. X, par. 1060s. Cf. também par. 1060, nota 2.

To Prof. Joseph Banks Rhine[1]
Duke University
Durham (N.C.)/EUA

27.11.1934

Dear Sir,

Recebi um exemplar de seu livro muito interessante sobre a *percepção extrassensorial*[2], mas não sabia que fora uma gentileza pessoal sua.

Interessam-me sobremaneira todas as questões que tratam do caráter específico da psique em relação ao espaço e ao tempo, isto é, a supressão evidente dessas categorias em certas atividades psíquico-anímicas.

Estou pronto a dar-lhe todas as informações sobre minhas próprias experiências nessa matéria, mas gostaria de saber mais precisamente o que o senhor deseja de mim.

No que se refere à faca que explodiu[3], só posso dizer que este fato aconteceu em 1898 sob circunstâncias aparentemente simples. A faca estava numa cesta ao lado de um pão, e a cesta estava numa gaveta fechada de um bufê. Minha velha mãe estava sentada a uns três metros de distância, perto da janela. Eu estava no jardim, e a empregada trabalhava na cozinha que ficava no mesmo andar. Não havia mais ninguém na casa. De repente a faca explodiu no bufê como o estouro de um tiro de pistola. A princípio não atinamos com o que havia acontecido, até que descobrimos que a faca se partira em quatro partes dentro da cesta. Não havia sinais de corte nem na cesta e nem no pão, de modo que a força explosiva só havia desenvolvido a energia suficiente para despedaçar a faca, tendo-se esgotado completamente depois disso.

Alguns dias antes ou depois desse fato, partiu-se de repente, sob condições bastante semelhantes, o tampo redondo de uma mesa com um diâmentro aproximado de 130cm, em três quartas partes[4]. A mesa tinha então noventa anos; nunca fora alterada, e na casa não havia aquecimento central. Eu me encontrava, por acaso, num quarto ao lado, com a porta aberta; e foi o mesmo estouro como o de um tiro de pistola.

Eu suponho que ambos os fatos estavam ligados a um conhecimento que eu travara pouco antes com uma pessoa. Havia conhecido uma jovem senhora com declarada aptidão mediúnica e resolvera submeter-me a algumas experiências[5]. Ela morava a uns quatro quilômetros distante de nós. Naquela ocasião ela não estava nas proximidades de nossa casa, mas pouco depois começaram as sessões com ela. Contou-me que exatamente na época em que aconteceram as explosões havia pensado intensamente nessas sessões. Ela poderia provocar um ruído claramente perceptível em algum móvel e nas paredes. Às vezes aconteciam as batidas ruidosas mesmo que estivesse a quatro quilômetros de distância.

Mandarei ao senhor uma fotografia dessa faca.

Agradeço mais uma vez o seu valioso livro!

Sincerely yours,
(C.G. Jung)

1. J.B. Rhine, nascido em 1895, professor de Psicologia e diretor do laboratório parapsicológico da Duke University em Durham, Carolina do Norte, EUA. Famosas são suas pesquisas experimentais no campo da parapsicologia, especialmente das percepções extrassensoriais (PES, respectivamente E.S.P. = Extra Sensory Perception). Em seu ensaio "Sincronicidade, um princípio de conexões acausais", Jung refere-se diversas vezes aos resultados dos experimentos de Rhine.

2. J.B. Rhine, *Extra-Sensory Perception*, Boston, 1934. Prof. Rhine enviou a Jung o livro, após ter lido *Modern Man in Search of a Soul* (Nova York e Londres, 1933), da autoria de Jung. (O volume contém ensaios de *Seelenprobleme der Gegenwart* e *Wirklichkeit der Seele*).
3. Em sua carta, de 14.11.1934, escreveu sobre "some experiments which are designed to test the capacity of the human mind to exteriorize or externalize itself" e pediu a Jung que lhe contasse suas próprias experiências parapsíquicas; interessava-se principalmente pela faca que havia explodido (cf. *Memórias*, p. 112s.). Em sua carta, de 23.11.1971, à editora da presente obra, Prof. Rhine escreveu que foi o Prof. William McDougall (1871-1938), psicólogo inglês atuando nos Estados Unidos, que o informou sobre as experiências parapsíquicas de Jung.
4. Cf. ibid., p. 111s.
5. Cf. ibid., p. 113s. Os resultados de suas experiências com a jovem médium, Jung os inseriu, por sugestão do Prof. Eugen Bleuler, em sua dissertação "Sobre a psicologia e a patologia dos fenômenos chamados ocultos" (em OC, vol. I).

Em memória ao seu encontro com Jung, escreveu Rhine na carta acima mencionada: "One of the reasons for my sincere admiration of Dr. Jung came from his forthright devotion to the findings of parapsychology with which he came into experience long ago before I began to give attention to them at Duke. When the experimental studies helped to bring the findings into a firm status he made no bones about taking the consequences seriously. Not many people in science are so straightforward in their intellectual life; they wait for someone else to stand in the front lines".

A P. Schmid, cand. phil.
Zurique

21.12.1934

Prezado senhor,

Em si não é anormal o fato de alguém ter muitos sonhos. Há muitas pessoas que têm uma vida bem ativa de sonhos, sem que isto possa ser classificado de anormal ou doentio. Mas quando uma pessoa, que costuma sonhar pouco, de repente entra numa fase de muitos sonhos, pode-se concluir com certeza que houve uma sobrecarga anormal do inconsciente. Isto acontece quase sempre porque existe uma situação problemática de que a pessoa não se deu conta ou que não conseguiu dominar. Nesses casos pode-se dizer que o inconsciente teria muito a colaborar com a vida consciente, pressuposto que a consciência entenda o que o inconsciente tem a dizer. Mas nem esta vivificação do inconsciente é em si um fato doentio. Só quando o sonhador fica muito perturbado devido aos sonhos, por exemplo durante o sono, ou se sente nervoso no dia seguinte, então pode-se falar de um distúrbio propriamente dito do equilíbrio psíquico. Mas nem isto é em si um fato preocupante, pois o equilíbrio pode ser perturbado muitas vezes de modo passageiro, sem que haja o perigo de danos maiores.

Com especial consideração
(C.G. Jung)

Ao Dr. med. Poul Bjerre
Tumba/Suécia

02.01.1935

Prezado colega,

Como possuo uma práxis bastante internacional e como os pontos de vista sobre a psicoterapia nos países anglo-saxões diferem muito dos nossos, cheguei bem cedo, isto é, há mais de vinte anos, à situação de promover a formação psicoterapêutica de pessoas que estavam em condições de trabalhar em seus países como Consulting Psychologists ou Practical Psychologists em institutos pedagógicos ou na prática autônoma. Também depois da guerra fui procurado por um grupo de alemães, principalmente pedagogos, que queriam receber formação em psicologia prática. Muitos desses psicólogos leigos trabalham com médicos, e devo confessar que esta colaboração traz em geral bons resultados. O simples fato de que quatro olhos enxergam mais do que dois e que pedagogos ou também leigos cultos possuem uma compreensão psicológica e prática que muitas vezes não se deve menosprezar é algo de grande valia para o trabalho do médico.

Por isso defendi abertamente e em várias oportunidades, como o senhor sabe, que se criasse uma condição especial para os psicólogos práticos que complementam o médico sob o aspecto pedagógico e das ciências sociais. Seria uma presunção insustentável por parte dos médicos supor que a psique humana seja objeto exclusivo da ação médica. Pacientes nervosos precisam às vezes de uma orientação e formação bem comum para aprenderem a lidar melhor com suas complicações psíquicas. Todo cirurgião tem uma ou mais auxiliares competentes que trabalham sob sua orientação e que em geral fazem um trabalho melhor do que os assistentes. Com o tempo, chegaremos na psicoterapia a formas semelhantes. Considero inclusive irresponsabilidade dos médicos ignorar a enorme difusão dos conhecimentos psicológicos nos dias atuais e querer reservar a psicoterapia como assunto exclusivamente médico. Com isso fomentam apenas um movimento separatista da medicina no campo da pedagogia em geral que, forçado pelas circunstâncias, fugirá então completamente do controle do médico. Por isso, em toda ocasião que se apresente defendo o ponto de vista de que todos os psicoterapeutas, pastores e educadores, interessados em pedagogia, trabalhem estreitamente unidos, e não uns contra os outros. Mas enfrento sempre uma resistência anacrônica e míope dos médicos.

Creio ter atendido ao seu desejo de manifestar-lhe o meu ponto de vista.

Saudações cordiais do colega
(C.G. Jung)

Ao Dr. J.H.van der Hoop
Amsterdã

19.01.1935

Prezado colega,

Com referência às deliberações sobre o próximo congresso, confiei ao representante suíço do secretariado, Dr. Meier[1], a tarefa de enviar-lhe um programa provisório. A preparação de semelhante congresso está sempre cheia de peripécias. É preciso considerar não apenas vários e diferentes desejos, mas também contar com desistências de representantes e coisas mais.

Seria muito agradável para mim se conseguíssemos alguém da Suíça para dar uma conferência. [...]

As pessoas jovens que estão do meu lado ainda não são bastante representativas para a condição de conferencista. Eu pessoalmente tenho boas razões para manter-me em plano discreto, pois a opinião preconcebida ainda me considera um simples antípoda de Freud e de Adler. Por isso também estou exposto a todo tipo de interpretações errôneas que em nada favorecem o trabalho conjunto.

Fiz o possível para impedir impulsos nacionalistas no Congresso Internacional e criar uma base de natureza puramente científica. Mas se tiver visto o livro de Gauger[2], entenderá que meus esforços tropeçam em grandes dificuldades. A infelicidade está em que um movimento internacional só acontece se houver adeptos. Se, no entanto, cada qual ficar indeciso e esperar que tal movimento aconteça ou não, então nada acontece. Sabendo disso, não hesitei em colocar-me a serviço de semelhante movimento, na esperança de que outras pessoas compreensivas fizessem o mesmo. Depende exclusivamente de nós tornar realidade ou não um movimento internacional. Se quisermos ousar, sob as condições atuais, um empreendimento desse tipo, não podemos fazê-lo sem a Alemanha. Os "neutros" são muito fracos sob este aspecto e, além do mais, seríamos atingidos de qualquer forma pelos reflexos da situação política atual e do movimento psíquico irrompido na Alemanha. Parece-me pois melhor tomar o touro pelos chifres e entrar em entendimento franco com os alemães.

Aqui, na Suíça, consegui, após longo e persistente empenho, congregar certo número de médicos e psicólogos, de modo que podemos realizar no dia 22 de janeiro a assembleia de fundação do grupo nacional suíço. Nenhum dos psicoterapeutas mais antigos aderiu, pois preferem viver num isolamento por assim dizer sectário. Segundo minha modesta opinião, já existe um "início suficientemente internacional" para possibilitar uma associação internacional se cada grupo nacional estiver realmente disposto a participar. O fato de esta associação não ser de antemão universal não depende de nossa vontade, mas das relações políticas, que independem de nós, e da tendência sem dúvida existente dos psicoterapeutas de trilhar sozinhos um caminho sectário. Mas depende de nós combater o máximo possível estas manifestações doentias.

Quanto às minhas conferências em Amersfoort, estou disposto a dar uma conferência à Associação Holandesa de Psicoterapia sobre "Grundsätzliches zur praktischen Psychotherapie"[3]. No que diz respeito às conferências propriamente ditas em Amersfoort, combinei com o Dr. van der Water[4] que seria uma espécie de seminário onde trataríamos sobretudo dos conceitos básicos. Pelas informações do Dr. van der Water tive a impressão de que não se tratará de um público exclusivamente médico, por isso preparei uma exposição geral da teoria dos complexos e da análise prática dos sonhos, ficando reservado especialmente para os médicos a discussão sobre indicações etc. Ficarei grato se me informar se este plano está bem para o senhor. O senhor deve considerar que a organização e as condições que vou encontrar em Amersfoort me são totalmente desconhecidas.

Saudações cordiais
(C.G. Jung)

1. Dr. C.A. Meier, nascido em 1905, psiquiatra e psicoterapeuta, desde 1961 professor de psicologia geral na Eidg. Technischen Hochschule, Zurique. De 1948-1957, presidente do Instituto C.G. Jung de Zurique. Desde 1964, presidente e diretor de pesquisa da fundação "Klinik und Forschungsstätte für Jungsche Psychologie", Zurique. Obras, entre outras: *Antike Incubation und moderne Psychotherapie*, Zurique 1949; *Die Empirie des Unbewussten*, Zurique, 1968; *Die Bedeutung der Träume*, Olten/Friburgo na Brisgóvia, 1972.
2. Kurt Gauger, *Politische Medizin, Grundriss einer deutschen Psychotherapie*, Hamburgo, 1934. O livro defende uma psicoterapia baseada no nacional-socialismo.
3. "Princípios básicos da prática da psicoterapia", em OC, vol. XVI.
4. Dr. van der Water era na época diretor da "Internet. School vor Wijsbegeerte" em Amersfoort.

Ao Dr. S.
Alemanha

28.01.1935

Prezado colega,

[...]

No que se refere à sua pergunta sobre os sonhos, posso dizer que ela faz parte de um capítulo ainda pouco elucidado da posição do sonhador diante da coisa sonhada. Há diversos níveis de realização. Trata-se de diversos graus de intensidade e de diminuição da experiência do sonho. Até onde posso julgar, parece-me como se, por exemplo, um certo grau de estar desperto correspondesse a uma certa distância interior do estar sonhando. Em outras palavras: quando estou a ponto de acordar de um sonho, isto se expressa numa espécie de afastamento para o lado da experiência onírica, parecendo então que uma outra pessoa tivesse experimentado o sonho e eu só tivesse o relato dele. O contrário também acontece muitas vezes: no começo de um sonho experimenta-se algo como um cinema, ou que se sabe que algo foi dito antes, ou que se manteve uma opinião, e só com o sono mais profundo se entra na ação propriamente dita como pessoa ativa. E de repente se está no sonho. Eu trataria com muita cautela a hipótese de ser "fantasmagoria". Com boas razões duvido que haja algo assim no sonho.

Atenciosamente
(C.G. Jung)

Ao Dr. G.A. Farner
Devos Platz/Suíça

18.02.1935

Prezado Dr. Farner,

[...]

No que se refere a *Tipos psicológicos* devo dizer que a tipologia em seu sentido mais estrito sempre me serve como um dispositivo crítico, sendo também a ideia de uma tipologia psicológica uma tentativa propriamente dita de uma psicologia crítica. Mas eu considero isto apenas um aspecto do meu livro. O outro aspecto trata do problema dos opostos, levantado pela crítica. Esta questão eu a abordei sobretudo nos capítulos 2 e 5 (Schiller e Spitteler)[1]. Ali está propriamente o específico do livro, o que a maioria dos leitores não percebeu, pois foram induzidos de imediato a classificar tudo e cada um tipologicamente, o que é em si um procedimento bastante estéril. Por isso acentuei na introdução à edição espanhola[2] que minha tipologia era essencialmente um dispositivo crítico para exame de um material empírico coletado nas análises. Portanto não é como se eu classificasse primeiramente os meus pacientes em tipos e depois desse os conselhos correspondentes, como pensou um colega dotado por Deus de um incrível espírito de humor. Na maioria das vezes só emprego esses termos no meu trabalho prático quando preciso explicar aos meus pacientes certas unilateralidades de seu comportamento, atitudes estranhas para com outras pessoas etc.

Espero que estas rápidas explicações tenham sido suficientes. Não se preocupe com eventuais críticas[3]. Costumamos proceder polidamente com os nossos conferencistas em nosso Clube.

Saudações cordiais e votos de pronto restabelecimento
(C.G. Jung)

1. "As ideias de Schiller sobre o problema dos tipos" e "O problema dos tipos na arte poética", em *Tipos psicológicos* (OC, vol. VI).
2. *Tipos psicológicos*, Buenos Aires, 1936.
3. Pouco depois, o Dr. Farner fez uma conferência no "Psychologischen Club Zürich" sobre "Begegnung mit Jung".

Destinatária não identificada
EUA

12.03.1935

Dear Mrs. N.,

Li com interesse que a senhora está trabalhando no seu livro e alegro-me pelo fato de haver nele um pouco de vida para a senhora. Certamente lhe fará bem refletir sobre um capítulo importante de seu passado e tentar esclarecê-lo. Como sempre, estou muito ocupado e darei, na primavera, um seminário na ETH[1] para os principiantes mais elementares, isto é, para estudantes bem jovens que ainda não têm noção de nada. Se continuar assim, estarei dando dentro de alguns anos um seminário no jardim de infância; e provavelmente farei disso bom proveito, pois este tipo de ensino me obriga a uma grande simplicidade de expressão. Constato com espanto que sei ser bem complicado com coisas complicadas. Isto só convém quando se quer parecer profundo, mas na realidade trata-se apenas da maldita identificação com o tema abordado. Há necessidade de certa abnegação, o que é na verdade o exercício mais saudável. [...]

Os meus melhores votos de paciência, perseverança e concentração sobre o livro-bebê.

Yours cordially,

(C.G. Jung)

1. Durante os anos 1933-1940, Jung deu conferências e seminários na Eidg. Technischen Hochschule, de Zurique.

Ao Dr. med. Otto Körner[1]
Dresden

22.03.1935

Prezado colega,

Muito obrigado por sua comunicação. Estou com certa dúvida se a exposição verídica que fez do sentido de minha psicologia será também entendida assim, principalmente por alguém vindo de fora e que não possui os conhecimentos necessários para entender aquilo do que se trata em última análise. Para estas pessoas não costumo dizer nada sobre as intenções e panos de fundo mais profundos, mas indico que existem seminários em inglês como, por exemplo, na Suíça há muitos anos[2]. Além disso dou conferências públicas e a partir do próximo semestre darei um seminário para estudantes[3]. Também realizei várias análises didáticas ou deixei que fossem realizadas por meus alunos. Se na Alemanha não há nada organizado neste sentido, isto se deve sobretudo ao fato de os alemães terem percebido bem depois dos anglo-saxões que existem outras coisas psíquicas além do intelecto. Como o senhor sabe, existem ainda hoje na Alemanha poucas pessoas capazes de olhar para além do intelecto. Para mim, o antissemitismo se explica a partir dessa restrição acadêmica ao intelecto.

Acho que seria proveitoso se o senhor comunicasse ao Prof. K. a minha opinião sobre o currículo (da Psicoterapia). Há tempos mandei ao Prof. Göring um memorando neste sentido. Exijo sobretudo conhecimentos de psiquiatria clínica e das neuropatias orgânicas. Em segundo lugar uma análise didática, 3. certo grau de formação filosófica, 4. estudo da psicologia dos primitivos, 5. ciência comparada das religiões, 6. mitologia, 7. estudo da psicologia analítica, começando pelo conhecimento da técnica de diagnóstico das associações, da técnica de interpretação dos sonhos e fantasias, 8. aperfeiçoamento da própria personalidade, a saber, desenvolvimento e diferenciação das funções que precisam de formação. Estas são as exigências que faço a um aluno. Naturalmente há poucas pessoas que podem satisfazer estas exigências, mas desde sempre me recusei a produzir artigos em série. Sobretudo não gostaria de dar a impressão de que eu acho que a psicoterapia é um brinquedo intelectual de crianças. Sempre procuro mostrar às pessoas que o verdadeiro conhecimento da psique humana não precisa apenas de grande saber, mas também de uma personalidade diferenciada. Em última análise não é possível tratar da psique com uma única técnica; e na psicoterapia se trata de psique e não de um mecanismo qualquer que se pode abordar com meios igualmente mecanicistas. Segundo penso, deve-se evitar a impressão de que a psicoterapia é uma técnica fácil. Tal concepção solapa a dignidade e o prestígio de nossa ciência que eu considero a mais nobre de todas. [...]

Saudações cordiais
(C.G. Jung)

1. Dr. med. Otto Körner, psiquiatra e psicoterapeuta.
2. Os "seminários ingleses" de Jung aconteciam uma vez por semana no "Psychologischen Club Zürich". Os participantes eram seus alunos e analisandos. Os relatórios dos seminários eram policopiados (25 volumes, editados por Miss Mary Foote) e entregues só aos participantes ou a outros com autorização expressa. Os títulos dos relatórios são: *Dream Analysis*, 1928-1930; *Interpretation of Visions*, 1930-1934; *Psychological Aspects of Nietzche's Zarathustra*, 1934-1939.
3. O primeiro seminário de Jung na Eidg. Technischen Hochschule aconteceu no semestre do inverno de 1935-1936.

Ao Dr. S.
Alemanha

22.03.1935

Prezado colega,

O estudo de seus sonhos, que me enviou, contém todos os elementos necessários para a interpretação do sonho[1]. Em outras palavras, o senhor encontrou na discussão deles uma interpretação satisfatória. Só posso acrescentar ao sonho que ele indica evidentemente uma mudança da figura da *anima*. Talvez seja este o motivo por que ela aparentemente lhe escapou. Ela desapareceu em sua versão anterior, mas fica clara numa outra, o que é frequente no decurso desse processo. Ela pode mudar de criança até anciã e de animal até deusa. Se for idosa, isto mostra que a consciência tornou-se bem mais infantil. Se for jovem, então se está muito velho na atitude consciente. A infantilização da atitude consciente não deve ser entendida *eo ipso* como regressão, mas é necessária muitas vezes para criar uma condição sem preconceito, inocente e tolerante da consciência. Isto é necessário para a compreensão do lado espiritual da figura da *anima*. Não quero dizer-lhe mais nada neste sentido para não influenciar o seu trabalho nesta linha.

A psoríase[2] da figura da *anima* provém de certos conteúdos que a anima tem em si, dentro do sangue por assim dizer e que transpiram de certa forma na superfície. Isto também é indicado pelas figuras semelhantes a uma cobra da psoríase. É uma espécie de desenho que aparece na pele. Na maioria das vezes indica a necessidade de representar certos conteúdos ou estados graficamente, e também em cores. Às vezes é necessário representar certos conteúdos porque não podem ser entendidos por meio de conceitos, mas apenas visualmente. Para a atividade "artística" chama a atenção também a circunstância de que a *anima* descobre em seu baú todo tipo de trabalhos manuais femininos. Isto significa que se trata de todo tipo de trabalhos da *anima,* isto é, produtos do espírito feminino no homem. O espírito feminino é plástico e simbólico, aproximando-se daquilo que os antigos denominavam "sofia".

Os honorários são gratuitos.

Saudações cordiais

(C.G Jung)

1. Não temos o sonho do destinatário.
2. Afecção cutânea.

To Prof. Joseph B. Rhine
Duke University
Durham (N.C.)/EUA

20.05.1935

Dear Dr. Rhine,

Alegro-me em saber que colaborei com suas pesquisas, mas como sou menos otimista do que vocês, americanos, não trago a público as minhas experiências. Neste campo aprendi muito do passado. Há coisas que são simplesmente incompreensíveis à inteligência rústica das pessoas de nosso tempo. A pessoa se arrisca simplesmente a ser considerada maluca ou falsária; e eu já fui acusado de ambas as coisas, de modo que aprendi a calar-me com prudência. Eu pediria a todo psicólogo na Europa que não pendurasse esta fotografia[1] na parede, mas como a Carolina do Norte está longe da Europa, tão longe que provavelmente só raríssimas pessoas sabem da existência de uma Duke University, nada tenho contra.

Constatei que poucas são as pessoas que têm real interesse nesse assunto e menor ainda é o número daqueles que estariam em condições de refletir sobre esse e outros temas semelhantes; por isso cheguei à conclusão, no correr dos anos, de que a dificuldade principal não está em como dizer, mas antes em como não dizer estas coisas. O *horror novi* das pessoas é tão grande que elas, para não perder sua modesta capacidade intelectual, preferem declarar maluco aquele que intranquiliza a sua mente. Se quisermos realmente ensinar algo de valor para as pessoas, devemos fazer todo o possível para contornar esses preconceitos. São essas as razões por que prefiro não tornar conhecidas muitas de minhas experiências. Elas colocariam o mundo científico diante de problemas bem desconcertantes.

Sincerely yours,
(C.G. Jung)

1. Trata-se da fotografia da faca que explodiu em quatro pedaços e que Jung enviou ao Prof. Rhine. Cf. carta a Rhine, de 27.11.1934.

Destinatária não identificada
França

23.05.1935

Prezada senhorita,

[...]

Uma vez que o seu problema atual é essencialmente a consolidação de sua personalidade, aconselharia que procurasse uma mulher para fazer esta parte da análise. Sabe-se que a análise feita por um homem tem sempre um efeito sobre o *animus* que então afrouxa novamente a personalidade, ao passo que a análise feita por uma mulher tem o efeito oposto, isto é, "sedimentador".

Saudações cordiais
(C.G. Jung)

A Jolan Jacobi

24.06.1935

[...] Quando trato de católicos que sofrem de neurose, considero minha obrigação reconduzi-los para o seio da Igreja a que pertencem. As decisões últimas cabem à autoridade da Igreja para alguém que possui a fé católica. Neste contexto a psicologia só tem a função de afastar todos os fatores que impedem a submissão definitiva à autoridade da Igreja. Quem coloca outro "fator" acima da autoridade da Igreja já não é católico. [...]

Ao pastor Fritz Pfäfflin
Würzbach-Calw/Alemanha

05.07.1935

Digníssimo Pastor Pfäfflin,

Entendo perfeitamente a sua problemática[1] e por isso mesmo é muito difícil responder-lhe em poucas palavras por carta. O que quer que os desenvolvimentos futuros possam trazer, não acho que seja necessário que o senhor pendure simplesmente a batina no prego. Enquanto houver para o senhor uma comunidade da qual deve cuidar, o senhor tem trabalho suficiente. O cristianismo, na forma em que no-lo deixaram os nossos pais, será ainda por muito tempo uma necessidade. O que está fazendo não é contrário ao cristianismo, mas trata-se daquelas experiências que uma pessoa de orientação cristã, que leva a sério sua religião, deveria fazer – pressuposto que tenha a necessária vocação para tanto. A maioria das pessoas pode e deve contentar-se com o cristianismo assim como ele se apresenta hoje. Mas não me admiraria se houvesse, entre aqueles que são responsáveis pela comunidade, alguns que também precisam experimentar o sentido interior daquilo que fazem.

Há por trás de todas as religiões, como o senhor sabe tão bem quanto eu, algumas experiências que se sedimentaram em ritos e representações cúlticas no decorrer de séculos ou milênios. "O caminho para a água"[2] é, na expressão cristã, o "caminho para o batismo". Pelo desenvolvimento histórico, o "caminho do batismo" foi tão afastado de seu sentido original que a ideia do batismo está de certa forma no ar, pois a verdadeira experiência do batismo desapareceu por assim dizer dentro disso.

Se, pois, o seu inconsciente traz à tona o símbolo da água, isto significa que ele tenta restituir-lhe a experiência do batismo na forma original. Originariamente era uma submersão até a morte e tinha, por isso, o sentido de um novo nascimento. Por isso deve estar ligado a medo. O tesouro que está na água deveria ser cristãmente comparado ao tesouro no campo, ou à pérola preciosa que significa o Reino de Deus. Quando traduzimos esses símbolos para a linguagem dogmática, perde-se o caráter próprio e livre da experiência. Por isso é necessário que os símbolos sejam vivenciados em sua forma original. Para tanto há necessidade de uma atitude de entrega, observando e anotando cuidadosamente tudo o que se experimenta. Esta objetividade de observação é absolutamente necessária; caso contrário submerge-se em pânico, o que não leva a nada. Evidentemente nesse processo devem ser considerados também os sonhos, porque eles contêm muitas vezes indicações importantes. Se surgirem imagens vivas, semelhantes a visões, então deveríamos desenhá-las ou pintá-las – se isto for possível – não importando se temos ou não aptidões artísticas. O caminho que se percorre dessa maneira leva àquelas experiências internas que estão originalmente na base do cristianismo. As experiências que fizer nisso permitem uma interpretação da dogmática cristã que lhe parecerá então simbólica, isto é, como expressão de certos acontecimentos fundamentalmente psíquicos.

Certamente o senhor entenderá que é impossível numa carta entrar em maiores detalhes. Devo contentar-me por isso com uma orientação um tanto geral. Mas gostaria de acentuar mais uma vez que aquilo que o inconsciente procura apresentar-lhe não é algo totalmente diferente do cristianismo, mas antes um aprofundamento do simbolismo cristão e uma revivificação daquelas bases sobre as quais se assenta o cristianismo assim como as outras grandes religiões.

Com especial consideração
(C.G. Jung)

1. O destinatário escreveu sobre as dúvidas que tinha quanto à sua vocação para pastor, após ter lido a conferência-Eranos de Jung "Os arquétipos do inconsciente coletivo" (em *Eranos-Jahrbuch 1934*, Zurique, 1935, e *Sobre as raízes da consciência*, bem como em OC, vol. IX/1).
2. Cf. para isso *Sobre as raízes da consciência*, 1954, e em OC, vol. IX/1, par. 34.
3. Em vários sonhos do destinatário a água tinha papel importante.

Ao Dr. med. Ewald Jung[1]
Beatenberg/Suíça

31.07.1935

Meu caro Ewald,

Muito obrigado por suas amáveis congratulações!

Aquilo que eu denomino transformação é no fundo uma questão de destino. Podemos permanecer dentro dos nossos próprios limites ou querer ultrapassá-los, mas com o querer não podemos fazer isso, apenas com o acontecer. Somente quando acontece que ultrapassamos os nossos limites, podemos ter certeza de tê-los ultrapassado e que isto devia ter sido assim. Na verdade não existe algo como dever-ir-além--de-si-mesmo. Por isso não aconselharia ninguém a querer ir além de si mesmo. Além disso, esta expressão também é falsa; não se pode ir além de si mesmo, mas apenas avançar mais para dentro de si mesmo, e este si-mesmo não é idêntico ao eu; pois neste si-mesmo sentimo-nos bastante estranhos.

No que se refere à sua pergunta sobre a *anima*, ela pode ser respondida com sim e não[2]. É o mesmo problema que existe na constituição. Você não é responsável por sua constituição, mas você é onerado por ela; e o mesmo acontece com a *anima* que também é um fator constitucional que nos onera. Para com aquilo que nos onera existe uma certa responsabilidade, isto é, pela maneira como agimos diante desse obus, mas não pelo fato de ele existir. Em todo caso, nunca podemos tratar a *anima* com repreensões morais; para isso temos, ou existe, a sabedoria, mas que em nosso tempo caiu por assim dizer no esquecimento.

Peço-lhe que transmita à sua esposa e à sua irmã os meus agradecimentos pelas congratulações que me enviaram.

Saudações cordiais de seu
(Carl)

1. Dr. med. Ewald Jung, psiquiatra em Berna, primo de Jung, falecido em 1943, secretário do grupo psicanalítico fundado por Jung em 1910, em Zurique.
2. A carta do Dr. E. Jung não se encontra no arquivo.

A Erika Schlegel[1]
Schloss Elmau/Alemanha

31.07.1935

Prezada Erika,

Sua carta e a pequena representação da milagrosa cura do pai de Tobias[2] trouxeram-me grande alegria, e eu gostaria de agradecer-lhe de coração. Esta pintura deve proceder de uma edição bem antiga da Bíblia. A xilogravura e a composição dizem tratar-se de um incunábulo bem antigo. Seu irmão deve saber de que impressão da Bíblia se trata. Mandarei emoldurá-la *tel quel*, pois é de uma qualidade fora do comum e não tem a menor referência interna ao meu próprio destino de vida, pois eu realmente quis muitas vezes abrir os olhos de meu pai[3]. Mas ele morreu antes que eu tivesse pego o peixe cujo fígado continha o remédio milagroso.

Apreciei muito que seu filho Werner me tenha mandado os parabéns. Agradeço muito.

Espero que você possa recuperar-se em Elmau numa atmosfera de certa forma congenial.

Com os melhores votos de seu
Carl

1. A destinatária era a mulher do amigo de Jung, Dr. Eugen Schlegel; este morreu em 1948.
2. No livro bíblico de Tobias (Tobit) conta-se a cura milagrosa de Tobias por intermédio de seu filho com o mesmo nome. Acompanhado do anjo Rafael, que não se deu a conhecer como tal, o jovem Tobias pegou um peixe cujas vísceras ele guardou por recomendação do anjo. Voltando para casa, esfregou os olhos do pai com o fígado do peixe, e o pai sarou da cegueira. A narrativa data provavelmente do segundo século antes da era cristã.
3. Sobre as dúvidas religiosas do pai de Jung, cf. *Memórias*, p. 61, 97s. e 219.

Ao Prof. Friedrich Seifert[1]
Munique

31.07.1935

Prezado colega,

Muito obrigado por me ter enviado os parabéns pelo meu aniversário. Também lhe sou especialmente grato por sua colaboração no meu escrito comemorativo (*Festschrift*)[2]. Já li o seu trabalho e aprendi muito dele. Sempre fui de opinião que Hegel era um psicólogo inautêntico, como eu sou um filósofo inautêntico. Mas sobre o que é "autêntico" cabe ao espírito da época decidir. Ou talvez o fator decisivo seja o desenvolvimento histórico das funções que eu sempre presumi, mas cuja história deveria ser escrita por um filósofo profissional. Este desenvolvimento, porém, é um assunto complicado pois não se trata de seus conteúdos que, por assim dizer, sempre foram os mesmos dentro da história da cultura, mas da forma.

Ao contrário de Kant, Hegel parece-me um pensador romântico e, com isso, um típico filho de seu tempo; é romântico também em sua transição para a psicologia. A forma pensante já não é autêntica, mas um veículo. O seu ensaio pode constituir um *novum* muito importante na compreensão da filosofia de Hegel. Foi grande minha alegria que o senhor se desse o trabalho de colaborar no meu escrito comemorativo.

Gostaria de agradecer também sua gentileza de me enviar suas fantasias que são para mim muito interessantes e valiosas. Até agora não tive oportunidade ainda de estudá-las mais a fundo, só passei uma vista de olhos superficial, mas já percebi que merecem um estudo mais profundo. Se por acaso eu encontrar alguma coisa digna de especial observação, eu lhe escreverei.

Por enquanto, meus agradecimentos
(C.G. Jung)

1. Friedrich Seifert, 1891-1963. Professor de Filosofia na Escola Superior de Munique, mais tarde também analista. Obras, entre outras: *Tiefenpsychologie, die Entwicklung der Lehre vom Unbewussten*, Munique, 1955; *Seele und Bewusstsein*, Munique e Basileia, 1962; junto com R. Seifert-Helwig, *Bilder und Urbilder, Erscheinungsformen des Archetypus*, Munique, 1965.
2. F. Seifert, "Ideendialektik und Lebensdialektik. Das Gegensatzproblem bei Hegel und bei Jung", in *Die kulturelle Bedeutung der komplexen Psychologie*, Berlim, 1935. Escrito comemorativo pelos 60 anos de Jung.

Ao pastor Lic. Ernst Jahn
Berlim-Steglitz

07.09.1935

Digníssimo Pastor Jahn,

Infelizmente o acúmulo de trabalho impediu-me de responder imediatamente sua gentil carta. Peço desculpas. Foi muito amável de sua parte ocupar-se tão profundamente com o meu trabalho. Se me der licença, gostaria de enfocar certos pontos que me chamaram a atenção.

Parece-me que o senhor trata os meus pontos de vista demasiadamente pelo lado do teólogo. O senhor parece esquecer que sou em primeiro lugar um empírico que chegou à questão da mística ocidental e oriental somente através da empiria. Eu não me baseio de forma nenhuma, por exemplo, no Tao ou em qualquer técnica de ioga, mas descobri que a filosofia taoista, bem como a ioga têm muitos paralelos com os processos psíquicos que podemos observar nas pessoas ocidentais. Eu, por exemplo, não forço ninguém a desenhar ou contemplar figuras de mandalas, como o faz a ioga, mas acontece que as pessoas, na medida em que forem isentas de preconceitos, lançam mão naturalmente desses meios auxiliares para orientar-se no caos dos processos inconscientes que querem vir à luz.

Um ponto que os teólogos muitas vezes desconsideram é a questão da realidade de Deus. Quando falo de Deus, faço-o sempre como psicólogo, e enfatizo isto expressamente em muitas passagens de meus livros. Para o psicólogo, a imagem de Deus é um fato psicológico. Sobre a realidade metafísica de Deus ele nada sabe dizer, pois isto ultrapassaria de longe os limites epistemológicos. Como empírico só conheço as imagens que surgem originalmente no inconsciente, imagens que a pessoa se faz da divindade ou, melhor, que são feitas a respeito da divindade no inconsciente; e estas imagens são sem dúvida muito relativas.

Outro ponto é a relação entre o eu e o tu psicológicos. Para mim o inconsciente é expressamente um outro com o qual eu devo entender-me. Escrevi sobre isto um pequeno livro[1]. Eu nunca afirmei, nem acho que sei o que é, em última análise, o inconsciente em si e para si. É a região desconhecida da psique. Quando falo da psique, também não me vanglorio de saber o que ela é em última análise e até onde este conceito pode chegar. Pois este conceito está simplesmente além de qualquer compreensão. É mera convenção dar o nome de psíquico ao desconhecido que se nos apresenta. Experimentalmente este psíquico é algo bem diferente da nossa consciência. Se o senhor já teve oportunidade de observar uma psicose numa pessoa que lhe é cara, então saberá que coisa horrível pode ser isto. Tenho a impressão de que é difícil para o teólogo penetrar na ideia de um empírico. O que para o teólogo são realidades espirituais, para o empírico são expressões da natureza psíquica, que no fundo é essencialmente desconhecida. O empírico não pensa de cima para baixo, a partir de pressupostos metafísicos, mas ele vem de baixo, do mundo dos fenômenos, e precisa, com sua limitação da mente consciente, contentar-se em entender os processos psíquicos por imitação. É nisso que se baseia também a minha terapia. Eu trato sobretudo com pessoas nas quais não posso implantar valores ou convicções de cima para baixo. São geralmente pessoas que eu só posso levar a fazer suas experiências e a ordená-las de tal forma que lhes permita uma existência suportável. O pastor de almas não está em geral nesta situação, mas trata com pessoas que procuram expressamente uma orientação espiritual de cima para baixo. Esta tarefa cabe ao pastor de almas. Mas as poucas pessoas que não conseguem assumir os valores e convicções tradicionais e que, em outras palavras, não possuem o carisma da fé, precisam buscar forçosamente conselho junto ao empírico; e este, para realizar bem sua tarefa, só pode basear-se nas realidades existentes e palpáveis. Por isso ele nunca dirá a seus pacientes: "tua psique é Deus", ou "o teu inconsciente é Deus". Pois isto seria justamente aquilo de que o paciente fugiu enfastiado; mas devemos partir do processo psíquico da experiência dos conteúdos inconscientes, pelo qual o paciente chegará à condição de experimentar suas realidades psíquicas e a partir daí tirar suas conclusões. O que eu descrevi, por exemplo, na *Flor de ouro* são simplesmente os resultados de desenvolvimentos individuais que chegaram a resultados bem semelhantes aos dos esforços orientais. Há muitos séculos a ioga solidificou-se num sistema fixo. Mas originalmente o simbolismo da mandala, por exemplo, emergiu do inconsciente tão direta e individualmente como surgiu também no homem ocidental de hoje. Eu já sabia, por exemplo, do surgimento espontâneo desses símbolos há 17 anos, mas nada publiquei de propósito sobre isso para impedir que o instinto deplorável e inegável de imitação se apossasse dessas imagens. Nesses 17 anos tive muitas vezes a oportunidade de ver como os pacientes pegavam sempre de novo e espontaneamente no lápis para desenhar aquelas imagens que queriam traduzir experiências interiores bem características. Mas a ioga, como a conhecemos hoje em dia, tornou-se um método espiritual de formação que dirige o iniciando a partir de cima. Ela coloca diante do aprendiz imagens de contemplação tradicionalmente estabelecidas e conhece determinações precisas de como devem ser executadas essas imagens. Neste sentido a ioga pode ser comparada perfeitamente aos Exercícios Espirituais de Inácio de Loyola. Mas isto é exatamente o contrário do que eu faço. Sou, por isso, também um declarado opositor de aceitar sem crítica os métodos da ioga ou ideias orientais, o que já afirmei muitas vezes em público.

Portanto, o que afirmei sobre essas questões são resultados de trabalho empírico e não princípios técnicos de minha terapia. Gostaria de chamar sua atenção para um livro recentemente publicado, cujo primeiro capítulo trata de minha metodologia[2] (*Die Kulturelle Bedeutung der komplexen Psychologie*, Jul. Springer, Berlim, 1935). Ali encontrará uma fundamentação filosófica de todo o meu trabalho que esclarecerá sem dúvida os pontos obscuros que porventura ainda restaram.

Com especial consideração
(C.G. Jung)

1. *O eu e o inconsciente* (em OC, vol. VII).
2. Toni Wolff, "Einführung in die Grundlagen der komplexen Psychologie". Agora em T. Wolff, *Studien zu C.G. Jungs Psychologie*, Zurique, 1959.

Destinatário não identificado
Suíça

07.09.1935

Prezado N.,

Muito obrigado por suas notícias. Interessei-me muito em conhecer as experiências que você fez com o pessoal de Oxford. O que você conta corresponde em geral à minha expectativa. Posso imaginar que semelhante ambiente significa para você grande alívio. Uma das grandes vantagens desse movimento é que ele dá à pessoa todos aqueles alívios coletivos que ela mesma não possui ou não pode criar, juntamente com uma confissão religiosa, partilhada por todos. Isto, aliás, foi sempre o sentido da comunidade cristã. Espero que muitas pessoas ainda cheguem a conhecer este sentido. O mundo está realmente necessitado disso. Já ouvi de muitas pessoas, que conheço bem, os mesmos relatos, de modo que estou plenamente convencido de que o movimento tem apresentado resultados bem positivos. Seria, pois, desnecessário convencer-me mais uma vez pessoalmente disso. Também não preciso convencer-me de que a Igreja Católica é boa para muitas pessoas. Eu constatei isso perfeitamente junto a pessoas que também conheço muito bem. Poderia citar ainda outras religiões, na medida em que elas libertam as pessoas de seu isolamento egoísta. Este isolamento tipicamente individualista é deveras uma doença da época que deve ser atribuída ao fato de não mais existir uma religião verdadeiramente comunitária e de a maioria das pessoas ter esquecido que o cristianismo é uma tal religião. Eu, por assim dizer, sempre soube disso, pois tive a vantagem de ter recebido uma educação cristã e, por isso, nunca me senti isolado ou relegado.

Estou realmente feliz em saber que você encontrou a atmosfera que lhe convém e que se abriu para você o sentido do cristianismo de quase dois mil anos de existência.

Saudações cordiais de seu
(Carl)

To Dr. Henry A. Murray
Cambridge (Mass.)/EUA

10.09.1935

My dear Dr. Murray,

Muito obrigado por sua interessante carta. Acho maravilhoso o plano de ir a Samoa, mas não para mim, pois estou preso a Zurique por uma infinidade de obrigações. Como talvez já saiba, no próximo verão irei à Harvard University – grande aventura![1] Pena que não possa encontrá-lo, pois estará exatamente nesta época nas Ilhas Felizes. Tome cuidado para que este paraíso não lhe contagie o espírito. É solo perigoso, e mais perigoso ainda quando não se está atento a isso.

Enquanto escrevo esta carta, estou recebendo sua segunda. Lamento que minha resposta tenha demorado tanto, mas estou tão sobrecarregado de trabalho que muitas vezes não consigo escrever longas cartas, ou nem mesmo lê-las.

[...]

Ainda não tenho planos definidos para o verão de 1936; só irei a Harvard, como já disse, para os festejos de seu tricentenário. Não sei exatamente qual será o programa, mas posso imaginar que as coisas serão cansativas. Também sei que muitos de meus amigos e conhecidos querem encontrar-me. Para falar francamente, até que um pouco de natureza seria um presente do céu; só que não deveria ser muito longe nem muito aventureiro, pois provavelmente minha esposa irá comigo. Seria bom que se evitassem aviões e invenções diabólicas semelhantes. Escrever o livro que o senhor sugere é assunto difícil e exigente[2].

Quanto à sua dificuldade com a questão da causalidade das imagens da fantasia, gostaria de dizer o seguinte: é certo que as condições externas são causa de reações internas, mas a causa externa é apenas *uma* das condições da reação; a outra condição é sempre o traço característico do reagente. Não se deve admitir que aquilo que reage seja uma coisa sem qualidade. Em outras palavras: como qualidade pertencente ao corpo vivo, a psique tem desde o início sua natureza específica, que se distingue da natureza do objeto externo. Como o senhor sabe, uma imagem psíquica do objeto externo não é idêntica a ele.

A afirmação de que a psique se constitua apenas da ação de fatores externos sobre ela é tão incorreta quanto aquela de que todos os objetos externos são meras imagens projetadas pela psique. Uma observação cuidadosa da psique do primitivo mostra que ele não se ocupa (conscientemente) de sua personalidade, mas é sua personalidade que se ocupa intensamente consigo mesma: as ações e as imagens do primitivo procedem diretamente do inconsciente, sem participação da consciência, exatamente como acontece em nossos sonhos. Evidentemente as imagens oníricas são respostas a fatores e condições externos, mas *são respostas da psique* e, assim, cópias fiéis de fatos psíquicos. Quando se compara o mito do Sol com a experiência real dos sentidos, então a diferença fica bem clara. A consciência percebe o Sol como um corpo celeste esférico; o inconsciente cria um mito cuja representação figurativa tem uma relação pouco consistente com a percepção real dos sentidos. Quando os freudianos dizem que isto não é mais do que algo infantil, eles têm razão na medida em que estas imagens já começam a tornar-se vivas na infância. Mas todas se baseiam em qualidades inerentes à psique herdada. Por isso encontramos em crianças não raro sonhos que são tudo menos infantis. [...]

A suposição de que a psique só assimile o que se origina de objetos externos ou aquilo que se impõe a ela de fora baseia-se num grande erro. Se assim fosse, nosso inconsciente só produziria imitações exatas de fatos externos; mas isto não é o caso.

Para mim interessa sobretudo a psique como tal, por isso deixo de considerar o corpo e o espírito. A filosofia e a teologia sabem tudo sobre o espírito. A fisiologia e a medicina sabem tudo sobre o corpo; mas eu sou apenas um modesto psicólogo, cujo assunto específico é estudar a natureza própria da psique. Corpo e espírito são para mim meros aspectos da realidade psíquica. A experiência psíquica é a única experiência direta. O corpo é tão metafísico quanto o espírito. Se perguntarmos ao físico moderno o que é o corpo, teremos diretamente o reconhecimento de uma realidade psíquica.

Sincerely yours,
(C.G. Jung)

1. Jung foi convidado a dar uma conferência na Harvard University (Cambridge, Mass.) por ocasião de seu tricentenário. O tema foi: "Psychological Factors Determining Human Behaviour". Em português: "Determinantes psicológicas do comportamento humano" (em OC, vol. VIII).
2. Em sua carta (sem data), Dr. Murray havia proposto a Jung "to make a book of the Seminars on Trances", referindo-se aos seminários em inglês (1930-1934), *Interpretation of Visions*. Cf. carta a Körner, de 22.03.1935, nota 2.

Destinatário não identificado
EUA

25.10.1935

Dear Mr. N.,

Concordo plenamente com sua elevada opinião sobre o *I Ching* e endosso todas as belas coisas que soube dizer a respeito dele, mas não simpatizo de forma nenhuma com sua ideia por demais ocidental de criar um instituto para isso. O senhor parece ter um conhecimento bem profundo da alma do nobre espiritualista do Oriente, mas evidentemente não tem noção nenhuma da alma do homem ocidental. O senhor não sabe o trabalho infernal que tenho para pingar algumas gotinhas de sabedoria nas veias do "selvagem tecnicizado", chamado europeu. A arte e a sabedoria do *I Ching* são tão sutis que se torna necessário ter a cultura refinada e antiquíssima da educação oriental para se entendê-lo realmente. A maioria dos chineses cultos de nosso tempo já não tem a mínima noção do *I Ching*, nem os nossos sinólogos têm uma compreensão adequada. O que precisamos é de uma educação psicológica mediante a qual aprendamos aos poucos a entender o *I Ching*. Mas um instituto que distribui sabedoria é para mim o cúmulo do horror. Conheço muito sobre institutos na Europa e na América.

A sabedoria não é para as massas, nem nunca foi, pois o que as pessoas mais procuram é a tolice. Não fosse assim, o mundo já teria sido curado de sua própria existência desde os tempos do antigo Pitágoras. Para o senhor mesmo a sabedoria pode fazer bem, mas distribuí-la aos outros seria uma deturpação da própria verdade. A sabedoria é algo da qual goza o indivíduo sozinho; e quando ele fica calado sobre isso, merece crédito e respeito; mas quando fala sobre isso, nenhum efeito se irradia dele. Quero crer que não foi o *I Ching* que lhe meteu essa ideia na cabeça, caso contrário eu perderia minha fé no *I Ching*. Mesmo pessoas que utilizam o *I Ching* como, por exemplo, os sacerdotes taoistas na China desceram ao nível de simples adivinhos e têm a má fama que na verdade merecem. Se entendo alguma coisa do *I Ching*, devo dizer que é *o* livro que ensina ao ser humano o seu verdadeiro caminho e o grande valor dele. Não é à toa que o livro foi o tesouro escondido dos sábios. Compare o *I Ching* com aquilo que Confúcio disse às massas e perceberá a diferença. Ele foi um sábio que utilizou o *I Ching*, mas não o ensinou. Ele falou a linguagem das massas porque tinha prazer de ensinar. Lao-tse não tinha prazer de ensinar: pense no que ele disse e em quantas pessoas existem que entendem o que ele disse. Nem Kung Fu-tse, nem Lao-tse e nem Chuang-tsu tinham institutos, ao que eu saiba.

Não tenho nada contra uma tentativa honesta de aproximar a sabedoria do *I Ching* do pensamento ocidental, mas isto deve ser feito com o máximo cuidado para evitar uma torrente de perigosos mal-entendidos. Não sei como o senhor contornou este arrecife. Se não quiser chocar-se contra o infeliz preconceito da mentalidade ocidental, deverá introduzir o tema sob a proteção da ciência. Por isso aconselharia o senhor a procurar o Prof. Rousselle, o competente e renomado sinólogo, para uma apresentação (do plano do instituto), pois eu sou apenas um psicólogo, e o mundo não entende o que a psicologia tem a ver com o *I Ching*.

Acredito sinceramente que o senhor não levará a mal a franqueza destas minhas palavras. É que sou um amante ciumento do *I Ching* e sei que estas coisas prosperam e se desenvolvem de maneira natural, enquanto não forem tecnicizadas.

Faithfully yours,

(C.G. Jung)

A Claire Kaufmann
Berlim-Steglitz

29.10.1935

Prezada senhorita,

A senhorita tem razão quando diz que o conceito no campo da filosofia sempre é um símbolo, mesmo quando é a expressão de algo sabido. Se a senhorita entende por saber ao mesmo tempo também um não saber, então lhe dou razão irrestrita, mas é preciso andar muito até encontrar pessoas que concordem que o saber é ao mesmo tempo um não saber. Sua concepção está na mesma linha do ponto de vista de Paulo, de que pelo pensamento nos foi aberto o caminho para a divindade. "Pois o espírito", diz Paulo, "conhece também as profundezas da divindade"[1].

Também está muito correto o que a senhorita diz sobre a construção teórica de minha concepção em si empírica. Já senti há mais tempo que era preciso continuar a construção. Mas ainda estou ocupado com os fundamentos.

Saudações cordiais
(C.G. Jung)

1. 1Cor 2,10: "O espírito penetra todas as coisas, até mesmo as profundezas de Deus".

To Dr. J.A. Hadfield[1]
The Institute of Medical Psychology
Londres

04.11.1935

Dear Dr. Hadfield,

Talvez o senhor saiba que sou o presidente da "Internationale Ärztliche Gesellschaft für Psychotherapie". É uma organização de psicoterapeutas médicos que incluía originalmente membros alemães, austríacos, holandeses, dinamarqueses, suecos, noruegueses e suíços. Com a reviravolta na Alemanha esta organização original se dissolveu. Desde então venho dando o melhor de mim para reconstruir esta sociedade. Mas é tarefa quase impossível organizar uma associação internacional na atmosfera envenenada por todo tipo de preconceitos políticos e raciais. A atual perseguição aos judeus na Alemanha desperta tanto ódio que é praticamente impossível aos países menores manter coesa sua organização, uma vez que somos bem inferiores em número aos alemães[2].

Nós pensamos agora na possibilidade de um contato mais estreito com uma organização anglo-saxã. Houve uma proposta de tentar isso junto à "Society for Mental Higiene". Devo confessar que sei muito pouco sobre esta associação, por isso ficaria imensamente grato se me dissesse com toda a franqueza o que o senhor acha dessa associação, ou se pudesse apresentar alguma outra sugestão. Eu até penso que poderia ser proveitoso para uma associação anglo-saxã colaborar com médicos do continente. Também ficaria grato se pudesse informar-me se alguma outra associação médica da Inglaterra estaria interessada no plano de uma ligação mais estreita com grupos continentais. Nossa intenção é criar uma organização psicoterapêutica realmente internacional em que a Alemanha não tenha o papel preponderante.

Ficaria muito grato por qualquer proposta ou conselho que pudesse dar-me neste sentido.

Sincerely yours,
(C.G. Jung)

1. J.A. Hadfield, M.D., 1882-1967, psiquiatra, psicoterapeuta, diretor acadêmico do "Institute of Medical Psychology" (Tavistock Clinic), Londres.
2. Trata-se da internacionalização realizada por Jung da "Allg. ärztl. Gesellschaft f. Psychotherapie". Cf., entre outras, as cartas a Allers, de 23.11.1933, e a van der Hoop, de 12.03.1934.

À senhora M. Patzelt
Munique

29.11.1935

Prezada e digníssima senhora,

Já li alguns livros de R. Steiner[1] e devo confessar que nada encontrei neles que me fosse útil de alguma forma. A senhora precisa entender que não sou profeta, mas pesquisador. Interesso-me por aquilo que se pode constatar pela experiência. Não me interesso em absoluto por aquilo que se pode especular sem provas no plano empírico. As ideias que Steiner defende em seus livros a senhora pode encontrá-las todas nas fontes hindus. Aquilo que não posso demonstrar no campo da experiência humana eu o deixo tranquilamente de lado. E quando alguém afirma que sabe mais sobre isso, peço que me apresente as provas pertinentes.

Não li apenas alguma coisa sobre antroposofia, mas também muita coisa sobre teosofia. Também conheci muitos antropósofos e teósofos, mas para minha tristeza sempre constatei que essas pessoas imaginam e afirmam todo tipo de coisas para as quais não têm prova alguma. Não tenho nenhum preconceito contra os maiores milagres, se alguém me fornecer as provas necessárias. Eu não hesito em defender uma verdade quando reconheço que ela é demonstrável. Mas eu tomaria o cuidado de não propagar aquilo que, com afirmações não comprovadas, pretende construir um sistema mundial sem nenhuma pedra de apoio no chão dessa terra. Enquanto Steiner não estiver, ou não está, em condições de ler as inscrições hititas das quais deriva a linguagem de Atlântida que ninguém sabe se existiu, não há nenhuma razão para nos alvoroçarmos por aquilo que o senhor Steiner disse.

Com especial consideração
(C.G. Jung)

1. Rudolf Steiner, 1861-1925, fundador da antroposofia.

A Hélène Kiener[1]
Paris

06.12.1935

Prezada senhorita,

Compartilhar dos problemas psíquicos dos doentes é uma realidade de que não escapa ninguém que se ocupe com essas pessoas. É uma doença infantil bem conhecida. No início, ela é bastante incômoda e desgastante. Quando comecei a praticar a análise, só aguentava geralmente dois casos por dia porque eles exigiam muito de mim. Esta aparente fraqueza desaparece com o tempo e com a prática. No início é preciso tomar cuidado para não se esforçar demais, caso contrário pode-se cair no desânimo e na desilusão. Quando se emprega todo o tempo disponível nessa tarefa, é aconselhável recuperar-se depois através de uma atividade bem diferente. Desse modo nos acostumamos a mudar rapidamente e a só concentrar-nos no assunto nas horas em que nos dedicamos aos doentes. Desejo-lhe paciência e suficiente instinto para que logo aprenda a superar, o mais rápido possível, a infecção que emana de cada psique doente.

Agradeço por seus votos de felicidades *a posteriori* pelo meu aniversário.

Com saudações cordiais
(C.G. Jung)

1. Hélène Kiener, psicóloga analítica, agora em Estrasburgo.

À diretoria do grupo nacional holandês
da Associação Internacional de Psicoterapia.
Dr. J.H. van der Hoop, presidente
Amsterdã

21.12.1935

Prezados senhores,

Deduzo com pesar de sua carta, de 15 de dezembro de 1935, que o grupo nacional holandês retira o convite que espontaneamente nos fez na primavera de 1935[1]. Os motivos apresentados para esta decisão, isto é, a ideologia predominante na Alemanha, a perseguição aos judeus e a supressão da liberdade de opinião são de fato ponderáveis, mas objetivamente falando são pouco válidos como argumento contra a realização de um congresso fora da Alemanha. Num congresso neutro não teria imperado a restrição da liberdade de expressão, nem os judeus teriam sido excluídos. E finalmente a postura costumeira nos círculos científicos em relação às questões ideológicas já consagrou há mais ou menos 150 anos o princípio de afirmar a verdade científica independentemente das exigências ideológicas de alguns representantes da ciência. Devo deixar bem claro que os nossos colegas alemães não foram os causadores da revolução nacional-socialista, mas vivem num país que exige determinada postura ideológica. Se a relação com a Alemanha deve ser questionada com base na ideologia, então caímos no mesmo erro de que acusamos os outros: coloca-se simplesmente ideologia contra ideologia. Esta guerra religiosa em ponto pequeno não é deveras assunto científico, e devo protestar contra o fato de ressentimentos ideológicos se cobrirem com o manto da ciência.

O fato de o grupo nacional holandês não querer realizar o congresso por ele mesmo planejado e de haver dentro desse mesmo grupo nacional uma declarada tendência de desvincular-se da Associação Internacional é tanto mais importante porque a Holanda tem o grupo mais numeroso depois da Alemanha. Nestas circunstâncias fica descartada qualquer esperança de realizar um congresso fora da Alemanha e a livre manifestação do pensamento, que até agora foi postulada com tanta veemência, também se torna impossível. Estou convencido de que, se os médicos russos, que acreditam na religião do comunismo, procurassem filiar-se à Associação Internacional, a oposição atual não teria nada contra. Eu também consideraria errado excluir estes médicos devido à religião que impera em seu país. Também não excluiríamos nenhum muçulmano, ainda que não nos entendêssemos quanto ao Alcorão. Por que então excluir os médicos alemães, existindo a possibilidade de os médicos judeu-alemães se tornarem membros diretos da Associação Internacional? Dever-se-ia esperar realmente dos psicoterapeutas e psicólogos que não fizessem valer ressentimentos ideológicos como contra-argumentos para esforços internacionais em favor da cultura. Torna-se totalmente impossível promover uma Associação Internacional sob estas condições. Se os grupos nacionais menores se deixarem contagiar por ressentimentos políticos, então não temos nenhuma possibilidade de entrar em contato, por exemplo, com a Inglaterra. Apesar disso eu já o fiz, e recebi a informação de que dois delegados do "Institute of Medical Psychology" irão participar do próximo congresso[2].

Sou obrigado naturalmente a comunicar ao grupo nacional alemão a atitude da Holanda. Esta atitude não pode ser classificada de outro modo a não ser como uma desaprovação da finalidade específica de nossa Associação Internacional. Nós, suíços, não podemos formar uma Associação Internacional só com a Alemanha. O grupo dinamarquês é muito pequeno para ser levado em consideração, e na Suécia o Dr. Bjerre ainda não obteve êxito. A consequência lógica disso tudo é que eu, na qualidade de presidente da Associação Internacional, renuncie ao cargo e, para tanto, entrei em contato com o presidente do grupo nacional alemão[3].

Cópia desta carta será enviada à diretoria dos grupos nacionais, bem como cópia de sua carta de 15 de dezembro de 1935.

Com muito apreço
(C.G. Jung)

1. O grupo nacional holandês havia-se oferecido para organizar o próximo Congresso da Associação Internacional de Psicoterapia e realizá-lo na Holanda.
2. Cf. carta a Hadfield, de 04.11.1935, nota 1.
3. Jung ainda não renunciou dessa vez. Cf. carta a van der Hoop, de 26.10.1940.

Ao Dr. Erich Neumann
Tel Aviv/Palestina

22.12.1935

Meu prezado Neumann,

Não se preocupe demais por ter esquecido o meu sexagésimo aniversário. Para mim não significa nada o número abstrato. Estou mais interessado em saber do senhor o que está fazendo. O que os judeus europeus fazem isto eu sei, mas interesso-me sobremaneira pelo que fazem os judeus no solo arquetípico[1]. A psicologia analítica (ou como se chama agora: psicologia complexa) está profundamente enraizada na Europa, na Idade Média cristã e em última análise na filosofia grega. O elo de ligação, que me faltou por tanto tempo, foi agora encontrado: é a alquimia, como Silberer[2] já havia suposto corretamente. Infelizmente foi prejudicado por seu psicologismo racionalista. [...]

Os "judeus cultos" estão sempre a caminho do "não judeu". O senhor tem toda a razão: o caminho não vai do bom para o melhor, mas desce inicialmente para o dado histórico. Costumo chamar a atenção de meus pacientes judeus para o fato de serem naturalmente judeus. Eu não faria isso se não tivesse encontrado tantos judeus que imaginam ser outra coisa. Para eles "ser judeu" é uma espécie de insulto pessoal. [...]

Sua convicção muito positiva de que o solo palestinense é indispensável para a individuação judaica (é valiosa para mim). Como fica em relação a isso o fato de que o judeu em geral viveu *muito mais tempo* em outros países do que na Palestina? O próprio Moisés Maimônides preferiu Fostat no Cairo, ainda que tivesse a possibilidade de viver em Jerusalém[3].

Será que o problema poderia estar em que o judeu está tão acostumado a ser não judeu a ponto de precisar *in concreto* do solo palestinense para ser lembrado de seu ser judeu? Tenho muita dificuldade em penetrar na psique de alguém que cresceu sem ter nenhum chão.

Com os melhores votos de constante bem-estar,
C.G. Jung

1. Em 1934, Neumann havia-se mudado para Tel Aviv.
2. Herbert Silberer, psicoterapeuta austríaco. Seu livro *Probleme der Mystik und ihrer Symbolik*, Viena, 1914, apresentou uma primeira interpretação psicológica da alquimia. Sua ideia de duas interpretações dos sonhos, uma psicanalítica e outra anagógica (indicando uma significação mais profunda dos sonhos), não foi aceita por Freud. Em 1923, cometeu suicídio, aos 42 anos de idade.
3. Moisés Maimônides (Rabi Moses ben Maimon), 1135-1204, filósofo, teólogo e médico. Durante a perseguição religiosa, mudou-se da Espanha para Fostat no Cairo, onde foi médico na corte de Saladino.

Dr. J.H. van der Hoop
Presidente do grupo nacional holandês
da Associação Internacional de Psicoterapia
Amsterdã

03.01.1936

Digníssimo Senhor Presidente,

Considero evidente obrigação minha manter informadas as diretorias dos grupos nacionais sobre todos os acontecimentos mais importantes. Por isso enviarei a todos os grupos nacionais também uma cópia de sua carta de 30.12.1935[1].

Em esclarecimento à minha "indignação", gostaria de dizer-lhe que fui instado por diversos lados para promover um congresso internacional. A Holanda se havia declarado disposta a assumir o evento. Havíamos justificado esse congresso internacional pelo argumento de que na Alemanha não havia liberdade de expressão e que, por isso, também não era possível participar dos congressos alemães. Depois que este congresso fora acertado, a impossibilidade de um congresso estrangeiro foi novamente baseada numa disposição negativa com relação à Alemanha. Tudo isso dá a impressão de que se quer torpedear de vez o fato de uma associação internacional. Em vista dessas considerações, tem pouco sentido organizar uma associação internacional. Por várias razões teria sido desejável que tivesse havido uma manifestação pública por parte dos países neutros ao menos da vontade de uma colaboração internacional. Conforme sugeri em minha carta de 21.12.1935, o evento poderia ter acontecido num lugar pequeno como, por exemplo, em Amersfoort[2]. Quanto à possibilidade de uma reunião na Suíça, persistem os mesmos motivos que já apresentei no encontro de Nauheim.

As razões de minha renúncia não devem ser colocadas exclusivamente na conta das resoluções do grupo holandês. Outro motivo foi também que eu tive a sensação, corroborada por uma série de informações, de que minha pessoa, devido à sua orientação diferente, era uma pedra de tropeço. Não gostaria absolutamente de agravar ainda mais a existência já tão difícil de uma associação internacional, se houver um consenso de que uma pessoa mais neutra do que a minha possa provocar menos tropeço. Meus temores referem-se principalmente à oportunidade em suspenso da fundação de um grupo nacional austríaco, pois sei de fonte segura que a influência predominantemente freudiana apresenta minha pessoa como principal argumento contra a Associação Internacional. Eu poderia facilmente imaginar que na Holanda também houvesse condições semelhantes. Não tenho ambição nenhuma de ser o presidente internacional. Só aceitei a eleição porque estava disposto a colaborar com todas as minhas forças na reconstrução da associação. Mas se houver a constatação de que sou antes um empecilho, não duvidarei um momento sequer em renunciar.

Com alta estima
(C.G. Jung)

1. Trata-se da resposta de Hoop à carta de Jung, de 21.12.1935. Esclarecia nela que, desde os últimos acontecimentos políticos na Alemanha, não havia clima favorável na Holanda para um congresso do qual participaria também o grupo nacional alemão. Ele lamentava a "indignação" de Jung com relação ao grupo holandês.
2. Aqui há um erro de Jung: em sua carta de 21.12.1935 a van der Hoop ele não mencionou Amersfoort, mas sim em sua carta de 19.01.1935, e assim mesmo num outro contexto.

À Baronesa Tinti
Maribor/Iugoslávia

10.01.1936

Digníssima Baronesa,

Muito obrigado pelas interessantes notícias. Grande parte das peculiaridades das figuras inconscientes poderia ser explicada pelo matriarcado primitivo de longa duração, se soubéssemos com certeza que ele realmente existiu. O mesmo acontece com as histórias de enchentes através do mito da Atlântida, se soubéssemos ao menos que existiu uma Atlântida. Assim também os conteúdos do inconsciente coletivo poderiam ser explicados pela reencarnação, se soubéssemos que há reencarnação. Estas hipóteses são por enquanto artigos de fé, mas a ciência está sempre no papel do humilde pedinte que deve contentar-se com o que vê. Se não fosse assim, seria mero engodo. Esta é a razão por que me limito essencialmente a fatos e observações e procuro evitar as explicações mitológicas.

O escrito que gentilmente me prometeu ainda não chegou às minhas mãos. Mas agradeço de qualquer forma.

Com especial consideração
(C.G. Jung)

Ao Prof. J.W. Hauer
Tübingen/Alemanha

14.02.1936

Prezado Professor Hauer,

Envio-lhe em anexo uma separata de minhas conferências dadas no ano passado em Ascona[1]. Isto não significa uma *captatio*, mas antes uma *anticipatio benevolentiae*, pois eu lhe enviarei um pouco mais tarde outro ensaio no qual incluí o senhor como um sintoma[2]. Dessa vez à revelia de seu sentimento humanitário que conheço muito bem.

Nós, suíços, estamos bastante próximos da Alemanha e talvez também bastante longe para poder explicar o espírito que lá reina agora. Talvez possamos fazê-lo. Se fizermos esta tentativa, devemos considerar, para além do pessoal, o "movimento alemão de fé", incluindo a sua pessoa, como um acontecimento sintomático no contexto da secreta história do pensamento alemão. Não sei se esta minha iniciativa vai desagradá-lo. Em todo caso, abstive-me de qualquer juízo de valor, limitando-me à pura observação dos fatos. Estou profundamente convencido de que não podemos avaliar o acontecimento histórico, mas, no máximo, interpretá-lo. Sei por experiência que ser interpretado não é uma das coisas mais agradáveis, nem mesmo quando isso é feito com as melhores intenções. E muitas vezes extamente por causa disso.

Por enquanto, receba minhas saudações e os meus melhores votos.
(C.G. Jung)

1. "Traumsymbole des Individuationsprozesses", *Eranos-Jahrbuch 1935*, Zurique, 1936, em *Von den Wurzeln des Bewusstseins*, Zurique, 1954 ("Símbolos oníricos do processo de individuação", em OC, vol. XII).
2. Em seu ensaio "Wotan" (em OC, vol. X), Jung fala do movimento religioso que foi designado como "fé alemã" ou "cristianismo alemão", bem como do "movimento de fé alemã", fundado por Hauer, e do livro dele *Deutsche Gottschau. Grundzüge eines deutschen Glaubens*, Stuttgart, 1934. Jung vê nisso sintomas de uma "comoção" dos alemães através do arquétipo "Wotan".

Ao Prof. Rudolf Bernoulli[1]
Zurique

18.02.1936

Prezado senhor Bernoulli,

Infelizmente não sei fazer poesias tão bonitas como o senhor, mas quando se trata do *Lapis* sei falar muito bem. Quando, mais tarde, eu escrever alguma coisa sobre alquimia, Helge e o senhor terão seus direitos resguardados.

Por enquanto agradeço muito e desejo-lhes muitas ideias referentes à criança lunar e solar hermafrodita.

Cordiais saudações
(C.G. Jung)

1. Prof. Dr. Rudolf Bernoulli, 1880-1948. Professor de história da arte na Eidg. Tech.-Hochschule, Zurique. Cf. seu ensaio "Seelische Entwicklung im Spiegel der Alchemie und verwandter Disziplinen", com ilustrações, em *Eranos-Jahrbuch 1935,* Zurique, 1936. O porfessor Bernoulli e Jung eram de Basileia. A carta foi escrita no dialeto basilaico, usado por Jung no dia a dia.

To Dr. Smith Ely Jelliffe[1]
Nova York

24.02.1936

Dear Dr. Jelliffe,

Os relatórios de meus seminários[2] são meros protocolos, destinados exclusivamente aos participantes. Não se destinam a uso científico. Não acredito que o meu livro *Wirklichkeit der Seele* seja de algum interesse para o senhor, pois é puramente psicológico e nada tem a ver com o seu ponto de vista médico.

Estou disposto a responder às suas perguntas. Devo a Janet[3], a cujas conferências eu assisti em Paris, em 1902, muita inspiração e conhecimento psicológico. Também aprendi muito de seus livros. É inegável que obtive de sua psicologia um ponto de vista psicológico muito importante. Nunca neguei que minha psiquiatria provém da clínica de Bleuler. Eu já estava lá em 1900.

O conceito "complexo com carga emocional", como é empregado no teste de associações, é na verdade invenção minha, caso não se queira insistir no fato de que a palavra "complexo" já tenha sido empregada em sentido diverso antes de mim[4]. Mas não tenho conhecimento de que tenha sido empregada no sentido especial em que eu a usei. Se examinar os trabalhos experimentais de Kraepelin[5] sobre as associações (Aschaffenburg etc.), não encontrará nenhuma referência sistemática (ao complexo com carga emocional), nem nos experimentos da escola de Wundt[6].

Comungo de sua opinião de que a normalidade é um conceito altamente relativo. Mas é uma concepção sem a qual é difícil virar-se na vida prática. É óbvio que os nossos pontos de vista mudam de século em século ou, até mesmo, de mês em mês; mas sempre existe um certo número de pessoas ou situações que representam a média e o que chamamos de "normal". Não existisse o conceito do normal, não poderíamos também falar do anormal, com o que exprimimos o fato de que certas funções ou acontecimentos não correspondem ao seu curso médio.

É certo que não pude levar avante minha colaboração com Freud porque tudo em sua psicologia era considerado redutiva e personalisticamente e sob o ponto de vista da repressão. O que para mim parecia especialmente impossível era o tratamento que Freud dava aos sonhos: parecia-me uma distorção dos fatos. A causa direta da minha rejeição está numa publicação de Freud em que ele identifica o método com a sua teoria[7]; isto me pareceu inadmissível, pois eu estava convencido de que se pode usar um método científico sem acreditar em determinada teoria. Os resultados obtidos através do método podem ser interpretados de maneira bem diversa. Adler, por exemplo, interpreta uma neurose de modo bem diferente (do que Freud), e Silberer, um discípulo de Freud, mostrou, independentemente de mim, que se pode interpretar de uma maneira que ele chamou de anagógica[8]. Segundo penso, um psicólogo deve levar em consideração as diversas possibilidades e minha convicção sincera é de que é muito cedo ainda para a psicologia limitar-se a um ponto de vista unilateralmente redutivo. Se o senhor ler atentamente o escrito de Freud *Die Zukunft einer Illusion*, perceberá os resultados. A psicologia de Freud atinge um campo que simplesmente não pode ser reduzido às premissas freudianas quando se examinam os fatos sem preconceito[9].

Sua consulta sobre a permuta entre o *Zentralblatt für Psychotherapie* e o *Journal of Nervous and Mental Disease* eu a passei adiante para a redação.

Yours truly,
(C.G. Jung)

1. Smith Ely Jelliffe, 1866-1945, neurologista. Em 1912 ele contribuiu para que Jung fosse convidado a dar conferências na Fordham University de Nova York. Jung falou sobre "The Theory of Psychoanalysis". Em português: "Tentativa de apresentação da teoria psicanalítica", em OC, vol. IV. Cf. Jones, *S. Freud* II, p. 116.
2. Cf. carta a Körner, de 22.03.1935, nota 2.
3. Pierre Janet, 1859-1947, psiquiatra e neurologista, pesquisas sobre histeria e neuroses. No semestre de inverno de 1902/03, Jung assistiu em Salpêtrière a algumas conferências sobre psicopatologia dadas por Janet. Cf. carta a Künkel, de 10.07.1946, nota 10.
4. Cf. para isso a aula inaugural de Jung, 1934, "Considerações gerais sobre a teoria dos complexos" (em OC, vol. VIII).
5. Emil Kraepelin, 1856-1926, psiquiatra. Juntamente com Aschaffenburg, introduziu na psiquiatria o teste das associações.
6. Wilhelm Wundt, 1832-1920, filósofo e psicólogo, fundador da psicologia experimental. Juntamente com Kraepelin criou a chamada "psicologia das associações".
7. Isto poderia referir-se ao ensaio de Freud "On Psycho-Analysis" que ele enviou ao "Congresso Austro-Asiático" de Sidnei. Nele encontram-se as seguintes frases: "Psychoanalysis is a remarkable combination, for it comprises not only a method of research into the neuroses but also a method of treatment based on the aetiology thus discovered". Cf. Jones, S. Freud II, p. 100 e 256.
8. Cf. carta a Neumann, de 22.12.1935, nota 2.
9. Isto refere-se ao inconsciente coletivo, cujos conteúdos são em parte de natureza numinosa e que não podem mais ser interpretados de maneira redutiva como aqueles do inconsciente pessoal (p. ex. como recalque etc.).

Ao Prof. J.W. Hauer
Tübingen/Alemanha

10.03.1936

Prezado Professor Hauer,

Envio-lhe em anexo meu pequeno ensaio sobre "Wotan". Não precisa ter medo. Eu não o virei pelo avesso. Eu só aproveitei sua figura pública para explicar a natureza da comoção. O senhor saiu ileso. Não tenho nenhum prazer em atacar alguém pelas costas. O senhor, como alemão, deve servir de figura-modelo para o alemão[1].

Lamentei profundamente que não lhe foi possível vir até aqui (para dar a sua conferência). Teríamos muito a conversar sobre aquilo que não se pode resolver por carta e por escritos. Mas acho que me esforcei seriamente para entender de fora o fenômeno alemão tanto quanto é possível para alguém que o experimentou de modo bem diverso.

Saudações cordiais
(C.G. Jung)

1. Cf. carta a Hauer, de 14.02.1936, nota 2.

To Elined Kotschnig
Genebra

16.04.1936

Dear Mrs. Kotschnig,

O símbolo dos dentes caídos tem o sentido primitivo de "perder a garra", pois sob as condições primitivas e no reino animal os dentes e a boca são os órgãos de agarrar. Quando se perde os dentes, perde-se algo que agarra. Isto pode significar uma perda da realidade, uma perda de relacionamento, uma perda de autocontrole etc. A palavra inglesa "grip" está contida na palavra alemã "Begriff". A palavra latina "conceptio" significa o mesmo, isto é, pegar alguma coisa, ter algo preso. Por isso o dente perdido pode significar também que se perde uma determinada concepção das coisas, uma opinião ou modo de pensar até então válidos. A gravidez, por exemplo, pode fazer com que se perca o controle sobre a continuidade psíquica, uma vez que o estado corporal assume a primazia em relação ao psíquico. O sonho do osso no crânio[1] parece indicar a cavidade craniana através da qual, segundo a crença primitiva, escapa a alma. Isto pode significar um medo da morte ou uma relação um tanto perigosa com o inconsciente. A representação de que o osso sai da boca em forma de dente poderia significar que foi ou deveria ter sido abandonada uma determinada concepção antiga. Às vezes pode significar também ficar velho, ou ficar mais velho, sobretudo nas mulheres que têm filhos, pois costuma dizer-se que cada filho custa um dente. [...]

Sincerely yours,
(C.G. Jung)

1. Não dispomos do texto do sonho.

A Wilhelm Laiblin
Stuttgart

16.04.1936

Prezado senhor,

[...]

O sapo que aparece em seu livro tem em geral o significado de uma antecipação do homem no estágio do sangue-frio e representa propriamente a alma inferior da espinha dorsal, como também a cobra, sendo por isso um símbolo do inconsciente criativo.

O que mais me interessou em sua carta é que o senhor, como agredido, considera a situação mais pelo lado feminino[1]. Isto está correto, pois o agressor é o homem, e o agredido é a mulher. Mas o agredido, cujo agressor não se vê, é considerado o agressor e age também como tal (isto é, perigosamente). O contrário de sentimental é obviamente a brutalidade. O sentido mais profundo de Wotan, que vem representado pela perda de um de seus olhos, é Erda, a Magna Mater.

Compreendo perfeitamente que o senhor sinta de modo diferente o fenômeno alemão. Comigo aconteceria o mesmo, mas estou preso no meu estar de fora e nem devo permitir-me olhar a coisa exclusivamente de dentro. Isto também me tiraria a possibilidade de tornar compreensível ao mundo não alemão a natureza alemã. O Ocidente sabe demais a respeito dos sentimentos para ainda acreditar nisso.

Saudações cordiais
(C.G. Jung)

1. Laiblin colocou a questão (carta de 07.04.1936): "por que o de fora é mais impressionado pelo *lado masculino* e o avaliador de dentro, mais pelo *lado feminino* [...] no que se refere aos acontecimentos atuais da Alemanha"? Jung enviou a Laiblin o seu ensaio "Wotan" (em OC, vol. X).

A Claire Kaufmann
Berlim-Steglitz

30.04.1936

Prezada senhorita,

É impossível responder às suas perguntas numa carta. Acho que faria bem se entendesse todo o problema do amor como um *miraculum per gratiam Dei*, do qual no fundo ninguém entende nada. É sempre um destino, cujas raízes últimas ninguém descobrirá. Não deveríamos ficar desorientados por causa das obras de Deus. A sublime insensatez ou a sublimidade insensata dos acontecimentos deveriam servir-nos para uma admiração filosófica. A forma simbólica do amor (*animus-anima*) não recua assustada diante de nada, muito menos diante da relação sexual. Pois o parceiro "real" só existe quando nós o tornamos real. Realidade é um antropomorfismo.

A senhorita deveria ter exposto essas questões quando esteve aqui; poderiam ser escritos muitos volumes sobre isso, mas eu jamais farei isto.

Saudações cordiais
(C.G. Jung)

Ao Dr. Poul Bjerre
Tumba/Suécia

08.05.1936

Prezado colega,

Agradeço a grata notícia de que já existe o grupo nacional sueco. Eu realmente não estava a par do fato, pois em sua carta de 03.02.1935 o senhor me informava que não havia conseguido constituir o grupo nacional devido à forte resistência da secção psiquiátrico-neurológica. Desde então o senhor também não me deu nenhuma notícia sobre a constituição da associação. Vou providenciar imediatamente junto ao nosso redator que seja noticiada no *Zentralblatt* a fundação de um grupo nacional sueco.

Vou perguntar ao colega Brüel se ele pretende assumir a organização de um congresso internacional na primavera de 1937[1]. Assim que tiver uma confirmação oficial, vou, com base nesta e em sua iniciativa, dirigir-me aos outros grupos nacionais e comunicar-lhes que existe uma convocação por parte dos grupos escandinavos para um congresso a ser realizado em Copenhague.

Gostaria de informar-lhe que o grupo nacional alemão se encontra atualmente em situação muito difícil. Na Alemanha, os psiquiatras procuram paralisar a psicoterapia; mas estão em curso iniciativas para impedir esta tendência. Infelizmente não posso entrar em pormenores, e peço que trate esta informação com discrição.

Aproveito a oportunidade para informá-lo de que no dia 19 de julho haverá um encontro psicoterapêutico de caráter internacional em Basileia, por ocasião do "Congrès des Aliénistes et Neurologistes de France et des Pays de Langue Française". Este encontro foi promovido pela comissão suíça de psicoterapia[2], nomeada pela "Schweizerischen Gesellschaft für Psychiatrie". Eu também sou membro da comissão e, por sugestão minha, foram nomeados quatro relatores[3] que representarão quatro orientações diferentes da psicoterapia: Freud, Adler, Jung e a escola fenomenológica. Esta é a primeira tentativa de um trabalho conjunto das diversas orientações. Os convites ainda lhe serão enviados. Mas, queria chamar antecipadamente a sua atenção para este encontro de grande importância.

Entrementes, saudações cordiais

(C.G. Jung)

1. O "Nono Congresso Médico Internacional de Psicoterapia", Copenhague, 02-04.10.1937, foi organizado pelo Dr. Poul Bjerre, Suécia, e pelo Dr. Oluf Brüel, Dinamarca. Cf. carta a Brüel, de 12.12.1936, e discurso do presidente C.G. Jung, em OC, vol. X, par. 1064s.
2. Membros da comissão suíça de psicoterapia foram os psiquiatras Bally (Zurique), Forel (Prangins), Jung e Saussure (Genebra). Em 1936, foi presidente Forel. Em 1937, foi eleito H. Flournoy (Genebra).
3. Em 1937, os quatro relatores foram os psiquiatras Jung, de Jonge (Prangins), Morgenthaler (Berna) e Trüb (Zurique).

Ao Pastor Walter Uhsadel[1]
Hamburgo

04.08.1936

Prezado Pastor Uhsadel,

Agradeço a gentileza de me enviar a publicação "Johannisbriefes 1936"[2], bem como suas considerações sobre a oração[3], a respeito do que teria muitas coisas a dizer, mas que não posso fazer por carta.

Quis o acaso que há pouco tempo um conhecido meu falasse comigo sobre o Círculo de Berneuchen e principalmente sobre os esforços litúrgicos desse Círculo. Tive uma impressão muito simpática. "Se quiseres ser alguma coisa, começa com coisas pequenas", diz Proteu a Homúnculo[4]. Tudo o que acontece de verdade e realmente deve seguir as leis do crescimento. Se houver uma renovação ou, como eu gostaria de dizer, uma justificação da Igreja protestante em geral, isto só pode acontecer passo a passo, realizado por indivíduos que não só falam, mas para os quais isto é também um fato. O pleno êxito é um mau sinal. Se a Igreja não for uma eternidade incontestável, então ela não é nada; por isso considero também extremamente importante a continuidade do rito.

Quando tiver mais tempo lerei com mais atenção o que escreveu sobre a oração. Talvez eu tenha oportunidade de lhe dizer mais coisas a respeito.

Enquanto isso, receba meu agradecimento
(C.G. Jung)

1. Pastor Dr. Walter Uhsadel, professor de Teologia na Universidade de Hamburgo. Obra, entre outras: *Der Mensch und die Mächte des Unbewussten. Studie zur Begegnung von Psychotherapie und Seelsorge*, 1952.
2. Trata-se de um "Jahresbriefe" enviado anualmente aos integrantes do Círculo de Berneuchen, um movimento protestante na Alemanha para aprofundamento da vida religiosa e renovação litúrgica do culto. As primeiras reuniões aconteceram na chácara Berneuchen, Neumark. As cartas foram publicadas mais tarde como "Evangelische Jahresbriefe" e finalmente como "Quatember, Evangelische Jahresbriefe".
3. Segundo informação do próprio Prof. W. Uhsadel (agosto de 1965), tratava-se de uma separata, "Dein Wille geschehe. Vom Sinn und Wesen des Gebetes".
4. *Fausto* II, ato 2 ("Im weiten Meere musst du anbeginnen! / Da fängt man erst im Kleinen an.../ Man wächst so nach und nach heran...").

Destinatária não identificada
Alemanha

18.08.1936

Prezada senhorita,

Com lamentável atraso chego agora a responder à sua carta de 18 de maio. Minha correspondência tornou-se um dilúvio, em vez de ser algo razoável já fugiu do meu controle.

Quanto à sua pergunta[1], não gosto de responder a pessoas que não conheço pessoalmente. Por isso só a abordarei em traços gerais. Em princípio sou a favor que os filhos se separem dos pais tão logo seja possível e quando tiverem alcançado uma idade madura. Os pais devem saber que eles são árvores cujas frutas caem no outono. Os filhos não pertencem aos pais, e só procedem dos pais aparentemente. Na realidade provêm de uma estirpe secular, ou melhor, de muitas estirpes e são para os pais tão característicos quanto uma maçã para um pinheiro. Não deveria haver outra dependência além da obrigação humana de eventualmente cuidar dos pais idosos e de manter com eles uma relação amistosa; pois a geração jovem tem de começar a vida do início e só pode incumbir-se do passado em caso de grande necessidade.

Saudações cordiais
(C.G. Jung)

1. A destinatária havia perguntado a Jung sobre sua relação problemática com os pais aparentemente tirânicos.

Ao Pastor Walter Uhsadel
Hamburgo

18.08.1936

Prezado Pastor Uhsadel,

Acabei de ler com grande interesse o seu livrinho sobre a oração[1]. Devo concordar com tudo, na hipótese de que o senhor fale para pessoas de fé ou que, ao menos, sejam capazes de ter fé. O senhor simplesmente supõe a fé. Mas esta suposição já não vale para o grande público, e aqui reside toda a dificuldade. Se tivermos fé, toda e qualquer explanação sobre a oração é desnecessária, pois isto é o óbvio. Se não tivermos fé, parece-me sem fundamento falar de oração. Trata-se então de perguntar: Por que já não temos fé? E ainda: Como se chega a ter uma fé? Donde o homem moderno tira a certeza de que o globo terrestre está aberto para o lado divino? Também o ateu sabe que este mundo está e sempre esteve numa situação abominável. Só que este conhecimento jamais levou alguma pessoa moderna a ter fé. Ao contrário! A perfeição de Deus levaria a esperar uma criação perfeita e não este quase inferno triste de ócio, estupidez e maldade. A necessidade não ensina sempre a rezar, mas antes a praguejar, a praticar atos de violência e crimes.

Entre as pessoas cultas de hoje, lido geralmente com aquelas que são incapazes de ter fé, mas que não posso condenar por causa disso. Elas estão distanciadas ao máximo da Igreja e da religião, porque de lá só escutam "você deve", sem que se saiba como realizá-lo. O que falta ao homem moderno e que é a única possibilidade de uma atitude religiosa não é um esforço da vontade e coerções morais, mas a experiência de que sua cosmovisão, que corresponde a uma presunção da consciência, é realmente insuficiente. Mas esta experiência só é possível quando acontece algo que se realiza no pessoal sem a interferência de sua consciência. E é somente a experiência da atividade autônoma da alma, independente da vontade e da consciência, que tem esta força convincente. Parece-me que a tarefa mais importante do pastor de almas de hoje seria mostrar às pessoas um caminho de como chegar a uma experiência primitiva como aquela que se apresentou, por exemplo, claramente a Paulo no caminho de Damasco. Pela minha experiência, este caminho só se abre no processo de desenvolvimento psíquico do indivíduo. Falo evidentemente de pessoas cultas. Prova de que possam ocorrer também efeitos coletivos é o êxito surpreendente do movimento de Oxford. Mas eu mantenho o ponto de vista de que se trata apenas de "psychologie des foules", com o prognóstico correspondente.

O êxodo das pessoas cultas das Igrejas em geral é uma perda preocupante, pois significa um resvalar das Igrejas para um nível popular mais baixo e, com isso, uma perda de vida intelectual. Uma Igreja que se baseia apenas nas massas pouco se diferencia do Estado. Parece-me que o protestantismo perdeu, de modo fatal, o contato com a personalidade individual. Em certo sentido, a falta da confissão individual e a ausência da função sumamente importante do "directeur de conscience" são, com o passar do tempo, as causas de uma alienação perigosa da mente espiritual.

Espero que não leve a mal a franqueza de minhas observações. Ninguém acredita mais na necessidade de convicções religiosas do que eu, e por isso mesmo considero da maior importância a questão por assim dizer técnica do caminho em que será possível a experiência religiosa em geral.

Saudações cordiais
(C.G. Jung)

1. Cf. carta a Uhsadel, de 04.08.1936, nota 3.

Ao Prof. Kurt Breysig[1]
Rehbrücke em Berlim

20.08.1936

Digníssimo Professor Breysig,

Queria pedir desculpas mais uma vez por minha negligência e esquecimento. Acabo de encontrar o livro que me enviou, juntamente com a carta de dezembro de 1929, e gostaria de agradecer-lhe muito esta gentileza[2].

Interessou-me saber como um sociólogo vê a nossa psicologia. Como o senhor percebeu corretamente, não tive nenhuma intenção sociológica e por isso deixei de lado o mundo dos acontecimentos. Visto pelo lado psicológico, o acontecimento ou fato é uma coisa extremamente complicada. Ele só pode ser compreendido pela metade a partir da psicologia do indivíduo. De resto é acontecimento irracional, tão complicado por milhares de circunstâncias casuais, que é quase impossível submetê-lo a uma investigação científica. Via de regra o psicólogo só pode constatar a constituição de uma atitude, mas o ato que dela provém fica a critério da história, devido a seu caráter irracional. Se minha psicologia tivesse intenções sociológicas, eu deveria ter incluído naturalmente o mundo dos fatos. Mas ela pretende apenas ser um sistema de classificação das atitudes empiricamente observáveis, bem como da natureza dos produtos simbólicos. Especialmente este último aspecto deve ser totalmente estranho ao sociólogo, e também só interessa ao psicólogo que se ocupa em sentido mais estrito com a psicofenomenologia.

Renovo os meus agradecimentos.
(C.G. Jung)

1. Kurt Breysig, 1866-1940, historiador e professor de Filosofia da História em Berlim.
2. K. Breysig, "Seelenbau, Geschichts- und Gesellschaftslehre", *Kölner Vierteljahrshefte für Soziologie und Kölner Sozialpolitische Vierteljahresschrift*, vol. 8, 1929.

To Abraham Aaron Roback[1]
Cambridge (Mass.)/EUA

29.09.1936

Dear Sir,

Infelizmente não posso aceitar o honroso convite do Presidente Moore, pois deixarei o país já no dia 3 de outubro.

Uma vez que na Suíça somos bilíngues, meu nome é tanto "Carl" quanto "Charles"; portanto não houve propriamente um erro.

Sobre a minha chamada "simpatia nazista" houve um tumulto totalmente desnecessário. Não sou nazista, e no fundo sou totalmente apolítico. Os psicoterapeutas alemães pediram-me ajuda na manutenção de sua organização profissional porque havia um perigo iminente de desaparecer a psicoterapia na Alemanha. Era considerada como "ciência judaica" e, como tal, altamente suspeita. Esses médicos alemães eram meus amigos, e só um covarde abandonaria os seus amigos numa hora em que precisavam de ajuda. Não só levantei de novo sua organização, mas deixei bem claro também que a psicoterapia era uma tentativa da maior confiança e honesta; além disso tornei possível aos médicos judeu-alemães, excluídos de todas as organizações profissionais, de se tornarem diretamente membros da Associação Internacional. Mas ninguém mencionou este fato, nem que muitas vidas totalmente inocentes poderiam ter sido destruídas se eu não interviesse.

É verdade que, desde 1917, venho insistindo na diferença entre a psicologia judaica e cristã[2], mas autores judeus fizeram o mesmo e ainda o fazem atualmente[3]. Não sou antissemita.

Com isso não consegui fama nem dinheiro, mas sinto-me feliz por ter ajudado pessoas necessitadas.

Faithfully yours,
C.G. Jung

1. Abraham Aaron Roback, Ph.D., 1890-1965. Psicólogo americano. Esta carta Jung a escreveu durante sua estadia nos Estados Unidos por ocasião dos festejos do tricentenário da Harvard University, Cambridge (Mass.). Cf. carta a Murray, de 10.09.1935, nota 1.
2. Cf. "Sobre o inconsciente" e "Um aditamento" a "Atualidade (1934)", em OC, vol. X.
3. Cf. carta de Freud a Ferenczi, de 08.06.1913, em Jones, *S. Freud*, II, p. 182: "... Quanto ao semitismo: Há certamente grandes diferenças em relação ao espírito ariano. Disso nos convencemos todo dia. Por isso haverá certamente cá e lá diferentes concepções do mundo e da arte". Cf. também Erich Neumann, "Freud und das Vaterbild", em *Merkur* 1956, 8.

A Hermann Hesse
Montagnola/Tessin

27.10.1936

Prezado senhor Hesse,

Agradeço penhoradamente a gentil remessa de "Josef Knechts Traum"[1]. É realmente um sonho? E quem é o sonhador? Desculpe a pergunta do psicólogo que, profundamente impressionado com a beleza da forma e do conteúdo, não conseguiu refrear sua curiosidade. Mas o senhor não precisa responder à pergunta[2].

Com os melhores votos de
(C.G. Jung)

1. O poema foi publicado inicialmente como "Erasmusdruck", Berlim, setembro de 1936. Mais tarde Hesse o incluiu no romance *Das Glasperlenspiel*, sob o título "Ein Traum", Zurique, 1943.
2. Não foi encontrada resposta de Hesse.

A Jolan Jacobi
Viena

27.10.1936

Prezada e distinta senhora,

Muito obrigado por sua amável carta. Acabo de voltar da América onde passei um período bastante cansativo. Neste inverno tenho a intenção de terminar em grande parte o meu trabalho, pois estou escrevendo um livro que já deveria estar pronto. Também suspendi em grande parte as minhas conferências, de modo que infelizmente não posso aceitar o seu amável convite de dar conferências em Viena. Lamento profundamente não poder duplicar-me ou mesmo triplicar-me, pois isto tornaria as coisas bem mais fáceis.

No que se refere ao seu sonho[1], concordo plenamente com a senhora de que ele pertence aos assim chamados "grandes". Ele evidentemente foi sonhado a partir de sua introversão. Em tal estado, as camadas mais profundas do inconsciente costumam tornar-se ativas e, uma vez que o inconsciente coletivo não se mantém estritamente nos limites de nossa concepção de espaço e tempo, surgem facilmente transgressões de tempo e espaço. Quando acontece no sonho uma intensa regressão no tempo, por exemplo, para séculos anteriores, isto também indica uma progressão cobrindo o mesmo período de tempo. Por isso é preciso entender esse tipo de sonho sempre sob dois aspectos. Por um lado, a raiz histórica e, por outro, o frescor da árvore. A árvore é aquilo que cresce no tempo. [...]

O jovem significa sempre o que deve ser empreendido, levado adiante, antecipado. A árvore expressa o crescimento espiritual no tempo. Plantar a árvore significa o começo de um desenvolvimento, cujos frutos aparecerão no novo mês platônico[2]. Os dois vagabundos históricos significam o contrário do jovem, isto é, o histórico, o primitivo, a sedimentação do passado no corpo. Beber o sangue sela a união dos opostos, a *coniunctio oppositorum*, da qual provém novo crescimento. Na minha opinião, o sonho é um olhar atrás dos bastidores para dentro dos processos seculares do espírito humano, o que pode causar-lhe um sentimento especial de felicidade.

Saudações cordiais
C.G. Jung

1. O sonho trata da passagem da era de Peixes para a era de Aquário.
2. Cf. carta a Corti, de 12.09.1929, nota 2.

Ao Dr. Oluf Brüel
Klampenborg near Kopenhagen

12.12.1936

Dear Dr. Brüel,

As notícias que me dá são algo decepcionantes. Felizmente o anúncio do congresso ainda não foi publicado no *Zentralblatt*[1]. Por outro lado, sua proposta de adiar o congresso para setembro é obviamente cogente. Mas, em vez de 4 a 6 de setembro, eu proporia uma data posterior, talvez o final de setembro ou inícios de outubro. Em setembro costumo tirar minhas férias fora da Suíça, ou estou ocupado com trabalho científico que não gosto de interromper. Ficaria muito grato se considerasse o assunto com simpatia e me informasse sobre a possibilidade dessa data mais tardia. Quanto à sua proposta de tratar da questão do "condicionamento nacional da psicoterapia", devo dizer que é um tema muito delicado. Em primeiro lugar, exigiria uma formulação bem-fundamentada das diferenças das psicologias nacionais e, em segundo lugar, traria à baila as mais diversas convicções políticas que grassam ferozes na Europa. Certamente provocaria uma erupção nacional-socialista de extrema esterilidade. A atmosfera política é tal que não se pode arriscar a abordagem de um tema que possa, ainda que de leve, tocar em política ou em preconceitos nacionalistas. Se os psicoterapeutas fossem filósofos e estivessem *au-dessus de la mêlée*, não haveria nada melhor e mais frutífero do que semelhante discussão; mas como as coisas e as pessoas são como são, fica excluída completamente tal discussão.

Peço que me comunique o quanto antes a sua opinião sobre um adiamento do congresso para final de setembro ou início de outubro.

Sincerely yours,
(C.G. Jung)

1. Cf. carta a Bjerre, de 08.05.1936, nota 1.

Ao Prof. Heinrich Zimmer
Heidelberg

14.12.1936

Prezado Professor Zimmer,

Antes de mais nada quero agradecer a sua amável recensão do meu livro *Das Tibetanische Totenbuch*[1].

Estou anexando cartas de recomendação para vários americanos[2]. Envio as cartas fechadas porque elas contêm também assuntos pessoais.

1. Ao Prof. W.E. Clark[3], da Harvard University, que conheço pessoalmente. Tive com ele alguns *delightful talks* quando da minha visita àquela universidade. É um homem muito introvertido. É preciso aproximar-se dele com a chamada cortesia animal ou das savanas, isto é, fingir que nem foi visto e falar com ele em tom baixo e devagar, para que não se assuste. Também é aconselhável assobiar antes de entrar na floresta, para que os rinocerontes não acordem assustados, mas estejam preparados suave e melodiosamente para sua chegada e possam ainda mudar-se para outro lugar. Ele tem uma esposa muito simpática, exatamente o oposto dele.

2. Também lhe entrego uma recomendação ao Prof. W.E. Hocking[4], da Harvard University. Este é o tipo do homem "correto". Usa dia e noite um colarinho engomado. Quando se consegue entender bem a sua conduta impecável e sua convencionalidade e quando se deu oportunidade a ele de explicar que ele não é nada disso, então abre-se o caminho para uma conversa proveitosa. Sua revolta contra o cristianismo americano, ou seja, contra o *Genius Agri Harvardensis*, levou-o a um sólido relacionamento com a filosofia taoista. Algumas considerações – mas insinuadas bem de leve – a partir de Chuang-tsu e Chu-hsi[5] poderiam ajudar. Sua esposa é um transbordamento de sentimentos, de modo que é bom deixar transparecer um certo desamparo.

3. A terceira recomendação é dirigida ao Prof. Harry Caplan, da Cornell University[6].

4. Recomendo-o também ao Prof. Blake, diretor da Widener Library de Harvard. Ele é gargantuesco em todos os sentidos e prestativo como todas as pessoas gordas. É um linguista (línguas eslavas).

5. Não se esqueça de procurar o meu amigo Leonard Bacon, poeta americano cuja obra principal parece ser *Animula Vagula*[7]. Ele vive no seu teatro privado, onde as coisas acontecem com muito barulho e divertimento.

6. Em Nova York posso recomendá-lo ao nosso Clube Psicológico, cujo presidente é o Dr. phil. E. Henley. Não conheço a Galinha Choca Gigante de Colúmbia.

Ficaria muito grato se o senhor pudesse indicar-me onde posso encontrar na literatura hindu a denominação de Surya ou do Sol em geral como unípede[8]. Tenho a impressão de haver lido isto em algum lugar, mas não sei onde.

Com os melhores votos,
(Jung)

1. Cf. Jung, "Comentário psicológico ao Bardo Thödol, o livro tibetano dos mortos", em OC, vol. XI.
2. Prof. Zimmer resolveu emigrar da Alemanha com sua família. Sua esposa, filha de Hugo von Hofmannsthal, foi considerada "não ariana".
3. Walter Eugene Clark, 1881-1960, professor de sânscrito.
4. Cf. carta a Hocking, de 05.05.1939, nota 1.
5. Chu-hsi, filósofo chinês, 1130-1200.
6. Professor de Filologia Antiga.
7. "Pequena alma errante", as primeiras palavras de um poema do imperador romano Adriano, 76-138.
8. No Atharva-Veda (XIII, 1, 32), o deus-sol Rohita, que é identificado com Surya, o Sol, é denominado "bode unípede". Cf. *Mysterium coniunctionis* II, OC, vol. XIV/2, par. 392.

To Abraham Aaron Roback
Cambridge (Mass.)/EUA

19.12.1936

Dear Mr. Roback,

Recebi o seu abrangente livro[1] e agradeço de coração. Melhor dito, eu o encontrei em casa quando voltei de minha longa viagem[2].

Sua observação de que fez experiências sobre as diferenças psíquicas entre judeus e não judeus interessou-me deveras e ficaria grato se pudesse comunicar-me alguma coisa sobre os resultados a que chegou. Quando escrevi sobre estas diferenças, tinha diante dos olhos não minhas experiências empíricas, mas médicas. Há, de fato, uma diferença marcante, que muito tem a ver com a idade do povo (judeu). Algo bem semelhante constatei nos hindus, isto é, uma expansão ou capacidade de expansão da consciência para dentro da psique subconsciente, o que não se encontra, ou só raramente, nos não judeus. Também constatei a tendência da consciência para a autonomia, havendo o perigo então de ela ser totalmente cortada de suas fontes instintivas. Freud é exemplo típico a esse respeito. Vi com meus próprios olhos que o restabelecimento da ligação com os instintos significava para ele e para muitos judeus uma descoberta genuína e de importância vital, bem como uma fonte de satisfação e alegria. Os não judeus não consideram isto assim; eles acham que é uma limitação da liberdade moral. Isto explica a predileção especial de pastores protestantes pela análise de Freud. Nas mãos deles é um belo meio de mostrar às pessoas uma categoria absolutamente nova de pecado da qual elas não tinham antes noção alguma. [...]

Sei muito bem que as explicações de Freud são necessárias para os judeus; mas como também existem não judeus e, entre os judeus, não poucos que têm uma visão mais ampla, fui forçado através de meus pacientes a desenvolver um ponto de vista que atendesse tanto as necessidades de uns como de outros. Infelizmente as condições políticas na Alemanha tornaram totalmente impossível dizer algo razoável sobre a diferença muito interessante entre a psicologia judaica e não judaica. É praticamente impossível uma discussão imparcial sobre esta diferença sumamente interessante em nossa época de novo barbarismo. Corre-se o risco de ser rotulado de antissemita ou pró-semita, sem ser ouvido por ninguém a respeito.

Ainda não li com atenção o seu livro, mas não queria esperar mais tempo para agradecer o maravilhoso presente.

Sincerely yours,
(C.G. Jung)

1. Pelo texto da carta, parece tratar-se do livro de Roback *Jewish Influence in Modern Thought*, Cambridge (Mass.) 1929.
2. Cf. carta a Roback, de 29.09.1936, nota l.

Ao Prof. Martin Elsaesser[1]
Munique

28.01.1937

Prezado Professor Elsaesser,

Fiquei muito feliz em receber novamente notícias suas.

Os quadros de Ende[2] são por um lado interessantes, mas por outro são bastante obscuros, pois não indicam o genérico[3], como o quer Goethe, mas um genérico que está escondido atrás do singular e do pessoal. A forma simbólica é para Ende apenas problema estético diante do qual ele arriou as velas. Isto se explica pelo fato de os artistas correrem atrás da forma incomum, mas não significativa. Acontece então que para um velho filósofo a figura pode ser um poste, um pássaro, um triângulo ou outra coisa qualquer. Isto é, nota-se com pesar nos quadros que o próprio pintor está diante de portas fechadas, através das quais escapa um raio, mas um raio oblíquo. A doença de nossa arte contemporânea é que ela só desenha ou pinta, e considera uma virtude não pensar, ao contrário dos grandes artistas da Renascença. Sempre achei muito difícil explicar esses problemas a um artista, mas com um Mantegna eu poderia entender-me. O grandioso do artista da Renascença está em que ele trabalha a partir do todo de sua personalidade, enquanto o artista de hoje evita ao máximo o significativo.

Agradeço as suas notícias e desejo-lhe tudo de bom. Lembranças à sua esposa.

Saudações cordiais
(C.G. Jung)

1. Prof. Martin Elsaesser, 1884-1957, professor de Arquitetura em Stuttgart e Frankfurt no Meno, emigrou para a Itália e depois para a Turquia. Desde 1947 professor na Technischen Hochschule de Stuttgart.
2. Edgar Ende, nascido em 1901, pintor surrealista alemão.
3. Cf. para isso Goethe, "Einfache Nachahmung der Natur, Manier, Stil" (1789).

To Swami Devatmananda
Portland (Oregon)/EUA

09.02.1937

Dear Sir,

É extremamente difícil explicar a natureza dos arquétipos a alguém que não conhece o material empírico com o qual se ocupa a psicologia. O único paralelo fora da psicologia que posso indicar é o chamado motivo mitológico nos mitos, nos contos de fada, no folclore e nas religiões. Se examinarmos tal motivo, é possível constatar que ele não é de forma nenhuma unívoco, mas trata-se de uma estrutura viva que apresenta algo que poderíamos chamar de imagem[1]. Enquanto os contos de fada etc. são transmitidos pela tradição, os arquétipos são aquisições conscientes. Mas na medida em que os arquétipos surgem, independentes de qualquer tradição, no mundo imaginário dos doentes mentais, bem como nos sonhos de pessoas normais etc., apresentam-se como conteúdos do inconsciente coletivo, e sua presença na psique do indivíduo só se explica pela hereditariedade.

Quanto à sua pergunta sobre a livre-vontade: é certo que a vontade livre só existe dentro dos limites da consciência; fora desses limites impera simples compulsão. Não sei por que há pessoas que têm a vontade ou a ambição pelo ilimitado. Não sou filósofo, sou um empírico. Mas admito que há pessoas assim. Sei que no Oriente se explica a peculiaridade do caráter individual através da doutrina do carma. É uma doutrina na qual se pode acreditar ou não. Como não sou filósofo, mas empírico, falta-me a prova objetiva. A ciência não tem resposta para perguntas que ultrapassam a possibilidade humana. Não temos provas da existência objetiva da psique independente do cérebro vivo[2]. Em todo caso não há possibilidade alguma de provar um suposto estado psicológico, independente do cérebro humano. Podemos fazer todo tipo de suposições sobre esse estado puramente hipotético, mas a resposta será sempre e necessariamente mera suposição. Talvez isto satisfaça a necessidade humana de acreditar, mas não o desejo de saber.

O senhor pode encontrar a definição de inconsciente coletivo em meu livro *Tipos psicológicos*. O inconsciente pessoal e o inconsciente coletivo juntos constituem aquilo que eu chamo de "si-mesmo". Também a definição desse último o senhor encontrará em *Tipos psicológicos*.

Sincerely yours,
C.G. Jung

1. Mais tarde Jung usou o conceito de arquétipo num sentido diferenciado: distingue entre "arquétipos em si" indistintos, de conteúdo impreciso no inconsciente, e suas formas plásticas de manifestação na consciência, que foram designadas como "arquetípicas". O "arquétipo em si" é um fator *a priori*, uma disposição irreconhecível ou estrutura básica que ordena o material da consciência, por exemplo, os sonhos, fantasias, mitos etc. em determinadas formas e figurações arquetípicas. Deve ser considerado como caso psíquico especial do "pattern of behaviour" biológico que empresta sua natureza específica a todos os seres vivos. Os "arquétipos em si", as condições *a priori* no inconsciente, são transmissíveis pela hereditariedade, mas não as imagens etc. arquetípicas por eles ordenadas e percebidas pela consciência. Cf. para isso "Considerações teóricas sobre a natureza do psíquico" (em OC, vol. VIII) e "Análise psicológica da Trindade" (em OC, vol. XI, par. 222 e nota 2). Cf. carta a Frischknecht, de 07.04.1945, nota 3.
2. Cf. carta a Eckstein, de 16.09.1930, nota 2.

Ao Pastor Hans Wegmann
Zurique

05.03.1937

Digníssimo Pastor Wegmann,

Como o senhor sabe, o grande público começa a interessar-se pela discussão psicológica. Nós temos aqui uma associação de psicologia prática[1], onde procuram entender-se os psicoterapeutas médicos e os chamados psicólogos práticos, isto é, os pedagogos de grau acadêmico. Em nossa opinião essas discussões não seriam completas se não pudéssemos incluir também os teólogos. Eles se ocupam também com o problema da psique e com os seus múltiplos sofrimentos. Recentemente surgiu em nossa Associação a pergunta se não seria possível ouvir uma vez um teólogo falar sobre o problema do tratamento das pessoas. Nesta oportunidade pensei no seu nome, pois sei que se preocupa com este problema.

Gostaria de perguntar-lhe se está disposto a dar uma palestra na sede da nossa Associação, talvez durante o próximo semestre de verão, abordando todo o problema do ponto de vista teológico[2]. Posso garantir-lhe que terá uma audiência interessada e simpática. Eu pessoalmente lhe ficaria muito grato se o senhor pudesse assumir este compromisso. No interesse de todos os participantes, eu consideraria de suma importância que pudesse ser colocada uma base para um amplo entendimento. Isto naturalmente só é possível se estiverem representadas todas as faculdades interessadas no assunto. As Faculdades de Teologia nos são de pouca valia neste caso, pois estamos precisando de pessoas com experiência prática, as únicas capazes de falar da realidade.

Espero ansiosamente que possa atender o nosso pedido.

Com elevada consideração,
(C.G. Jung)

1. Associação Suíça de Psicologia Prática.
2. O Pastor Wegmann fez, no dia 07.06.1937, uma palestra sobre "Seelische Heilung durch religiöse Einordnung".

To Dr. Helton Godwin Baynes[1]
Londres

06.03.1937

Dear Peter,

Muito obrigado pelo gentil envio de suas duas separatas[2]. Assim que tiver alguns momentos de sossego, vou lê-las. Mas o senhor sabe que aqui tenho muito que fazer. Tenho de esperar as férias para conseguir realizar algum trabalho humano e normal.

No que se refere à esquizofrenia traumática, o senhor está livre para usar esta expressão, presumindo-se que tenha provas suficientes para corroborá-la. É totalmente possível e até provável que a emoção possa causar distúrbios funestos numa determinada índole, numa sensibilidade inata. É inclusive uma experiência bem difundida que as psicoses podem chegar a uma erupção aguda através de fortes emoções.

Os desenhos de insetos[3], sobre os quais me escreve, não constituem prova cabal de uma psicose. Indicam apenas que há certa tendência para uma dissociação esquizofrênica, em que os insetos (Mendel?) apresentam unidades com certa tendência para a autonomia. Por motivos semelhantes, que levaram o habitante das cavernas a encher com desenhos de caçadas de animais os cantos mais recônditos de sua caverna, também o seu paciente tenta captar suas unidades autônomas enquanto as desenha. Procura mantê-las vinculadas à sua consciência e minora assim o perigo de fugirem todas para diversas direções e se perderem por completo. O fato de poder desenhá-las mostra que sua consciência está suficientemente segura para manter sob controle esses pequeninos animais; se os controles falharem, talvez elas se manifestem de novo como os bem conhecidos fragmentos esquizofrênicos da personalidade ou *insulae*. Os insetos que aparecem na árvore mostram que ele conseguiu estabelecer a hierarquia correta em seu inconsciente. Ao menos é esta possibilidade positiva que o quadro dá a entender. Como o senhor sabe, a disposição esquizofrênica está arraigada em camadas mais profundas do que a disposição neurótica. Na verdade ela já começa no sistema nervoso simpático. Vi resultados de pesquisas (sobre esquizofrenia) feitas por um químico na clínica psiquiátrica de Boston. Esses resultados mostram que a coordenação fisiológica dos processos vegetativos é tão fortemente perturbada e da mesma maneira que a coordenação mental-psíquica. Também os fatores vegetativos operam por si mesmos, independentemente.

Cordially yours,
C.G. Jung

1. H.G. Baynes, 1882-1943, psiquiatra, psicoterapeuta. Obras, entre outras: *Mythology of the Soul*, Londres, 1940; *Germany Possessed*, Londres, 1941; *Analytical Psychology and the English Mind*, Londres, 1950.
2. "The Psychological Background of the Parent-Child Relation" e "The Ghost as a Psychic Phenomenon". Ambos em H.G. Baynes, *Analytical Psychology and the English Mind*, Londres, 1950. De 1912-1922 e 1929-1931, Baynes foi assistente de Jung, e em 1925-1926 acompanhou Jung em sua viagem à África Oriental (cf. *Memórias*, p. 257s.). Fundador do "Analytical Psychology Club", de Londres.
3. Dr. Baynes escreveu naquela época um livro sobre sonhos e desenhos de esquizofrênicos: *Mythology of the Soul*, Londres, 1940. A figura 19 mostra dois insetos, sobre cujo significado ele perguntou a Jung. A carta de Jung está transcrita de forma abreviada no livro.

Ao Pastor Fritz Pfäfflin
Würzbach-Calw/Alemanha

09.03.1937

Prezado Pastor Pfäfflin,

[...]

Sua ideia de escrever uma tese de doutorado sobre o pecado é brilhante. Realmente eu gostaria de saber o que é pecado, pois a teologia vem falando dele há milênios. Em minha imparcialidade teológica eu diria que sobre isso só pode decidir o bom Deus, como, aliás, se pode ler claramente nos Atos dos Apóstolos. O restante é legislação humana em toda a sua relatividade circunstancial da época. A humanidade nunca teria falado de pecado e perdão de pecado, se isto não fosse uma realidade psicológica bem fundamental que existia muito antes de haver uma legislação. Desviar-se da vontade dos deuses já foi preocupação da humanidade nos tempos primevos. Neste sentido "o homem antigo" tem muito a dizer. Mas este sentido é bem mais abrangente e, de certo modo, mais inexorável do que qualquer legislação humana.

Saudações cordiais
(C.G. Jung)

A Gerda Hipert
Leipzig

20.03.1937

Prezada e distinta senhora,

A senhora percebeu muito bem que a atitude-tipo permanece em geral constante, mas que a função-tipo está sujeita a toda espécie de mudanças no decorrer da vida. Durante a análise prática podemos observar uma transição muito interessante da função diferenciada para sua função auxiliar, e desta para sua função oposta, e daquela primeira para a função não diferenciada, a assim chamada função inferior[1].

A senhora tem razão quando afirma que a ética dos valores é sobretudo um produto da função-sentimento altamente diferenciada. Naturalmente também o intelecto participa da elaboração e formulação de uma ética, mas os conteúdos determinantes provêm todos do sentimento.

Também posso confirmar a sua concepção sobre a diferença entre o homem e a mulher no que se refere à ideia. É correto dizer que a mulher se adapta mais à ideia e o homem mais à imagem primitiva. Mas isto só vale para as mulheres em que a ideia funciona em geral, assim como só entra em cogitação a imagem primitiva quando um homem leva em consideração, por exemplo, o sentimento. Não existe até agora nenhuma literatura sobre o problema do animus, com exceção do trabalho de minha esposa: "Ein Beitrag zum Problem des Animus", em *Wirklichkeit der Seele*, Rascher, Zurique, 1934.

Está certo que a incapacidade de expressão é sempre uma falha e, em sentido mais amplo, uma culpa, enquanto for obrigação da pessoa tornar reais os seus conteúdos, seja pela palavra, imagem ou ação. Mas como há realmente tipos diferentes e, além do mais, homens e mulheres, é difícil pensar numa forma de palavras ou em qualquer outra imagem que pudessem tornar real um conteúdo de validade geral absoluta e absolutamente convincente. Pois o que para um significa a mais perfeita e mais clara expressão, para outro pode significar fórmula morta ou complicação desconcertante. Certamente isto se baseia em parte no fato de que os seres humanos são em geral deficientes. Mas também se baseia no fato de que toda expressão possível é necessariamente unilateral, pois o que é ideia não é palavra, e o que é palavra não é ato, quando na verdade as três coisas deveriam ser uma só. Mas uma tal totalidade e perfeição é apenas lenda religiosa, mas infelizmente nunca uma realidade no sentido comum da palavra.

Com elevada consideração,
(C.G. Jung)

1. Para a compreensão do primeiro parágrafo, cf. *Tipos psicológicos* (OC, vol. VI), par. 621s., 778 e 852.

Ao Dr. Rudolf Pannwitz[1]
Kolocep, Damalcija/Iugoslávia

27.03.1937

Prezado Dr. Pannwitz,

[...]

O fato de o senhor achar Kierkegaard "horrível" tocou o meu coração[2]. Eu o considero simplesmente insuportável e não posso entender ou, melhor, posso entender muito bem por que a neurose teológica de nosso tempo criou tanta história em torno dele. O senhor tem toda razão ao afirmar que o patológico nunca é o importante. Mas é ele que nos causa as maiores dificuldades, e por isso é dele que aprendemos o máximo. Além disso é exatamente a histeria que apresenta certas peculiaridades da pessoa normal numa forma tão exagerada que até a cegueira dos médicos, que normalmente são os que menos sabem sobre psicologia, acaba atinando com isso. Eu atribuo, portanto, a sintomatologia neurótica às pessoas como um produto involuntário, pelo qual tenho certa gratidão. Também sou de sua opinião de que a pessoa normal é bem mais valiosa e interessante. Por isso me esforcei também por remover o quanto antes e o mais completamente possível a nossa psicologia "complexa" do campo do patológico. Mas com isso caí, como o senhor bem viu, na enorme dificuldade de elaborar formulações genéricas que pudessem explicar o quadro geral da experiência humana. Tive que ater-me à experiência que me era diretamente acessível e compará-la com os dados da história do pensamento humano. Disso resultou uma certa inexatidão que fez com que minha tentativa parecesse provisória. Tenho plena consciência de que aquilo que faço é trabalho pioneiro que ainda precisa ser complementado por uma fundamentação específica, mas há sinais promissores de que também outros começaram a fazer investidas neste campo.

Anexo uma pequena separata que nada contém de mais interessante; é apenas uma tentativa de como explicar isto aos médicos. A cópia que lhe mandei é realmente algo assim. É um ensaio que foi publicado no *Eranos-Jahrbuch 1934* (Rheinverlag, Zurique, 1935)[3].

Minha carta vai um pouco atrasada. Mas uma doença e sobrecarga de trabalho impediram-me de escrever antes.

Com elevada consideração,
(C.G. Jung)

1. Rudolf Pannwitz, 1881-1969, escritor alemão com publicações de cunho filosófico.
2. Quanto à opinião de Jung sobre Kierkegaard, cf. cartas a Künzli, de 04.02.1943, de 16.03.1943, e a Bremi, de 26.12.1953.
3. "Sobre os arquétipos do inconsciente coletivo", em OC, vol. IX/1.

Ao Dr. S.
Alemanha

27.03.1937

Prezado colega,

Quando li o seu sonho[1], veio-me de repente a ideia de que ele parece bem literário. Nunca pensou em escrever a partir desse material um duplo romance, sendo que um se passaria em três dimensões e o outro em quatro? Em seu sonho trata-se do material a partir do qual trabalham os artistas. Neste sentido o sonho é inclusive notável, de modo que quase suporia que sua capacidade descritiva também esteja na consciência.

Naturalmente só conseguimos atuar dentro da terceira dimensão; a quarta dimensão é aquilo que gostaria de penetrar em nosso mundo consciente e tridimensional. Esta concretização é na verdade a tarefa humana por excelência, pois toda cultura é ampliação da consciência, e como a física moderna já não pode prescindir do pensamento quadridimensional, também a nossa concepção psicológica deve ocupar-se com esse problema.

Saudações cordiais
(C.G. Jung)

1. O sonhador, um médico, encontra-se na prisão e gostaria de despachar um manuscrito no qual havia trabalhado. Então a prisão transforma-se num hospital; o sonhador é um paciente, e o médico lhe diz que ele havia feito "bobagens", o que o deixa muito envergonhado. Finalmente é recambiado para a prisão onde fora médico durante a Primeira Guerra Mundial, e trata-se de dar uma injeção em si mesmo ou numa outra pessoa. Seu grande anseio é ser reconhecido pelo seu valor.

Ao Prof. J.W. Hauer
Tübingen

07.06.1937

Prezado Professor Hauer,

Desculpe o meu longo silêncio, mas estou atualmente tão ocupado que não tenho quase tempo para pôr em dia a minha correspondência.

Pensei em sua proposta e saúdo sua ideia de um encontro. Para nós seria muito proveitoso um seminário sobre ciência comparada das religiões. Mas como não conheço a sua posição quanto a esta ideia, gostaria de pedir-lhe que me comunicasse o seu ponto de vista.

A vinculação entre raça e religião, que o senhor tem em mente, é de fato um tema bem difícil. Uma vez que o conceito antropológico de raça não foi esclarecido como sendo um fator essencialmente biológico, parece-me uma tentativa bastante ousada vincular a religião a este fator difícil de definir. Eu pessoalmente tratei de muitos judeus e conheço a psicologia deles até os recantos mais profundos, por isso posso afirmar que há uma certa correlação de sua religião especial com sua psicologia condicionada pela raça. Mas seria incapaz, por exemplo, de estabelecer uma relação do Islã ou das formas religiosas do Antigo Egito com os seus praticantes, pois falta-me um conhecimento íntimo da psicologia dos árabes e dos egípcios. Também seria totalmente incapaz de estabelecer uma relação essencial da raça berbere não semita e da população muçulmana ariana da Índia com o Islã. Tenho algumas noções da psicologia do indiano e já analisei um parse, mas não estaria capacitado a relacionar o parsismo, que difere muito do hindu, com aquilo que conheço da psicologia condicionada pela raça dessa gente.

Vejo nesse campo enormes dificuldades científicas que não poderiam ser resolvidas num seminário. Por isso gostaria de propor-lhe em vez disso um tema da ciência das religiões e pedir-lhe que me desse sua opinião a respeito[1].

Saudações cordiais
(C.G. Jung)

1. O seminário do Prof. Hauer não aconteceu.

To Mr. P.W. Martin[1]
Genebra

20.08.1937

Dear Mr. Martin,

Lamento profundamente não ter respondido até agora à sua carta, mas estive tão ocupado que não encontrei o tempo necessário para dedicar-me mais profundamente às suas perguntas.

O que o senhor chama de técnica de uma confrontação com a sombra toca numa questão bastante difícil e importante. Realmente não existe uma técnica geral, enquanto técnica significar uma regra conhecida e talvez mesmo prescrita para resolver uma determinada dificuldade ou tarefa. É, antes, um procedimento comparável à diplomacia ou à política estatal. Também não existe uma técnica específica para reconciliar dois partidos políticos opostos. Talvez aqui se trate de boa vontade, de habilidade diplomática, de guerra civil ou de outra coisa. Se for possível falar de técnica em geral (em relação à sombra), ela consiste exclusivamente numa atitude. Em primeiro lugar, é preciso aceitar e levar a sério a existência da sombra. Em segundo lugar, é preciso estar informado sobre suas propriedades e intenções. E, em terceiro lugar, são necessárias longas e difíceis negociações. [...]

Ninguém pode saber como terminarão essas negociações. Sabe-se apenas que o problema em si vai sofrendo transformações através de colaboração cuidadosa.

Muitas vezes as intenções aparentemente impossíveis da sombra são apenas ameaças, como resposta à recusa do eu de prestar-lhe uma atenção real. Estas ameaças costumam diminuir quando são enfrentadas com seriedade. Os pares de opostos têm uma tendência natural de encontrar-se na linha do meio, mas o meio nunca é um compromisso inventado pelo intelecto e imposto aos partidos em luta. É antes o resultado do conflito que se pretende resolver. Em nenhum caso os conflitos se resolvem através de truques habilidosos ou de mentiras, mas sim pelo fato de nós os suportarmos. Eles precisam ser esquentados por assim dizer, até que a tensão fique insuportável; então os opostos se fundem aos poucos mutuamente. É uma espécie de procedimento alquímico, mas não uma escolha e decisão racionais. Sofrer faz parte imprescindível. Toda solução real só será encontrada através de sofrimento intenso. O sofrimento indica até que ponto nós somos insuportáveis a nós mesmos. "Entenda-se com o seu inimigo", interior e exteriormente! Este é o problema! Esse entendimento não lhe faria mal, nem ao seu inimigo. Concordo que não é fácil encontrar a fórmula correta; mas se a encontrarmos, teremos feito uma totalidade de nós, e isto, acredito eu, é o sentido da vida humana.

Nesse meio-tempo, o senhor deve ter recebido minhas *Terry Lectures*[2]. Ficaria muito grato se tivesse a gentileza de lê-las; o senhor só precisa corrigir os piores erros ortográficos e estilísticos. Devo admitir sem mais que meu estilo (inglês) é algo desajeitado e rústico. Na América não esperam de mim que escreva num estilo impecável. Portanto, não perca muito tempo com isso. Basta que dê uma lida rápida. Ao menos assim o espero! Muito lhe agradeço esta ajuda solícita.

Sincerely yours,
(C.G. Jung)

1. P.W. Martin, fundador do "International Study Center of Applied Psychology", Oxted, Inglaterra.
2. *Psychology and Religion*. The Terry Lectures, 1938. Yale University, New Haven (Conn.), EUA. Em português: "Psicologia e religião" (em OC, vol. XI).

Ao Pastor Fritz Pfäfflin
Würzbach-Calw/Alemanha

30.08.1937

Prezado Pastor Pfäfflin,

Uma verdadeira formação como "psicoterapeuta" requer um certo estudo sistemático, sobretudo uma análise metódica dentro dos padrões acadêmicos. Não acredito que consultas ocasionais possam substituir a continuidade do processo analítico. Com elas o senhor pode aprender muita coisa útil, mas isto não é uma formação profissional. Acredito que faria melhor se, dentro de suas razoáveis possibilidades, adquirisse tanto conhecimento que pudesse haurir da vida cotidiana uma compreensão suficiente. Desse modo construirá ao longo dos anos um procedimento bem peculiar seu. É preciso que haja não apenas psicoterapeutas, mas também teólogos com conhecimentos psicológicos, caso contrário seria melhor transformar toda a Igreja numa clínica psicológica. Mas a missão da Igreja não é a mesma da psicoterapia. A Igreja significa serviço à comunidade, ao passo que a terapia significa serviço ao indivíduo. Existem muitas pessoas que só podem ser atingidas coletivamente.

Agradeço muito a sua interessante recensão. Sua linguagem honesta será para muitos um espinho na carne.

Saudações cordiais,
(C.G. Jung)

To V. Subrahmanya Iyer[1]
Londres

16.09.1937

Dear Sir,

Concordo plenamente com sua opinião de que é um nobre esforço da filosofia procurar um caminho de felicidade para todas as pessoas. Naturalmente este objetivo é inatingível sem erradicar o sofrimento do mundo. A filosofia precisa encontrar um caminho que provoque a destruição do sofrimento, para então alcançar um estado de felicidade. Parece-me tarefa muito pretensiosa querer eliminar o sofrimento do mundo, e não sou tão otimista para acreditar que isso seria possível. Ao contrário: creio que o sofrimento é parte essencial da vida humana, sem o qual jamais realizaríamos coisa alguma. Sempre procuramos fugir do sofrimento. Nós o fazemos de milhares de formas diferentes, mas nunca o conseguimos de todo. Por isso cheguei à conclusão de que deveríamos tentar, se possível, encontrar ao menos um caminho que possibilitasse às pessoas suportar o sofrimento inevitável, que é o destino de toda existência humana. Quando alguém consegue ao menos suportar o sofrimento, já realizou uma tarefa quase sobre-humana. Isto pode proporcionar-lhe um certo grau de felicidade ou satisfação. Se o senhor chamar isto de felicidade, nada tenho a objetar.

Espero muito revê-lo na Índia[2] e, nesse meio-tempo, envio-lhe saudações cordiais.

Yours faithfully,
(C.G. Jung)

1. V. Subrahmanya Iyer era o guru da Maharadscha de Mysore, onde Jung esteve hospedado durante a sua viagem à Índia no ano seguinte. Em 1937 Iyer representou a Índia no "Congresso Internacional de Filosofia" na Sorbonne. Jung convidou a ele e a Paul Brunton, autor inglês com

várias obras publicadas sobre ioga e filosofia hindu, para Küsnacht, onde houve longas conversas sobre problemas da filosofia hindu.
2. Em 1938, Jung foi convidado pelo governo indiano para o 25° aniversário da Universidade de Calcutá. Nessa ocasião manteve longas e profundas conversas com V. Subrahmanya Iyer. Cf. *Memórias*, p. 278.

O Prof. Walter Uhsadel conta a respeito de uma conversa com Jung, em 1938, na "pequena biblioteca" da casa de Jung em Küsnacht o seguinte. Jung apontou para uma cópia de um vitral de Königsfeld, que representava a crucifixão, e disse: 'Veja, isto é o decisivo para nós'. Quando lhe perguntei por que dizia isto, respondeu: 'Acabo de voltar da Índia, ali isto despertou de novo em mim. A humanidade precisa resolver o problema do sofrimento. O homem oriental quer livrar-se do sofrimento desprendendo-se dele. O homem ocidental tenta suprimir o sofrimento através das drogas. O sofrimento precisa ser vencido, mas só o será quando for suportado. E isto nós só aprendemos dele'. Assim falando, apontou para o crucificado. Em Uhsadel, *Evangelische Seelsorge*, Heidelberg 1966, p. 121.

To Kendig B. Cully
Westfield (Mass.)/EUA

25.09.1937

Dear Sir,

O senhor pode aprender muito a respeito da psicologia nos livros, mas cedo descobrirá que esta psicologia pouca utilidade tem na vida prática. Uma pessoa que se dedica à cura de almas deveria ter uma certa sabedoria de vida que não se baseasse apenas em palavras, mas também e sobretudo na experiência. A psicologia, como eu a entendo, não é apenas uma soma de conhecimentos, mas também experiência de vida. Se ela for ensinável, então o será apenas com base na própria experiência da psique humana. E esta experiência só pode ser obtida num aprendizado pessoal, isto é, individual, e não coletivo.

Na Índia é costume bem antigo que praticamente toda pessoa de certa cultura tenha um guru, um diretor espiritual que lhe ensine, e tão somente a ele, o que ele deve saber. Nem todos precisam saber a mesma coisa, e o saber sobre alguma coisa nunca pode ser transmitido da mesma forma a todos. É isto que falta totalmente às nossas universidades: a relação entre mestre e aluno. E é isto também que o senhor deveria ter, bem como todos os seus colegas que desejam uma formação psicológica.

Todo aquele, cuja vocação é dirigir almas, deveria primeiro deixar dirigir a sua própria alma para sentir o que significa o encontro com a alma humana. Conhecer o lado escuro de cada um é a melhor preparação para lidar com a escuridão dos outros. Só o estudo em livros não lhe será de grande valia, ainda que seja necessário. O mais útil será uma introspecção pessoal nos segredos da alma humana. Caso contrário tudo se resumirá a manobras intelectuais de palavras vazias que levam a um falatório inútil. Talvez fosse bom tentar entender o que digo em meus livros; e, se tiver um bom amigo, tente olhar por detrás de sua fachada, para que assim descubra a si mesmo. Isto seria um bom começo.

Sincerely yours,
(C.G. Jung)

To Father Norbert Drewitt
Blackfriars
Oxford

25.09.1937

Dear Father,

Muito lhe agradeço a gentileza de me enviar suas separatas e notícias. Li tudo com muito interesse. Certamente compreende que não sou um místico, mas um empírico; isto me trouxe grande satisfação. Minhas pesquisas sempre foram acompanhadas de um vivo interesse pela religião e pela verdade religiosa. Minha especial curiosidade de saber sempre voltava a esta questão: O que produz a mente humana como função natural e espontânea, se ela permanecer não influenciada? Semelhante problema só se coloca naturalmente com total renúncia a qualquer verdade tradicional, não importando quão verdadeira seja. Todas as minhas constatações sempre se baseiam em experiências e nada do que digo pretende negar ou defender uma verdade estabelecida. Procuro simplesmente exprimir o que acredito ter visto. Com minhas tentativas de esclarecimento não pretendo jamais explicar definitivamente, recomendar ou aconselhar algo; meu único objetivo é tornar humanamente e de modo geral compreensível um certo tipo de experiência.

Percebo em seus escritos que faz um esforço sério de entender e explicar uma situação extremamente complicada. Seu ponto de vista é naturalmente uma fé positiva, enquanto eu não parto de nenhuma verdade e de nenhum entendimento prévio. E, assim mesmo, trabalhamos ambos no mesmo problema. Também fico impressionado com a sua sinceridade e autenticidade sem limites. Por isso acredito que o livro no qual está trabalhando – qualquer que seja o conteúdo – será uma tentativa honesta de harmonizar a constatação científica com a verdade revelada. Com base naquilo que sei até agora, poderia admitir que tal empreendimento seja possível. Mas gostaria de falar pessoalmente com o senhor para explicar-lhe o meu ponto de vista sobre esta questão. Temo que não possa fazê-lo por carta. Levaria muito espaço e tempo. Na próxima primavera, no começo de abril, irei à Inglaterra; ficaria muito feliz se permitisse que eu o visitasse durante minha permanência em Londres.

Sincerely yours,
(C.G. Jung)

Ao Prof. M.H. Göring
Berlim

16.11.1937

Prezado colega,

O Dr. Meier chamou-me a atenção para sua curta recensão do livro de Rosenberg[1]. A afirmação de Rosenberg de que os judeus desprezam a mística é um erro sumamente lamentável para todos os que conhecem a história judaica, sobretudo o hassidismo. Sugeriria por isso que deixássemos passar em silêncio este livro. Não posso endossar com o meu nome este deslize.

Saudações cordiais
(C.G. Jung)

1. Alfred Rosenberg, *Der Mythus des 20. Jahrhunderts*, 1930.

Ao senhor J. Heider
Zurique

01.12.1937

Prezado senhor,

[...]

No que se refere à sua pergunta quanto a X., só posso dizer o seguinte. Acontece muitas vezes, quando morre alguém bastante íntimo de nós, que somos por assim dizer ou arrastados para dentro da morte ou que esta perda do ente querido tenha o efeito contrário, isto é, recebe-se dele uma tarefa que deve ser cumprida na vida real. Podemos dizer então em sentido figurado que um pedaço da vida do falecido passou para a pessoa viva, obrigando-a a realizá-la. No caso de X. temos provavelmente um exemplo dessa não realização. Este fato pode, por assim dizer, ou mantê-lo à distância da vida ou persuadi-lo a viver. Também é provável, quando não se está bem consigo mesmo, que se entre em conflito, uma vez que o pedaço assumido do defunto é conflitivo, isto é, um pedaço morto e vivo ao mesmo tempo.

Normalmente a função diferenciada está sempre um pouco atrás da vida real e orienta-se sempre pelo já acontecido. Nesses casos o inconsciente dá instruções de natureza compensadora que deveríamos ouvir se tivermos uma atitude positiva perante a vida. Quando então algo é empreendido, realiza-se nesse empreendimento aquilo que foi assumido do falecido. Como o senhor sabe, não precisa ser algo agradável; pode ser também uma grande dificuldade, porque ainda não está do lado diferenciado e, consequentemente, traz à tona a função inferior.

Saudações cordiais
(C.G. Jung)

A uma destinatária não identificada

02.12.1937

Querida N.,

Tenho o pressentimento de que você está indo um pouco longe demais. Diante do destrutivo é preciso parar. Você conhece minha opinião a respeito do inconsciente. Não tem sentido algum expor-se a isso até as últimas consequências. Se fosse este o único comportamento certo, a natureza nunca teria inventado a consciência e os animais seriam a encarnação ideal do inconsciente. Por isso acho absolutamente necessário que estejamos sempre com nossa consciência alerta, de modo que a nossa realidade, isto é, o existente aqui e agora seja levado suficientemente em consideração. Caso contrário corremos o risco de ser atropelados por um inconsciente que não conhece este nosso mundo humano. O inconsciente só pode realizar-se mediante a ajuda da consciência e sob o constante controle dela. A consciência precisa, portanto, estar com um olho no inconsciente e, por outro lado, precisa manter no campo visual as possibilidades da existência humana e das relações humanas.

Não quero absolutamente intrometer-me, mas, antes de eu viajar para a Índia, pediria que refletisse sobre esta advertência.

Saudações cordiais de seu
(Carl)

Ao Dr. S.
Alemanha

22.02.1938

Prezado colega,

O sentimento de separação e isolamento interior não é em si mesmo um fenômeno anormal, mas normal, no sentido de que a consciência se retrai diante do mundo fenomenológico e chega, assim, a uma certa intemporalidade e inespacialidade. Para isso podemos encontrar os paralelos mais elucidativos na filosofia hindu, especialmente a ioga.

No seu caso este sentimento é mais forte devido aos seus estudos de psicologia. O inconsciente assimilado parece desaparecer na consciência sem deixar vestígios, mas tem o efeito de separar a consciência de suas relações com o objeto (participações). Expus este desenvolvimento no comentário à *Flor de ouro*. É uma espécie de processo integrador e emancipação da consciência. A cruz é uma indicação disso, pois representa uma integração das 4 (funções). É natural que surja o sentimento de não sabermos onde estamos se a consciência se separa do objeto. Então estamos também em lugar nenhum, pois o estar tem um em cima e um embaixo. Mas lá não há nenhum em cima nem embaixo, porque a espacialidade pertence ao mundo material dos sentidos, e a consciência só possui espacialidade quando participa do mundo material. É um não saber, que tem o mesmo caráter positivo do nirvana na definição budista, ou o *wu wei*, o não fazer dos chineses, que não é a mesma coisa que fazer nada.

A dúvida profunda de que o senhor parece sofrer está perfeitamente em ordem, pois exprime simplesmente a separação da consciência e a resultante explicação ilusória do mundo objetivo. O caráter neurótico de seu ceticismo provém principalmente do fato de o senhor não poder aceitar positivamente o desenvolvimento que se prepara ou que já está em andamento, mas resistir a ele por razões compreensíveis: ele é uma morte figurada contra a qual temos obviamente todo tipo de objeções.

Se a sua sombra não apresentar nenhum traço inferior, então pode estar certo de que sua consciência vive na sombra, isto é, tem o papel negativo. Mas isso não significa que sejamos necessariamente pessoas de má sorte. Só significa que nossa consciência ainda não está em condições de ver algo positivo neste desenvolvimento para o não ser. Por isso a sombra tem naturalmente um valor positivo. Trata-se realmente de uma tarefa importante que não foi realizada, exatamente aquela que se apresenta ao senhor como desenvolvimento, mas que não é aceito positivamente, quando é razão de ser e finalidade de toda sabedoria de vida acompanhar os desenvolvimentos naturais que provêm do funcionamento da personalidade como um todo.

Com os melhores votos e saudações cordiais,
(C.G. Jung)

To Boshi Sen[1]
Bosepara Lane
Calcutá/Índia

24.02.1938

My dear Boshi Sen,

Muito obrigado pelos dois excelentes quadros que me trouxeram muita alegria. Eles me lembram minha visita a Bopara Lane.

Eu nunca tenho nada contra um argumento. O senhor se refere provavelmente à continuação da existência depois da morte. Estas especulações são muito importantes na Índia. Sou tão discreto como uma minhoca quando se trata dessas questões e não faço ideia nenhuma sobre isso. Enquanto for para nós muito difícil penetrar nos segredos do átomo ou do protoplasma vivo, ainda não estamos em condições de abordar um problema como a vida após a morte, que está além de qualquer evidência material. Não conseguimos nem mesmo entender a vida na matéria, como então entendê-la fora da matéria? Também não sei se deveríamos considerar como boa ou má uma continuação da vida depois da existência terrena. Quanto a esta magna questão costumo dizer: nós estamos aqui e agora, e o que o aqui e o agora serão no futuro, nós o veremos quando se fizerem presentes. Se nos descobrirmos num novo invólucro e num novo lugar, diremos: Ah, outra vez! – e rastejaremos através disso como fizemos até agora.

As duas maiores coisas que, segundo minha modesta opinião, existem na Índia são as grandes montanhas no Norte e o espírito de Buda no Sul.

Dê lembranças minhas à sua esposa. Na viagem de volta lembrei-me de seu pedido, mas não me senti capacitado para a tarefa de escrever algo sobre a Índia. Ainda estava por demais envolvido no assunto. Mas agora vou tentar formular algumas de minhas impressões[2]. Por isso terá notícias minhas mais tarde.

Cordially yours,
(C.G. Jung)

1. Boshi Sen, biólogo e colaborador do fisiólogo de plantas e físico Sir Jagadis Chandra Bose (1858-1937), adepto das doutrinas de Ramakrishna e Vivekananda.
2. Cf. Jung, "The Dreamlike World of India" e "What India can teach us", *Asia*, Nova Iorque, XXXIX, 1939 (em OC, vol. X). Sobre a viagem de Jung à Índia, cf. *Memórias*, capítulo "Índia".

To Dr. Erich Benjamin Strauss[1]
Londres

26.03.1938

Dear Dr. Strauss,

[...]

Como o senhor sabe, os artigos 2, 3 e 4 de nossos estatutos permitem a qualquer um a participação, independentemente de suas convicções políticas ou religiosas[2]. A questão da raça nem é mencionada. Ficaria muito grato se me enviasse uma lista com os nomes daqueles que começaram esta discussão. Não posso nem vou excluir oradores não arianos. A única condição na qual devo insistir é que cada um, ariano ou não, se abstenha de comentários que possam incendiar a psicose política de nossos dias. Se algum orador ultrapassar esses limites, eu o interromperei de imediato. Um congresso científico não é lugar para tolices políticas.

Sincerely yours,
C.G. Jung

1. Erich Benjamin Strauss, falecido em 1961, psiquiatra, membro do comitê de organização do Décimo Congresso Internacional de Psicoterapia, Oxford, 1938. O discurso de Jung como presidente do congresso, em OC, vol. X, par. 1069s.
2. Cf. carta a v.d. Hoop, de 12.03.1934, nota 1.

Ao Dr. Erich Neumann
Tel Aviv/Palestina

04.04.1938

Prezado colega,

Agradeço sua gentil carta de julho passado e peço desculpas por não tê-la respondido até agora. Sua carta chegou pouco antes de minha viagem à América, onde dei conferências na Yale University[1]. Quando voltei, tive que partir quase imediatamente para a Índia, pois fora convidado para a comemoração dos 25 anos de fundação da "Indian Science Congress Association" em Calcutá[2]. Voltei de lá há pouco tempo. [...]

O sonho que me conta, em que uma paciente só enxerga pequenos vermes através do microscópio, o que seria a causa de sua doença, significa que há um distúrbio no sistema simpático, uma carga anormal, cujas partes menores (vermes) o simpático tornou anormalmente autônomas. Diz-nos a experiência que se trata de conteúdos inconscientes nesse estágio, mas que seriam, ao menos teoricamente, sintetizáveis, devido ao seu caráter criativo. Se isto se concretizar, depende do destino e da aptidão, bem como de um desenvolvimento interior devidamente orientado. Sempre achei que pintar e desenhar prestam bons serviços nestes casos. No sonho, o problema encontra-se ainda num estado por assim dizer corporal, orgânico, não podendo ser diferenciado dele. Somente quando os vermes se juntam, por exemplo, numa forma de cobra, existe a expectativa de uma conscientização. Símbolos paralelos são bactérias, insetos e coisas semelhantes. Quando comparo o conteúdo de sua carta com aquilo que ficamos sabendo pelos jornais sobre a Palestina, posso facilmente imaginar a tensão fantástica de opostos que deve existir em seu meio. Mas esta tensão é muito proveitosa para o desabrochar interno, porque assim se manifesta o sentido numa particular clareza.

Soube pela Dra. Braband[3], que o senhor provavelmente conhece, que há tentativas de congregar todos aqueles que se interessam pela psicologia analítica. Por isso enviei à biblioteca universitária de Jerusalém alguns de meus livros e escritos como apoio a essa iniciativa.

Muito me alegro em saber que tem muito trabalho. Espero que continue assim.

Com os melhores votos e saudações cordiais,
(C.G. Jung)

1. Cf. carta a Martin, de 20.08.1937, nota 2.
2. Cf. *Memórias*, p. 277s., e carta a Iyer, de 16.09.1937, nota 2.
3. Cf. carta a Braband, de 22.07.1939, nota 1.

Ao Dr. med. Edwin Schmid[1]
Zurique

18.04.1938

Prezado colega!

Estou-me sentindo ótimo com sua dieta. Os passeios "de curta duração" já se prolongam por 3-6 horas. Também já posso escalar montanhas, o que faço com muito gosto. Ontem escalei sem dificuldade uns 800m, de 900m até 1.700m. O coração acompanhou bem, apenas as pernas ficaram um pouco rígidas depois.

Devo usar somente açúcar de uva, por exemplo no café ou no chá?

Tudo está escovado e lubrificado. Ainda espero pelos banhos de sol. Na neve, lá em cima, estava ainda muito frio para isso.

Também trabalhei com a pá, esterquei, plantei batatas e escrevi um longo trabalho em inglês[2]. Como vê, estou explodindo de energia.

Com os mais calorosos agradecimentos,
(C.G. Jung)

1. Dr. med. Edwin Schmid tratou de Jung devido a uma disenteria que contraiu em Calcutá. Cf. *Memórias*, p. 284.
2. "The Dreamlike World of India" e "What India can teach us", *Asia*, Nova York, XXXIX, 1939 (em OC, vol. X).

To Isobel Moore
Duke University
Durham (M.C.)/EUA

02.05.1938

Dear Miss Moore,

Certa vez um discípulo perguntou a Buda por que nenhum de seus discípulos, todos já libertados, não possuía os maravilhosos dons do quarto grau de contemplação, isto é, ficar sentado no ar, passar através de paredes, lembrar-se das vidas anteriores, ver coisas futuras e tocar no Sol e na Lua. Buda dirigiu a mente do discípulo calmamente para o caminho da libertação e fez-lhe ver quão insensato era perguntar por essas maravilhas. Assim pensa o circunspecto indiano sobre as afirmações dos iogues.

Não sei se Freud escreveu um artigo sobre a ioga. Eu escrevi há alguns anos um artigo sobre a ioga[1]. Acontece muitas vezes que meu nome seja confundido com o de Freud.

Sincerely yours,
(C.G. Jung)

1. "A ioga e o Ocidente", em OC, vol. XI.

Ao Dr. S.
Alemanha

10.05.1938

Prezado colega,

Ao lidar com o inconsciente, estão imbricadas na verdade algumas linhas cruzadas de certa monta. Não é possível evitá-las. Para esta época seria bom ter uma ocupação que tivesse o caráter de um *opus divinum*. Por exemplo uma cuidadosa formação de imagens, como as que muitas pessoas pintam com cores ou entalham em pedra ou madeira. Este método primitivo tem uma grande vantagem já que o inconsciente se aperfeiçoa nesses modelos, é fascinado por eles e assim se transforma. Maiores detalhes não consigo dizer a respeito de seu material.

Saudações cordiais,
(C.G. Jung)

Ao Pastor Dr. Walter Uhsadel
Hamburgo

16.05.1938

Prezado Pastor Uhsadel,

Meus agradecimentos pelo gentil envio dos escritos que me havia prometido. Imediatamente eu os li com o maior interesse e tive uma grande alegria com o seu posicionamento diante da questão da psicoterapia e de sua relação com a cura de almas. Sua reação corresponde exatamente ao que eu esperava de uma reação teológica.

Não me admira que o acusem de "tendências catolicizantes", mas admiro-me que essas pessoas prezem tão pouco a unidade da Igreja. Simplesmente não consigo conceber nada de cristão nas Igrejas cujo motivo principal é a separação. Considero, ao contrário, as tendências catolicizantes como um elogio, pois o senhor apresenta um esforço de restabelecer a unidade espiritual, quando a discórdia humana só gera desunião. A simples leitura do ordenamento litúrgico já tem algo de satisfatório em si, pois é devidamente salientada a instituição impessoal da Igreja e de sua ação diante do aspecto puramente pessoal do movimento protestante comum.

Tomo a liberdade de enviar-lhe, em anexo, a separata de uma série posterior de conferências-Eranos[1]. Há coisas ali que podem interessar-lhe do ponto de vista teológico.

Serei sempre um freguês agradecido das comunicações eventuais de suas novidades.

Saudações cordiais,
(C.G. Jung)

1. Provavelmente "Die Erlösungsvorstellungen in der Alchemie", *Eranos-Jahrbuch 1935*, Zurique, 1936, ampliado depois como capítulo 3 de *Psicologia e alquimia*.

Ao Dr. Oscar Hug
Zurique

24.05.1938

Digníssimo colega,

O senhor entendeu mal o meu enunciado[1]. Eu quis dizer que os métodos da física moderna são diferentes daqueles da psicologia, mas não em sua linha fundamental de pensamento.

Não ficaria surpreso se algum dia se verificasse uma ampla concordância entre as formulações básicas da psicologia e da física[2]. Estou convencido de que, se as duas ciências perseguirem seu objetivo com extrema consequência e até as últimas profundezas humanas, haverão de encontrar uma fórmula comum.

No que se refere ao *seu* "caminho psicológico", eu acrescentaria, cautelosamente, "*um* caminho psicológico". A experiência psicológica, como sabemos, ainda tem muitos outros aspectos.

Saudações cordiais,
(C.G. Jung)

1. A correspondência anterior entre Jung e Hug não se encontra no arquivo.
2. Cf. carta a Jordan, de 10.11.1934, nota 4.

A um destinatário não identificado
Alemanha

06.08.1938

Prezado colega,

É impressionante como as pessoas se comportam de forma tola quando se trata de figuras internas. Perdoe-me, mas é isto o que o senhor está fazendo! Se o senhor trata de uma mulher que tem um *animus* e que difunde as opiniões do pai ou de seu marido, então deve estar em condições de distinguir entre aquilo que a mulher mesma diz e aquilo que deve ser atribuído ao *animus*. Tecnicamente o senhor tem de proceder com referência à sua *anima* exatamente como num caso real. Sua dificuldade mostra apenas que a realidade interna ainda não lhe é suficientemente real, por isso está sempre ameaçado de uma possessão que leva inevitavelmente a uma inflação.

Saudações cordiais,
(C.G. Jung)

To V. Subrahmanya Iyer
Mysore/Índia

29.08.1938

Dear Sir,

Muito obrigado por sua gentil carta que me trouxe de volta as belas e felizes recordações de minha breve estadia em Mysore, a bela cidade com as luzes noturnas sobre a colina Chamundi[1].

Concordo em geral com suas questões filosóficas. Evidentemente não pode haver felicidade sem sofrimento. O filósofo alemão Schopenhauer disse que a felicidade é apenas o fim do sofrimento. É uma definição um tanto negativa. Mas sendo o sofrimento um estado bem real, a felicidade também deve ser. Mas infelizmente os dois não podem existir um sem o outro. Acham-se tão intimamente ligados que a felicidade facilmente vira sofrimento; por sua vez, o sofrimento mais intenso pode provocar uma espécie de sentimento sobre-humano de felicidade. Formam um par de opostos imprescindível à vida.

O fenômeno da vida consiste de muitos pares de opostos. Não há nenhuma energia sem opostos. Mas, enquanto tivermos parte nos opostos, estamos no conflito, ou pelo menos num permanente ir e vir de aflição e alegria. Naturalmente gostaríamos de libertar-nos dos efeitos dos opostos, mas isto só funciona até certo ponto; pois quando fugimos do conflito, fugimos também da vida, de modo que a libertação só pode ser parcial. Ela pode estar além dos opostos na construção de uma consciência. Mas, ainda que a cabeça seja libertada, os pés permanecem presos. A libertação completa significa morte. O que chamo de “consciência” é o mesmo que o seu conceito de “mind”.

O complexo do eu parece estar claramente na raiz de todos os complexos, pois sem o eu nenhum complexo pode ser experimentado. Destruindo-se completamente o eu, nada mais existe que possa experimentar conscientemente. Eu em demasia sempre leva a um estado de conflito, por isso deveria ser abolido. Mas acontece o mesmo que acontece com os pares de opostos: se abolirmos completamente o eu, cria-se inconsciência. E assim mesmo existe a suposição de que há uma consciência sem eu, uma espécie de consciência-atmã. Temo que a posse desta consciência suprema tenha sido negada a nós humanos. Enquanto ela existe, não existimos nós.

Aproveito a oportunidade para agradecer novamente a cordial recepção que nos preparou em Mysore.

Espero que o senhor esteja bem de saúde.

Yours sincerely,
(C.G. Jung)

1. Cf. *Memórias*, p. 378.

À senhorita Dra. Georgette Boner[1]
Paris

08.12.1938

Prezada Dra. Boner,

Agradeço cordialmente sua referência extremamente valiosa de *Tristram Shandy*. A princípio não tive a sensação de ter cometido um plágio com minha teoria, mas nos últimos 5 anos fiquei cada vez mais intranquilo, pois descobri também nos antigos alquimistas vestígios bem suspeitos, e agora parece que a desgraça se consumou, pois verifica-se que eu já fui descoberto no século XVIII. Não posso pensar em outra coisa a não ser que Lawrence Sterne[2] foi pescar nas doutrinas secretas (talvez rosa-crucianas) de seu tempo. Elas contêm o Royal Secret do rei e da rainha, que nada mais era do que o *animus* e a *anima*, ou Deus e Deusa.

Saudações cordiais,
(C.G. Jung)

1. Dra. phil. Georgette Boner, pintora e diretora de arte.
2. A senhorita Dra. Boner chamou a atenção de Jung para uma passagem do romance *Tristram Shandy*, de Lawrence Sterne, 1713-1768: "... two souls in every man living – the one... being called the *animus*, the other, the *anima*" (Macmillan, Londres, 1911, p. 133).

To W.Y. Evans-Wentz[1]
c/o USA Consulate
Cairo/Egito

08.12.1938

My dear Mr. Evans-Wentz,

Vou esforçar-me para atender, enquanto possível, ao seu desejo com relação ao Livro II; farei desse livro o objeto principal de minhas pesquisas[2].

A concepção oriental, que parece ser partilhada por Mr. Sturdy[3], é naturalmente esta: que o inconsciente, como eu o entendo, seja consciência ou, mesmo, supra-consciência. Isto é obviamente uma suposição metafísica. Eu permaneço dentro de nossa consciência ocidental em geral, a única espécie de consciência que conheço.

Desconheço totalmente a natureza da psique que transcende a consciência. Por isso a denominamos precisamente de inconsciente. Realmente eu nada saberia do inconsciente se conteúdos parciais dele não chegassem à minha consciência; mas no essencial esta psique me é totalmente inconsciente, como também me é desconhecida a sua origem. Não sabemos de nenhuma consciência que não se baseie na relação entre imagens e um ego. Mas infelizmente não temos possibilidade alguma de constatar se cada um dos organismos vivos possui o que chamamos ego. Há inclusive estados nebulosos da consciência em que nosso próprio ego se enfraquece ou se apaga, mas também esses estados são sem dúvida alguma psíquicos. Dessas experiências podemos concluir que há um grande número de atividades psíquicas que não são propriamente conscientes ao ego ou que transcorrem sem qualquer ego. O estado sem ego é completamente "escuro", isto é, privado da luz da consciência.

Falar da consciência de uma célula parece-me uma afirmação altamente metafísica para a qual não temos prova alguma. Por outro lado, é razoável supor que todo organismo vivo possui provavelmente algo como uma função psíquica. Todo funcionamento psíquico sem um ego possui características peculiares que são as mesmas de cada fragmento psíquico, que não é resultado do funcionamento da consciência. Os sonhos, por exemplo, não provêm essencialmente do funcionamento da consciência. Por isso possuem aquele caráter peculiar que nós chamamos inconsciente. Se os indianos quiserem chamar a sublime experiência psíquica (do vazio) de "psique" ou de algo semelhante, eu estou de acordo; mas chamá-la de consciência não pode ser confirmado por nenhuma prova. Quando o estado psíquico mais elevado é *sunyata* (vazio)[4], não pode significar consciência, porque a consciência *per definitionem* se baseia na relação entre o sujeito e uma ideia. Somos conscientes de alguma coisa. Enquanto alguém estiver consciente de *sunyata*, isto não pode ser *sunyata* porque sempre existe ainda um sujeito que está consciente de alguma coisa. Vazio significa também vazio de consciência, e nisso concordo plenamente com o Oriente. Espero poder terminar o pequeno trabalho prometido nas próximas férias de inverno.

Os melhores votos para sua saúde.

Yours sincerely,
(C.G. Jung)

1. Dr. W.Y. Evans-Wentz, pesquisador no campo da filosofia tibetana e da ioga tibetana, 1878-1965.
2. Jung havia prometido escrever um comentário psicológico ao *Tibetan Book of the Great Liberation* (ed. por W.Y. Evans-Wentz, Oxford, 1954). A segunda parte, à qual Jung queria voltar especial atenção, intitulava-se "A ioga do conhecimento do espírito, a contemplação da realidade chamada autolibertação". O comentário psicológico de Jung está em OC, vol. XI.
3. Mr. Sturdy era colaborador do Dr. Evans-Wentz.

4. Sunyata, em sânscrito "vazio". Muitas vezes interpretado como "mundo do absoluto". Segundo a concepção hindu, o "vazio", bem como o sono profundo sem sonhos, é um estado da mais elevada consciência. Contra isso dirigem-se as objeções psicológicas de Jung. Cf. também a carta a Iyer, de 09.01.1939, e a Evans-Wentz, de 09.02.1939.

Ao Prof. Heinrich Zimmer
Heidelberg

12.12.1938

Prezado Professor Zimmer,

Recebi em perfeita ordem o seu pequeno livro *Weisheit Indiens*[1]. Encontrei nele também sua dedicatória[2], que me deixou feliz. Mas nela o senhor silencia o fato de que tudo o que sei provém de minha maestria do não saber. Isto se confirma pelo fato de eu ter nascido no ano do porco[3], em 1875. Vou aproveitar especialmente os "símbolos", e lerei pela terceira vez com muita atenção a "história do rei com o cadáver".

Com os meus agradecimentos e os melhores votos
para as festas que se aproximam.
C.G. Jung

1. Heinrich Zimmer, *Weisheit Indiens*. Contos de fadas e símbolos. Darmstadt, 1938.
2. A dedicatória: "C.G. Jung / maestro di color che sanno / in Verehrung und Dankbarkeit" (Dante, *Divina Comédia*, Inferno, IV, 131).
3. Um dos signos do zodíaco chinês é o do porco. Segundo o *I Ching*, os porcos estão entre os animais menos inteligentes e por isso mais difíceis de serem influenciados. Mesmo assim são incluídos no signo nº 61 "Verdade interna".

Ao Dr. Erich Neumann
Tel Aviv/Palestina

19.12.1938

Prezado colega,

Não se preocupe por me ter escrito uma carta tão longa. Há muito queria saber o que o senhor fazia exatamente. Não deve imaginar que eu, entronizado nos altos picos cobertos de neve, não me interesse pelos acontecimentos do mundo. Estou inclusive bem enfronhado e todo dia acompanho nos jornais as notícias sobre a questão palestina e penso muito nos meus conhecidos que precisam viver nesse caos. Quando estive na Palestina em 1933[1], previ claramente o que estava na iminência de acontecer. Também previ maus dias para a Alemanha, tão maus que, mesmo quando acontecem, até parecem inacreditáveis. Cada um, por assim dizer, está aqui chocado com o que está acontecendo na Alemanha[2]. Tenho muito a ver com os judeus refugiados e estou continuamente ocupado em abrigar todos os meus conhecidos judeus na Inglaterra ou na América. Dessa forma estou em contato constante com os acontecimentos atuais.

Interessa-me bastante conhecer os seus planos de trabalho[3]. Suas experiências são exatamente paralelas às experiências que venho realizando há muito tempo na Europa. Creio que o senhor deve ser muito prudente no julgamento de suas experiências especificamente judaicas. É verdade que há traços especificamente judeus nesse desenvolvimento, mas ele também é geral, pois ocorre o mesmo entre os cristãos. Trata-se de uma revolução geral e idêntica da mentalidade. Os traços especificamente cristãos ou judeus têm apenas importância secundária. Assim, por exemplo, o paciente, do qual o senhor quer saber, é um judeu puro criado no catolicismo, mas eu não poderia qualificar o seu simbolismo, como eu o apresentei[4], como sendo irrestritamente judeu, ainda que algumas nuanças denunciem o caráter judeu. Quando comparo o seu material com o meu, ou com o de muitos outros pacientes de formação acadêmica, salta aos olhos a semelhança impressionante, sendo a diferença insignificante. É particularmente pequena a diferença entre uma psicologia tipicamente protestante e judaica, sempre que entra em consideração o problema da história contemporânea. O problema todo é em si da máxima importância humana e, por isso, as diferenças individuais e raciais têm pequeno papel a desempenhar. No entanto, posso imaginar muito bem que, nos judeus que vivem na Palestina, a influência direta do meio ambiente revela com muito maior intensidade o ctônico e o tradicional judaico. Parece-me que o especificamete judeu, bem como o especificamente cristão só podem ser descobertos na maneira como são assumidos pelo indivíduo os materiais do inconsciente. Pela minha experiência parece que a resistência do judeu é mais forte e, por isso, também mais veemente sua tentativa de defesa. Mas isto é apenas uma impressão subjetiva.

O ensaio sobre Zósimo foi a última coisa que publiquei[5]. Mas ainda faltam ser publicados um artigo sobre a Índia (escrito em inglês para uma revista americana)[6], duas conferências sobre o complexo de mãe, que aparecerão no *Eranos-Jahrbuch 1938*[7], um comentário mais longo sobre o budismo zen[8] e finalmente uma introdução extensa sobre o processo de individuação[9] para uma edição americana de minhas conferências-Eranos[10].

[...]

Dr. X. informou-me sobre uma minuciosa correspondência com o senhor. Disso se conclui claramente que o diabo pregou mais uma peça. Logo que se percebe isso, nada mais se deve dizer, mas voltar-se sobre si mesmo.

Muito me alegra saber que está com o tempo todo tomado, mas seria ainda melhor que tivesse tempo de realizar o seu grande plano.

Na esperança de que esteja bem de saúde, envio-lhe cordiais saudações.

(C.G. Jung)

1. Sobre a viagem à Palestina, recebi uma carta (03.12.1970) do Dr. med. Heinrich K. Fierz que dizia: "Meu pai (Prof. Dr. H. Fierz, cf. carta a ele, de 13.11.1943) encontrou-se com Jung numa reunião informal à noite. Jung disse que estava sobrecarregado de trabalho. Meu pai o convidou para acompanhá-lo numa viagem que ele faria nos próximos dias ao Egito e à Palestina. Devido a seu programa de trabalhos, Jung achou isto impossível, mas no dia seguinte pensou melhor e aceitou o convite. Parece que meu pai e Jung fizeram uma viagem bem divertida. Interessante é o seguinte: quando desembarcaram do navio em Alexandria, estava lá no porto um homem que lia a mão. Ao meu pai ele disse: 'O senhor é um homem esperto. O senhor está bem de vida, mas as pessoas pensam que é mais rico do que é. Isto é sempre bom'. Depois disse a Jung: 'Oh! O senhor é um dos poucos grandes homens que já vi. Não posso dizer mais nada'. A viagem teve resultados práticos: meu pai conseguiu convencer Jung a retomar sua atividade acadêmica e tornar-se professor do departamento de profissões liberais da Eidg. Techn. Hochschule".
2. Jung refere-se ao pogrom, organizado pelos nazistas na noite de 9 para 10 de novembro, a chamada "noite dos cristais" e às suas consequências.
3. Neumann comunicou a Jung (carta de 05.12.1938) o seu plano de escrever um livro sobre o problema psicológico do judeu moderno. Mas o plano permaneceu num fragmento inédito. No centro de suas ideias, que ele comunicou a Jung, estava o seguinte: "... a situação de extremo horror que atingiu o povo inteiro e que continuará a atingi-lo levará necessariamente a usar as autênticas forças originais internas ou a sucumbir. Estou convencido de que não sucumbiremos, mas que parte considerável deverá perecer..." Jung refere-se à alternativa apresentada por Neumann e não vê nela algo especificamente judeu, mas um problema geral da humanidade de hoje.
4. Cf. *Psicologia e religião* (em OC, vol. XI). Maior número de sonhos da mesma pessoa é apresentado no segundo capítulo de *Psicologia e alquimia.*
5. "Einige Bemerkungen zu den Visionen des Zosimos", *Eranos-Jahrbuch 1937*, Zurique, 1938. Mais tarde sob o título "As visões de Zósimo" (em OC, vol. XIII). Zósimo de Panóplis (Egito) foi um alquimista e gnóstico do século III.
6. "A Índia – um mundo de sonhos" e "O que a Índia pode ensinar-nos" (em OC, vol. X).
7. "Os aspectos psicológicos do arquétipo-mãe", em OC, vol. IX/1.
8. "Prefácio à obra de Suzuki: *A grande libertação*" (em OC, vol. XI).
9. "Consciente, inconsciente e individuação" (em OC, vol. IX/1). A edição americana das conferências-Eranos só foi publicada mais tarde.
10. Jung costumava mandar seus livros e separatas a Erich Neumann.

À Dra. Eleanor Bertine[1]
New York City

09.01.1939

Dear Dr. Bertine,

[...]

Vejo com pesar que a senhora lida principalmente com casos psicológicos limítrofes. É uma tarefa espinhosa, mas por outro lado bem interessante. Lembro-me muito bem de Mrs. X. Era de esperar-se nela um intervalo psicótico, pois ainda não havia nascido da névoa da vida-Bardo[2]. Num caso desses é correto deixar que a paciente fale de suas experiências durante a fase da doença, pois o conteúdo dessas experiências deve ser integrado na personalidade toda. Do ponto de vista psiquiátrico é totalmente inortodoxo levar a sério as manifestações do psicótico. Mas para o paciente é melhor quando se é inortodoxo, especialmente quando o psiquiatra não sabe o que fazer com esses casos.

Um tratamento desses é sempre um desafio, pois se coloca a delicada questão de quanto um paciente pode suportar de seu material patológico. Se não o suportar, entra em ação uma tendência natural de encapsular o material experimental. Se, portanto, encontrar uma certa resistência ou emoções inesperadamente fortes, fará bem em apoiar a tendência de encapsulação. Mas se o paciente estiver em condições de suportar seus conteúdos, então pode ajudá-lo a integrá-los e a compreendê-los. Quanto mais ele puder entender, melhor; desse modo ficará protegido contra uma inundação total. Também numa nova inundação dos conteúdos, a situação ficaria num intervalo psicótico, sem que surjam prejuízos definitivos e irreparáveis. Vi muitas vezes que com certo preparo psicológico as pessoas não foram destruídas por uma psicose aguda. Elas acordaram dela como de um sonho. Elas não entraram em estado de rigidez, mas conservaram os movimentos. Se entrar a rigidez, manifestam-se: inacessibilidade, falta de emoções, reações afetivas inadequadas e completa imobilidade. Em desenhos, encontraria provavelmente linhas quebradas[3], fragmentações ou formas assimétricas como as encontradas na destruição ou dissolução.

Assim que o estado geral de um paciente melhora, deveria ser retirado da clínica, pois a atmosfera do nosocômio tem efeito contagiante. Se Mrs. X. estiver calma o suficiente para ficar em casa, a senhora naturalmente deverá ir vê-la. Se a emocionalidade dela se intensificar durante o tratamento, seria de bom alvitre pensar em nova internação. Mas se estiver em condições de falar sem grande excitação sobre o seu material, então o tratamento deveria ser levado adiante; pois então haveria uma chance real de melhora profunda. Eu já vi casos de pacientes que ficam completamente curados. Não importa se o psiquiatra diz que não foi esquizofrenia. Pouco importa o nome. No tratamento a senhora deve apoiar-se totalmente no material que o paciente apresenta. Precisa seguir o caminho da natureza e não as suas boas intenções; isto a senhora deixa ao psiquiatra. Certamente faria bem à Mrs. X. se a senhora a segurasse pela mão até que ela fosse capaz de confiar novamente em si mesma.

Com os melhores votos de um Feliz Ano-novo.

Cordially yours,
(C.G. Jung)

1. Dra. med. Eleanor Bertine, 1887-1968, psicoterapeuta. Obras, entre outras: *Human Relationships*, Nova York, 1958; *Jung's Contribution to Our Time*, Nova York, 1967.
2. Bardo (tib.) indica o estágio intermédio entre morte e renascimento. Em seu comentário psicológico ao Livro Tibetano dos Mortos, Bardo Thödol (em OC, vol. XI), Jung apresenta algumas analogias entre as afirmações sobre o mundo-Bardo e a concepção do inconsciente coletivo.
3. Cf. para isso Jung, "Sobre o simbolismo das mandalas", em OC, vol. IX/1, par. 41.

A V. Subrahmanya Iyer
Mysore/Índia

09.01.1939

Dear Sir,

O senhor tem razão ao dizer que é impossível que Schopenhauer tivesse conhecimento pleno dos Upanixades ou que os entendesse, pois naquele tempo eles só eram conhecidos através da edição latina, muito incompleta, de A. Duperron. Ele os traduziu no começo do século XIX na forma do chamado Oupnekhat[1].

Concordo com sua opinião de que o sono profundo ou qualquer estado de completa inconsciência estão além do sofrimento ou da alegria, mas também além da consciência, de modo que após atingir o estado além da alegria e do sofrimento não há mais ninguém que possa estar consciente disso. No entanto é verdade que alguém que sobrevive a este estado e que, por exemplo, acorda de um sono profundo ou de um período de inconsciência possa dizer: "Eu devo ter estado inconsciente, eu não senti nada". Ou quando, após um sono profundo, ficou uma sensação agradável: "Dormi muito bem e não sonhei nada". Mas enquanto ele dormia ou estava inconsciente não percebeu isso; ao menos não podemos provar que alguém tenha percebido esse estado.

É claro que se trata de uma afirmação puramente teórica quando digo que uma total inconsciência, isto é, uma total superação de dor, alegria e ego seja a morte[2]. Com tal afirmação queria apenas dizer que minha psique não está sem conteúdo e sem ego enquanto eu estiver consciente de alguma coisa; pois *eu* percebo o estado preciso em que me encontro.

Eu não denominaria o ego como uma criação da psique ou da consciência, pois as crianças pequenas falam de si mesmas a princípio na terceira pessoa e só mais tarde, quando descobriram o ego, começam a dizer "eu". O eu é, portanto, mais uma descoberta ou uma experiência do que uma criação nova. Poderíamos antes dizer que a existência empírica de um ego é uma condição que se torna possível através da consciência contínua. Nós sabemos que a consciência impessoal, que se observa nas crianças, não é contínua, mas tem caráter incoerente e insular.

Sei que é característico do pensamento hindu atribuir à consciência uma existência metafísica e pré-humana. Nós, ao contrário, supomos que aquilo que chamamos de inconsciente – portanto, *per definitionem*, uma psique da qual ninguém é consciente – tem uma existência pré-humana e pré-consciente. O que nós chamamos de inconsciente corresponde, pois, exatamente ao conceito hindu da consciência suprema ou supraconsciência. Mas, ao que eu saiba, não existe prova nenhuma para a hipótese de que alguém tivesse tido consciência de alguma psique pré-humana e pré-consciente.

Quanto à sua última questão gostaria de dizer o seguinte: sou de sua opinião de que nada existe no ou do mundo material que não seja projeção da psique humana, uma vez que tudo o que podemos experimentar e exprimir pelo pensamento é alheio à natureza de nossa psique (como existência objetiva). Mas tornou-se parte de nossa psique através da experiência e da assimilação psíquica e, assim, segundo a natureza, tornou-se psíquico. Se um objeto não penetra em nossa consciência, ele não é percebido e não podemos afirmar com certeza que ele existe. Tudo o que nós tocamos ou com o qual entramos em contato transforma-se logo em conteúdo psíquico. E assim estamos encerrados num mundo de imagens psíquicas, das quais algumas recebem o rótulo de "origem material" e outras, o rótulo de "origem espiritual". Mas não sabemos nem podemos saber como se parecem esses conteúdos enquanto coisas materiais em si ou enquanto coisas espirituais em si, uma vez que só podemos percebê-las como conteúdos psíquicos, e nada mais. Mas não afirmo que as coisas materiais em si ou as coisas espirituais em si sejam de natureza psíquica, ainda que fosse concebível não haver nenhuma outra forma existencial senão a psíquica. Se for este o caso, a matéria não seria outra coisa a não ser uma definição da ideia divina, como acha o tantrismo. Contra tal hipótese nada tenho a objetar, mas o pensamento ocidental renuncia, ainda que só recentemente, a afirmações metafísicas que *per definitionem* não são verificáveis. Na Idade Média, até adentrar o século XIX, acreditava-se na possibilidade de enunciados metafísicos. Parece-me que a Índia ainda está convencida da possibilidade desses enunciados. Talvez tenha razão, talvez não. [...]

Espero que esteja bem de saúde e ativo como sempre.

I remain, dear Sir, yours devotedly,
(C.G. Jung)

1. Abraham Hyacinthe Anquetil-Duperron, 1731-1805, viveu muitos anos no Oriente e pesquisou sobretudo a cultura iraniana. Traduziu para o latim uma versão persa dos Upanixades do século XVII. A tradução foi publicada sob o título *Oupnekhat*, Estrasburgo, 1801-1802, e foi a fonte de Schopenhauer para conhecer os assuntos hindus.
2. Cf. carta a Iyer, de 29.08.1938, par. 3.

Ao Pastor Fritz Pfäfflin
Würzbach-Calw/Alemanha

10.01.1939

Prezado Pastor Pfäfflin,

Antes de mais nada quero dar-lhe os pêsames pela grave perda que o atingiu.

Já que deseja ouvir a minha opinião sobre as experiências que o senhor descreve[1], gostaria de lembrar em primeiro lugar o fato indiscutível de que houve uma conexão direta do acontecimento da África com a sua consciência. Na minha opinião só existe uma explicação para isso, isto é, que a distância espacial é relativa no sentido psíquico. Em outras palavras, que o espaço físico não é um dado definitivo sob todos os aspectos, mas que, sob certas condições, ele é também uma função psíquica. Poderíamos chamá-lo psiquicamente de contráctil. Deve-se admitir que a distância entre a vivência de seu irmão e a sua própria foi reduzida praticamente ao mínimo. De semelhantes experiências é preciso concluir também que esta anulação do espaço ocorre com muita velocidade, de modo que tais percepções acontecem por assim dizer ao mesmo tempo que o acidente. Pode-se, por isso, falar também de uma anulação do tempo. Poder-se-ia supor também que o acidentado emitisse uma espécie de radiomensagem. Mas a isto se contrapõe o fato de que às vezes são transmitidos detalhes que só surgiram após a morte. Assim, por exemplo, a decapitação do defunto que antes fora morto a facadas. Neste caso não pode tratar-se de forma nenhuma de uma comunicação por parte do moribundo. Mais provável é que se trate da percepção do vivo, do espectador. Por isso explica-se melhor por uma anulação psíquica do espaço e do tempo. De alguma forma, nossa psique deve ter a capacidade de anular o espaço e o tempo, ou, em outras palavras, a psique não está completamente dentro do espaço e do tempo. É bem provável que só esteja encerrado no tempo e no espaço o que chamamos consciência, e que a outra parte da psique, isto é, o inconsciente, esteja num estado de relativa inespacialidade e intemporalidade. Isto significa para a psique uma relativa eternidade e uma relativa inseparabilidade em relação às outras psiques, ou seja, uma comunhão com elas. É interessante notar que seu irmão ficou admirado quando o senhor lhe perguntou se ele lhe havia mandado uma mensagem. Ele obviamente não havia mandado mensagem alguma, pois não havia necessidade disso devido à não existência relativa de espaço e tempo. (Expus ideias semelhantes em meu ensaio sobre "alma e morte", em *Wirklichkeit der Seele.*)

No que se refere à interessante conversa que teve com o seu irmão *post mortem*, ela tem todas as características desse tipo de experiência. Saliento principalmente a preocupação peculiar dos mortos com os estados psíquicos dos outros (mortos). Igualmente a existência de lugares de cura (psíquica). Já faz muito tempo que me ocorreu que as instituições religiosas como as igrejas, mosteiros, templos etc., bem como os ritos e tentativas psicoterapêuticas de curas fossem imitações de estados psíquicos (transcendentais) após a morte; uma verdadeira *Ecclesia Spiritualis* como protótipo da *Una Sancta* sobre a terra. No Oriente essas ideias não seriam inconcebíveis, pois a filosofia budista, por exemplo, cunhou para esta existência psíquica (inespacial e intemporal) o conceito de sambhoga-kâya, isto é, o mundo das formas sutis que estão para o nirmana-kâya como o corpo-sopro (corpo sutil) está para o corpo material[2]. O mundo-sopro é considerado um estado intermédio entre nirmana-kâya e dharma-kâya. No dharma-kâya, que simboliza o estado mais elevado, a separação das formas é anulada na absoluta unidade da ausência de formas. Estas formulações são de grande valor psicológico, pois fornecem uma terminologia apropriada para tais experiências.

Naturalmente não podemos fazer ideia alguma de uma existência relativamente intemporal e inespacial, mas dessa existência resultam psicológica e empiricamente os fenômenos da constante presença dos mortos e de sua influência sobre nossa vida de sonhos. Acompanho por isso com o maior interesse essas experiências que mostram numa luz bem especial muitas coisas que experimentamos no sonho, isto é, estruturas "psicológicas" como condições existenciais. A presença constante também é só relativa, pois segundo a experiência a ligação torna-se indireta ou desaparece de todo após algumas semanas ou meses (depois da morte), ainda que mais tarde possam ser possíveis reencontros espontâneos. Mas a sensação de presença realmente desaparece depois desse tempo. O contato não é sem perigo, pois envolve por demais a consciência da pessoa viva no estado do além, resultando em fenômenos de inconsciência e dissociação. Isto aparece retratado em sua visão onírica pelo caminho que desce para um lago (inconsciente). Lá existe um formigueiro, isto é, agora toma vida o sistema nervoso simpático (= inconsciência muito profunda e perigo de dissolução dos elementos psíquicos na forma de formigas que se movimentam em grande confusão). Este estado manifesta-se no senhor, havendo perigo de se romper a conexão, e daí o alerta de seu irmão: "Construa sempre nas alturas!" Isto é, nas alturas da consciência. "A profundeza tornou-se para nós infelicidade", isto é, a inconsciência é a infelicidade. Então nós chegamos às "nuvens", ou seja, onde não vemos mais nada.

A impressionante referência de que "alguém teve interesse em que o motor parasse" poderia indicar que na equipe houvesse alguém que, através de um efeito de exteriorização, levou realmente o motor a parar, e isto por causa de um complexo não realizado de suicídio. (Eu já presenciei toda uma série desses efeitos.)

Quanto ao contato com seu irmão, gostaria de acrescentar que ele só é possível com alguma probabilidade enquanto durar a sensação de presença. Mas não se deve fazer experiências com isso devido ao perigo de desintegração da consciência. Se quisermos proceder com segurança, devemos contentar-nos com as experiências espontâneas. Fazer experiências com esses contatos leva normalmente a uma estupidificação das chamadas comunicações ou a uma dissociação perigosa da consciência. Tudo indica que sua conversa com seu irmão é uma vivência genuína que não pode ser "psicologizada". O único distúrbio "psicológico" dentro disso é o lago e o formigueiro. Ali verificou-se com toda certeza o momento em que, talvez de ambas as partes, já não era possível manter o penoso contato entre as duas formas de existência. Há experiências indicando que o defunto se envolve de certo modo na fisiologia (*nervus sympathicus*) da pessoa viva. Disso podem resultar possíveis estados de possessão.

Agradeço sobremaneira o seu relato muito interessante
e saúdo-o cordialmente.

(C.G. Jung)

1. O Pastor Pfäfflin havia perdido seu irmão num acidente na África. Pouco depois, aconteceu uma conversa interior e espontânea entre ele e seu irmão, de cujo conteúdo só temos as referências feitas por Jung nesta carta.
2. Cf. no comentário de Jung a "O livro tibetano da grande libertação": "... o inconsciente é a raiz de toda experiência de unidade (dharma-kâya), é a matriz de todas as formas arquetípicas ou estruturais (sambhoga-kâya) e a *conditio sine qua non* do mundo dos fenômenos (nirmana-kâya)" (em OC, vol. XI, par. 790). Sobre o conceito do corpo-sopro, cf. carta a Frei, de 17.01.1949, nota 2.

To Dr. Helton Godwin Baynes
Londres

20.01.1939

My dear Peter,

Mr. X., um professor do Eton College, veio consultar-se comigo. Eu recomendei-lhe que procurasse o senhor. À primeira vista parece um tanto esquisito, mas considerando como pode ser um professor da *Public School*, então não parece estar tão mal assim. É verdade que andou fazendo coisas bem estranhas das quais ele lhe falará. Mas o especialista da Harley Street, que ele consultou, fez coisas mais estranhas ainda, na minha opinião.

Gostaria de dizer-lhe que, de acordo com a minha impressão, aliás bem superficial (baseada numa única conversa), este homem não está doente. Ele é apenas muito estranho e tem uma perigosa tendência de dar o passo com o pé errado e tudo fazer ou dizer que finalmente dá a impressão de que é louco. Tenho plena certeza, porém, de que seus sentimentos não estão paralisados. Ele reconhece, agradecido, que tem uma natureza amigável e prestativa. É atencioso, compreende e concorda que seu comportamento pode causar uma impressão estranha; reconhece também que é justificado o medo que seu reitor tem de loucos e por isso ninguém deveria portar-se como se fosse um deles. Estou quase certo de que o senhor poderá mantê-lo nas rédeas se ele conquistar a sua simpatia (que ele merece, pois é um homem amável, só que é um grande bobalhão).

Faria bem a ele também se o senhor conversasse uma vez com calma com o reitor de Eton e lhe dissesse que muitas pessoas ilustres já foram excêntricas e que as coisas que este homem fez (ao menos o quanto eu saiba) não são tão graves assim;

que, além disso, é um bom professor, capaz de manter ordem na sala de aula; que não fosse demitido, pois isto o liquidaria de vez, convencendo-o de que está louco. Seria melhor dar-lhe uma chance honesta de melhorar; e que o reitor lhe desse oportunamente um conselho reservado e paternal, batendo-lhe no ombro e dizendo, por exemplo, que não se deve bagunçar com os alunos nem cantar canções obscenas dentro do cerimonioso estabelecimento do Eton. [...]

Cordially yours,
C.G. Jung

A Johanna Michaelis
Berlim-Charlottenburg

20.01.1939

Prezada e distinta senhora,

Não é fácil responder às suas perguntas. Sua suposição de que a psicologia egípcia é fundamentalmente diferente da nossa tem procedência. Aqueles milênios tiveram na verdade problemática bem diferente. Por um lado, prevalecia uma inconsciência apática e impessoal; por outro, havia uma consciência manifesta ou uma consciência de inspiração interna, provinda diretamente dos deuses e personificada no faraó. Ele era o si-mesmo e o individual do povo. O espírito ainda vinha do alto. Evidentemente havia a maior tensão entre o em cima e o embaixo. Por isso os opostos só podiam ser mantidos coesos através de formas igualmente rígidas. A "duplicidade" do governante baseia-se na concepção primitiva de que a placenta é o irmão do recém-nascido[1] que o acompanha muitas vezes de modo fantasmagórico durante a vida, uma vez que ele morre cedo e é enterrado cerimoniosamente. A senhora encontrará uma exposição mais detalhada disso no livro de Lévy-Bruhl, *Le Surnaturel et la nature dans la mentalité primitive*. O ka[2] é provavelmente um descendente da placenta.

Branco e vermelho são *cores* sagradas também na Índia. Os muros do templo são pintados com listras brancas e vermelhas. Não sei exatamente o que significam. Sua interpretação de luz e sangue é muito provável, mas haveria necessidade de provas históricas.

É minha opinião também que tensão entre o em cima e o embaixo no Antigo Egito seja a verdadeira origem das figuras libertadoras do Oriente Próximo, cujo patriarca é Osíris. Ele é também a origem do pensamento de uma alma individual (imortal). ("O Osíris de N.N."). Quase todas as práticas de renascimento visam a uma conciliação do em cima com o embaixo. O batismo no Jordão é um bom exemplo disso: a água embaixo e o Espírito Santo em cima. No estágio primitivo, o rito totêmico de renovação é sempre uma reversão ao estado meio animal-meio homem dos tempos primitivos. Daí o uso frequente das peles de animais e de outros atributos animais. Disso encontram-se provas já nas pinturas em cavernas descobertas no sul da França.

Faz parte dessas práticas também o rebaixamento do superior para o inferior. No cristianismo é o lava-pés, no Antigo Egito é o nascimento de dentro de uma pele de animal[3]. Na Índia, por exemplo, o marajá de Travancore, com o torso nu e descalço, deve ainda hoje conduzir o Deus ao banho, com toda a corte, duas vezes por ano. Paralelo a isso temos o costume da Igreja na Idade Média em que no carnaval o irmão leigo mais jovem toma o lugar do abade e é servido pelos monges mais velhos. Práticas modernas dos estudantes! A isto pertence também a ridicularização ritual das práticas sagradas, a missa dos loucos nos mosteiros medievais. Entre os índios Pueblo temos os chamados *Delight Makers* (cf. *The Delight Makers*, de Adolf F. Bandelier).

É bem provável que o equilíbrio na vida de um povo é mantido enquanto existirem ritos conservados com seriedade e que unem os polos. Por isso, na China, o tao baseia-se numa colaboração harmônica entre céu e terra. Mas como a senhora pode ver no *I Ching*, o céu às vezes se separa da terra, o que cria um estado desordenado e desfavorável.

Existem muitos paralelos a essas questões levantadas pela senhora, especialmente para as práticas batismais, que não posso mencionar aqui. Quanto aos quatro estandartes reais[4], gostaria de observar apenas que, se bem me lembro, também havia uma placenta. Sobre isso existe uma monografia, mas infelizmente não me lembro do título.

Com elevada consideração,

(C.G. Jung)

1. Em seus "Seminários ingleses" (*Visions*, parte 7, outono, 1932), ao abordar o assunto da imaginação ativa, Jung falou sobre a ideia primitiva da placenta como irmão ou sósia do nascido. A senhora Michaelis relacionou isto às concepções do Antigo Egito, sobretudo ao título dos faraós como "senhores duplos".
2. Segundo a concepção egípcia antiga, o ka ou a alma-ka era um sósia da pessoa, uma personificação de sua força vital.
3. Na Festa Sed, os soberanos egípcios eram envolvidos numa pele de animal; ela representava o útero do qual eles deveriam renascer. Sobre a festa Sed, cf. Erich Neumann, *Ursprungsgeschichte des Bewusstseins*, Zurique, 1949.
4. Houve muito mais estandartes do faraó, mas os quatro mais importantes foram: do falcão, da íbis, do lobo e da "placenta real".

A W.Y. Evans-Wentz
c/o U.S. Consulate
Cairo/Egito

09.02.1939

My dear Mr. Evans-Wentz,

Muito obrigado pela gentileza de me enviar a carta de Mr. Sturdy. Reconheço o seu ponto de vista e concordo com ele de que há estados intensificados de consciência que merecem o nome de "supraconsciência". Contudo, não consigo imaginar um estado em que esta "supraconsciência" – não importa até onde ela possa alcançar – fosse universal, isto é, no qual não houvesse mais nada inconsciente. A suposição de um ser que existe além da compreensão humana é prerrogativa da fé. Isto pertence à metafísica e não à ciência, pois está fora da constatação e da experiência. O problema de uma consciência extremamente intensificada não é tão importante assim. O ponto principal é muito mais a questão do ego. Para a psicologia o ego é o sujeito cognoscente que é chamado "eu". Por isso Mr. Sturdy citou corretamente a expressão de S. Paulo: "... Eu vi coisas..."[1] Mesmo em seu êxtase houve um "eu" que viu algo, como garante Paulo. Estivesse seu ego totalmente dissolvido ou danificado, nunca poderia ter dito "eu vi", mas talvez "Deus viu"; provavelmente não teria tido condições de nos informar que alguma coisa tinha sido vista. A continuidade do ego percebente – decisivo para todas as formas da consciência – permanece, não importando a intensidade do êxtase nem a amplitude da extensão da consciência. É verdade que podemos esquecer até o nosso próprio corpo (como médico sei disso muito bem), mas isto não significa que então o ego psíquico não mais exista. Ao contrário, falo então como se estivesse plenamente consciente do meu ego. Exatamente como antes, construo as minhas frases com "eu", e se alguém me dissesse: "O que você experimenta não é a sua própria experiência, mas de alguém outro", eu o desmentiria. E com este desmentido eu estaria confirmando que foi o meu ego que percebeu e experimentou.

Quando digo que algo psíquico além da consciência é "escuro", quero afirmar que é escuro para mim porque não o conheço; mas não posso afirmar se é escuro ou claro em si, simplesmente porque não o sei. Também não vejo possibilidade alguma de afirmar a existência de uma consciência, por exemplo, numa lagarta. Pode-se apenas *acreditar* que a existência psíquica além da consciência é escura ou clara.

Conheço bastante bem as chamadas reações "psíquicas" dos organismos inferiores, mas não há prova de que tenham consciência de um ego; eles podem ser também puramente psíquicos (no sentido não específico). A psique não é idêntica à consciência (isto é sabido em geral), pois sabemos que há muitas reações humanas que transcorrem de modo totalmente inconsciente. Estas reações podem ser suscitadas, observadas e medidas experimentalmente, e foi comprovado por milhares de experiências que o indivíduo permanece inconsciente em relação a elas. Naturalmente pode-se defender o ponto de vista de que a pessoa sofra permanentemente de uma dupla consciência (*double personnalité*), mas não há prova nenhuma dessa suposição.

Não entendo por que deva ser enigmático que o inconsciente chegue ao conhecimento da consciência. É um fato da experiência cotidiana que conteúdos antes inconscientes surjam mais ou menos de repente na consciência. Realmente, nossa consciência não poderia funcionar se o processo psíquico inconsciente não a abastecesse com o material necessário e lhe desse sustentação. Quando, por exemplo, esquecemos um nome e o inconsciente o esconde teimosamente, dependemos quase totalmente da boa vontade dele: ele precisa autorizar que nos lembremos. Também acontece muitas vezes que a memória nos falhe de maneira semelhante.

Não sei o que Mr. Sturdy entende por "capacidade de controle dos sonhos". Pode ele criar sonhos voluntariamente? Pode ele dizer por exemplo: "Esta noite vou sonhar isto ou aquilo"? Nunca ouvi nada deste tipo. O fato de podermos aprender a lembrar-nos dos sonhos nada tem a ver com "controle dos próprios sonhos". No livro de Dunne[2] não há uma só palavra sobre controle dos sonhos. A capacidade de lembrar-se de seus sonhos prova que permanece no sonho ao menos uma fraca consciência, caso contrário não sonharíamos e não poderíamos lembrar-nos dos sonhos.

"Enquanto sunyata é percebido por um sujeito, permanece sendo objeto." Mas quando o sujeito penetra no sunyata (o vazio) e se identifica com ele, então o próprio sujeito é sunyata, isto é, vazio. E quando o vazio está realmente vazio, então não existe um sujeito cognoscente. O sujeito desapareceu, e não pode haver consciência do fato (do vazio), porque nada mais existe. Também não pode haver lembrança disso porque nada existe.

Não sei o que Mr. Sturdy quer dizer quando afirma que a telepatia e a psicometria etc. deveriam ser reconsideradas. O que elas têm a ver com o fato de não haver consciência sem um ego que está consciente de alguma coisa? É certo que a telepatia amplia nossa consciência, mas sempre há um ego que está consciente de alguma coisa. Mr. Sturdy esquece evidentemente que eu, como psicólogo, sou um cientista natural que tem por obrigação pesquisar o cognoscível. Ao cientista natural parece supérfluo alardear quaisquer convicções metafísicas. Eu aceito que há pessoas que estão convictas da existência de um Deus pessoal, ou de que os conteúdos psíquicos para mim inconscientes são conscientes para o "eu" de Deus. Posso aceitar que há uma fé no nascimento virginal, na imaculada conceição, no fato de que Parvati é a esposa de Shiva, ou em qualquer outra coisa sob o Sol; mas não posso insinuar que tudo isso é verdade absoluta, simplesmente porque não tenho provas. Gostaria de conhecer o que é possível conhecer, mas não quero fazer nenhuma afirmação sobre coisas das quais sei que não é possível saber nada. Assim é totalmente impossível saber o que eu experimentaria quando o "eu" percebente já não existisse. Chama-se isto de *contradictio in adiecto*. Experimentar o sunyata é portanto uma experiência impossível *per definitionem*, conforme já disse acima, assim como é impossível ter consciência de um assunto do qual nada sei. Podemos ampliar a nossa consciência sobre um assunto que antes foi inconsciente, mas então é o ego que se torna consciente dessa ampliação; e não persiste a menor dúvida de que, além desse novo e ínfimo conteúdo conquistado, existem milhões de conteúdos inconscientes. Por isso o agnosticismo é para mim, como cientista, uma obrigação. Eu não rivalizo com as confissões religiosas. Eu nunca me apresentei como metafísico e não me interesso em propagar novas convicções metafísicas. Já temos demais, e muito poucas que são realmente dignas de crédito.

O senhor certamente passará um tempo agradável em Heluan. Em nosso nebuloso "Niflheim" (país do nevoeiro) penso muitas vezes no brilho do sol egípcio. Apesar de quebrar a cabeça com os problemas psicológicos fundamentais do Oriente, ainda não trabalhei muito na minha introdução à *Grande Libertação*[3]. Vou dedicar-me a isso em abril, se tiver o tempo necessário. Espero que receba em maio o meu manuscrito.

As duas cartas seguem juntas aqui.

Sincerely yours,

(C.G. Jung)

1. *Atos dos apóstolos*, 26,13.
2. John W. Dunne, *An Experiment with Time*, Londres, 1927.
3. *The Tibetan Book of the Great Liberation*, cf. carta a Evans-Wentz, de 08.12.1938, nota 2.

A um destinatário não identificado
França

22.03.1939

Prezado senhor,

Seu primeiro sonho[1] mostra que o senhor mesmo está identificado com uma inconsciente figura feminina que, como o senhor bem sabe, eu chamo de *anima*. Trata-se de um processo real que se opera erroneamente dentro do senhor, em vez de operar-se expressamente na *anima*.

O segundo sonho[2] provém do primeiro. Por causa da identidade com a *anima*, o senhor é guindado para o alto de um penhasco onde fica numa situação precária. O senhor não pode segurar a criança porque ela não lhe pertence. A nevasca está relacionada com a altura em que ninguém pode viver: exprime igualmente uma situação não natural e perigosa. Em Goethe, Eufórion é o filho de Helena, gerado pelo pai Fausto. Esta é uma situação normal.

Em *Fausto* trata-se evidentemente de processos reais. Semelhantes coisas nem podem ser "desejadas pela fantasia". São, ao contrário, aqueles materiais que podem tornar a pessoa doente mental quando eles a acometem. Isto vale também para o quarto estágio do processo de transformação, isto é, a experiência do além[3]. É uma realidade inconsciente que, no caso de Goethe, foi sentida como o além de sua potencialidade atual e, por isso, também está separada de sua existência real através da morte. Ela declara que ainda está para acontecer-lhe o "tornar-se menino", pois somente assim atingirá a mais alta sabedoria. Eufórion representa a pessoa do futuro que não foge da união com a terra, mas que nisso se despedaça; isto quer dizer que não é possível realizá-lo sob as condições atuais. A morte de Fausto deve ser entendida, pois, como uma morte real. Mas ela é, como tantos casos de morte, uma morte misteriosa que transforma o imperfeito em perfeito.

O episódio Páris-Helena-Eufórion é de fato o grau mais alto atingível do processo de transformação, mas não é o mais alto em si, pois o elemento Eufórion não está integrado como *quinta essentia* na quaternidade Fausto-Mefisto-Páris-Helena.

As relações que o senhor estabelece com a tipologia são interessantes, mas difíceis. O próprio Goethe era uma pessoa sentimental intuitiva. Fausto apresentava-se antes de tudo como a sombra de Goethe, isto é, como naturalista e médico (pensamento e sensação). Vem então a primeira transformação: ele descobre o seu tipo oposto ("sentimento é tudo") e realiza ao mesmo tempo a projeção da *anima*, como sempre acontece no processo analítico. Por trás de Gretchen está a sequência gnóstica Helena-Maria-Sofia[4]. Ela representa propriamente um mundo real e platônico das ideias (pensamento e sensação em grau místico). Aqui Goethe pressente o fato de que as funções inconscientes, não diferenciadas, podem ser contaminadas pelo inconsciente coletivo, sendo por isso só condicionalmente racionais e, na maior parte, irracionais, isto é, são realizadas como vivência interna.

Tudo o mais na parte II está em estreita conexão com os conhecimentos alquímicos de Goethe e que não podem ser menosprezados. Fiquei surpreso com a grande proporção de filosofia hermética que encontrei nele. Recomendo-lhe por isso levar em consideração a linha de pensamento da alquimia, para ter maior clareza com relação ao *Fausto*. Envio-lhe em anexo duas separatas de meus escritos sobre "As ideias de salvação na alquimia"[5] e "As visões de Zósimo"[6]. [...]

Só mais uma observação geral. Não sei se me engano, mas parece-me que o senhor entendeu o "caráter de realidade" da vivência faustiana de maneira psicológica um tanto limitada, ou talvez psicologística. Perdoe-me se esta crítica o ofende.

Mas tive uma sensação de incerteza quando vi que o senhor fala de "fantasias desejadas". A ideia da fantasia de desejos é uma expressão tirada da psicologia freudiana personalista das neuroses que serve ao médico para desacostumar o paciente de uma estúpida megalomania ou de pretensões histéricas. Mas com isso se encobre apenas o fato de que o médico não entende em que sentido essas ideias estão completamente certas. Elas são tão incorretas quanto o fato de seu sonho em que o senhor dá à luz uma criança, e num sentido mais elevado são tão corretas quanto a vivência Páris-Helena de Goethe. Se um doente mental diz que é o primeiro pai que durante milhões de anos fecundou sua filha, esta afirmação é do ponto de vista médico uma questão extremamente mórbida. Mas do ponto de vista da psicologia é uma verdade admirável, e mais ainda por ser reconhecida pelo mais amplo *consensus gentium*. Ela é expressa pelo "Scit et te Deum esse"[7]. Freud diria aqui: "uma fantasia incestuosa de desejo", porque gostaria de salvar o pobre doente de uma tolice nociva. Mas eu diria ao paciente: "Pena que você seja tão tolo para entender corretamente esta revelação". No caso do *Fausto* de Goethe – que eu considero uma questão sumamente delicada – eu condenaria do começo ao fim a expressão "fantasia de desejo".

Com elevada consideração

(C.G. Jung)

1. O sonhador dá à luz um filho.
2. No meio de uma tempestade de neve o sonhador está em cima de um íngreme penhasco, tendo embaixo um abismo; tem uma criança nos braços, mas está fraco demais para segurá-la, e ela lhe escapa das mãos.
3. No *Fausto* II, o menino condutor, o homúnculo e Eufórion representam, psicologicamente considerados, formas de transformação do si-mesmo em sua manifestação como "puer aeternus". Depois da morte de Fausto, através de sua admissão no "coro dos meninos bem-aventurados", indica-se uma quarta forma.
4. Jung distingue quatro estágios da diferenciação da anima que ele denominou segundo figuras femininas arquetípicas, conhecidas a partir da gnose. O estágio inferior, aqui não mencionado, ele o caracterizou através de Eva (Chawwa), os outros através das figuras de Helena, Maria e Sofia. Cf. "A psicologia da transferência", em OC, vol. XVI, par. 361. Jung viu incorporações dos estágios da *anima* em *Fausto* em Gretchen, Helena, na Mater gloriosa e no Eterno-feminino.
5. Em *Eranos-Jahrbuch 1936*, Zurique, 1937, e em *Psicologia e alquimia* (OC, vol. XII).
6. Em *Eranos-Jahrbuch 1937*, Zurique, 1938, e em OC, vol. XIII.
7. Ele sabe que tu também és Deus. Cf. Gn 3,5.

A um destinatário não identificado
EUA

22.03.1939

Dear Mr. N.,

Como o senhor pode imaginar, é muito difícil julgar um caso individual sem conhecer a *dramatis personae*.

Quando um rapaz ama uma mulher que poderia ser quase sua mãe, então isto está sempre vinculado a um complexo de mãe. Uma ligação dessas pode às vezes funcionar muito bem durante longos anos, sobretudo em pessoas com dons artísticos que ainda não atingiram a maturidade. Nesses casos, a mulher é objeto de um instinto quase biológico. Ela choca os ovos. O homem como filho-amante aproveita-se do interesse em parte sexual e em parte maternal da mulher. Desse modo pode um tal relacionamento transcorrer satisfatoriamente sob todos os aspectos por tempo indeterminado. Mas como ele não corresponde exatamente à natureza, chega com o passar dos anos inevitavelmente a um limite. Também uma natureza artística pode amadurecer a tal ponto que a necessidade de tornar-se pai e sobretudo homem vai aos poucos prevalecendo sobre a atitude filial. Quando isto acontece, a relação é superada.

O que digo é a regra geral, mas que não deveria ser generalizada levianamente. A pessoa humana é um experimento altamente singular da natureza, e principalmente sob o aspecto erótico tudo é possível. [...]

Sincerely yours,
(C.G. Jung)

Monsieur A. Zarine
Neuilly-sur-Seine/França

03.05.1939

Monsieur,

Queira desculpar o atraso de minha resposta, mas não é sempre que tenho tempo de dedicar-me a cartas tão longas. Além disso, suas questões são bastante complicadas.

Lendo sua carta não tive absolutamente a impressão de que seu raciocínio fosse doentio ou apresentasse lacunas. O raciocínio em si parece-me normal, mas o seu modo de usá-lo não é muito feliz, por isso pergunto se o senhor compreendeu bem o que se entende por "função transcendente"[1].

Na pessoa normal a função transcendente só atua no inconsciente que tende continuamente a restabelecer um equilíbrio psíquico. As explicações de sua carta relacionam-se com a função transcendente, mas creio que o senhor não entendeu bem a natureza específica desse processo. Isto é bastante natural, pois o senhor não possui a experiência do psicólogo e, por isso, não lhe é possível formar uma ideia adequada. Quanto a mim, não preciso trazer nenhum caso da patologia como exemplo. Há suficientes casos normais em que se manifesta de repente, sob determinadas condições, um caráter oposto à personalidade consciente, provocando um conflito entre ambos.

Tomemos, por exemplo, o caso clássico da tentação de Cristo. Dizemos que o demônio tentou Cristo, mas poderíamos dizer também que se tratava de um desejo inconsciente de poder que se aproximou de Cristo na forma do demônio. Os dois lados se manifestam: o claro e o escuro. O demônio quer seduzir Jesus a declarar-se o senhor do mundo. Jesus não quer sucumbir à tentação e daí, graças à função (transcendente) que resulta de todo conflito, surge um símbolo, isto é, a ideia do reino celestial, o reino espiritual em vez do reino material. Neste símbolo estão unidas duas coisas: a atitude espiritual de Cristo e o desejo satânico de poder. Portanto, o encontro de Cristo com o demônio é um exemplo clássico da função transcendente. Aqui ela aparece como uma experiência pessoal e espontânea. Mas ela também pode ser um método: quando se procura conhecer a vontade inconsciente contrária com a ajuda de sonhos e outras manifestações do inconsciente. Então a personalidade consciente é confrontada com a posição contrária do inconsciente. O conflito resultante leva – graças à função transcendente – a um símbolo que concilia os pontos de vista opostos. O símbolo não pode ser escolhido ou construído conscientemente; ele é uma espécie de intuição ou revelação. Portanto, a função transcendente só é método sob um aspecto, sob outro é experiência espontânea.

Naturalmente essas experiências só se encontram nas pessoas que não têm convicções religiosas profundas. Para uma fé claramente definida existem também ideias bem-definidas dentre as quais é possível escolher um símbolo. Dessa maneira o conflito é evitado ou, melhor, a oposição não se manifesta, pois vem coberta por uma imagem dogmática (Cristo, por exemplo). Por isso não se encontra nenhum vestígio de função transcendente na psique de alguém com convicções religiosas bem-definidas. A expressão "função transcendente" é a designação precisa da passagem de um estado para outro. Uma pessoa presa a convicções religiosas não abre mão delas, e convém que não o faça. Tão logo surge um conflito, é imediatamente reprimido ou resolvido por uma firme convicção religiosa. Portanto, só encontramos a função transcendente em pessoas que já não possuem sua convicção religiosa original, ou nunca a tiveram, e por isso são confrontadas diretamente com o seu inconsciente. Foi este o caso de Cristo. Ele era um reformador religioso que se opôs à religião tradicional de seu tempo e de seu povo. Portanto, estava "extra ecclesiam" e consequentemente no estado de "nulla salus". Por isso teve a experiência da função transcendente; um santo cristão não poderia tê-la, pois nele não se trata de uma transformação total e fundamental.

Uma exposição detalhada da função transcendente, o senhor pode encontrá-la no *Fausto* de Goethe. Após seu pacto com o diabo, Fausto passa por uma série de transformações, representadas por figuras simbólicas[2]. Goethe só pôde descrevê-las porque não tinha ideias religiosas definidas e preconcebidas. Também ele se achava "extra ecclesiam".

A função transcendente não é nada que nós mesmos criamos, mas surge quando experimentamos a luta dos opostos. O senhor encontrará uma explicação pormenorizada desse problema em meu livro *Tipos psicológicos*.

Uma descrição semiótica não pode ser transformada num símbolo, pois um "semeion" nada mais é do que um sinal cujo sentido é bem conhecido, ao passo que o símbolo é uma imagem psíquica que exprime algo desconhecido. Em certo sentido, o símbolo tem uma vida própria, que orienta a pessoa e facilita sua tarefa; mas não pode ser inventado ou fabricado, pois é uma experiência que não depende da nossa vontade.

Espero que lhe tenha dado um conspecto claro do que entendo por "função transcendente".

Veuillez agréer, Monsieur, l'expression de ma parfaite considération.

(C.G. Jung)

1. Jung entende por função transcendente o processo psíquico que leva à união dos opostos (consciência e inconsciente) e, com isso, à individuação. "Transcendente" não indica uma qualidade metafísica, mas a passagem de um estágio de desenvolvimento para outro. Cf. Jung, "A função transcendente", em OC, vol. VIII, e no verbete "Definições", em *Tipos psicológicos* (OC, vol. VI).
2. Cf. carta a destinatário não identificado (França), de 22.03.1939.

To Prof. William Ernest Hocking[1]
Cambridge (Mass.)/EUA

05.05.1939

My dear Professor Hocking,

Muito obrigado por sua gentil carta. É um prazer respondê-la.

Concordo plenamente com sua interpretação do elemento empírico na experiência religiosa, como no Apocalipse[2]. Por outro lado, vejo a grande complicação que este modo de ver traria para todas as formas de fé, com exceção de algumas religiões da Índia. A religião Vishnu, por exemplo, poderia assimilar Cristo com avatar[3], mas o budismo teria pouco interesse em Cristo. O cristianismo em particular está preso ao ponto de vista papal: *Sit ut est aut non sit*[4]. Ele acredita que teria perdido sua "raison d'être" se a verdade do cristianismo não fosse a mais elevada e a única; e na minha humilde opinião ele a teria perdido de fato. Ele teria que transformar-se imediatamente numa espécie de sincretismo filosófico. Parece-me que aqui há um problema mais sério.

Espero que lhe tenham enviado o meu livro *Psicologia e religião*. Abordei ali a questão da "revelação individual" que vinha me ocupando diariamente, pois sempre de novo tratava de pacientes cujo principal problema era trabalhar uma experiência religiosa que contradizia ou modificava a verdade cristã tradicional. Tomo a liberdade de enviar-lhe minha pequena separata sobre o Beato Nicolau[5], um santo suíço que ainda não foi canonizado por falta de dinheiro, mas que está na lista. Ele (respectivamente suas visões de Deus) é o caso típico de uma experiência religiosa não dogmática. São Francisco é outro exemplo clássico.

Espero que esteja bem de saúde.

Yours sincerely,
(C.G. Jung)

1. William E. Hocking, 1873-1966, professor de Filosofia na Harvard University, Cambridge (Mass.), EUA.
2. Segundo a opinião do Prof. Hocking, a revelação é o elemento empírico da experiência religiosa e assunto do indivíduo: "Each man has his own Burning Bush". Assim sendo, nenhuma religião – nem mesmo o cristianismo – teria o monopólio da verdade.
3. Avatar, sânscrito, encarnação da divindade, tornar-se pessoa humana. No hinduísmo moderno, Cristo é designado como um avatar extraindiano de Vishnu, pois este deve manifestar-se em todas as religiões.
4. Que seja como é, ou que não seja.
5. Cf. "Bruder Klaus", em OC, vol. XI; cf. também carta a Blanke, de 02.05.1945.

A uma destinatária não identificada
EUA

22.05.1939

Dear Mrs. N.,

Muito obrigado pelo seu relatório. [...]

A regressão para a infância é uma sequela típica da hemorragia cerebral. Posso imaginar que essas impressões a afetaram profundamente. O estado (ainda mais nessas condições) de uma pessoa moribunda produz certo efeito sobre o inconsciente. O mundo se torna irreal e o inconsciente ganha em força. Muitas vezes ele atua como um redemoinho que engole a pessoa. Preste atenção para que isto não lhe aconteça. Procure ficar em contato com coisas que a lembrem de sua realidade. Espero que minha carta traga um sopro refrescante de um mundo diferente.

Acho que a senhora está sempre em perigo de entrar em mar tempestuoso. Em mim o mar faz o possível para imitar um açude.

O grande plano da senhora X. de fazer uma coletânea dos símbolos do mundo inteiro é de fato uma aventura muito ousada[1]. Minha fantasia não chega nem perto de avaliar a envergadura desse trabalho. Mas já ouvimos falar de montanhas grávidas que pariram afinal um camundongo. Não queremos, porém, perturbá-la. Em si é uma ideia bastante útil, mas para executá-la corretamente haveria necessidade da colaboração de ao menos uma centena de especialistas.

O problema racial judeu é realmente uma questão crucial, tão crucial que não vejo como abordá-la. Os aspectos são vários, e cada um deles leva a inúmeros mal-entendidos. Se vivêssemos num mundo tranquilo que permitisse uma discussão criteriosa e tivéssemos certeza de estar lidando com *gentlemen*, então poderíamos tentar uma discussão; mas toda a atmosfera está de tal modo envenenada e esquentada que toda e qualquer palavra soa falsa. É uma iniciativa praticamente fadada ao fracasso dizer alguma coisa sobre o problema racial.

No momento atual reduzi o meu trabalho, simplesmente porque fui obrigado, e provavelmente deverei reduzi-lo ainda mais no futuro. Recentemente tive algo como um pequeno colapso por motivo de estafa. Agora sinto-me bem de novo, mas devo tomar cuidado. Se tiver menos trabalho com os pacientes, talvez retome o meu espírito aventureiro e tenha algumas ideias novas; mas no momento atual não tenho nenhuma.

Espero que vá bem de saúde.

With best wishes,
Yours cordially,
(C.G. Jung)

1. O projeto nunca foi realizado.

To Dr. Hugh Crichton-Miller[1]
Londres

28.06.1939

My dear Crichton-Miller,

Vi a lista dos delegados ingleses que me enviou o Dr. Strauss[2], nosso secretário. Fiquei surpreso em não encontrar nenhum nome conhecido meu. Na minha opinião, a preferência deveria ser dada a pessoas mais representativas.

Espero que o senhor compareça à reunião. Sua presença é extremamente importante, pois não me parece que a delegação inglesa esteja ao par da delicada situação da Associação Internacional. Temo que nestas circunstâncias poderiam prevalecer certos preconceitos e não o bom-senso. Por isso tenho como imprescindível sua presença, não só como vice-presidente, mas também como defensor do mais elevado bom-senso. O senhor sabe que ainda estou sob a desconfiança de ser um agente secreto nazista, apesar de tudo o que digo e faço. Por isso deveria haver alguém na diretoria que estivesse "acima da diretoria".

Felizmente os holandeses nos convidaram para o próximo congresso na Holanda[3]. Desse modo ganhamos ao menos dois anos de pendência em relação à Alemanha.

É indispensável também a presença de uma autoridade nessa reunião de delegados[4] porque gostaria de propor novas eleições. Farei isso porque pretendo renunciar ao meu cargo de presidente internacional e também porque é preciso esvaziar a bola da oposição para a qual não sou *persona grata*, mas sim *persona suspecta*.

Cordially yours,

(C.G. Jung)

1. Hugh Crichton-Miller, 1877-1959, psiquiatra, fundador e diretor da "Tavistock Clinic for Functional Nerve Cases" (mais tarde "Institute of Medical Psychology"). Em 1938, Dr. Crichton-Miller tornou-se vice-presidente da "Internationalen Gesellschaft für Psychotherapie". Cf. Jung, Prefácio ao livro "Hugh Crichton-Miller, 1877-1959" (em OC, vol. XVIII).
2. Cf. carta a Strauss, de 26.03.1938, nota 1.
3. Devido à guerra, o próximo congresso só aconteceu em 1951, em Leiden na Holanda. Foi organizado pela "Internationalen Vereinigung für Ärztliche Psychotherapie", uma nova associação formada em 1946.
4. A reunião de delegados, de julho de 1939, em Zurique, prorrogou a presidência de Jung até se resolver o pedido de filiação dos grupos italiano, húngaro e japonês. Cf. carta a v.d. Hoop, de 26.10.1940.

Ao Prof. Egon Frhr. von Eickstedt[1]
Breslau

03.07.1939

Prezado colega,

Agradeço muito a sua amável pergunta a respeito de um artigo sobre o problema racial. Mas infelizmente devo informar-lhe que me ocupei muito pouco com questões raciais para poder dizer algo razoável sobre o assunto. Além disso não tenho nenhuma clareza sobre a conexão entre disposição corporal e característica psicológica, de modo que não ousaria agora especular sobre isso. Esta é a razão também por que minha tipologia só se refere às formas básicas da atitude psicológica que eu não poderia sem mais identificar com nenhuma disposição fisiológica ou anatômica.

Peço que não me leve a mal o fato de não poder satisfazer a sua expectativa.

Com elevada estima do colega

(C.G. Jung)

1. Egon Freiherr von Eickstedt, professor de Antropologia em Breslau. Na época editor de *Zeitschrift für Rassenkunde*, Breslau.

Ao Prof. Dr. J. Meinertz
Worms/Alemanha

03.07.1939

Prezado colega,

Receba meus sinceros agradecimentos pela amável remessa de sua pesquisa sobre psicoterapia[1].

Como pude perceber numa leitura superficial de seu escrito, o senhor coloca a problemática psicoterapêutica no meio da discussão filosófica da situação atual na Alemanha. Assim o senhor me proporciona a grande vantagem de poder preencher as minhas lacunas de conhecimento da filosofia contemporânea naqueles pontos que me são essenciais, pois encontro nesse escrito tudo o que preciso. O que Heidegger, Klages, Jaspers e outros disseram a este respeito nunca me afetou profundamente, pois percebe-se logo nos escritores que eles nunca tiveram de lidar com problemas práticos da psicoterapia. Todos têm uma impressionante facilidade verbal, o que lhes confere uma competência quase mágica. Se Klages tivesse que tratar em profundidade de um único caso de neurose, jamais teria escrito o grosso volume sobre o espírito obnóxio[2]. Do mesmo modo teria Heidegger perdido a vontade de dedicar-se a artifícios linguísticos. O senhor fez um favor ao psicoterapeuta, abrindo alguns caminhos úteis nesta selva linguística, de modo que nas curvas da estrada pode-se deparar com as paisagens mais curiosas.

Um assunto especialmente delicioso é o modo como os filósofos esconjuraram a morte. Eu ainda espero pela dissertação: "Como é possível a morte em geral?" ou "Fundamentação filosófica da morte". Perdoe-me esses acessos heréticos; eles surgem da experiência prática, onde se revela mais claramente a impotência da linguagem filosófica.

Sua obra vem realmente ao encontro de uma necessidade básica, isto é, a necessidade de uma explicação filosófica dos conhecimentos psicológicos possibilitados pela psicoterapia e que eram totalmente desconhecidos da filosofia antiga e até agora. Ao senhor, prezado colega, cabe o grande mérito de ser um pioneiro neste campo. Devo creditar-lhe também que o senhor não se dedica apenas a malabarismos de palavras, como a escola de Heidegger, mas pretende expor coisas importantes.

Com renovado agradecimento,

(C.G. Jung)

1. J. Meinertz, *Psychotherapie – eine Wissenschaft*. Untersuchungen über die Wissenschaftsstruktur der Grundlagen seelischer Krankenbehandlung, Berlim, 1939.
2. L. Klages, *Der Geist als Widersacher der Seele*, 3 vols., 1929.

Ao Dr. S.
Alemanha

15.07.1939

Prezado Dr. S.,

Em outubro estarei de volta e então poderei recebê-lo. Seus problemas de audição são um assunto realmente doloroso. Eles podem naturalmente ser muito aumentados ou diminuídos por meio de uma certa atitude subjetiva. Um simples murmúrio pode chegar ao insuportável quando se dá a ele uma atenção interna. Mas também pode desaparecer completamente se for esquecido.

Esses fenômenos podem em grande parte "passar despercebidos". Assim que a atitude se torna de qualquer forma autoerótica, aumentam os sintomas. Uma atitude autoerótica resulta forçosamente quando, por exemplo, a função de relacionamento (eros) não é levada suficientemente em consideração, isto é, quando algo que deveria ser trazido para fora permanece dentro. Isto é uma possibilidade. A outra possibilidade é uma relutância contra o destino, que faz elevar anormalmente a importância do corpo[1].

Até lá, e receba os meus melhores votos.
(C.G. Jung)

1. Aproximadamente três meses depois, o destinatário informou sobre uma melhora, depois tentou pôr em prática o que Jung lhe dissera. Ele acreditava que "ambas as possibilidades indicadas pelo senhor desempenham um papel". Ao final faz a pergunta se uma atitude autoerótica pode ser entendida como "hiperenervação do corpo devido ao represamento da libido". Cf. resposta de Jung, de 20.10.1939.

À Dra. Margarete Braband[1]
Haifa/Palestina

22.07.1939

Prezada colega,

Sua sensação de paralisia é em primeiro lugar uma reação natural a um dispêndio muito grande de libido. Até este ponto é um fenômeno adequado. Mas ele é usado pelo *animus* e envenenado por intepretações. Sua dúvida de que está progredindo é propriamente uma questão filosófica e não moral ou psíquica. Se, portanto, a senhora se impressiona com o fato de que eu, no ano de 1912, já conhecia o significado mais profundo das visões de Zósimo, isto só quer dizer que há alguma coisa que a senhora não entende bem. Na verdade já sabemos tudo desde sempre; pois todas essas coisas estão sempre presentes, só que nós não estamos presentes a elas. Em todos os tempos sempre existiu a possibilidade da mais profunda compreensão, só que nós sempre estivemos muito longe dela.

O que chamamos desenvolvimento ou progresso acontece quando nos movemos em torno de um ponto para dele nos aproximarmos aos poucos. Na verdade ficamos sempre no mesmo lugar, só que um pouco mais perto ou mais longe do ponto central. Já como criança tive compreensões alquímicas que soam ainda mais surpreendentes do que aquilo que eu disse sobre elas em meu livro sobre a libido[2]. Também outras pessoas têm isso. Originalmente nascemos todos de um mundo de totalidade e ainda estamos presos a ele nos primeiros anos de vida. Lá temos todo o conhecimento sem o sabermos. Mais tarde perdemos isso e o chamamos de progresso quando nos lembramos de novo. O *animus* tem a peculiaridade de racionalizar tudo de maneira falsa. Quando percebe o fato de que não percorremos realmente nenhum caminho, ele interpreta isso como não progresso. Mas a verdadeira compreensão diria que não há nenhum caminho e, por isso, também nenhuma reprodução através do espaço, mas um tornar-se consciente que não pode ser expresso por categorias espaciais. Estas ocasiões são naturalmente para o *animus* sempre um prato cheio. É possível então construir as contradições mais maravilhosas. Para variar, talvez fosse bom ler mais uma vez o Tao Te King.

Com os melhores votos,

(C.G. Jung)

1. Dra. med. Margarethe Braband-Isaac, psiquiatra e psicoterapeuta.
2. *Transformações e símbolos da libido*, 1912. Jung menciona ali muitas vezes as visões de Zósimo, um alquimista e gnóstico do século III, ao qual dedicou mais tarde uma pesquisa especial: "As visões de Zósimo", em OC, vol. XIII.

Ao Dr. Hugh Crichton-Miller, F.R.D.P.
Londres

02.09.1939

My dear Crichton-Miller,

Lamento estar atrasado em responder à sua carta. Estou convencido de que o Prof. Göring não entendeu bem por que o senhor propôs o nome do Dr. van der Hoop[1]. Mas isto pouco ou nada tem a ver com a sua incapacidade de entender inglês. Tem mais a ver com a incapacidade geral dele. Não tenha sentimentos de inferioridade por ter entendido mal a psicologia muito simples do Prof. Göring. Isto evidentemente nada tem a ver com o seu desconhecimento da língua alemã. Se o senhor supõe em Göring motivos ridículos de prestígio, então não está longe da verdade. A dificuldade que temos de enfrentar – ou que tivemos de enfrentar – é normal em qualquer organização internacional. Deveríamos ter um tradutor oficial que traduzisse fielmente toda tolice que o orador diz. Mas tudo isso – infelizmente – é eco do passado. O diabo sabe como será o mundo quando nos encontrarmos de novo. Por isso não precisamos preocupar-nos por ora com futuros congressos, reuniões de delegados, tradutores etc. Hitler está alcançando o seu clímax e, com ele, a psicose alemã[2].

Tudo de bom para o senhor. Agradeço a sua colaboração.

Sincerely and cordially yours,

(C.G. Jung)

1. Jung como presidente vinha procurando um sucessor de país neutro para diminuir as tensões entre os representantes das democracias e a Alemanha. Por isso Crichton-Miller havia proposto o holandês Van der Hoop para presidente e sucessor de Jung. Na verdade caberia a Crichton-Miller, como vice-presidente, a presidência. Mas, como inglês, recusou-se, pois a Inglaterra estava às vésperas de entrar na guerra. Göring, o chefe do grupo nacional alemão, considerou a proposta de Crichton-Miller como desfeita ao grupo alemão. Jung renunciou apenas no outono de 1940. Cf. carta a v. d. Hoop, de 26.10.1940.
2. No dia anterior os alemães haviam invadido a Polônia.

To Dr. M. Esther Harding[1]
New York

28.09.1939

Dear Dr. Harding,

Muito obrigado por sua gentil carta. Eu a incluí na minha lista para maio próximo, e espero que possa manter a entrevista, o que é difícil dizer nas circunstâncias atuais.

Não há nem um vislumbre de plano de eu ir para a América durante a guerra. Mesmo que houvesse motivo razoável para ir, eu não o faria, pois como a senhora tem sua ligação estreita, sua identidade com o seu povo na Inglaterra, nós nos sentiríamos totalmente desenraizados sem nossa pátria. Meu filho e três genros estão no exército e um genro está em Paris, e sua esposa e as crianças estão conosco em Küsnacht. Eu ainda não fui convocado para integrar alguma das várias organizações úteis, mas estou vivendo provisoriamente na expectativa de qualquer tipo de possibilidade. Nós evidentemente esperamos não ser envolvidos na guerra, mas existe apenas uma convicção na Suíça de que, se assim deve ser, será do lado dos aliados. Não há dúvida nem hesitação; a convicção unânime na Suíça é que a Alemanha perdeu sua honra nacional em grau indizível, e os alemães que ainda raciocinam sabem disso também. Eu não me admiraria se acontecessem na Alemanha as coisas mais estranhas. A situação é totalmente opaca devido ao terror inumano sob o qual é mantida toda a população.
Espero que esteja bem de saúde.

I remain yours cordially,

(C.G. Jung)

1. M. Esther Harding, M.D., 1889-1971, psiquiatra e psicoterapeuta. Inglesa de nascimento, exerceu sua profissão nos Estados Unidos, presidente do "Analytical Psychology Club of New York City". Obras, entre outras: *The Way of All Women*, 1933; *Woman's Mysteries*, 1935; *Journey into Self*, 1956; *Psychic Energy*, 1947. Os prefácios que Jung escreveu para essas obras estão em OC, vol. XVIII.

A uma destinatária não identificada
EUA

05.10.1939

My dear Mrs. N.,

Eu certamente já lhe teria escrito há mais tempo, se não tivesse acontecido uma porção de coisas ultimamente. É curioso notar que quanto mais próximas estão as pessoas de questões sérias, mais calmas elas parecem ficar. Há na verdade uma grande apreensão na Suíça, e sentimos a espada de Dâmocles sobre as nossas cabeças. Mas estive recentemente na Basileia e encontrei as pessoas agindo como sempre, apesar de o inferno poder irromper a qualquer momento. Estive num ponto bem próximo à fronteira entre as linhas de batalha da França e Alemanha. Era possível ver as fortificações francesas e alemãs, mas tudo estava tão quieto e pacífico quanto possível. Não havia barulho nem tiros; as aldeias foram evacuadas, e nada se mexia.

Meu filho e meus genros, com uma exceção apenas, estão todos no exército, e minha filha de Paris veio com os seus filhos procurar refúgio aqui conosco.

O jovem Hans[1] foi finalmente convocado para o exército. Está numa unidade motorizada, servindo como motorista e mecânico, como membro do serviço de apoio. Suponho que recebeu mesmo um uniforme, o que lhe agradará muito. Recebo às vezes um cartão-postal cheio de entusiasmo. Até inícios de setembro ele me ajudou em Bollingen enquanto estive lá. Mas com a mobilização teve de reunir-se às fileiras.

Eu estou muito velho para o serviço ativo, mas convidaram-me para ser candidato ao parlamento nacional[2]. Isto significa que um grupo maior de pessoas gostaria que eu integrasse o Conselho Nacional (o que corresponde à Casa dos Comuns na Inglaterra). Eu lhes disse que não era político, e eles responderam que era exatamente por isso que me queriam, pois políticos já havia demais. Se for assim, respondi, posso aceitar. Não sei exatamente o que isto significa. Em todo caso, significa que haverá sessões com duração de quinze dias, cinco ou seis vezes por ano, e para mim pessoalmente será um tédio dos maiores. Com boa dose de sorte, talvez eu possa dizer algo razoável. Fui informado de que o povo quer representantes que defendam os valores espirituais. É um sinal interessante dos tempos. Eu estou apenas na lista, e insisti que me colocassem no último lugar, pois ainda espero não ser eleito. As eleições serão no final de outubro ou início de novembro. Por isso é melhor que não conte a ninguém este novo e surpreendente rumo dos fatos.

Se eu puder ajudá-la a vir para a Suíça, tentarei fazê-lo através da *Fremden-polizei*.

Não tenho tempo de trabalhar num livro. A atmosfera está tremendamente conturbada, e é muito difícil manter-se alheio. As coisas que acontecem na Alemanha são incríveis e o futuro está cheio de possibilidades impensáveis. A sensação é completamente apocalíptica. É como no tempo em que Deus permitiu que satanás andasse pela terra por um tempo e meio[3]. Os alemães, tanto quanto os conheço, estão em parte aterrorizados e em parte bêbados de sangue e vitória. Se houve algum dia uma epidemia mental, é esta a condição mental na Alemanha de hoje. O próprio Hitler (pelo que ouvi) está mais do que apenas meio maluco.

With every good wish, yours cordially,
C.G. Jung

1. Cf. carta a Kuhn, de 01.01.1926, nota 1.
2. Jung foi convidado a candidatar-se para o "Landesring der Unabhängigen" (Grupo Nacional dos Independentes), mas não foi eleito.
3. Aqui parece haver uma mistura de Ap 12,14 e 20,3.7.8.

Ao Dr. S.
Alemanha

20.10.1939

Prezado colega,

Quando o inconsciente não é acompanhado corretamente, isto é, quando não encontra expressão através da consciência ou de uma ação consciente, então ele amontoa sua libido no corpo, e isto leva a fenômenos físicos de inervação. O autoerotismo já é naturalmente uma hiperinervação não natural. Há, no entanto, certas diferenças clínicas entre autoerotismo e hiperinervação através do inconsciente bloqueado. No último caso temos sobretudo fenômenos do sistema simpático ou fenômenos psíquicos na forma de uma atenção intensificada ao corpo. O inconsciente é bastante idêntico ao sistema simpático e parassimpático, que são a contrapartida fisiológica da estrutura de opostos dos conteúdos inconscientes.

O senhor não conseguirá sair da "velha casa" enquanto não tiver esgotado completamente o que nela acontece; só então pode a situação mudar.

Saudações cordiais,
(C.G. Jung)

Ao Conselheiro Nacional Gottlieb Duttweiler[1]
Zurique

04.12.1939

Digníssimo Senhor Conselheiro Nacional,

Embora eu saiba que o senhor tem trabalho mais do que o suficiente, gostaria de sugerir-lhe que fossem tomadas já agora as providências em vista dos acontecimentos que se anunciam na Suíça, o que pode prevenir desordens sociais futuras.

Como o senhor sabe, a mobilização causou uma grande diferença entre a posição social dos mobilizados e a dos não obrigados ao serviço militar. Há centenas e milhares de soldados cujas famílias ficaram privadas de seu ganha-pão, ao passo que, de outro lado, muitos estrangeiros e não obrigados ao serviço militar podem tranquilamente correr atrás de seus ganhos e até ocupar os postos que os soldados perderam. Esta situação pode levar a disputas muito graves se não for tomada já agora alguma medida enérgica para resolver essas desigualdades.

Eu acho que um partido político deveria tomar a seguinte medida: *a mobilização é declarada absoluta, sendo que todo suíço de 18 a 60 anos é considerado mobilizado, esteja ele sujeito ao serviço militar ou não*. Os não obrigados ao serviço militar estariam sob o mesmo regime que os recrutados, com a única diferença de que os soldados cumprem o seu dever com as armas e os não recrutados como um ganha-pão. Todo suíço receberia um soldo, e tudo o que ganhasse a mais seria colocado à disposição da comunidade enquanto durasse a mobilização. Se esta medida for tomada já agora, fica prevenida enquanto possível toda desordem social, e o soldado no *front* não precisa mais ter o desagradável sentimento de que ele e sua família estão sendo prejudicados financeiramente pelo fato de ele estar arriscando a sua vida pelos outros. Se a guerra se prolongar por muito tempo, estaremos expostos aos maiores perigos financeiros de qualquer maneira. Por isso precisamos de um gesto bem magnânimo, para fazer face às dificuldades futuras[2].

Com elevada consideração,

(C.G. Jung)

1. Gottlieb Duttweiler, político e comerciante. Fundador da "Migros-Genossenschaftsbund", bem como do partido "Landesring der Unabhängigen". (Cf. carta a uma destinatária não identificada, de 05.10.1939.) Fundador e editor do jornal diário *Die Tat*.
2. A proposta de Jung não foi aceita, mas foi criada a "Schweizerische Lohn- und Verdienstersatzordnung" para compensar os ônus causados pela mobilização.

No mesmo dia Jung escreveu uma carta quase idêntica ao seu amigo, também Conselheiro Nacional, Dr. Albert Oeri (redator-chefe do *Basler Nachrichten*).

Ao Dr. Erich Neumann
Tel Aviv/Palestina

16.12.1939

Prezado colega,

Alegrei-me bastante em ouvir novamente notícias suas. O senhor demorou demais para me escrever, pois sua carta está tão concentrada que é impossível uma reação completa a ela por correio.

Quanto ao seu sonho[1], eu teria necessidade de diluí-lo ou de contorná-lo. Quando os sonhos assumem esta forma legendária, então existem conteúdos capazes de serem aperfeiçoados, que deveriam ser assumidos pela imaginação ativa e elaborados. Eu teria necessidade de dramatizar mais ainda o sonho para que ele revelasse os seus segredos. A associação com Wotan não indica a regressão germânica na Alemanha, mas é um símbolo de um movimento espiritual que afeta todo o mundo cultural (Wotan como deus-vento = pneuma). Isto explica por que Wotan aparece também entre os judeus, ainda que só entre judeus alemães, conforme constatei várias vezes.

O hermafrodita é certamente um arquétipo[2]. Ele representa uma união dos pares de opostos e é provavelmente um símbolo da dualidade correspondente a Aquário, e teria portanto o mesmo valor que o símbolo do peixe no começo de nossa era. Conforme já mostra o símbolo alquímico, ele significa o si-mesmo, cujos símbolos indianos são igualmente homem-mulher. (Cf., por exemplo, a figura de atmã no início do Brhadaranyaka Upanixade[3].) Esta problemática ultrapassa as diferenças raciais e provém daquele vento espiritual que sopra sobre a Europa ou provavelmente sobre todo o mundo, pois também no Oriente longínquo estão em toda parte em rápido movimento.

Aqui nós estamos muito impressionados com o perigo imediato da guerra em nosso próprio país, mas por enquanto está tudo ainda em suspenso.

Em minhas conferências[4] discuto a atitude oriental com a ajuda da filosofia ioga, e a atitude ocidental com a ajuda dos Exercícios Espirituais de Inácio de Loyola.

Receba os meus melhores votos.

(C.G. Jung)

1. Os pontos mais importantes do sonho narrado por Neumann: ele mesmo era um velho peregrino, ameaçado pelos nazistas. Ao seu lado estavam um "filho" e um "pai" que se transformou num velho príncipe. O príncipe aconselhou o peregrino a prosseguir viagem, provavelmente devido a uma condenação precedente, contra o que protestou violentamente o "filho". A seguir o peregrino (o sonhador) tomou um chapéu de aba mole e um bastão (o que levou a uma associação de Neumann com Wotan) e pôs-se a caminho. O príncipe proibiu-o de despedir-se do "filho". Mais tarde o peregrino anuncia o desaparecimento do príncipe injusto, cujo domínio é realmente destruído. Ao final morre o peregrino, aparecendo ele numa curva ascendente e o príncipe numa curva descendente.

2. Num segundo sonho aparece um hermafrodita de proporções cósmicas, homem na parte superior e mulher na parte inferior. Do umbigo, como lugar de junção, nasce um símbolo de união parecido com uma planta. Neumann viu na figura o fenômeno de um arquétipo, onde se anuncia um aspecto unitivo dos polos espírito-terra. Ele acrescenta que está trabalhando no significado dessa polaridade na religião judaica.
3. Brhadaranyaka Upanixade, I,4,3.
4. Conferências na Eidg. Techn. Hochschule, Zurique.

Ao Dr. Tochtermann
Bad Elster/Alemanha

13.01.1940

Prezado colega,

Por "momento criativo" o senhor entende provavelmente a faculdade criativa de uma pessoa. Não é fácil responder à sua pergunta se essa faculdade está presente desde o começo ou não. Há sem dúvida casos em que se pode admitir com certeza que ela esteve presente desde o começo, em outros casos parece que se desenvolveu no correr da vida. Pessoalmente inclino-me a admitir que esta faculdade, como tudo o mais, já estaria presente de antemão.

Quanto à segunda pergunta, sobre a relação da criatividade com o complexo de mãe, poderíamos dizer: uma pessoa criativa, que ainda não desenvolveu suficientemente esta faculdade, terá em geral um complexo de mãe, mas isto não quer dizer que todo aquele que tem um complexo de mãe seja também criativo. Quando se resolve pela análise um complexo de mãe, pode revelar-se em certos casos uma pessoa criativa, em outros casos um rapazinho tímido que teria preferido ocultar-se a vida inteira atrás da mãe. No primeiro caso, o complexo de mãe é irreal, no segundo caso ele é real.

Com alta estima do colega,
(C.G. Jung)

Ao Dr. Ed. Lauchenauer
Aarau/Suíça

16.01.1940

Prezado Dr. Lauchenauer,

[...]

O que o público em geral não sabe e dificilmente saberá é que o homem coletivo é subumano, nada mais do que um ser animal, o que ficou demonstrado claramente na recente guerra contra a Polônia na refinada bestialidade sobretudo dos jovens guerreiros alemães. Toda organização em que não se ouve mais a voz do indivíduo corre o perigo de degenerar num monstro subumano.

Saudações cordiais
(C.G. Jung)

To Mrs. Goodrich
EUA

Saanen, 20.05.1940

My dear Mrs. Goodrich,

Sua amável carta me tocou profundamente. Espero não chegar ao ponto de precisar aceitar a sua generosa oferta[1]. Toda a minha família, inclusive os meus onze netos, procuramos refúgio nas montanhas, perto de Saanen[2]. Meu filho e meus genros estão todos no exército. Em caso de guerra, a cidade de Zurique está ameaçada de total destruição, pois está exatamente na principal linha de defesa. Temos aqui a sensação de estar sobre uma caixa de dinamite, que pode levar tudo pelos ares a qualquer momento. Mas estamos quietos, pois trata-se de um grande destino. Atualmente também estou em Saanen, mas pretendo voltar a Zurique tão logo fique evidente que a guerra se estabilizou no Norte. Por enquanto parece que a Itália quer deixar a Suíça intocada. Até os ditadores desconfiam um do outro. Todos nós sentimos muito com a França e a Inglaterra. Se elas perderem a guerra, também nós não escaparemos do domínio do Anticristo. Mas nós suíços nos aferramos a nosso solo e partilharemos de seu destino.

Muito obrigado pelo gesto solidário!

Yours cordially,
C.G. Jung

1. Quando os alemães começaram, no dia 10.05.1940, sua ofensiva em direção ao oeste, passando pela Holanda, Bélgica e Luxemburgo, também a Suíça parecia ameaçada. Mrs. Goodrich convidou Jung e sua família a irem para a Califórnia até o fim da guerra.
2. Muitos suíços abandonaram naquela época a Suíça oriental e procuraram refúgio no interior da Suíça contra uma ameaça de invasão pelas tropas de Hitler. Jung foi com sua família, por algum tempo, para Saanen, no cantão de Berna.

A uma destinatária não identificada
EUA

Saanen, 20.05.1940

Dear Mrs. N.,

Esta é exatamente a experiência de que precisava. A senhora confia em seu inconsciente como num pai amoroso. Mas isto é *natureza*, e não se pode construir sobre ela como sobre um ser humano de confiança. O inconsciente é *inumano* e precisa da mente humana para servir a fins humanos. A natureza é um guia incomparável quando se sabe como se deve segui-la. Ela é como um ponteiro de bússola que aponta para o Norte, o que é extremamente útil quando se tem um navio bem construído e quando se sabe como comandá-lo. Esta é mais ou menos a situação. Se a senhora seguir o rio, certamente chegará finalmente ao mar. Mas se tomar o inconsciente ao pé da letra, ficará presa em pouco tempo num desfiladeiro e se queixará de que foi enganada.

Sem a mente humana, o inconsciente não tem sentido. Ele persegue sempre seus fins coletivos e nunca se coloca a serviço do destino pessoal. Seu destino é o resultado da colaboração entre a consciência e o inconsciente.

Atualmente estou, com toda a minha família e netos, de férias para fugir do perigo que ameaça Zurique[1]. Nós todos esperamos e rezamos por uma vitória britânica sobre o Anticristo.

Sincerely yours,
C.G. Jung

1. Cf. carta a Goodrich, de 20.05.1940, nota 2.

To Mary Conover Mellon
EUA

19.06.1940

My dear Mrs. Mellon[1],

Agradeço a sua amável carta que só chegou hoje. Escrevo rapidamente estas poucas linhas, pois hoje à noite, pelas sete horas, parte da Suíça o *último correio* para os Estados Unidos[2]. De agora em diante as comunicações estarão interrompidas. A noite baixou sobre a Europa. Só o céu sabe quando e sob que condições nos encontraremos de novo. Só há uma certeza: nada poderá apagar a luz interior.

Tudo de bom para a senhora e seu marido!

Yours affectionately,
C.G. Jung

1. Mary Conover Mellon (1904-1946) foi a primeira esposa de Paul Mellon, o famoso filantropo e colecionador de arte americano. De 1939-1940, Paul e Mary estiveram em Zurique. Mrs. Mellon começou um tratamento psicoterapêutico de asma com Jung; mas, devido à situação política da época, a análise teve de ser interrompida prematuramente. Desde então houve um relacionamento amigável entre os Mellon e Jung. Deve-se a Mary Mellon a constituição da "Bollingen Foundation", em Nova York, em 1945 (o nome provém da casa de campo de Jung no lago superior de Zurique). Originalmente só foi planejada a edição das obras completas de Jung em língua inglesa, num total aproximado de 20 volumes, mas logo os objetivos da Fundação foram ampliados: a chamada "Bollingen Series" inclui obras de todos os campos do saber que poderiam ajudar na compreensão das ideias de Jung.
2. Isto logo se mostrou ser mero boato.

Ao Prof. Karl Kerényi[1]
Budapeste

26.07.1940

Digníssimo Professor,

Muito obrigado por me enviar o seu manuscrito "Kore"[2]. Li com sumo interesse sua brilhante exposição da figura de Core.

Se o senhor diz que um etnólogo mal pode imaginar com que sentimentos um filólogo clássico lê o material dele, o mesmo posso dizer do psicólogo quando ele pode deleitar-se com este ensino intuitivo vivo sobre uma figura que o preocupou tantas vezes em sua prática diária. Se eu não estivesse agora ocupado com trabalhos urgentes, não resistiria à tentação de acrescentar a este trabalho um comentário psicológico. Eu nem sei o que o senhor pretende fazer com este ensaio. Vai ser publicado em breve, ou ainda levará tempo para ser impresso? Neste último caso, pensaria na hipótese de acrescentar alguma coisa compatível, presumindo, é claro, que lhe agrade esta sugestão.

O seu ensaio está por enquanto comigo. Mas, se quiser, posso devolvê-lo a qualquer momento.

Com meus agradecimentos e elevada consideração.

(C.G. Jung)

1. Karl Kerényi, nascido em 1897, Prof. Dr. phil. Dr. theol. h.c., mitólogo e filólogo de línguas antigas, nascido na Hungria. Professor de Ciências Clássicas da Antiguidade em várias universidades húngaras; desde 1943 na Suíça, Ascona; em 1961 professor da Faculdade de Teologia da Universidade de Zurique. Kerényi foi um dos fundadores do Instituto C.G. Jung, é membro de seu patronato desde 1947 e trabalhou como docente de mitologia no Instituto de 1948-1962. É professor-visitante em várias universidades europeias e autor de muitas obras. Em colaboração com Jung: *Einführung in das Wesen der Mythologie*, Zurique, 1951 (cf. nota seguinte).
2. O manuscrito de Kerényi "Kore" foi publicado com o título "Das göttliche Mädchen" juntamente com o ensaio de Jung "Sobre o aspecto psicológico da figura de Core". No mesmo ano foi publicado o escrito de Kerényi "Das göttliche Kind" com o ensaio de Jung "Sobre a psicologia do arquétipo de filho", com o título geral *Das göttliche Kind*, Amsterdã e Leipzig, 1941. Os quatro ensaios foram reunidos num volume com o título *Einführung in das Wesen der Mythologie*, Zurique, 1951. Os ensaios de Jung estão em OC, vol. IX/1.

To Dr. Helton Godwin Baynes
Londres

Bollingen, 12.08.1940

My dear Peter,

Este é o ano fatídico pelo qual venho esperando há mais de 25 anos. Mas não imaginava que houvesse semelhante catástrofe. Eu sabia, desde 1918, que se espalharia pela Europa um fogo terrível vindo do Nordeste[1], mas não tenho visão alguma sobre o destino da Europa a partir de 1940. Este ano me traz à lembrança o violento terremoto do ano 26 aC que causou a destruição do grande templo de Karnak. Foi o prelúdio da destruição de todos os templos, pois um novo tempo havia começado. 1940 é o ano em que nos aproximamos do meridiano da primeira estrela em Aquário. É o terremoto admoestador da Nova Era (*New Age*).

Até hoje Bollingen – e a Suíça – escaparam da destruição geral, mas vivemos numa prisão. Não se veem os muros, mas podemos senti-los. Os jornais foram reduzidos praticamente ao silêncio, e não se tem vontade de lê-los, ou no máximo as notícias duvidosas da guerra. Durante certo tempo, quando li o seu livro[2], estive com os meus netos na Suíça Ocidental, pois esperávamos um ataque. Depois disso tive muito que fazer, porque todos os médicos tinham sido convocados.

Escrever cartas é um assunto delicado, pois o censor lê tudo. Mas gostaria de dizer-lhe que penso muitas vezes no senhor e em todos os meus amigos na Inglaterra. Lamento sempre de novo que Mr. Chamberlain não tenha lido minha entrevista com Knickerbocker[3].

Seu livro é muito interessante, e suas interpretações parecem atingir o ponto essencial. Precisaríamos discutir alguns pontos. Mas seria melhor conversar sobre isso, por escrito é muito complicado.

Nos dias de hoje é difícil ser velho. A pessoa sente-se desamparada. Por outro lado, sente-se numa alienação feliz desse mundo. Eu amo a natureza, mas não o mundo dos homens, nem o mundo que virá. Espero que esta carta chegue ao senhor e lhe leve todos os desejos que o coração humano não pode reprimir, apesar dos censores. Em última análise, eles também são seres humanos.

No outono retomarei as minhas conferências na ETH sobre o processo da individuação na Idade Média, para mim a única coisa que poderia ser considerada moderna. Eu odeio o novo estilo, a nova arte, a nova música, literatura, política e sobretudo o novo homem. É a velha besta, que não mudou desde o tempo dos trogloditas.

Meu caro Peter, eu estou com o senhor e com a Old England!

Cordially yours,

C.G.

1. Durante o nosso trabalho nas "Memórias", conta Jung que, em 1918, após a declaração da paz, ele teve um "sonho visionário" que o perseguiu até a conflagração da Segunda Guerra Mundial: "Eu vinha de volta à Suíça de uma viagem à Alemanha. Estava cheio de queimaduras e minha roupa estava com vários buracos causados pelo fogo, pois havia testemunhado que caíra fogo do céu como chuva, destruindo as cidades da Alemanha. Com isso estava associada a alusão de que o 'ano fatídico' era 1940". Numa visão semelhante, em 1913, anunciou-se a ele a iminente Primeira Guerra Mundial na imagem de uma "enchente colossal". Cf. *Memórias*, p. 178s. Também no ano de 1918 lançou o seguinte prognóstico: "Quanto mais se perde a autoridade incondicional da cosmovisão cristã, mais se torna perceptível a libertação da 'besta

loura' de sua prisão subterrânea e a ameaça de uma explosão cujas consequências serão avassaladoras" (cf. OC, vol. X, par. 458).
2. H.G. Baynes, *Mythology of the Soul*, Londres, 1940.
3. A entrevista de Jung a H.R. Knickerbocker "Diagnosing the Dictators", em *Hearst's International Cosmopolitan*, Nova York, janeiro de 1939. Na conversa com Knickerbocker Jung manifestou sua opinião de que as tendências agressivas de Hitler deveriam ser dirigidas contra a Rússia, pois lá seu poder seria quebrado. Isto lhe parecia a única possibilidade de livrar a Europa Ocidental do horror da guerra e do terror nazista. Cf. *C.G. Jung Speaking*, Princeton University Press, Nova York.

Ao Dr. J.H. van der Hoop
Amsterdã

26.10.1940

Prezado colega,

Como o senhor deve estar lembrado, apresentei minha demissão por ocasião da reunião de delegados em Zurique, em julho de 1939, pois estava firmemente decidido a entregar a presidência da Associação. Eu sabia perfeitamente que no futuro surgiriam situações em que eu já não poderia fazer mais nada de útil em prol da Associação. A inscrição repentina, naquela época, de três novos grupos nacionais foi um sintoma inequívoco do rumo dos acontecimentos[1]. Deixei convencer-me a continuar na presidência até a eventual aceitação desses grupos nacionais inscritos.

Por mais de um ano esforcei-me para conseguir os dados necessários desses grupos nacionais, mas nada obtive. Um dos grupos nem estava constituído, o outro não enviou os seus estatutos e o terceiro nem respondeu. Além disso, o Prof. Göring pressionava para que fossem aceitos os três grupos nacionais. Como não consegui realizar a tarefa num prazo razoável, senti-me no direito de entregar a tarefa novamente à Associação e tornar minha demissão definitiva.

Esta decisão foi muito aplaudida pelo Prof. Göring que disse que eu já estava muito velho para entender o novo rumo dos acontecimentos. Consequentemente, no último congresso do grupo nacional alemão, em Viena, transferiu a associação para a Alemanha[2], alegando que a Alemanha tinha todas as relações internacionais necessárias para levar avante a Associação, isto é, relações com a Holanda, Dinamarca, Suécia, Suíça, Hungria, Itália e Japão. Nosso secretário-geral, Dr. C.A. Meier, chamou a atenção do Prof. Göring para a situação jurídica global, através de um memorando específico, mas não recebeu resposta até agora.

A situação atual é esta: confiei *ad interim* a direção ao Dr. C.A. Meier até que seja possível uma nova reunião internacional de delegados. Este estado de interinidade é perfeitamente compreensível, pois não podem ser realizados negócios internacionais de qualquer espécie por ora, ficando o secretariado praticamente sem atribuição. Dr. Meier vai tirar dinheiro do fundo da associação que se encontra na Suíça e pagar o que é devido ao grupo alemão. Ele vai preservar a organização básica da Associação Internacional, uma vez que o grupo nacional suíço se considera um membro da Associação Internacional que consiste por ora da Suécia, Dinamarca, Inglaterra, Suíça e Holanda.

Com a minha demissão, afastei-me também da direção do *Zentralblatt*. Fui acusado pelos alemães de que me servia desse órgão para promover a minha escola; por isso retirei-me com muito prazer. Se o senhor contar os trabalhos meus que foram publicados no *Zentralblatt* e alguns poucos de meus alunos, poderá concluir que semelhante acusação não pode ser comprovada pelos fatos.

Na Suíça fiz todo o possível para congregar os psicoterapeutas, mas não encontro apoio de meus colegas, o que se atribui principalmente à resistência sectária dos freudianos. Não fiz mais esses esforços nos últimos tempos; deixo para outros fazerem alguma coisa neste sentido. Se as pessoas acham que estorvo o seu caminho, para mim não custa nada renunciar.

É claro que em circunstâncias normais deveria ser convocada uma reunião internacional de delegados, mas, como o senhor sabe, isto é impossível nas condições atuais. Eu ficaria muito satisfeito se houvesse a possibilidade de uma união mais estreita entre os psicoterapeutas da Suíça e uma colaboração maior entre a Holanda, mas, como minhas tentativas nesse campo são inúteis, devo deixar meus esforços para outros. Sou membro da Comissão Suíça de Psicoterapia[3], que foi instituída pela Sociedade Psiquiátrica, e sou presidente também da curadoria de um Instituto Psicoterapêutico[4], ainda não funcionando em Zurique devido à guerra, mas devo precaver-me em toda parte de tomar qualquer iniciativa, caso contrário surge logo a suspeita de que pretendo monopolizar tudo. Este preconceito descabido prejudica muito a colaboração. Pela acusação acima mencionada, o senhor pode ver que não se trata de mera parvoíce suíça.

Uma vez que não sou mais o presidente, pediria que se dirigisse ao Dr. C.A. Meier para qualquer assunto referente à Associação. Pelas razões indicadas, queria evitar exercer qualquer influência sobre os assuntos da Associação para não trazer problemas inúteis à colaboração.

Quero preveni-lo que em breve aparecerá no *Zentralblatt* um artigo em que sou apresentado como o representante de uma época que terminou. Disso o senhor pode deduzir que minha renúncia foi oportuna[5].

Com a estima do colega,

(C.G. Jung)

1. Os três grupos seriam formados pela Hungria, Itália e Japão. Eles fortaleceriam a influência do grupo nacional alemão.

2. Dr. med. M.H. Göring declarou no congresso do grupo alemão em Viena (chamado por ele arbitrariamente "Congresso Internacional") que a "Associação Internacional de Psicoterapia" e o *Zentralblatt* estavam "*gleichgeschaltet*" (sintonizados). Transferiu a sede da Associação de Zurique para Berlim.
3. Cf. carta a Bjerre, de 08.05.1936, nota 2.
4. Trata-se do Instituto de Ensino da Psicoterapia. Cf. carta a v.d. Hoop, de 14.01.1946.
5. O artigo, se publicado, nunca foi encontrado.

To Dr. Helton Godwin Baynes
West Byfleet, Surrey
Inglaterra

09.12.1940

My dear Peter,

Recebi há pouco sua carta de 10 de setembro, pela qual esperei muito tempo. Muito obrigado por todas as notícias. Não consigo expressar a felicidade que sinto pelo fato de o senhor e sua família terem escapado do perigo do bombardeio que ameaçou a sua casa tão de perto.

Até agora as coisas aqui estão bem. Mas não sabemos o que o futuro nos reserva. Estou atarefado como sempre, mas sempre que posso trabalho no quintal, preparando o terreno para o plantio de batatas na próxima primavera. No que se refere aos gêneros de vida, estamos praticamente cortados do mundo e precisamos virar-nos com os nossos próprios meios. Felizmente minha filha e seus filhos que estavam em Paris estão conosco desde o início da guerra. Seu marido continua em Paris.

Nós acompanhamos as proezas da RAF com a maior admiração e admiramos também o comportamento do povo inglês. Isto é ao menos uma luz na escuridão da qual compartilhamos porque está muito perto de nós.

Faz algum tempo já que escrevi a X.Y., mas não recebi resposta. O senhor tem notícias dela? Gostaria de saber o que ela está fazendo.

Ainda não acabei de ler o seu livro porque foi interrompido por uma série de trabalhos adicionais, e as coisas já não saem tão rapidamente das minhas mãos como quando eu era mais jovem.

Transmita à sua esposa as minhas saudações. Espero que sua casa e família fiquem protegidas no futuro como até agora. Três "vivas" para a Old England!

Cordially yours,
C.G. Jung

To Mary Conover Mellon
EUA

Bollingen, 07.01.1941

My dear Mrs. Mellon,

Há dias que sinto necessidade de escrever-lhe. Várias vezes a senhora me apareceu bem nitidamente. Sei que lhe devo uma carta em resposta à que me escreveu em outubro passado. Naquela época passei por maus bocados. Eu não me sentia bem, e o trimestre me trouxe, além das conferências, um monte de trabalho prático. Minhas férias de verão também foram cheias de trabalho e não se prolongaram tanto como de costume. Além disso, esta miserável guerra contra a Inglaterra e a destruição da França foi além do que se pode suportar. Durante o tempo todo algo me obrigava a sentir com a Inglaterra, como se tivesse que apoiá-la ao menos moralmente. A devastação de Londres feriu-me como se fosse o meu próprio país. Tive de esperar pelas férias de inverno para escrever cartas. [...]

Agradeço-lhe as bonitas camélias que recebemos em ordem. Foi realmente tocante que se tivesse lembrado de nós no Natal. Seus planos para o refúgio e o *hortus conclusus*[1] são deveras estimulantes. Posso entender que o arquiteto fique louco quando a senhora provoca o inconsciente dele tão impiedosamente. Mas sou grato à senhora por ter criado na América algo que eu gostaria muito de ver. É algo que não está apenas na mente, mas também na terra e na pedra. Este pensamento me dá uma sensação de paz e tranquilidade; é algo com o qual posso alegrar-me, além da abominação da guerra e da insanidade nietzscheana da Alemanha. Tome cuidado ao pisar na cauda do tigre, isto é, (tocar) no inconsciente americano. A sua tarefa é enorme. O mais importante de tudo é a *perseverança* na voragem de nosso mundo atual. Trata-se agora de saber se podemos realmente preservar os tesouros da cultura e defendê-los contra o ataque feroz das forças da escuridão.

Aqui entre nós tudo parece congelado. As pessoas continuam a viver, e os trens trafegam como sempre. Mas os automóveis desapareceram praticamente das ruas. Por enquanto há comida suficiente, mas tudo está mais caro, ainda que não exageradamente. Nosso exército concentra-se nas montanhas para manter a posição pelo tempo que for possível[2]. Mas as terras planas precisam ser sacrificadas em caso de guerra. Seria total loucura atacar a Suíça, mas os alemães são loucos. Recentemente tivemos algumas bombas lançadas sobre Zurique, perto da estação central, com algumas casas destruídas, poucas pessoas mortas e feridas. Mas as bombas foram inglesas. Esses canadenses ainda não aprenderam bem a geografia da Europa. Ninguém os levou a mal, porque as nossas simpatias estão do lado britânico e nós nos alegramos com os reveses italianos.

As notícias que recebemos da Alemanha são muito contraditórias. Um alemão bem-informado contou-me que 90% são contra o regime. Um suíço de Berlim disse-me que os trabalhadores criticaram abertamente Hitler e o chamaram de mentiroso. Mussolini é muito impopular e o ânimo da população está péssimo. Mas os jovens alemães ainda estão cheios de ilusões, apesar de ter baixado o entusiasmo no exército, porque não conseguiu invadir a Inglaterra. Contaram-me de Paris que os alemães não conseguirão administrar os países conquistados pois faltam-lhes pessoas qualificadas para isso. Digno de nota é que a Alemanha parece sofrer mais de desemprego do que da falta de alimentos.

Frau Fröbe[3] conseguiu levar o meu trabalho sobre a Trindade, um dos frutos desse verão. Não me atrevo a mandar-lhe meu recente trabalho "Das göttliche Kind", que escrevi juntamente com Karl Kerényi[4], por medo de que se perca. Pacotes ainda são inseguros e Deus sabe se as comunicações não serão em breve interrompidas de todo. Talvez caiamos sob o domínio dos alemães. Neste caso serei silenciado com toda a certeza. Não me importo com isso, contanto que tenha os meus livros e um teto sobre a cabeça. Mas tenho esperanças de revê-la. Desejo-lhe tudo de bom!

Yours affectionately,
C.G. Jung

1. *Hortus conclusus*, jardim fechado, foi uma imagem muito usada nos hinos medievais para a Virgem Maria. A passagem refere-se à construção de um jardim na casa dos Mellon.
2. Trata-se do chamado "réduit national", projetado pelo General Guisan, que constava de numerosas fortificações nos Alpes para o caso de uma invasão da Suíça por forças estrangeiras.
3. Olga Fröbe-Kapteyn (cf. carta a Fröbe, de 29.01.1923) esteve, no outono de 1940, durante algumas semanas nos Estados Unidos; entre outros assuntos, pretendia conversar com o casal Mellon e com outras pessoas sobre questões financeiras das Conferências de Eranos, em Ascona.
4. Cf. carta a Kerényi, de 26.07.1940, nota 2.

Ao Prof. Karl Kerényi
Budapeste

18.01.1941

Prezado colega,

[...]

Li com grande interesse *Das Ägäische Fest*[1] que me deixou num estado de espírito singular. Tenho a impressão de que se poderia dizer muita coisa sobre isso, principalmente sob o aspecto alquimista. Creio que o próprio Goethe não tinha consciência da profunda influência que exerceu sobre ele a alquimia. O que ele leu a pedido da senhorita Von Klettenberg não basta para explicar a profundeza de sua intuição alquimista. Também aqui se verifica a admirável empatia que o senhor mostra que ele teve com relação à mitologia grega. O senhor coloca a ênfase na festa, o que está de acordo sem dúvida com todo o plano da clássica *Walpurgisnacht*. O que me fascina especialmente é a figura do Homunculus que aparece de forma tripla na parte II. Primeiro como menino-guia, depois como Homunculus e finalmente como Eufórion. O fim de todos tem a ver com fogo.

Por isso, os sentimentos que o seu livro despertou em mim não coincidem com o quadro que o senhor pintou. Quero evitar a todo custo arrancar qualquer detalhe do brilhante quadro que o senhor apresenta. Eu preciso chocar um pouco mais o seu trabalho. Talvez possa conseguir arranjar o meu material psicológico numa forma mais adequada. [...]

Espero que tenha paciência com a minha incubação. Tomarei a liberdade de escrever-lhe novamente mais tarde.

Com os melhores votos,

(C.G. Jung)

1. K. Kerényi, *Das Ägäische Fest*, Amsterdã, 1941. Cf. Jung, no prefácio a *Mysterium Coniunctionis*, p. XI: "O impulso para isso veio de um artigo de Karl Kerényi sobre a festa egeia de *Fausto* de Goethe (em OC, vol. XIV/1).

A uma destinatária não identificada
Suíça

23.01.1941

Prezada senhorita,

Há muita coisa em sua carta que não entendi. Se acha que está sofrendo de uma extroversão de inferioridade, então trata-se de um fato de que ninguém é culpado e pelo qual não pode responsabilizar ninguém. É uma dificuldade arraigada em sua natureza e que a senhorita deve aceitar, para então tentar fazer com isso o melhor que possa.

Também não importa que eu tenha da senhorita um alto ou baixo conceito. Só interessa o que a senhorita mesma faz. Como diz muito bem, ninguém pode "encerrá-la num espaço limitado", mas aquelas pessoas que, por exemplo, não têm dinheiro estão limitadas em si a condições apertadas, sem que possam responsabilizar ninguém por isso.

Assim há em sua carta uma série de fatos com os quais a senhorita mesma deve entender-se e que não pode atribuir ao comportamento errado de outras pessoas. Um tratamento psíquico não pode libertá-la das realidades básicas de sua natureza, mas apenas dar-lhe a visão necessária e, também isso, só na medida em que for capaz de entender. Existem inúmeras pessoas com extroversão de inferioridade, ou com introversão demasiada, ou com dinheiro insuficiente, mas que devem arrastar-se pela vida sob essas condições e em nome de Deus. Essas condições em si não são doenças, mas dificuldades normais da vida. Se me acusa de certa forma de suas dificuldades psicológicas, isto de nada lhe adianta, pois não sou culpado de a senhorita ter essas dificuldades. Nelas na verdade ninguém tem culpa. Também não posso tirar-lhe essas dificuldades, mas apenas tentei chamar-lhe a atenção para aquelas necessidades e caminhos que podem ajudá-la a conviver com as difíceis condições de sua vida. Se a senhorita pudesse parar de responsabilizar outras pessoas e circunstâncias externas por suas próprias dificuldades internas, então já teria conseguido muita coisa. Mas se quiser jogar sobre os outros a responsabilidade de suas condições, ninguém mais se prontificará a auxiliá-la com conselhos.

Com elevada consideração,
(C.G. Jung)

À Mme. la Secrétaire
de l'Union Mondiale de la Femme pour la Concorde Internationale
Palais Wilson/Genebra

27.01.1941

Madame,

Também eu concordo com a senhora que seria desejável tornar a humanidade mais razoável através da instrução e da boa vontade.

Mas, será que bastam boas intenções para impressionar as pessoas? Se fossem impressionáveis, a última guerra, com todas as suas atrocidades, teria sido uma lição. Evidentemente não houve efeito algum, pois mal passou uma geração e tudo ficou esquecido.

Tenho a impressão de que é inútil querer educar o povo por palavras e instruções. Ele precisa ser comovido, pois só os que estão comovidos conseguem comover os outros. O espírito não pode ser aprendido; ele é dado pela graça de Deus, mas não pode ser adquirido pela força nem pelo intelecto.

Se todas as pessoas de boa vontade tentassem solucionar os conflitos em seu ambiente próximo e remover suas causas do mundo, e se elas se esforçassem para ficar livres da influência externa, então poderiam ao menos ser um exemplo. E obviamente exemplos são mais eficazes do que palavras. Em dez conferências não poderia acrescentar nada àquilo que digo aqui. Sei que esta concepção não é brilhante nem convincente e que, devido à sua simplicidade, não será popular. Mas esta é a minha convicção e, por isso, não poderia dizer outra coisa. Como este ponto de vista não coincide com o objetivo de sua associação, é melhor não incluir o meu nome entre os seus conferencistas.

De qualquer maneira agradeço a sua gentil intenção.

Je vous prie d'agréer, Madame, mes salutations distinguées,
(C.G. Jung)

Ao Dr. Josef Goldbrunner[1]
Munique

08.02.1941

Prezado Dr. Goldbrunner,

Meus sinceros agradecimentos pelo amável envio de seu trabalho sobre a minha psicologia[2]. Li-o imediatamente e fiquei impressionado com o cuidado de sua exposição e o esforço que deve ter feito para realizar a sua tarefa nada fácil.

Ocorreu-lhe, porém, um mal-entendido fundamental, mas não quero respon-sabilizá-lo inteiramente por ele. O senhor certamente não sabia que epistemologicamente me baseio em Kant, o que significa que uma afirmação não postula o seu objeto. Quando falo, pois, de "Deus", só falo de afirmações que não postulam o seu objeto. Sobre o próprio Deus eu não disse nada, pois sou da opinião de que sobre Deus em si mesmo nada pode ser dito. Todas as afirmações referem-se à psicologia da imagem de Deus. A validade dessas afirmações portanto nunca é metafísica, mas sempre psicológica. Por isso todas as minhas afirmações, reflexões, constatações etc. nada têm a ver com teologia, nem no sentido mais remoto. São apenas, como disse, constatações com referência a fatos psicológicos. Esta autolimitação indispensável à psicologia é em geral desconsiderada, e por isso temos a desastrosa confusão e a aparência de que eu pretenda formular juízos metafísicos.

Com renovado agradecimento e elevada consideração,

(C.G. Jung)

1. Prof. Dr. Josef Goldbrunner, atualmente professor de Teologia Pastoral na Universidade de Regensburg.
2. Josef Goldbrunner, *Die Tiefenpsychologie von Carl Gustav Jung und christliche Lebensgestaltung*, 1941 (edição do autor).

To Mrs. Walter M. Kotschnig
Northampton (Mass.)/EUA

18.02.1941

Dear Mrs. Kotschnig,

Por favor, não pense que tenho menos trabalho por causa da guerra. Apenas atendo menos estrangeiros, mas de resto tudo continua como sempre. Se tiver outras perguntas a fazer-me, peço que as datilografe, porque é mais fácil entendê-las do que manuscritas. Também aprecio perguntas mais curtas e precisas.

Estou quase certo de que a psoríase é uma doença psicológica, ainda que não seja capaz de estabelecer uma causa psicológica específica para ela. Mas uma coisa eu sei: quando a psicologia de um paciente se esclarece e ele passa a viver como deveria uma pessoa, tudo o que esteve até então reprimido vem à luz do dia. Provavelmente as doenças psíquicas da pele são uma espécie de suor da psique. É como se os conteúdos até então reprimidos ou represados se filtrassem através da pele e aparecessem na superfície como o salitre que brota das paredes úmidas.

De acordo com a sua descrição, a vida de sua irmã está cheia de vida não vivida. Mas, pelas condições que descreve, parece-me que há pouca possibilidade de ajudá-la. Antigamente os médicos consideravam que a causa dessas doenças da pele era a chamada discrasia – uma composição anormal do sangue ou dos humores orgânicos. A psicologia chega a um resultado semelhante se ela considera como causa do sofrimento uma atitude geral do paciente e não um fator especial que pode ser esclarecido ou afastado mediante um conselho específico. A senhora sabe que leva muito tempo para mudar a atitude geral de um paciente, mas em quase todas as neuroses é indispensável que haja uma mudança fundamental da atitude para com a vida. No caso de sua irmã isto significaria uma análise completa, o que não seria nada fácil. [...]

Sincerely yours,
(C.G. Jung)

Ao Prof. Karl Kerényi
Budapeste

10.03.1941

Prezado colega,

[...]

Muito obrigado pela gentileza de me enviar o seu trabalho sobre o labirinto[1], que me interessou muito. O labirinto é na verdade uma imagem primordial que encontramos na psicologia, na maior parte das vezes sob a forma da fantasia de uma descida para o submundo. Na maioria dos casos, porém, a topografia do inconsciente não é expressa na forma concentrada do labirinto, mas nos caminhos enganosos, decepções e na aventura de uma viagem para o submundo. Mas há imagens que expressam a ideia de labirinto no motivo do emaranhado (emaranhado de cobras, meandros etc.).

Quanto à *Ägäische Fest*[2], ela contém, como me parece que já lhe escrevi, a intuição de um motivo central alquímico, isto é, a *coniunctio* que está ligada estreitamente com o surgimento do Homunculus. O senhor tocou com uma precisão quase misteriosa da intuição num problema central do inconsciente, cuja abordagem me parece de suma dificuldade. A festa egeia é um aspecto desse problema, enquanto o problema em si vai muito mais longe: de um lado, ao longo da linha do hierosgamos para dentro da gnose e da mitologia cristã até o tantrismo hindu e, por outro lado, através do Homunculus para dentro da psicologia da alquimia. Este motivo é um labirinto em si mesmo, um emaranhado de problemas, e eu temo que minha reflexão sobre ele, que já se estende por anos, ainda não chegou ao ponto em que se tenha a necessária confiança em si mesmo de poder afirmar algo responsável. Além disso, esta tarefa atravessaria um plano que trago comigo há mais tempo, isto é, a descrição dos processos acessíveis do inconsciente, especialmente do motivo da *coniunctio*[3].

Receio que algumas observações agregadas ao significado do Homunculus na alquimia não trariam nenhuma vantagem para o seu belo livro. Seria preciso dizer algo inteligente sobre *Ägäische Fest* ou não dizer nada. Eu teria aproveitado com prazer minhas férias da primavera para isso, se não tivesse sido solicitado para fazer o discurso oficial do jubileu de Paracelso neste ano, e tive de aceitar a incumbência, embora não seja especialista em Paracelso[4]. Mas como tive de me ocupar com a filosofia desse patrício, porque exerceu enorme influência sobre a alquimia posterior, e como há poucas pessoas que entendem desse aspecto especial da especulação medieval e filosófico-natural, tive de aceitar o convite. Preciso, pois, nestas férias seguir as linhas labirínticas do pensamento de Paracelso e ainda preparar as minhas conferências de verão. Por isso não me sobrará tempo para ocupar-me com a *Ägäische Fest*. [...]

Lamento profundamente e lhe desejo tudo de bom.

(C.G Jung)

1. K. Kerényi, *Labirinth-Studien*, Amsterdã, 1941.
2. Cf. carta a Kerényi, de 18.01.1941, nota 1.
3. O plano se realizou com a publicação de *Mysterium Coniunctionis*, 2 vols., 1955-1956 (OC, vol. XIV/1 e 2).
4. Em 1941 realizou-se uma comemoração festiva dos 400 anos da morte de Paracelso em sua cidade natal de Einsiedeln. Jung falou sobre "Paracelso como fenômeno espiritual" (em OC, vol. XIII).

Ao Dr. Carl Julius Abegg[1]
Zurique

02.04.1941

Prezado Dr. Abegg,

Muito obrigado pelo gentil envio de seu livro. Fico sempre um pouco temeroso quando um escritor envia a mim, como ao "psicólogo", um livro seu, porque sempre imagino, talvez sem razão, que o autor quer ouvir de mim algo psicológico. Mas é exatamente isto que acho impossível na grande maioria dos casos, porque sempre fico impressionado não só como profissional, mas também como um leigo em estética, e preciso imaginar todas as pessoas e condições com tal clareza que esqueço completamente o autor e me sinto obrigado a aparecer na história como um auxiliar mais ou menos qualificado. Fico envolvido e me coloco na cena dos acontecimentos, de modo que reajo no máximo com exclamações e nunca ou raras vezes como aquilo que o doador do livro espera de mim. Há, no entanto, uma exceção, isto é, quando o autor provoca a minha hostilidade, o que está longe de ser o caso de seu livro. A meditação tranquila que se irradia do destino descrito pelo senhor é semelhante a um verso de um livro de cânticos que foi reencontrado inesperadamente depois de 50 anos.

Com elevada consideração,

(C.G. Jung)

1. Carl Julius Abegg nasceu em 1891. Atacadista suíço, mas com vastos interesses intelectuais, autor de várias biografias de personalidades importantes. Mandou para Jung o livro *Johanna, ein Schicksal*, Zurique, 1941.

To Mary Conover Mellon
EUA

Bollingen, 18.04.1941, Anno miseriae

My dear Mrs. Mellon,

Eu já deveria ter escrito antes, mas estive tão ocupado com conferências, reuniões e pacientes que não encontrei um momento de sossego. Além de tudo isso senti-me muito cansado e profundamente deprimido pela estupidez dessa guerra. É pura destruição. Que diabo! Por que o homem é incapaz de crescer? O senhor deste mundo é sem dúvida o demônio. A senhora Fröbe trouxe-me notícias agradáveis sobre a senhora e sobre o esplêndido trabalho que está fazendo[1]. Ela estava muito bem-humorada, o que é compreensível. Eu estou sentindo falta do grande mundo e das viagens dentro dele, e sinto inveja dela. Acho que essas reações são humanas, muito humanas mesmo. A senhora dificilmente pode imaginar a espessura da nuvem negra que paira sobre a Europa, e gostaríamos de fugir da pressão silenciosa do mal e da insensível estupidez. Desculpe essas lamentações! Elas sempre se manifestam quando penso no grande mundo e tenho vontade de apertar a mão de alguém que está além do Oceano Atlântico. Sinto então o quanto estou afastado desse mundo de ilusão e das sempre renovadas tentativas de um objetivo ilusório.

Sou profundamente agradecido por tudo o que faz pela causa comum. Eu concordo naturalmente com a ideia de uma editora Bollingen. A pequena Bollingen em Yale! Maravilhosamente grotesco. Enquanto puder, estou disposto a ajudá-la com conselhos, mas então terei que ditar minhas cartas[2].

Seus sonhos[3]: Crianças gêmeas, homens gêmeos, Jungs gêmeos – esta série sugere a projeção de um dualismo na senhora mesma, mas que se torna visível principalmente em *mim mesmo*. Por isso é provável que seria visto antes em mim do que na senhora;

em outras palavras: seria visto como um problema *objetivo* e não *subjetivo*. Trata-se de um dualismo na *personalidade inconsciente* (por isso, projetada) que designamos como o si-mesmo ou a totalidade irreconhecível da pessoa; em seu sonho eu sou o paradigma disso. Pode-se formular a ideia no bem conhecido estilo hindu: eu sou a vítima e o matador, o alimento e aquele que come, eu sou sim e não! Meu convite significa que a senhora deveria chegar ao nível dessa compreensão, cujo motor é o amor e não a razão. Este amor não é transferência, nem amizade ou simpatia comuns. É mais primitivo, mais primevo e mais espiritual do que qualquer outra coisa que possamos descrever. O andar superior não é mais a senhora nem eu, significa muitos, incluindo a senhora e todos cujo coração a senhora tocou. Não há distância, mas presença imediata. É um segredo eterno – como poderia explicar isto?

Espero que possa vir novamente a Ascona. Mas a escuridão no mundo todo está aumentando. Sou grato ao destino por proporcionar-lhe tais sonhos. Do contrário, o mundo do hemisfério ocidental seria muito vazio.

Espero que seu marido tenha recebido minha carta sobre matemática. Por favor, transmita a ele as minhas saudações. Também ao Professor Zimmer, quando o encontrar. [...]

Receba os meus melhores e mais sinceros votos.

Affectionately yours,

C.G. Jung

P.S. Perdoe-me por enviar-lhe uma carta tão sem estética[4]. Estamos com racionamento, mas as condições de vida continuam normais. Naturalmente não há gasolina, nem automóveis, e o fumo inglês está desaparecendo. O aquecimento central é muito limitado, por isso o estado de saúde geral melhorou, as doenças infantis diminuíram 50%. Nenhuma gripe de maior relevo. Estou plantando batatas e feijão. Às vezes sinto-me velho e acabado. Mas recuperei-me bem de meu cansaço incômodo. Da próxima vez escreverei mais pontualmente.

1. Cf. carta a Mellon, de 19.06.1940, nota 1.
2. Originalmente o plano era publicar a "Bollingen Series" sob os auspícios da Yale University, mas em 1943 a Editora Pantheon Books, Nova York, dirigida então por Kurt Wolff, assumiu a publicação dos livros.
3. Não dispomos do texto dos sonhos.
4. Jung aproveitou os dois lados do papel da carta.

À Dra. Olga von Koenig[1]
Fachsenfeld/Alemanha

05.05.1941

Prezada Dra. Von Koenig,

[...]

Na minha opinião é difícil classificar as diversas formas de neurose como arquétipos etiológicos. As coisas não são tão simples e esquemáticas. Quanto à etiologia das neuroses só poderia dizer que uma neurose se manifesta sempre que a situação psíquica interna não está de acordo com a externa e, consequentemente, uma ou outra são indevidamente preteridas na tentativa de adaptação. A neurose compulsiva clássica é uma exceção, pois sempre se baseia numa psicose latente e, por isso, incurável. As compulsões da neurose compulsiva clássica dependem de vozes inaudíveis que podem tornar-se audíveis sob certas condições.

Todas as tentativas de etiologias específicas da neurose e formulações psicológicas correspondentes eu as considero conceitos artificiosos.

Saudações cordiais,
(C.G. Jung)

1. Senhorita Dra. phil. Olga von Koenig, psicóloga analítica. Obras, entre outras: *Wandlungen des Traumproblems von der Romantik bis zur Gegenwart*, Stuttgart, 1935. O prefácio de Jung está em OC, vol. XVIII.

To Robert H. Loeb[1]
Brewster (N.Y.)/EUA

26.08.1941

Dear Mr. Loeb,

Estou atrasado em responder à sua carta, mas no ano passado estive tão ocupado que muitas cartas ficaram sem resposta. Agora estou de férias e posso fazer algo nesse sentido. [...]

Sua ideia sobre a imagem do curandeiro como modelo perene (arquetípico) do médico impressionante é bastante correta. O mesmo se pode dizer da comparação entre Freud e eu. Freud é essencialmente concretista, como Newton, e eu sou impressionado sobretudo pela relatividade dos fenômenos psicológicos.

Admito que o problema dos tipos é complicado em Freud e Adler[2]. O que eu queria dizer era que o ponto de vista teórico de Freud é extrovertido e o de Adler é totalmente introvertido. Se o senhor ler o meu artigo sobre o artista ("Relação da psicologia analítica com a obra de arte poética"[3]), perceberá que faço distinção entre a consciência comum do eu da pessoa e sua personalidade criativa. Muitas vezes há uma diferença marcante. Pessoalmente a pessoa criativa pode ser introvertida, mas em sua obra pode ser extrovertida, e vice-versa. Conheci Freud e Adler pessoalmente. Encontrei-me com Freud quando ele já tinha aproximadamente 50 anos. Sua maneira geral de viver era genuinamente introvertida, enquanto Adler, que conheci ainda jovem, sendo mais ou menos da minha idade, deu-me a impressão de um introvertido neurótico, havendo neste caso uma dúvida quanto ao tipo definido.

Como o senhor sabe, o próprio Freud foi neurótico a vida toda[4]. Eu mesmo o analisei por causa de um sintoma muito desagradável, que desapareceu com o tratamento. Isto me deu a ideia de que tanto Freud como Adler sofreram uma mudança em seu tipo pessoal. Sobretudo Freud, como personalidade criativa, tinha um ponto de vista nitidamente extrovertido. Mas, em sua psicologia pessoal, passou por uma mudança radical em sua vida. Originalmente era um tipo sentimento e começou mais tarde a desenvolver seu pensamento que nunca foi muito bom em seu caso. Ele compensou sua introversão original por uma identificação com sua personalidade criativa, mas sempre sentiu-se inseguro nesta identificação, a tal ponto que nunca ousou apresentar-se em congressos de médicos. Tinha verdadeiro pavor de ser ofendido. Adler, suponho, nunca foi pessoalmente um verdadeiro introvertido, por isso, assim que obteve algum sucesso, começou a desenvolver um comportamento extrovertido. Mas em sua obra criativa tinha a aparência de um introvertido. O complexo de poder, que ambos tinham, mostrou-se em Freud de modo legítimo em sua atitude pessoal. Em Adler tornou-se ilegitimamente sua teoria. Isto prejudicou o seu lado criativo. Sem dúvida Freud foi intelectualmente bem superior a Adler. Freud é uma (iluminação) real, Adler uma luz indireta, ainda que de grande importância.

O diagnóstico de um tipo é extremamente difícil quando se trata de uma neurose. Via de regra, num caso desses, observa-se tanto a introversão como a extroversão. Mas um dos tipos pertence à personalidade do eu e o outro à personalidade-sombra ou secundária. Como acontece muitas vezes, essas duas personalidades podem suceder uma à outra durante a vida. Ou a gente começa a vida com a sombra (colocando à frente o pé errado) e mais tarde continua com a personalidade real, ou vice-versa. Espero ter respondido à sua pergunta.

Os tempos estão difíceis, e a atmosfera na Europa está angustiante. É difícil entender que ainda haja americanos que não tomaram consciência da verdadeira situação do mundo.

Espero que esteja relativamente bem de saúde.

Yours sincerely,
(C.G. Jung)

1. No dia 17.10.1921, William Alanson White, psiquiatra, diretor do Hospital St. Elizabeth, Washington, D.C., escreveu a Jung que em 1912 examinou lá os sonhos de doentes mentais negros: "Mr. Robert H. Loeb foi outrora um comerciante nova-iorquino que se interessou tanto pela

psicologia analítica que abandonou seus negócios e dedicou-se quase exclusivamente ao estudo neste departamento de ciências por alguns meses..." De 1920-1923, Loeb trabalhou analiticamente com Jung. Em sua carta a Jung, de 18.10.1940, ele comparou Freud a Newton e Jung a Einstein.
2. Cf. *Tipos psicológicos*, 1930; OC, vol. VI, par. 84s.
3. Em *Seelenprobleme der Gegenwart* e OC, vol. XV.
4. Cf. carta a Hanhart, de 18.02.1957, nota 3. As frases sobre a neurose de Freud teriam sido omitidas por discrição, caso não tivessem sido publicadas (sem a autorização de Jung nem de seus herdeiros) numa carta de Jung a Hanhart, que continha afirmação semelhante.

Ao Prof. Heinrich Zimmer
New Rochelle (N.Y.)/EUA

26.08.1941

Meu caro Zimmer!

Muito obrigado por seus dois manuscritos sobre "The Involuntary Creation" e "The Celtic Romance of the Soul"[1]. Vou lê-los com o máximo prazer, e o farei imediatamente pois estou de férias.

Pensamos muitas vezes no senhor, sobretudo no recente encontro Eranos, onde um helenista e pesquisador húngaro da mitologia, Kerényi, fez o melhor para substituí-lo, mas não foi muito bem-sucedido, pois só existe um Zimmer que, segundo concluímos, é inimitável. Nós simplesmente sentimos a sua falta! De resto, o senhor nem pode imaginar a situação de morte em que se encontra o mundo europeu. Sobretudo aqui na Suíça temos a impressão de só podermos viver verticalmente. Graças a Deus que ainda o podemos. Mas também o horizontal é belo, ainda que totalmente interditado, pois a alguns quilômetros já está a fronteira, e além disso não há mais automóveis. Quando saímos de férias, eu e minha esposa empurrávamos à nossa frente um carro de duas rodas com a bagagem, o que nem é tão triste, mas extremamente divertido.

Como deve ter percebido, venho ultimamente me ocupando muito com assuntos católicos. Dessa vez dei três conferências sobre a missa[2]. Faz muito tempo que não publiquei nada, senão já lhe teria mandado um exemplar.

Minha esposa envia ao senhor e à sua esposa muitas lembranças, e o mesmo faço eu.

Sempre ao seu dispor,
(Jung)

1. Publicados no livro de Zimmer, *The King and the Corpse*.
2. Jung deu duas conferências no Clube de Psicologia de Zurique sobre a missa, e repetiu-as numa terceira conferência no encontro Eranos. Cf. "O símbolo da transformação na missa", em OC, vol. XI.

To Mary Conover Mellon

EUA

Bollingen, 08.09.1941

My dear Mrs. Mellon,

Muito obrigado por sua amável carta! Eu a recebi há pouco, mas vou respondê-la imediatamente. Na primavera escrevi-lhe uma longa carta, mas acredito que não a tenha recebido. Pelo menos soube pelo correio que a carta não passou por lá. Por que, não sei[1].

Acredite-me: eu penso muito na senhora e desejo muito revê-la. Mas a senhora está mais longe do que a Lua. Pensei na senhora em Ascona, onde tivemos um encontro muito agradável.

Seu sonho[2] é na verdade chocante. Costumamos ter esses sonhos quando nos identificamos muito com alguém. Então o inconsciente procura jogar algo no meio. A senhora tem provavelmente uma imagem muito viva de mim e isto pode mantê-la longe demais de si mesma, não importando o que eu seja. Deve ser algo desse tipo, pois de todas as suas cartas emana um calor imediato e algo como uma substância viva que tem um efeito quase compulsivo. Fico emocionado com elas e poderia fazer uma loucura se a senhora não estivesse no outro lado do oceano. Por favor não me entenda mal: estou numa condição mental saudável, mas apenas descrevo, com toda a honestidade, o que se produz em mim com uma carta sua. É um tanto estranho, e isto prova que há uma conexão viva através do não espaço, isto é, uma identidade inconsciente. Isto é perigoso até certo ponto, ao menos pode causar uma certa alienação. Considero o seu sonho como uma compensação muito necessária, ainda que dolorosa. Minha atitude é de honesta e sincera devoção além de qualquer dúvida. Nunca mudou. A senhora não precisa fazer nada quanto a isso, porque acredito que um inconsciente de função normal há de compensar eficazmente o distúrbio. Basta, por exemplo, receber este choque de um sonho tão venenoso. Como sabe, devemos considerar – não importa o quanto queiramos ser capazes de falar um com o outro – que estaremos separados por longo tempo, talvez para sempre, se tal conceito humano pode ser aplicado ao que quer que seja que aconteça depois da morte. A senhora sabe que tempo e espaço são apenas realidades relativas, que não mais existem sob determinadas condições. É nossa vida consciente que nos mantém dentro dos limites do espaço e do tempo. Talvez a senhora devesse tomar as coisas como elas são. Não sabemos o que acontecerá por aqui. A Alemanha exala uma atmosfera simplesmente devastadora. É quase indescritível.

No inverno próximo não darei conferências. Sinto que é tempo de reduzir minha atividade pública. Talvez chegue um tempo em que nada mais reste a não ser apenas a vida interior.

[...] Espero que minhas conferências sobre a missa lhe agradem. Eu não escrevi um livro sobre Paracelso, apenas duas conferências, pois fui convidado a falar sobre ele por ocasião dos 400 anos de sua morte (1541)[3].

Dê lembranças minhas a Paul. Espero firmemente que receba esta carta.

I remain yours affectionately,
C.G. Jung

P.S. Poderia a senhora usar de sua influência e dizer ao censor-Bermuda quem eu sou, que sou um F.R.S. (Fellow of the Royal Society) e que recebi o título D.Sc. (Doctor of Science) em Oxford? E, além disso, que sou um indivíduo confiável?

1. Se esta observação se refere à carta de 18.04.1941, então houve um equívoco de Jung.
2. Não conhecemos o texto do sonho.
3. Cf. "Paracelso, o médico" e "Paracelso como fenômeno espiritual", em *Paracelsica* e OC, vol. XV e XIII.

Ao Prof. Gustav Senn[1]
Botanisches Institut
Basileia

13.10.1941

Prezado amigo,

Muito obrigado por sua amável carta. Fiquei satisfeito pelo fato de você ter feito uma tentativa séria de aventurar-se para dentro da mata virgem de meu livrinho problemático[2].

Também comecei a ler o seu livro[3] e estou impressionado com a metodologia de seu Teofrasto que poderia ter sido uma cabeça científica moderna em mais de um aspecto. Não pude deixar de admirar também a sua acuidade filológica. Eu esqueci quase todo o meu grego porque tive de ler sobretudo textos latinos, uma vez que os textos gregos eram raridade na alquimia.

O imperativo categórico de Kant é um aperfeiçoamento filosófico de um fato psíquico que, como você viu muito bem, é uma manifestação indubitável da *anima*. Uma perfeita elucidação desse fenômeno em Kant só seria possível se tivéssemos material suficiente e autêntico sobre o seu relacionamento com sua mãe. A isto está ligado também o fato de nunca se ter casado.

Sempre evitei a polêmica científica, pois ela é normalmente infrutífera, como pude ver em vários exemplos de meu ambiente mais próximo. Minha *anima* repete sempre a sentença: "Magna est vis veritatis et praevalebit"[4]. E assim consegui sempre manter-me bem relacionado. Não que às vezes não tivesse vontade de despachar algum idiota especial à moda dos antigos pais.

Esperei encontrá-lo em Einsiedeln[5] e fiquei triste em não revê-lo. Foi um evento de rara beleza e impressionante, tendo o mosteiro feito o melhor que pôde.

Na esperança de que não passem outros 40 anos sem rever-nos, envio-lhe saudações cordiais.

(Carl)

1. Gustav Senn, 1875-1945, professor de Botânica na Universidade da Basileia. Amigo de infância de Jung. Em comemoração dos 70 anos de Senn, Jung escreveu "A árvore filosófica" (em OC, vol. XIII).

2. Provavelmente uma separata de "Paracelso, o médico", em OC, vol. XV.

3. Gustav Senn, *Die Entwiklung der biologischen Forschungsmethode in der Antike und ihre grundsätzliche Förderung durch Theophrast von Eresos*, Aarau e Leipzig, 1933.

4. A força da verdade é grande e prevalecerá.

5. Em 21.09.1941 houve uma comemoração em Einsiedeln pelos 400 anos da morte de Paracelso. Jung falou sobre "Paracelso como fenômeno espiritual". Em *Paracelsica* e OC, vol. XIII.

A um destinatário não identificado
Suíça

27.10.1941

Prezado Doutor,

Seu sonho[1] refere-se sem dúvida ao problema arquetípico da saída da alma do corpo. É preciso concluir daí que em seu caso a alma está apenas frouxamente em seu corpo. Resta saber se isto está correto ou não. Mas o sonho com o simpático leão parece indicar que o estado de frouxidão da alma não é exatamente desejável, pois o sonho com o leão compensa o seu estado de maneira muito clara: o Zurileu (leão de Zurique)[2] representa o seu instinto localizado, profundamente enraizado em sua terra, assim como a alma do leão – como em todos os animais – está firmemente fixada em seu corpo. Parece que o senhor tem tendência a eczema, o que não raras vezes indica que não se está bem dentro do corpo. Também pode acontecer o mesmo com outras doenças.

Quando o senhor se ocupa intelectual e intencionalmente com problemas perigosos como a quadratura do círculo, isto também indica uma tendência de sair do corpo, pois este problema simboliza um estado irracional de totalidade que não pode ser maquinado, mas apenas experimentado. Esta experiência também não pode ser provocada ou descoberta nem com o maior esforço intelectual.

Pólipos na região anal indicam um impulso criativo naquela região, que naturalmente é usado de modo errado. É como se alguém estivesse defecando a si mesmo pelo ânus, o que é um procedimento errado, pois significaria que ele deveria criar a si mesmo. Mas obviamente ele não faz isso. Há alhures algum lugar em que esse alguém não se faz valer, nem se cria. Ele está se empurrando de certa forma para fora por trás, isto é, não está agindo conforme seu instinto, mas conforme reflexões e inclinações que são tudo menos manifestações instintivas corretas. Assim ele sai da pele, mas por trás.

Naturalmente deveria haver um conhecimento mais profundo de seu ser pessoal, que eu não tenho. Mas é presumível que em suas relações com o ambiente mais próximo o senhor não seja suficientemente senhor de si e por isso precisa do apoio do leão de Zurique. O caminho escuro deve ser trilhado de verdade e não em fantasia, caso contrário a pessoa poderia fugir de muitas contrariedades que são de importância vital. Por isso acho que se o senhor se mantiver o mais próximo possível da realidade e ali tentar criar a si mesmo e iluminar a escuridão, estará num caminho mais normal do que quando se ocupa substitutivamente com a quadratura do círculo. Trata-se neste problema da tarefa extremamente complicada de conciliar o princípio do quadrado com o do círculo. Este problema se apresenta muitas vezes no relacionamento entre duas pessoas, quando uma é um quadrado e a outra um círculo.

Espero que estas considerações possam ser-lhe de alguma utilidade.

Com elevada consideração,

(C.G. Jung)

1. Não temos a carta do destinatário.
2. O leão é o animal heráldico de Zurique.

To Alice Lewisohn Crowley[1]
Zurique

20.12.1941

My dear Mrs. Crowley,

[...]

Começo a sentir a minha idade e quando fico muito cansado também sinto o coração; isto é muito desagradável e me indispõe contra o mundo todo que, aliás, é condenável. Atravessei um período de negra depressão durante os quatro primeiros dias. Somente ontem comecei a sentir-me humano de novo. E então a *sua* situação na Europa me voltou à consciência como um golpe! Eu peço que pense em sua vida! Se quiserem enviá-la para a Polônia, só lhe resta o suicídio. Por favor, esqueça esta crueza! É minha ansiedade por sua vida que me leva a dizer tais coisas! Lembre-se de que a alertei antes que a América entrasse na guerra[2]. Urge que faça alguma coisa, e rápido. A Europa está numa situação desesperadora.

Sinto muito, mas não posso ajudá-la.

Yours affectionately,

(C.G.)

1. Alice Lewisohn Crowley, 1882-1972, cofundadora de um dos primeiros "Off-Broad-way--Theater" em Nova York, do "Neighbourhood Playhouse", em que também se apresentou como atriz. Mais tarde mudou-se para Zurique. Cf. o livro dela *The Neighbourhood Playhouse*, Nova York 1959.
2. Em 07.12.1941 os japoneses haviam atacado Pearl Harbor.

À Dra. Joland Jacobi
Zurique

31.12.1941

Prezada Doutora Jacobi,

Lamento só poder responder agora à sua carta. Tudo ficou um pouco atrasado porque muitas coisas não correram bem para mim. Também os serviços postais são muito lentos aqui.

Nas afirmações do Dr. X. trata-se evidentemente de projeções de sua *anima* "judaica" que é *antissemita*, isto é, que sente necessidade de corrigir um cristianismo que lhe parece "judeu". O Dr. X. é mais protestante do que imagina, como, aliás, muitos outros católicos alemães de boa formação cultural. Naquela época não precisou de mais nada além do dogma da infalibilidade[1], em si bem pacífico e lógico, para desencadear na Alemanha um verdadeiro furacão e um segundo cisma. A *anima* "judaica" foi então projetada sobre judias, não porque fossem judeus, mas porque eram ainda *antigos* em seu erotismo, ou porque isto ao menos é pressuposto. Mas a este erotismo pertence uma inconsciência que uma judia inteligente não tem. *Ela incomoda por causa de sua consciência*. A senhora naturalmente não tem alucinações da memória, mas o Dr. X. as tem. Obviamente estas projeções não têm razão, mas são sintomas de resistências que se baseiam nos pressupostos *inconscientes* acima mencionados. Não importa quais sejam as *suas* convicções: a senhora atua como *ser judaico*. Todo aquele que tem pressupostos inconscientes deve ser tratado como doente mental; é preciso deixar que os tenha até que entre em conflito consigo mesmo. A senhora nem precisa fazer nada com ele, *apenas deixá-lo falar*. Em casa precisa prestar atenção nas conversas importantes para corrigir imediatamente eventuais falsificações da memória. Não deve dar demasiada atenção a ele, pois a senhora atua *de maneira muito intensa e penetrante*. Não esqueça que está no papel da *mãe todo-poderosa*. A senhora também deverá poder perdê-lo, caso contrário ele se apresentará como o eterno ser-filho, parecendo indispensável à mãe. Ele odeia esta doce submissão e dependência, mas ao mesmo tempo anseia por ela. A senhora não consegue encontrar uma atitude total para semelhante paradoxo, por isso deve tratá-lo como um fenômeno e não querer nada para si mesma. Tudo o que der deve ser a fundo perdido, isto é, sacrificado. Se tiver a sensação de que tudo não valeu nada, então está tudo bem. Ele quer sair do complexo de mãe, portanto deve experimentá-lo mais uma vez na senhora. E se ainda não tiver fugido dele, então talvez descubra a pessoa humana na senhora. Não interprete nem explique nada para ele.

[...]

Vigie a língua, pois ela pode ferir. Eu posso recebê-la às dez horas da manhã do próximo domingo em Küsnacht.

Saudações cordiais,
C.G. Jung

1. O dogma da infalibilidade do papa foi promulgado no Primeiro Concílio Vaticano, em 1870. Muitos católicos se desligaram de Roma e fundaram, em 1871, a comunidade religiosa dos "Velhos católicos".

Ao Dr. Paul Schmitt[1]
Zurique

Locarno, 05.01.1942

Prezado Dr. Schmitt,

Meus sinceros agradecimentos por sua carta de Ano-novo, com as boas notícias de que as pedras lançadas pelo vulcão, à borda de cuja cratera estou sentado, caíram em algum outro lugar. É um prazer inesquecível ouvir um eco. O reconhecimento dessa má qualidade torna-me tolerante para com a vaidade e susceptibilidade de autores, de resto competentes – é possível que não se ouça eco algum durante muito tempo, e isto pode facilmente levar à obstinação e autoadmiração implacáveis – ou o contrário. Sou grato ao senhor por ter praticado uma boa obra, ainda mais que pouca consciência tenho de haver desempenhado o papel de um κύριοζ[2] ou as de Jano.

Mas o senhor acerta bem na mosca: certa vez constatei com terror e de repente que havia *assumido Fausto como herança*, e isto como advogado e vingador de Filêmon e Báucis que, diferentemente do super-homem Fausto, são os hospedeiros dos deuses numa época de infâmia e esquecimento de Deus[3]. Isto tornou-se para mim – se for permitido dizê-lo – um assunto pessoal entre mim e o proavus Goethe[4]. Enquanto eu conservo em mim semelhante mito pessoal, o senhor tem toda a razão de farejar em mim um certo mundo "goethiano". De fato ele vive em mim, pois parece-me quase inevitável responder a Fausto: devemos continuar suportando o terrível problema alemão que devasta a Europa e puxar para o nosso lado um pouco das experiências faustianas no além como, por exemplo, a atividade benigna do *pater profundus*[5]. Eu daria o mundo para saber se Goethe sabia por que ele chamou os dois velhos de "Filêmon" e "Báucis". Fausto pecou desde o começo contra esses primeiros pais (Φίλημα[6] e Baubo[7]). É preciso ter quase morrido para entender corretamente este segredo.

Desejo-lhe tudo de bom para o Ano-novo e espero revê-lo brevemente após a minha volta.

Atenciosamente,
C.G. Jung

1. Dr. iur. Paul Schmitt, 1900-1953, editor do Münchner *Neuesten Nachrichten* até 1933. Emigração devido à resistência ativa contra o nacional-socialismo; desde 1938 na Suíça. Várias conferências nos encontros Eranos, entre outras sobre "Archetypisches bei Augustin und Goethe", "Geist und Seele", "Das Urbild in der Philosophie des Nicolaus de Cusa". Muitos artigos em revistas.
2. Senhor.
3. Segundo *As metamorfoses* de Ovídio, Filêmon e Báucis, um casal de velhos, foram os únicos de todos os habitantes da terra que receberam hospitaleiramente em sua cabana Mercúrio e Zeus. Em *Fausto* II, ato 5, eles são assassinados, pois o seu pedaço de terra deve servir aos planos egoístas de Fausto. Na primeira leitura que fez de *Fausto*, o jovem Jung sentiu-se pessoalmente atingido pelo destino dos dois velhos. "Quando Fausto, levado por seu orgulho e inflação, provocou a morte de Filêmon e Báucis, senti-me culpado, como se eu no passado tivesse participado do assassinato dos dois velhos [...] Considerei como sendo minha responsabilidade expiar esta culpa ou impedir que isto se repetisse", em *Memórias*, p. 238s.
4. Proavus = bisavô. Em suas *Memórias*, Jung menciona um boato segundo o qual o seu avô Carl Gustav, 1794-1864, tivesse sido filho ilegítimo de Goethe.
5. *Fausto* II, ato 5.
6. O beijo. Filêmon: o intencionado com amor.
7. Baubo pertence às deusas-mães. Segundo a mitologia grega, fez com que Deméter, enlutada por causa do rapto de sua filha Perséfone, risse por causa de um gesto obsceno seu.

A um destinatário não identificado
Suíça

17.01.1942

Cher Monsieur le Vicaire,

Agradeço muito a sua gentil carta e o envio dos livros. É realmente admirável como o senhor estuda profunda e corretamente a ioga. O que diz está muito certo: algumas pessoas não se ocupam com a ioga porque não a levam a sério; e outras pensam saber mais sobre ela do que realmente sabem. Para mim a ioga é na verdade apenas objeto de estudo científico. Ela não me impressiona nem me decepciona. Quando estive na Índia[1], vi pessoalmente que a ioga não é nada daquilo que eu pensava. Hatha-ioga[2] é lá muitas vezes tão só acrobacia ou ginástica, ou então uma ajuda fisiológica de concentração da qual precisam muito as pessoas facilmente exaltadas para dominar-se. Durante estes exercícios de concentração a pessoa encontra-se num estado de sonho ou de auto-hipnose que pode abstraí-la desse mundo e de suas ilusões. Uma vez que o objetivo da ioga é o vazio do sono profundo, não pode representar para o mundo ocidental uma verdade definitiva.

Parece-me que a ioga, bem como outros exercícios semelhantes, é o emprego consciente e técnico de uma experiência originalmente individual e única. O ideal que se busca é sem dúvida a penetração na profundeza do ser de cada um ("o mar da divindade"). Este encontro com o maior em nós seria portanto a experiência impressionante que se procura através da técnica da ioga. Tentei expor essas ideias numa parábola sobre a mandala[3]. O senhor pode encontrá-la no pequeno escrito sobre o renascimento[4] que mando junto com minha carta e mais um pequeno trabalho sobre ioga[5], que eu havia esquecido.

Meus melhores votos para o Ano-novo.

Veuillez agréer, cher Monsieur le Vicaire, mes sentiments très sincères.

(C.G. Jung)

1. Em 1938, Jung foi convidado pelo governo britânico-hindu a tomar parte nos festejos do 25º aniversário da Universidade de Calcutá. Cf. *Memórias*, p. 277s.
2. Hatha-ioga é um sistema de exercícios corporais para alcançar perfeita saúde e aptidões corporais sobrenaturais. É um dos graus preliminares dos outros exercícios da ioga.
3. A parábola soa assim: "Era uma vez um velho curioso. [...] Procurava saber o que era aquilo que ele não sabia, mas que tinha certeza de que sempre existiu. Depois que refletiu muito sobre o impensável, não viu outra saída para sua situação aflitiva do que tomar um objeto vermelho e desenhar todo tipo de figuras nas paredes de sua caverna para descobrir como poderia ser aquilo que ele não sabia. Após várias tentativas chegou ao círculo. 'É isto', sentiu ele, 'e mais um quadrado dentro dele', e assim ficou melhor ainda". Vieram então os seus discípulos, descobriram os desenhos na parede e os copiaram. "Mas com isso inverteram, sem o saber, todo o processo: eles anteciparam o resultado e esperavam com isso forçar aquele processo que havia conduzido àquele resultado. Assim aconteceu naquela época e ainda acontece hoje". *Configurações do inconsciente*, 1950 e em OC, vol. IX/1, par. 233.
4. Separata de "Os diversos aspectos do renascimento", *Eranos-Jahrbuch 1939* e em OC, vol. IX/1.
5. "A ioga e o Ocidente", em *Prabuddha Bharata*, Calcutá, 1936 e em OC, vol. XI.

A Elisabeth Metzger
Stuttgart

07.02.1942

Prezada senhora,

Sua concepção dos arquétipos como um gene psíquico é bem possível. Também é uma hipótese possível que eles procedam do impulso original da vida e vão aos poucos se introduzindo na consciência. Neste último caso, porém, com a restrição de que o arquétipo em sua natureza mais íntima nunca pode tornar-se completamente consciente, não podendo nenhuma língua ou força imaginativa apreendê-lo e expressá-lo em sua natureza mais profunda. Ele só pode ser experimentado como uma imagem.

Portanto o arquétipo nunca pode entrar na consciência como um todo, mas permanece um fenômeno limítrofe, no sentido de os estímulos externos se encontrarem com os dados arquetípicos internos numa zona de fricção que poderíamos chamar precisamente de consciência. Esta concepção seria mais adequada para a natureza essencialmente conflitiva da consciência.

Do restante de sua exposição vejo que já formou uma opinião adequada sobre a natureza da psique.

Com elevada consideração,

(C.G. Jung)

Ao Dr. Eugen Diesel
Brannenburg am Inn/Alemanha

10.04.1942

Prezado Dr. Diesel,

Lamento só poder agora responder à sua amável carta e agradecer o gentil envio de seus livros[1]. Havia esquecido completamente que já nos tínhamos encontrado em Darmstadt, em 1930[2].

Nesse meio tempo li um deles e parte do outro e percebi como o senhor vê o nosso mundo moderno. Eu não conhecia o *Verhängnis der Völker*. Fiquei impressionado com a força com que o seu pensamento penetrou no torvelinho do mundo e no problema profundamente insolúvel das massas humanas. Parece-me que as soluções só são possíveis no campo do microcosmo. O grande mundo ainda é e sempre será a luta sem esperanças de um cosmo contra o eterno caos. Estou tão impressionado com este fato que minhas concepções, como tive de constatar finalmente, não foram basicamente além do *hic mundus* e do *princeps huius mundi* do Novo Testamento. Lá onde o caminho se bifurca para a multiplicidade infinda, houve uma parada em mim, e eu preferi o caminho a pé. Desde então perdi a vontade de falar da multiplicidade, porque a simplicidade é bem mais útil.

Por favor, não considere isto como crítica às suas preocupações: eu sei que o espelho deve ser apresentado à humanidade. Schopenhauer teve evidentemente uma influência duradoura sobre o senhor. Eu li o seu livro não só como um fenômeno de primeiro plano, mas também como de segundo plano, e entendi perfeitamente que o senhor deve estar ocupado agora com o ajuste total do "processo atual da humanidade". É certo que a questão sobre o ponto de vista é a mais difícil de todas. Por isso também foi a minha maior preocupação e eu tive de desviar os meus olhos do espetáculo corruptor, lembrando-me do destino de Alípio, aquele amigo de Santo Agostinho, que queria manter os olhos fechados no circo – mas, quando a multidão gritava por causa de um gladiador que havia tombado, ele se via forçado a abri-los de novo – e, como diz Agostinho, "então sua alma era atingida por uma ferida mais profunda" do que a do gladiador caído. Este é, como o senhor diz, o tema mais interessante porque é o mais promissor. Nunca se deve olhar para as coisas que devem mudar. A questão principal é como nós mudamos a nós mesmos. O absurdo desse ponto de vista é evidente, mas é inúmeras vezes mais satisfatório do que a ausência do ponto de Arquimedes.

Eu gostaria muito de conversar com o senhor sobre este assunto que me parece de fundamental importância, mas nas condições atuais não é tempo de deslocamentos horizontais: todos estamos numa prisão e só podemos mover-nos verticalmente. Nós todos nos tornamos κάτοχοι τοῦ θεοῦ[3], miraculosamente sem o saber. Só podemos esperar que com o tempo, *per gratiam Dei*, as cadeias que nos foram impostas sejam soltas, para que se possa entabular tranquilamente de novo uma conversa europeia. Até lá cada qual deve suportar o seu tempo de incubação.

Tomo a liberdade de enviar-lhe anexo um dos meus escritos mais recentes.

Saudações cordiais,

(C.G. Jung)

1. Eugen Diesel, *Vom Verhängnis der Völker*, 1942. Não foi possível identificar o outro livro.
2. Por ocasião de um encontro promovido pelo Conde Keyserling, "Schule der Weisheit", Dr. Diesel falou sobre "Die Neugestaltung der Welt" e Jung sobre "O homem arcaico" (em OC, vol. X).
3. Prisioneiros de Deus.

A Jürg Fierz[1]
Zurique

10.04.1942

Prezado senhor,

A aplicação de minha teoria das funções[2] ao espírito da linguagem parece-me difícil e problemática, porque a linguagem é muito mais antiga do que a diferenciação das funções. É verdade que estas estão sempre presentes, mas num estado tão diferenciado que simplesmente não podem ser separadas. Juntas constituem o funcionamento psíquico em geral, e dessa matriz resulta a linguagem, em parte como imitação objetiva em parte como imitação subjetiva, isto é, exprime-se o que faz o objeto ou o que faz o sujeito. O auditivo, o motor e o visual, mas também as sensações principais desempenham papel importante. Pode-se observar isso principalmente nas linguagens primitivas, em que muitas palavras são incompreensíveis sem o gesto correspondente. Por isso alguns primitivos não conseguem conversar à noite se não acenderem um fogo e, assim, poderem observar a mímica um do outro.

Sei muito pouco sobre o "espírito objetivo" de que falam os filósofos[3]; e também acho que a linguagem não vive por si mesma, mas através das pessoas. Creio que se trata aqui de uma ilusão semelhante à do Estado. Falamos do Estado como se fosse um ser, mas é apenas um conceito convencional que não poderia existir em si por um segundo sequer, se as pessoas não lhe injetassem a vida necessária.

Provavelmente seria possível desenvolver sem grande dificuldade um ensino psicológico intuitivo a partir da linguagem. Tomemos, por exemplo, os sintomas das emoções na linguagem e a influência das emoções na linguagem, as metáforas emocionais etc.

Saudações cordiais,

(C.G. Jung)

1. Dr. phil. Jürg Fierz, redator em Zurique. Ainda estudante em 1942.
2. Teoria das quatro funções: pensamento, sentimento, intuição e sensação. Cf. Jung, *Tipos psicológicos* (OC, vol. VI).
3. Em sua carta Jürg Fierz mencionou que a filosofia contemporânea procurava entender a linguagem como expressão de um "espírito objetivo", independentemente de qualquer fator psicológico, "a linguagem viveria e criaria por si mesma..."

A Arnold Kübler[1]
Redação "Du"
Zurique

10.04.1942

Prezado senhor,

Eu andei pensando em sua pergunta sobre os românticos, mas cheguei à conclusão de que, ocupado como estou com o meu próprio trabalho, não teria a necessária paciência para dedicar-me a um tema tão contemplativo quanto propõe a pegunta "por que já não conseguimos pintar como os românticos?", e consagrar-lhe a contemplação que exige. É precisamente isto que falta à nossa época: contemplação. Quando se está sentado sobre um vulcão e mesmo assim se consegue ser contemplativo, isto é heroísmo sobre-humano que já por si é uma *contradictio in adiecto*. Já não adianta nada hoje em dia apelar para qualquer tipo de certeza. Sabemos no fundo que tudo balança. Onde a terra treme só restam fragmentos precipitados e desconjuntados, mas nenhum tapete de flores bem entrelaçado e harmonioso. Um ideal romântico seria em nosso tempo como um farrapo de um sonho febril. Por isso já é bem melhor que a arte moderna pinte os cacos de mil cores da louça quebrada do que esforçar-se por espalhar uma tranquilidade enganosa sobre a inquietação abissal. O grotesco, o feio, o desfigurado ou, numa palavra, o repugnante cabem bem na nossa época;

e, se não se levantar em algum lugar uma nova certeza, também a arte continuará a exprimir inquietação e inumanidade.

Isto é tudo o que tenho a dizer sobre a questão. É precipitado e desconjuntado, como ficou dito acima.

Com elevada consideração,

(C.G. Jung)

1. Arnold Kübler, nascido em 1890, escritor, pintor, ator. Redator de imagem do *Zürcher Illustrierten*, 1929-1941; redator-chefe de *Du*, 1941-1958. Obras, entre outras, quatro romances *Öppi* e vários artigos por ele mesmo ilustrados.

Ao Dr. med. Bernhard Milt
Zurique

08.06.1942

Prezado colega,

Suas perguntas[1] não são fáceis de responder, pois tocam num terreno que, apesar de todo o trabalho histórico especializado, ainda permanece no escuro; isto se deve ao fato, como o senhor observou muito bem, de que a mentalidade ocidental se desviou de sua base original para uma determinada direção. Paracelso parece-me um dos expoentes mais destacados de um movimento espiritual que tentou reverter o afastamento das condições preliminares psíquicas, causado pela escolástica e pelo aristotelismo. Em sã consciência pode-se ter a dúvida se Paracelso ainda está nas origens ou se novamente está nelas. A acentuação que a mentalidade ocidental coloca no objeto fez esquecer que todo o conhecimento da realidade também é condicionado subjetivamente, isto é, psiquicamente. Esta orientação que se manifestou em primeiro lugar no desenvolvimento intelectual da Igreja na forma do platonismo e agostinianismo foi substituída pelo aristotelismo. Os árabes foram os grandes responsáveis por esse processo, pois com a difusão do aristotelismo ameaçaram o platonismo da Igreja. Como se sabe, Tomás de Aquino é um fenômeno que interceptou eficazmente este perigo ameaçador por parte dos árabes. Mas acho que seria incorreto valorizar demais a importância filosófica dos árabes. Eles são principalmente fiéis intermediários; eles transmitiram à Idade Média não só Aristóteles, mas também uma série de influências neoplatônicas e neopitagóricas que se tornaram as raízes da ciência natural do Ocidente. Penso com isso em primeiro lugar na alquimia. A quintessência da filosofia hermética[2] contém um sentimento clássico da natureza e é pagã por excelência. Esta "lumen naturae"[3] deveria parecer escandalosa à Igreja e foi por isso que a tendência filosófica na alquimia só se manifestou claramente no século XIV.

O desenvolvimento que ocorreu paralelamente na China é notável pelo fato de que lá a alquimia está ligada ao taoismo, mas que, nos primeiros séculos da era cristã, foi reprimida, juntamente com o taoismo e suas fontes antiquíssimas, pelo confucionismo. Mas havendo maior tolerância na China, o pensamento filosófico da alquimia levantou voo novamente já por volta do século VIII e produziu flores como, por exemplo, o tratado importante que Richard Wilhelm e eu publicamos em coautoria: *O segredo da flor de ouro*. Em certo sentido, o confucionismo pode ser colocado em paralelo com o aristotelismo da Igreja.

O obscurantismo carregado de símbolos de nossa alquimia medieval, que parece quase patológico, provém em grande parte da necessidade de dissimular o paganismo de suas concepções, por causa do perigo mortal de entrar em conflito com a santa Inquisição. Uma vez que a fonte essencial do conhecimento na filosofia hermética era a "lumen naturae", ou a revelação individual, é compreensível sem mais que a revelação administrada pela Igreja não poderia tolerar uma segunda. Consequentemente essas nascentes brotadas da natureza, isto é, das profundezas da psique foram soterradas em grande parte e os componentes psíquicos de nossos processos cognitivos foram excluídos do campo de ação da consciência.

Tive a ventura de penetrar mais a fundo na psicologia de pessoas exóticas, e ficou claro para mim que não existe para aquelas pessoas algo como uma questão do inconsciente, questão bem notória para nós. No caso dos hindus e chineses, por exemplo, é absolutamente claro que toda a sua atitude espiritual se baseia naquilo que entre nós é profundamente inconsciente. Por isso ficou reservado entre nós para a psicopatologia e não para a teologia descobrir que uma porção bastante substancial de nossa psique desapareceu, isto é, precisamente o inconsciente. Portanto não é nada surpreendente, mas realmente certo *a priori* que podemos encontrar a analogia mais próxima do nosso "inconsciente" na alquimia e na filosofia hermética; e tudo o que fazemos hoje é retomar inadvertidamente aquela busca espiritual cujo expoente, entre outros, foi Paracelso. Nossa atitude intelectualista e racionalista ocidental tornou-se aos poucos um embaraço que causou distúrbios no equilíbrio psíquico a tal ponto que é difícil avaliar no momento.

Se quisermos classificar a atitude de Paracelso como uma tentativa, então quer dizer que ele pôs em movimento a consequência prática do aristotelismo eclesiástico, isto é, a objetivação da natureza. Por outro lado, é possível dizer com segurança que não foi um sucesso. As adversidades de seu tempo fizeram com que ficasse preso no ocultismo, devido ao fato de que aquela época tinha uma concepção de psicologia tão ínfima quanto a filosofia católica de hoje. A psique como objeto de estudo científico ainda precisava ser descoberta.

Não sei se respondi adequadamente às suas perguntas, mas o senhor sabe tão bem quanto eu que os fatores a serem considerados são difíceis e abrangentes.

Com a estima do colega,
C.G. Jung

1. As perguntas de Milt referiam-se à influência negativa, segundo sua opinião, da filosofia árabe sobre o pensamento ocidental, ao desenvolvimento do abstrato-racional à custa do pensamento simbólico dos ocidentais e, finalmente, à tentativa de Paracelso, segundo ele fracassada, de trazer de volta o pensamento simbólico.
2. Originalmente eram considerados "escritos herméticos" apenas os 42 tratados filosófico-teosóficos em língua grega que foram atribuídos ao lendário sábio Hermes Trismegisto, identificado com o deus egípcio Thot. No fim da Antiguidade, círculos neoplatônicos agregaram ao chamado *Corpus Hermeticum* 17 escritos de autores gregos, latinos e árabes (tradução inglesa de Walter Scott, *Hermetica*, 4 vols., Oxford 1924-1936). Os alquimistas e também Paracelso estavam sob a influência deles, por isso Jung os considerava representantes da "filosofia hermética".
3. Segundo Paracelso, a *lumen naturae*, a luz da natureza, é a fonte individual da iluminação psíquica e do conhecimento. Está em pé de igualdade com a "luz eterna do Espírito Santo", a fonte da revelação cristã. Ambas as luzes "provêm da unidade de Deus". Cf. Jung, "Paracelso como fenômeno espiritual", em *Paracelsica* e OC, vol. XIII.

To Alice Lewisohn Crowley
Zurique

20.07.1942

My dear Mrs. Crowley,

Seu sonho[1] de 26 de junho – o árabe – antecipou vários de meus sonhos deste mês, nos quais estive na África, usando uma longa *shoka* (uma espécie de longa camisa branca). A figura do árabe refere-se a Mercúrio[2], pois em meu primeiro sonho sobre Mercúrio ele era um jovem príncipe árabe que eu tinha de empurrar para debaixo da água[3]. Foi isto que aconteceu a Mercúrio!

Seu sonho de 6 de julho também se situa neste contexto. Sonhei com um profeta oriental, seguido por uma mulher que estava praticamente hipnotizada pelo balbuciar profético dele. Evidentemente, minha *anima* estava completamente fascinada por minha sombra que, por sua vez, estava tomada pelo espírito da vida (Mercúrio!).

"Estar nu" significa muitas vezes "acessível a todas as influências". Não ter nenhuma *persona*[4] é um estado de estar sozinho consigo mesmo, não importando o mundo e suas relações.

Estou extremamente ocupado com o meu material sobre Mercúrio e tive até de vivê-lo, isto é, ele tomou conta de mim, provocou a transformação de Mercúrio em meu próprio organismo humano e deu-me assim duas semanas bem penosas[5]. Seus sonhos captaram algo disso. Agora estou novamente bem, mas ainda não terminei com o meu material.

Yours cordially,
(C.G.)

1. O texto do sonho não foi conservado.
2. Naquela época Jung estava preparando a sua conferência-Eranos, "O espírito de Mercúrio" (em *Eranos-Jahrbuch 1942*, Zurique, 1943, bem como em *Symbolik des Geistes* e OC, vol. XIII). Mercúrio é uma das figuras centrais da alquimia.
3. Cf. *Memórias*, p. 246s.
4. *Persona* significa originalmente a máscara que os atores usavam no teatro antigo. "A *persona* [...] é aquele sistema de adaptação ou aquela maneira com a qual nos apresentamos ao mundo" (*Configurações do inconsciente*, 1950; OC, vol. IX/1, par. 221).
5. Numa carta, não publicada aqui, escreveu Jung: "No momento ainda estou mergulhado em Mercúrio que, como sempre tenta fazer, quase me dissolveu e me arrancou membro por membro". Trata-se provavelmente de uma alusão ao tratado alquímico *Allegoria Merlini*, segundo o qual um rei bebeu tanta "água mercurial" que adoeceu: "E tive como que a impressão de que todos os meus membros se separavam um do outro" (*Mysterium coniunctionis* II, par. 10).

To Mrs. Margaret Erwin Schevill[1]
Berkeley, California/EUA

01.09.1942

Dear Mrs. Schevill,

Sua carta chegou com muito atraso, mas chegou. Eu acho que pode arriscar mandar-me uma cópia do manuscrito[2], sem o qual não teria condições de escrever um prefácio. Em todo caso, seria algo pobre, pois minha mente não está preocupada atualmente com o saber dos índios. Estou mergulhado no pensamento medieval[3], embora tenha lido recentemente um livro muito interessante de Wheelwright sobre o mito de criação dos Navajo[4]. Uma descrição tão detalhada da mente primitiva mostra o extraordinário entrelaçamento de um ambiente absolutamente natural com o padrão arquetípico coletivo, um quadro por demais desconcertante, já que desconhecemos as inúmeras plantas, animais e as condições atmosféricas peculiares. Mas é indispensável um conhecimento preciso deles para entender o valor específico dessa planta ou desse animal.

Acho que em geral o correio é confiável. Recebi várias cartas e mesmo livros dos Estados Unidos.

Esperando que esteja bem de saúde, permaneço

Yours sincerely,
C.G. Jung

1. Margaret E. Schevill, 1887-1962, trabalhou por algum tempo com Jung em Zurique. Seu campo de pesquisa eram a arte e os mitos dos índios Navajo do Arizona. Obras principais: *Beautiful on the Earth*, Santa Fé, 1947 e *The Pollen Path*, Stanford University Press, 1965.
2. Trata-se do manuscrito de M.E. Schevill, *Beautiful on the Earth*. O livro foi publicado sem o prefácio de Jung.
3. Jung trabalhava naquela época em seu livro *Psicologia e alquimia*, publicado em 1944.
4. Mary C. Wheelwright, *Navajo Creation Myth. The Story of the Emergence by Hasteen Klah*, Santa Fé, 1942.

A Margareta Fellerer[1]
Ascona (Tessin)/Suíça

03.10.1942

Prezada senhora Fellerer,

Muito obrigado pelas excelentes fotografias. Fiquei contente em saber que está novamente melhor. Posso confirmar que nada é tão revigorante e salutar quanto o ar das montanhas. Neste ano também voltei às montanhas, primeiro em Valais e depois realmente para as alturas.

Quando se fica mais velho, deve-se tentar não trabalhar demais inutilmente. Ao menos é assim comigo. A senhora tem provavelmente toda razão com a mobilização das forças criativas, mas comigo é um pouco diferente. Eu mal as acompanho e preciso tomar cuidado para que as "forças criativas" não me façam galopar ao redor do universo. Nada de mobilização! Eu preciso persuadir a mim mesmo com grande assiduidade e atenção para não trabalhar demais. Neste verão precisei de mais ou menos dois meses para conseguir novamente poder ficar sem fazer nada. Mas como nas mulheres tudo é ao contrário, presumo que sua fórmula está absolutamente correta para o sexo feminino. E, segundo a minha experiência, é isso mesmo. Para resumir, poderíamos talvez dizer: nas mulheres a pressão interna precisa ser aumentada pela injeção de ácido carbônico; mas para o homem é aconselhável que coloque uma torneira no barril para que não se esvazie por completo. Talvez esta última sugestão seja também por demais subjetiva.

Parece-me que o segredo de saber envelhecer corretamente é consumir-se com sabedoria e evitar ser consumido.

Com os melhores votos e cordiais saudações,
(C.G. Jung)

1. Durante as sessões em Eranos, a fotógrafa Margarete Fellerer tirou várias fotografias de Jung e dos outros participantes.

To Dr. J.B. Rhine
Duke University
Durham (N.C.)/EUA

05.11.1942

Dear Dr. Rhine,

Muito obrigado por sua gentil carta. Estou muito interessado em seu novo projeto parapsicológico[1] que o senhor prometeu. Se eu tiver algum comentário a fazer, não hesitarei em enviá-lo ao senhor, que poderá fazer dele o uso que quiser. Se tiver condições de dizer algo sobre a percepção extrassensorial, certamente mandarei minha contribuição ao senhor, porque a sua revista é o único lugar adequado para um artigo desse tipo.

Enviei a fotografia[2] e espero que já a tenha recebido.

Eu falo de seu trabalho para as pessoas daqui e acho que ele é da maior importância para a compreensão de certos fenômenos peculiares do inconsciente. Em nosso trabalho prático nós nos defrontamos com influências telepáticas especiais que lançam importante luz sobre a relatividade do espaço e do tempo em nossa psique inconsciente[3].

Concordo plenamente com o senhor que, se estivermos de posse de todos os fatos, a ciência parecerá muito especial. Isto significará nada menos do que uma compreensão totalmente nova do homem e do mundo[4].

Espero que esteja sempre com boa saúde.

Yours sincerely,

(C.G. Jung)

1. Em sua carta a Jung (23.07.1942), o Prof. Rhine mencionou o seu plano de estudar os fenômenos psicocinéticos, isto é, influências psíquicas diretas sobre objetos ou processos externos. Ele esperava que Jung se pronunciasse sobre os resultados. Pediu ainda a Jung que reunisse suas ideias sobre as percepções extrassensoriais e temas semelhantes para publicar em *Journal of Parapsychology* (ed. pela Duke University).
2. A pedido do Prof. Rhine, Jung mandou-lhe uma fotografia sua.
3. A relatividade do espaço e do tempo está na base do conceito de sincronicidade de Jung. Cf. Jung-Pauli, *Naturerklärung und Psyche*, 1952, p. 17s., e OC, vol. VIII, par. 835s.
4. Num adendo ao relatório de um fenômeno semelhante ao da explosão da faca (cf. carta a Rhine, de 27.11.1934), Rhine escreveu: "These inexplicable cases are very tantalizing, but of course we must remember that all sciences begin with comparatively inexplicable phenomena. What a science must come eventually from the full explanation of such occurrences, taking them at their face value!"

A Wellmann W. Schmied
Davos/Suíça

05.11.1942

Prezado senhor,

Quanto à sua pergunta sobre o sol negro, o "soleil noir"[1] de Baudelaire não é exceção. A ideia de uma antiterra já se encontra, por exemplo, no sistema pitagórico[2], mas também a encontramos no "sol niger" da alquimia e no "ignis niger"[3].

Uma ideia correspondente de lua negra não existe, porque isto coincidiria com a lua nova, portanto já foi antecipada. Nas mulheres a Lua tem papel importante, ao passo que a visão do Sol ocorre tanto nos homens como nas mulheres.

A questão das imagens femininas de iniciação é ainda obscura, uma vez que o material arquetípico neste sentido não está tão desenvolvido quanto o masculino.

Isto pela simples razão de as iniciações terem sido desenvolvidas e transmitidas principalmente pelos homens. Entretanto, a mitologia grega (e também a psicologia primitiva) fornece vários pontos de apoio sob este aspecto. Gostaria de chamar sua atenção principalmente para as figuras de Hécate, Deméter e Core, a Magna Mater. É esta última que tem o papel mais importante e indecoroso nas iniciações femininas. O "terrível" refere-se a ela[4]. O senhor encontrará algo sobre isso em Kerényi e Jung: *Einführung in das Wesen der Mythologie* (Pantheon Akad. Verl.anst. Amsterdam/ Leipzig, 1941). Muita coisa interessante também em R. Thurnwald: *Menschen der Südsee* (Enke Verl. Stuttgart, 1937).

Com elevada consideração,
(C.G. Jung)

1. Cf. Baudelaire, *Le Spleen de Paris*, 1869, XXXVI, "Le Désir de Peindre": "...Je brûle de peindre celle qui m'est apparue... Je la comparerais à un soleil noir..." Cf. também o poema de Gérard de Nervals "El Desdichado", em *Les Filles du Feu*, 1854: "... Ma seule Étoile est morte, – et mon luth constellé / Porte le Soleil noir de la Mélancolie..."
2. Segundo Filolau, discípulo de Pitágoras, o centro do universo era fogo; próximo a ele estavam a Antiterra, a Terra, a Lua, o Sol, os planetas e as estrelas fixas.
3. Para "sol niger" (sol negro), cf. *Psicologia e alquimia*, par. 34, e *Mysterium coniunctionis* I, par. 114. A imagem do "ignis niger" (fogo negro) foi empregada na alquimia no sentido de "ignis gehennalis" (fogo do inferno). Ambos são descrições do estado inicial da alquimia, também designado como nigredo e indispensável para o aperfeiçoamento da opus. Cf. carta a Neumann, de 05.01.1952, nota 7.
4. O destinatário havia mencionado que uma mulher, que morreu pouco depois, não conseguia contar os seus sonhos porque eram horríveis demais.

À Dra. Franziska Baumgarten-Tramer[1]
Solothurn-Rosegg/Suíça

21.11.1942

Prezada Doutora,

Muito obrigado pelo gentil envio de seu trabalho "Zur Geschichte des Rorschachtests"[2], que li com muito prazer.

Incentivado pelas *clecsografias*[3] de Justino Kerner, fiz uma coleção desses borrões de tinta já no meu tempo escolar, pois estas configurações irracionais estimulavam de tal forma minha fantasia que eram para mim um passatempo de muitos dias. Por isso fiquei encantado em ver que também Rorschach empregou a mesma técnica para determinar peculiaridades psíquicas, o que foi sem dúvida uma iniciativa de real proveito.

Aguardo ansiosamente outros escritos seus.

Com elevada consideração,
(C.G. Jung)

1. Dra. Franziska Baumgarten-Tramer, 1889-1970, psicóloga e professora na Universidade de Berna.
2. F. Baumgarten-Tramer, "Zur Geschichte des Rorschachtests", em *Schweizer Archiv für Neurologie und Psychiatrie*, 1942, n. 50, p. 1-13. No teste de Rorschach a pessoa experimental tinha de interpretar dez pranchas com manchas simétricas, pretas e coloridas. Hermann Rorschach, 1884-1922, psiquiatra suíço.
3. Justino Kerner, 1786-1862, médico e poeta, ocupou-se com os fenômenos do chamado sonambulismo e mesmerismo. Ele resumiu no romance *Die Seherin von Prevorst*, 1829, as pesquisas da sonâmbula Frau Hauffe. Jung o cita várias vezes em sua dissertação "Sobre a psicologia e a patologia dos fenômenos chamados ocultos" (em OC, vol. I). No livro *Klecksographien*, Stuttgart/ Leipzig/Berlim/Viena, 1857, Kerner descreve como produzir figuras simétricas dobrando-se ao meio um papel salpicado de tinta.

Ao Dr. Karl Srnertz
Zwittau/Alemanha

19.12.1942

Prezado colega,

Seria muito bom se houvesse certeza de que o Chwolsohn[1] está à venda. No entanto, preferiria agora ter uma edição mais antiga da Vulgata e Septuaginta, e ficaria muito grato se o senhor pudesse conseguir-me esses textos.

Sua ideia com relação ao efeito da psicoterapia é absolutamente correta. Na prática temos de considerar todas as contribuições e afirmações que foram feitas sobre a psique. Por isso eu disse que toda teoria psicológica é uma confissão subjetiva. Cada um fala obviamente de sua contribuição. Se não o fizesse, também não traria nenhuma contribuição. Mas, ao falar disso, dá a impressão de só ver isso, ou o leitor tem a impressão errônea de que, com cada renovação do ponto de vista, tudo o mais está superado. Isto evidentemente é uma falácia. Dependendo da peculiaridade do caso, os meios terapêuticos mais primitivos podem obter melhores resultados do que os mais refinados. Quando falamos, por exemplo, de pintura, isto é apenas um método auxiliar mínimo[2]. Em alguns casos esta tática traz bons resultados, em outros não significa nada. Também aqui não se trata de uma inovação revolucionária. E mesmo as constatações científicas e teóricas mais importantes não têm em si nenhum valor psicoterápico, pois são meras fórmulas de palavras sem qualquer vida própria. Quando um escritor ou outro artista faz uso fraudulento da psicologia, cai em geral em sua própria armadilha, pois a arte não se forma a partir de conceitos, nem a partir do teorema de Pitágoras. A formulação teórica não dá nenhuma ideia da prática, pois esta é bem mais dinâmica e viva do que a teoria possa indicar. Também não é tarefa da teoria criar uma imagem da vida, mas antes criar uma linguagem artesanal que se contenta com sinais convencionais.

Com elevada consideração do colega

(C.G. Jung)

1. D. Chwolsohn, *Die Ssabier und der Ssabismus*, 2 vols., S. Petersburgo, 1856. No centro da seita dos sabeus (final do século II aC) havia uma figura parecida com Mercúrio. Tinham seu papel a astrologia, a magia e supostamente sacrifícios humanos. Jung cita várias vezes a obra de Chwolsohn, sobretudo no ensaio "O espírito de Mercúrio" e mais tarde em *Mysterium coniunctionis*.
2. Pintar, desenhar, modelar são meios auxiliares da psicoterapia para representar imagens e estados interiores.

To Alice Lewisohn Crowley
Zurique

Bollingen, 19.12.1942

My dear Mrs. Crowley,

Meus agradecimentos mais cordiais por todas as coisas boas e, oh! tão úteis! Não é um tempo muito bom quando a comida reina soberana? Hans[1] foi muito prestativo e graças à sua ajuda pude realizar uma parte importante de meu programa de inverno, isto é, cortar lenha. Derrubamos 3 árvores e as cortamos em pedaços. Foi um desejo piedoso nosso convidá-la para um de nossos maravilhosos jantares, mas não pôde concretizar-se. A razão foi que só terminamos o nosso trabalho esta noite. Tivemos que fazer o restinho à luz de lampião. Primavera e verão são sempre os melhores tempos do ano.

Renovo meus agradecimentos e lhe desejo um feliz Ano-novo. Sim, a gente sempre deseja de novo, como se alguma vez chegasse um tempo em que os desejos se realizarão de verdade. Vamos esperar que assim seja.

Yours affectionately,
(C.G.)

1. Cf. carta a Kuhn, de 01.01.1926, nota 1.

A Aniela Jaffé[1]
Zurique

Bollingen, 22.12.1942

Prezada senhora Jaffé,

Meus cordiais agradecimentos pelo amável e gostoso presente de Natal. Espero que não se tenha privado dessas delícias para mandá-las a mim. Para mim elas são bem-vindas, sobretudo aqui em Bollingen onde são escassas.

Seu sonho[2] é deveras impressionante, pois coincide quase literalmente com a minha primeira fantasia sistemática quando eu tinha entre 15 e 16 anos. Ela me ocupou durante semanas, sempre no meu caminho para a escola, que levava 45 minutos[3]. Eu era o rei de uma ilha num grande lago, semelhante ao mar, que ia de Basileia até Estrasburgo. A ilha consistia de uma montanha, ao sopé da qual havia uma pequena cidade medieval. No alto ficava o meu castelo, em cuja torre mais alta havia algo como antenas de cobre. Elas recolhiam a eletricidade da atmosfera e a conduziam para dentro de uma abóboda profunda sob a torre. Lá um aparelho misterioso transformava a eletricidade em *ouro*. Eu ficava muitas vezes tão obcecado por esta fantasia que esquecia toda a realidade.

Parece-me que o seu sonho é uma contribuição importante para a psicologia do si-mesmo. Através do si-mesmo somos mergulhados na torrente dos eventos cósmicos em si. O essencial acontece no si-mesmo, e o eu funciona como receptor, espectador e transmissor. Característica é a simbolização do si-mesmo como aparelho. [...]

Uma "máquina" é sempre algo *inventado*, deliberadamente montado para um fim específico. Quem inventou esta máquina? (cf. também o símbolo do "relógio do mundo"[4]). Os tântricos dizem que as coisas representam a *precisão do pensamento de Deus*. A máquina é um microcosmo, aquilo que Paracelso chamou de "estrela dentro da pessoa"[5]. Eu sempre tenho a sensação de que estes símbolos tocam em grandes mistérios, nas "magnalia Dei".

Com os melhores votos e cordial agradecimento,

C.G.J.

1. Aniela Jaffé, nascida em 1903, secretária de C.G. Jung de 1955-1961. Cf. suas obras *Geistererscheinungen und Vorzeichen*, Zurique, 1958 (prefácio de Jung em OC, vol. XVIII); *Der Mythus vom Sinn im Werk von C.G. Jung*, Zurique, 1967; *Aus Leben und Wekstatt von C.G. Jung*, Zurique, 1968; colaboradora das *Memórias* de Jung.
2. O sonho é o seguinte: "Estou num porão profundo com um menino e um velho. O menino ganhou de presente de Natal um aparelho elétrico que ele me mostra: um grande pote de cobre está pendurado no teto do porão, e nele desembocam fios elétricos de todas as partes que o fazem vibrar. Passado um instante, não há mais fios; o pote vibra apenas com as oscilações elétricas que se espalham na atmosfera".
3. Cf. *Memórias*, p. 86s.
4. Cf. *Psicologia e alquimia*, OC, vol. XII, par. 307s.
5. A "estrela dentro da pessoa" foi usada por Paracelso no mesmo sentido da *lumen naturae*. Cf. *Paracelsica*, p. 49s., e OC, vol. XIII, par. 148s. Cf. carta a Milt, de 08.06.1942, nota 3.

A um destinatário não identificado
Alemanha

06.01.1943

Prezado Doutor,

Permita-me algumas observações sobre o conteúdo de sua carta de 25 de dezembro de 1942. Parece-me que o senhor tem muitas opiniões. Mas, quando se quer entender algo, é aconselhável não ter opiniões, mas aprender a pesar os fatos com muito cuidado. No caso dos sonhos, por exemplo, o senhor desconsidera simplesmente o fato de que não se trata de mera fenomenologia, mas de determinações de conteúdo que só podem ser descobertas mediante um inventário cuidadoso de todo o contexto do sonho. O senhor também presume que tudo o que sabe a respeito do sonho é tudo o que se pode conhecer do sonho. Mas isto não é assim. Há muita coisa ainda por trás e do lado de que precisamos para entender realmente um sonho. Além do mais, pode desistir de antemão de entender os seus próprios sonhos, pois em toda parte se defrontará com a sua própria mancha escura. Talvez o senhor pense que não tenha algo assim. Mas eu aconselharia que abandonasse esta opinião se quiser chegar a algum lugar. Talvez o senhor não queira chegar a lugar nenhum e por isso suas opiniões lhe são muito caras. É possível enganar-se redondamente a este respeito. Em todo caso, sua condição mental está muito propícia a transmitir-lhe sonhos sobre ladrões. Tais sonhos ocorrem quando algo que está fora deseja entrar, mas que mantemos de fora com grande astúcia.

Os sonhos "não embaralham as personalidades", mas tudo está no devido lugar, só que o senhor não o entende.

Quanto ao sonho do montanhista[1], foi assim que conheci o meu colega. Ele também era um homem que vivia de suas opiniões e não levava em conta os possíveis riscos. Não precisei profetizar nada naquele caso, porque sabia muito bem que ele andava nas nuvens e poderia a qualquer momento despencar, o que também aconteceu, pois considerava meu aviso como simples opinião que podia ser confrontada com dúzias de outras opiniões. Infelizmente minha opinião estava do lado dos fatos, mas a dele não.

Sem dúvida, a telepatia é um fenômeno condicionado pelo tempo e espaço. Mas ela mostra a relatividade do tempo e do espaço, algo que eu não inventei. O senhor pode consultar sobre isso o seu conterrâneo Prof. Jordan, em Rostock.

O senhor parece ter opiniões muito estranhas sobre religião. Veracidade não é categoria que se possa aplicar à religião. A religião consiste de realidades psíquicas das quais não se pode afirmar que sejam verdadeiras ou falsas. Os piolhos ou elefantes são verdadeiros ou falsos? Basta que existam. Aqui se mostra que o senhor possui um senso deficiente da realidade e que o compensa com grande quantidade de opiniões. Eu tenho uma formação científica e, por isso, um ponto de vista bem diferente, que lhe é estranho sob todos os aspectos. Para mim, por exemplo, as afirmações religiosas não são opiniões, mas fatos que podem ser olhados como o botânico olha suas plantas. O critério é o velho ditado: "Quod semper quod ubique quod ab omnibus creditur"[2]. A ciência da religião, incluindo a psicologia da religião, deve inteirar-se desse fato. Contra isso não prevalecem opiniões.

A questão da psicologia dos sonhos é um capítulo bem difícil que pode ser discutida com alguma perspectiva de sucesso unicamente se houver o necessário preparo, do qual faz parte também uma experiência crítica fundamental. Ter sonhos não adianta nada. O senhor também tem digestão, mas isso não o transforma num químico fisiológico.

Com elevada consideração,
(C.G. Jung)

1. Cf. OC, vol. XVI, par. 323s.: Um médico, colega de Jung, que costumava caçoar da interpretação dos sonhos, contou a Jung o seguinte sonho: "Eu estava escalando uma montanha muito alta. [...] Chegando ao topo, uma sensação de felicidade e arrebatamento me invade; esta sensação é tão forte, que tenho a impressão de que poderia subir ainda mais e entrar no espaço cósmico. E é o que faço. Subo no ar. Acordo em estado de êxtase". Jung advertiu-o para não escalar sozinho e aconselha-o a levar consigo sempre dois guias. O sonhador riu-se do conselho e, dois meses mais tarde, ao escalar sozinho, foi soterrado por uma avalancha, mas foi retirado a tempo por uma patrulha militar. Três meses depois, subiu literalmente no ar e despencou das alturas. A cena foi presenciada por um guia de outro grupo.
Cf. também OC, vol. XVII, par. 117s.

2. O que sempre, o que em toda parte, o que por todos é crido. Em: Vicente de Lérins († 450), *Commonitorium*, 2. A tradução completa é esta: "Igualmente na Igreja Católica deve ser nossa especial preocupação manter-nos firmes naquilo que é crido em toda parte, em todos os tempos e por todas as pessoas".

A Arnold Künzli[1]
Zurique

04.02.1943

Prezado senhor,

Muito obrigado pela gentileza de enviar-me a sua bem-intencionada recensão de meu pequeno livro[2]. Acredito que o senhor se esforçou para fazer justiça às minhas concepções, por isso ouso chamar sua atenção para uma problemática que já foi muitas vezes objeto de minha curiosidade e pesquisa ocasional. Não posso afirmar que esta última fosse alguma vez coroada de êxito. Permita-me, pois, que eu também o importune com minhas preocupações. Trata-se da crítica muito comum na Suíça quanto à minha *falta de cientificidade*. Digamos que esta apresente de fato uma deficiência facilmente reconhecível, como explicar então que acumulo ao menos sete títulos de doutor h.c. sobre minha cabeça não científica ou estúpida? Peço licença para citar que sou membro honorário da Academia de Cientistas e Médicos Alemães, Fellow da Royal Society, Doctor Scientiae da Oxford e Harvard University, um dos 4 hóspedes de honra e representantes da ciência suíça no tricentenário desta última universidade. Será que estas augustas corporações consistem apenas de cabeças simplórias, incapazes de julgamento? E será que a Faculdade de Filosofia da Universidade de Zurique representa "the brain of the world"?

Ficaria deveras agradecido se o senhor pudesse esclarecer-me por que o conceito de cientificidade prevalente na Alemanha, Inglaterra, América e Índia, em virtude da qual fui "premiado" como *cientista, não satisfaz* as exigências teórico-científicas da Faculdade de Filosofia de Zurique. Ficaria tanto mais agradecido por sua informação uma vez que não consegui descobrir até agora em que ponto minhas teorias e métodos vão contra a natureza da ciência empírica para ser condenado pela indiscutível autoridade dessa última e venerável corporação.

Rejeito o termo "romântico" para meu conceito de inconsciente[3], porque é um conceito *empírico* e não filosófico. Isto não sofre mudança alguma pelo fato de eu dividir com *Carus* as iniciais C.G. e, com ele, empregar a palavra "inconsciente". Ele é filósofo, eu não. Eu não "postulo" um inconsciente. Meu conceito é um *nomem* que abrange fatos empíricos, comprováveis a qualquer tempo. Se eu "postulasse", por exemplo, os arquétipos, eu não seria um cientista, mas um platônico. *Filosoficamente* não passei, antiquadamente, além de *Kant*, por isso não posso contribuir com hipóstases românticas e não me sinto à vontade nas discussões puramente filosóficas. Basta que me provem que certas realidades não existem. Mas continuo esperando por esta prova.

Sua complacência transparece na recensão, por isso quero deixar bem claro que não coloco em seus ombros a atitude da Faculdade de Filosofia. Sua recensão foi apenas a causa indireta de uma curiosidade que surgiu agora, junto com a esperança de ouvir algo que pudesse ajudar na neutralização de minha inferioridade científica, localmente limitada.

Com sinceros agradecimentos,
C.G. Jung

1. Dr. phil. Arnold Künzli, nascido em 1919. Escritor e livre-docente de Filosofia Política na Universidade da Basileia. Na época estava preparando, como estudante de Filosofia na Universidade de Zurique, sua dissertação *Die Angst als abendländische Krankheit, dargestellt am Leben und Denken Sören Kierkegaards*, Zurique.
2. A. Künzli, "C.G. Jung, Über die Psychologie des Unbewussten", em *Der Zürcher Student*, janeiro de 1943. Künzli mandou a Jung esta recensão positiva em seu todo. Nesta carta, Jung se refere principalmente à frase: E mesmo que em C.G. Jung muita coisa ainda seja intuição, visão romântica de um espírito criativo e alguma coisa se processe às custas do caráter científico empírico, devemos reconhecer que, através dessa intuição grandiosa, a realidade foi conhecida com maior acuidade em seu cerne do que através de um caráter científico estreito que nos foi apresentado, por exemplo, pela psicologia do século XIX".
3. No mesmo número de *Zürcher Student*, Künzli fez uma recensão do livro de D. Brinkmann, *Probleme des Unbewussten*, Zurique, 1943, onde dizia: "E aparece claramente o caráter romântico do inconsciente em C.G. Jung, sobretudo quando fala de um inconsciente coletivo".

A Arnold Künzli
Zurique

13.02.1943

Prezado senhor Künzli,

Agradeço muito a sua amável resposta[1]. Devemos conceder-lhe o predicado "common sense". Vejo agora melhor as possibilidades terminológicas de uma confusão babilônica de línguas, quando se pretende seriamente investigar a ciência como objeto em vez de praticá-la.

É evidente que toda época tem seus pressupostos que se assimila tanto menos quanto mais se tenta pular sobre a própria cabeça. Não acredito em tal empreendimento filosófico estéril. Mesmo Kant, com toda sua crítica, sempre empregou os conceitos correntes em sua época. Com este trabalho, poderia um futuro divertir-se com um passado. Por isso prefiro ficar com a realidade, isto é, com aquilo que podemos alcançar com os meios à disposição. Se, mais tarde, ficar comprovado que estes meios não foram tão bons quanto aqueles que teremos dentro de cem anos, isto não é motivo para lamentações hoje. Sabemos perfeitamente que o melhor que seguirá nunca teria acontecido se não tivéssemos feito o melhor possível agora, ainda que imperfeito. Considero convulsão estéril toda especulação que ultrapassa nossa capacidade mental e pretexto para encobrir a própria infertilidade. Este tipo de crítica leva apenas a uma perícia no campo das banalidades complicadas, cuja ideia platônica, segundo penso, é encarnada pelo filósofo Heidegger.

Saudações cordiais,

C.G. Jung

1. Cf. carta a Künzli, de 04.02.1943. Em sua longa resposta, Künzli escreveu, entre outras coisas, que na interpretação dos sonhos chegava-se a um limite, "onde era simplesmente impossível prosseguir com exata cientificidade e onde forçosamente entrariam forças irracionais, intuição criadora e capacidades inspiradas de associação". Levantou também a questão "se existe realmente algo como uma ciência da psique no exato sentido da palavra".

A Arnold Künzli
Zurique

Einsiedeln, 28.02.1943

Prezado senhor!

Sua amável carta[1] chegou às minhas mãos na floresta escura, onde busco ares saudáveis por alguns dias. Nada tenho contra sua posição de que a análise crítica, como o senhor quer, não só julgue os pressupostos do passado, mas também considere os fatos que o presente traz à luz. Segundo penso, a crítica filosófica deve partir de um máximo de conhecimento dos fatos se não quiser pairar totalmente no ar e, assim, estar condenada à esterilidade. Eu aceito toda crítica se estiver baseada em fatos ou em conhecimentos reais. Mas o que percebi na crítica filosófica do meu conceito de inconsciente coletivo estava marcado por lamentável ignorância, de um lado, e por preconceito intelectual, de outro. O livro de Brinkmann sobre o inconsciente coletivo constitui exceção[2]. Este trabalho – e nisto concordo plenamente com o senhor – é uma apuração conceitual muito bem-vinda e, por isso, um estudo preliminar útil para o futuro. Nada tenho a objetar contra estudos objetivos desse tipo, pois satisfazem todas as exigências da cientificidade. Eles descartam preconceitos inconscientes e subjetivos, dos quais um Heidegger está cheio e tenta em vão esconder-se atrás de uma linguagem inchada. E é por isso mesmo que se trai. Participe uma vez de um semestre sobre psiquiatria, então saberá *onde* se pode ainda ouvir esta linguagem. Na conferência de Brinkmann na SGPP[3] foi cômica a diferença entre sua linguagem normal e o palavreado que leu, baseado em Heidegger. Isto chocou não só a mim, mas também os meus colegas psiquiatras. O conteúdo do que leu foi substancialmente de pobreza indizível e banal; Brinkmann poderia ter lido o mesmo texto para ridicularizar Heidegger. Seja como for, este foi o resultado.

O *modus philosophandi* de Heidegger é totalmente neurótico e baseia-se em última análise em sua excentricidade psíquica. Os seus afins mais próximos e mais remotos estão em manicômios, alguns como pacientes e outros como psiquiatras com ares filosóficos. Apesar de todas as suas falhas, o século XIX merece mais do que ter Heidegger como seu último representante. Além disso esta perversão intelectual é um assunto nacional-alemão. A Inglaterra só pode oferecer neste sentido James Joyce e a França, o surrealismo. A Itália permanece mansa com seu Benedetto Croce, que deveria ser datado de 1850. Com toda a sua análise crítica, a filosofia ainda não conseguiu eliminar seus psicopatas. Para que existe um diagnóstico psiquiátrico? O ranzinza Kierkegaard também faz parte desse capítulo. A filosofia ainda precisa aprender que ela é *constituída de pessoas* e que depende seriamente da constituição psíquica. Um capítulo de uma filosofia crítica do futuro terá como título "A psicopatologia da filosofia". Hegel quase explode de presunção e vaidade; Nietzsche goteja desonrosa sexualidade etc. Não há pensamento em si, mas há eventualmente um pote de impurezas de todos os demônios inconscientes, como qualquer outra função que reivindica a hegemonia. Muitas vezes é menos importante *o que* é pensado do que *quem* pensa. Mas isto é premeditadamente relegado. *A neurose desmente todo filósofo*, pois ele está discorde consigo mesmo. Então sua filosofia nada mais é do que o combate sistematizado de sua própria insegurança.

Desculpe estas blasfêmias! Elas brotam de minha tendência higiênica que lamenta ver tantas inteligências jovens serem contaminadas por Heidegger.

Saudações cordiais,

C.G. Jung

1. Não temos a carta do Dr. Künzli.
2. Donald Brinkmann, *Probleme des Unbewussten*, Zurique, 1943.
3. "Das Gerücht als massenpsychologisches Phänomen", conferência pronunciada na SGPP (Schweizerischen Gesellschaft für Praktische Psychologie), em 09.02.1943.

A Arnold Künzli
Zurique

16.03.1943

Prezado senhor Künzli!

Não é de admirar que Kierkegaard tenha sido uma força estimulante e pioneira exatamente por causa de sua neurose, pois ele partiu de uma concepção protestante e preconceituosa de Deus, que ele partilha com muitos outros protestantes[1]. Para estes, a problemática e a ranzinzice de Kierkegaard são bem-vindas porque servem aos mesmos propósitos deles como para ele: pode-se então resolver tudo no gabinete de estudo, sem precisar fazê-lo na vida. E aqui a coisa pode tornar-se desagradável.

Eu sou médico, porém mais do que isso: estou preocupado com o bem-estar geral das pessoas, pois também sou psiquiatra. Eu teria dito a Kierkegaard: "Não importa o que *você* diz, mas *aquilo* que fala em você. Sobre isso tem que prestar contas. Deus está diretamente com você e é a voz dentro de você. Com ele você deve entender-se". E nesta ocasião se manifesta plenamente o valor de Kierkegaard. Uma outra pessoa certamente, mas um *todo*, e não um de vez em quando dissonante de almas desagradavelmente fragmentadas. O gênio realmente criativo não se deixa estragar por nenhuma análise, mas libertar-se dos embaraços e deformações de uma neurose. A neurose não cria arte. Ela é não criativa e inimiga da vida. Ela é o fracasso e a não realização. Mas os modernos confundem doentio com nascimento criativo – parte da loucura geral de nossa época.

É uma pergunta irrespondível o que um artista teria criado se não tivesse sido neurótico. A infecção sifilítica de Nietzsche teve sem dúvida forte influência neurotizante sobre sua vida. Mas é possível imaginar um Nietzsche *sadio* e com força criativa sem hipertensão – assim como Goethe. Ele teria escrito mais ou menos o que escreveu, menos ruidoso, menos penetrante – isto é, menos alemão –, mais inibido, mais responsável – algo mais sensato e reverente. Jacob Burckhard poderia ter sido amigo dele...

A neurose é uma dúvida justificada em si mesma e coloca sempre em última análise a questão da confiança em Deus e nas pessoas. A dúvida é criativa quando respondida através da ação; o mesmo se dá com a neurose quando ela se desobriga como uma fase – uma crise que só é patológica quando crônica. A neurose é uma crise propagada, degenerada em hábito, a catástrofe diária pronta para uso.

A pergunta se a ansiedade é o sujeito ou o objeto dos filósofos eu só posso respondê-la assim: a ansiedade nunca pode ser objeto, se não for ou tiver sido sujeito. Em outras palavras, a ansiedade como emoção *nos possui* sempre, por isso se diz – *lucus a non lucendo*[2] e eufemisticamente – "eu tenho ansiedade". O filósofo parte da ansiedade que o possui e transforma seu estado subjetivo de ser possuído, mediante a reflexão, numa percepção da ansiedade. Pergunta-se: Será que se trata de uma verdadeira ansiedade ou de uma mesquinharia, isto é, de um eu que se caga de medo? (Compare Freud: "O eu é a sede propriamente dita da ansiedade" com Jó 28,28: "O temor do Senhor, eis a sabedoria".) O que é a "ansiedade do eu", esta "modestamente modesta" arrogância e presunção de um deusinho em comparação com a sombra todo-poderosa da divindade que é o temor que enche céu e terra? A primeira conduz a uma filosofia apotropaica defensiva, a última, porém, a uma γνῶσι θεοῦ[3].

Teria o senhor disposição e tempo para recensear o livro de Walter Ehrlich: *Der Mensch und die numinosen Regionen* (Chur, 1943)?[4] Um filósofo que deixa a "ciência fictícia" da psicologia bem abaixo de si e transpõe com facilidade divina a ponte de arco-íris das hipóstases, sem sofrer vertigem. Nós, vermes empíricos, ficamos pasmos diante das alturas.

Posso mandar-lhe o livro, se estiver disposto a fazer o trabalho. A recensão seria para a nova *Zeitschrift für Psychologie* (não mais de 3-4 páginas datilografadas, de preferência menos).

Saudações cordiais,
C.G. Jung

1. Numa carta de 27.01.1969, Dr. Künzli comunicou-nos o seguinte: "Devo ter perguntado a Jung, numa carta da qual não guardei cópia, sua opinião sobre diversos problemas de ordem psicológica com os quais me defrontei ao estudar Kierkegaard".
2. Literalmente: (A palavra) floresta (provém) de não brilhar – célebre exemplo da "etimologia" antiga que derivava o sentido de uma palavra de seu oposto (em Quintiliano, *De institutione oratoria*, I, 6, 34).
3. Conhecimento de Deus.
4. A recensão de Künzli foi publicada em *Schweizer Zeitschrift für Psychologie*, vol. II, Berna, 1944.

Ao Prof. Karl Kerényi
Ascona

02.05.1943

Prezado Professor!

Ao voltar das férias, onde só me ocupei com trabalhos agrícolas, encontrei seu livro sobre o labirinto[1]. Comecei a lê-lo com o maior interesse. Gostei muito da dedicatória[2] e agradeço de coração.

Foi para mim grande surpresa saber que o senhor está na Suíça em missão praticamente oficial, e isto por tempo mais longo[3].

Devo congratulá-lo por isso. Ainda que seja grande honra para a Suíça tê-lo aqui como representante da cultura húngara, para o senhor também deve ser agradável viver por algum tempo num país sem guerra.

Transmita à sua esposa os meus cumprimentos.

Saudações cordiais do agradecido,

(C.G. Jung)

1. K. Kerényi, *Labyrinthos. Der Linienreflex einer mythologischen Idee*, Budapeste, 1941.
2. A dedicatória era esta: "Munus auctoris Kerényi" (oferta do autor Kerényi).
3. Segundo informações do próprio Prof. K. Kerényi, foi enviado à Suíça pelo Primeiro-Ministro húngaro Miklos Kallay – que procurava uma aproximação com os Aliados – como adido cultural da embaixada húngara em Berna e como representante da tradição humanista da Hungria, que foi reprimida naqueles anos pelo regime político dominante, mas que ainda estava viva nos melhores representantes da nação.

Ao Dr. Paul Schmitt
Zurique

03.05.1943

Prezado Dr. Schmitt,

Lamento que ainda não se tenha curado da malária. As conferências no Clube[1] são sempre um assunto complicado, na maioria das vezes porque há muitas inscrições que precisam ser respeitadas na devida ordem. Nisso não se pode interferir. Sua suposição de que as coisas vão de acordo com as constelações astrológicas não está tão errada, pois o matriarcado dominante no Clube está bem mais perto da natureza do que o nosso intelecto masculino. Eu costumo curvar-me à sabedoria das mães, porque isto é mais vantajoso do que o contrário. Quando desejo proferir uma conferência fico sujeito à mesma lei e devo deixar-me postergar às vezes desde os idos de março até as calendas gregas. [...]

Espero vê-lo na próxima sexta-feira (7 de maio). A entrevista está marcada para as 5 horas.

Até lá minhas cordiais saudações,

(C.G. Jung)

1. "Psychologischer Club Zürich", fundado em 1916. Desde então havia, todo segundo sábado do mês à noite, conferências para os sócios e convidados. Jung era o presidente honorário.

À Dra. Joland Jacobi
Zurique

Bollingen, 26.08.1943

Prezada e distinta senhora!

[...]

O erro que a senhora comete está em envolver-se por demais na problemática neurótica de X. Percebe-se isto, por exemplo, no fato de seu *animus* procurar loucamente interpretar, quando não há nada para ser interpretado. *Por que* ele diz que tem outros relacionamentos? Por quê? Como se alguém soubesse disso. Ele apenas o diz. Isto é muito gentil de sua parte, desinteressado, verdadeiro, indiscreto, irrefletido, confiável etc. etc. Se soubéssemos a razão *exata*, saberíamos também quem era X. em seu nascimento e em sua morte. Mas isto só saberemos no além. Ele não tem razão alguma para apresentar, mas simplesmente aconteceu, e pode ser interpretado bem superficialmente de cem modos diferentes. E nenhuma interpretação é convincente, mas simples sugestão que, uma vez feita, tem apenas o efeito de levá-lo a outras reações estranhas e inexplicáveis. Na verdade, seu comportamento irracional representa o lado consciente e inconsciente de sua *anima*, o que é indispensável para o conhecimento dela, assim como precisa de muitas mulheres para apreender a essência cambiante dessa figura. Ele ainda é muito ingênuo para perceber isto. Mas a senhora inseriu-se também ingenuamente nesse sabá das bruxas como uma figura da *anima* e por isso foi arrebatada nessa dança como se fosse apenas uma *anima*. Onde quer que meta o dedo por "amor" ou por participação involuntária, haverá de queimá-lo. Não se espera da senhora envolvimento, mas observação objetiva, desencarnada; e se quiser conseguir com isso alguma coisa para o coração – contra o qual não é possível uma objeção razoável – deverá pagá-lo com sangue, como sempre foi e sempre será no futuro. É preciso ao menos manter de fora a cabeça para não sermos devorados completamente por pessoas emocionalmente cegas. Onde há laços emocionais, somos sempre os decepcionadores decepcionantes. Isto é preciso saber se quisermos ou tivermos de participar corretamente.

[...]

Saudações cordiais,
C.G. Jung

A Aniela Jaffé
Zurique

03.09.1943

Prezada senhora Jaffé!

Sua carta é muito interessante. A situação do pote de ouro[1] parece ser o de que a instância masculina e feminina, espírito e vida, estão num estado de conflito inconsciente que não é assumido pela consciência.

A relação macrocósmica é uma grande dificuldade. Ela se apresenta sintomaticamente e em primeiro lugar na forma de uma pressão para tornar objetiva, externa e palpável a relação microcósmica. A *coniunctio* das metades masculina e feminina do si-mesmo poderia dominar o indivíduo e forçá-lo a uma manifestação física, isto é, cósmica. A senhora gostaria de iluminar o mundo como *luna* (e eu, como sol). Mas cada arquétipo, antes de ser integrado *conscientemente*, quer manifestar-se fisicamente e por isso força o sujeito a entrar na forma dele. O si-mesmo em sua divindade (isto é, o arquétipo) está inconsciente de si mesmo. Ele *só pode tornar-se consciente dentro da nossa consciência*. E só pode consegui-lo se o eu permanecer firme. Ele (o si-mesmo) deve tornar-se tão pequeno, e menor ainda, quanto o eu, ainda que seja o mar da divindade: "Deus é tão pequeno quanto eu", diz Ângelo Silésio. Deve tornar-se um Pequeno Polegar em seu coração. O hierosgamos realiza-se no vaso. Em princípio a senhora não é a deusa, nem eu sou o deus, caso contrário o homem deixaria de existir e Deus não teria nascido. Nós só podemos dar-nos as mãos e conhecer algo sobre o interior do homem. As possibilidades sobre-humanas não são de nossa alçada.

Estou agora às voltas com esse problema da *coniunctio*, pois devo elaborá-lo como introdução à *Aurora Consurgens*[2]. É incrivelmente difícil.

Saudações cordiais de seu sempre fiel,

C.G. Jung

P.S. Aquele que está atrás de meu rosto[3] (a parte masculina do si-mesmo) chama sua "Elisabeth", que é a metade feminina. Ambos são Pequenos Polegares (*homunculi*) neste mundo. Deus, o maior, torna-se o menor e mais invisível no homem, caso contrário o homem não poderia suportá-lo. Somente nesta forma do si-mesmo mora Deus no macrocosmo (que ele mesmo é, mas em forma inconsciente). No homem Deus se vê de "fora" e assim se torna consciente de si mesmo.

Tudo isso como suporte ao seu difícil trabalho sobre o "pote de ouro"!

1. A. Jaffé trabalhava na época em seu ensaio "Bilder und Symbole aus E.T.A. Hoffmanns Märchen 'Der Goldene Topf'", que Jung publicou em seu volume *Gestaltungen des Unbewussten*, 1950.

2. *Mysterium coniunctionis*, 2 vols. 1955-1956. Dra. M.-L. von Franz é a autora do terceiro volume que contém o texto e comentário de "Aurora Consurgens" atribuídos a Tomás de Aquino.
3. No sonho há uma conversa em que uma figura masculina, atrás do rosto de Jung, dirige-se a uma figura feminina, por trás do rosto da sonhadora, com o nome de Elisabeth.

A uma destinatária não identificada
Inglaterra

06.09.1943

My dear Mrs. N.,

Sua relação com Mrs. X. parece ser perturbada pela "alma de lobo". Como diz, surgiram entre vocês inveja, competição, sentimentos de inferioridade etc. Também com relação a mim há um ciúme de cunho bem elementar. Nunca se chega ao fim – infelizmente – dessa *cauda animal* aparentemente infinda e que não se pode cortar, mas apenas suportar e tolerar. Mrs. X. está menos consciente disso e leva menos a sério o que sabe, ao passo que a senhora o leva a sério demais, em todo caso com todo o peso de um fato incontestável. E, no entanto, é um fato "relativo". Para o introvertido – devido a seu 'eros inferior' – isto pesa mais e parece ser mais importante. Mas o extrovertido pode levá-lo a não encarar isso tão seriamente. Como diz Lord Beaconsfield: "As coisas importantes não são tão importantes assim" etc. Ela constela naturalmente sua sombra e lhe dá uma agradável sensação de inferioridade, mas bastante sadia. Apenas não tome isso muito a sério e não acredite que Mrs. X. não tenha também seu inferno particular. Cada qual tem o seu, mas faz parte do jogo do extrovertido mostrar o mínimo de preocupação e causar o máximo. Não confie demais em seu eros inferior e mantenha inclusive relações honestas. Pode aprender muito delas. Se o seu *animus* se comporta mal, é porque não usou os seus sentimentos. Os sentimentos sociais não são 100% ouro puro, mas 40% de maquilagem. Isto não é engano, mas um esforço altruísta que produz uma boa consciência, algo que não se deve desprezar.

Não se critique demais (comportamento de lobo contra si mesma). Critique de preferência Mrs. X. Isto é melhor.

Yours cordially,
(C.G. Jung)

A uma destinatária não identificada
Suíça

10.09.1943

Prezada G.S.,

Mando-lhe, através desta, apenas uma saudação e digo-lhe que entendi a sua carta. Eu refleti muito sobre a oração. Ela é muito necessária – a oração – porque torna diretamente real o além que supomos e conjeturamos e nos transpõe para a dualidade do eu e do obscuro outro. A gente se ouve e não pode mais negar que se abordou "Aquilo". E disso surge a pergunta: O que será de Ti e de mim? Do Tu transcendental e do eu imanente? O caminho do inesperado, do não dever ser esperado, abre-se tímida e inevitavelmente, com esperança de um voltar-se benigno ou teimosia: eu não pereço sob a vontade de Deus, a não ser que eu também o queira. Só então, conforme o sinto, a vontade de Deus é perfeita. Sem mim só existe a sua vontade poderosa, uma fatalidade terrível mesmo em sua graça, sem ver e sem ouvir e, por isso, sem conhecimento. Eu faço parte disso, um miligrama sumamente pesado, sem o qual Deus teria criado seu mundo em vão.

Saudações cordiais,
C.G. Jung

Ao Dr. Emil Egli
Zurique

15.09.1943

Prezado Dr. Egli,

Muito obrigado pelo gentil envio de seu escrito *Der Schweizer in der Landschaft*[1]. Concordo plenamente com o que escreve nas páginas assinaladas. Tanto mais que minhas ideias foram muitas vezes nesta mesma linha. Há tempos relacionei as idiossincrasias de Paracelso com seu ambiente de então[2] e dei a entender algo semelhante em minha resposta às considerações de Keyserling sobre a Suíça[3]. Estou profundamente convencido da relação, infelizmente ainda misteriosa, entre o homem e a paisagem que o rodeia, mas receio dizer alguma coisa sobre isto porque não saberia fundamentá-lo racionalmente. Mas estou bastante convencido de que, se transferirmos para a Suíça uma tribo siberiana por uns 100 anos, teremos ao final autênticos *Appenzellers*. Trata-se provavelmente de algo como o mimetismo psíquico.

Além disso, seu escrito é muito interessante e agradável de se ler.

Com renovados agradecimentos,
(C.G. Jung)

1. Berna 1943.
2. Cf. o ensaio de Jung "Paracelso", em OC, vol. XV.
3. Jung, "O significado da linha suíça no espectro europeu", em OC, vol. X.

Ao Dr. Carl Hamburger
Gland-Nyon (Vaud)/Suíça

09.10.1943

Prezado colega,

As cores são apenas um aspecto parcial da questão da clareza. Assim como a consciência é amplamente reduzida no sonho, também a integralidade da imagem o é. Por isso há muitos sonhos que são totalmente abstratos. A clareza da imagem é uma função da intensidade do resíduo da consciência no sonho. Extamente como no estado acordado, quando com a restrição da consciência também se reduz a clareza da imagem. Portanto, as cores não estão totalmente ausentes no sonho, mas apenas quando a consciência percebente está em grau relativamente baixo.

Com consideração do colega
(C.G. Jung)

Ao Prof. Hans E. Fierz[1]
Zurique

13.11.1943

Prezado amigo!

Gostaria de agradecer-lhe as cordiais felicitações que me enviou por ocasião de minha homenagem na Basileia[2]. Foi muito amável de sua parte escrever uma carta tão longa e profunda nesta oportunidade e lembrar-me de meus pecados do passado. Você também me avisou de que eu esperava convencer eventualmente os basileus de alguma coisa. Nesta possibilidade eu nem pensei ainda, pois a associação "basileia" e "poder convencer" são algo fora do comum e até agora não observados em meus experimentos. Até agora só pensei em cantar os meus versos na Basileia no estilo dos menestréis ou de outros eventos curiosos e horrorosos do ano, como estávamos acostumados a ver na feira de Säuplatz[3]. Eu não suponho que venha a ser algo mais do que uma curiosidade, ao menos pelo resto da minha vida. O que vai acontecer depois comigo, isto só os deuses sabem.

Saudações cordiais de seu amigo
Carl

P.S. Ainda não terminei de ler o seu importante manuscrito[4]. Mas está cada vez mais interessante.

1. Hans Eduard Fierz-David, 1882-1953, professor de Tecnologia Químico-orgânica na ETH, Zurique.
2. Jung conseguiu na Universidade da Basileia a cátedra de Psicologia Clínica, criada para ele.

3. Ao tempo da infância de Jung havia no centro da velha Basileia uma praça onde se vendia gado e que os basileus chamavam de "Säuplatz". Hoje o basileu educado chama-a de "Seybi".
4. Trata-se dos preâmbulos do livro de H.E. Fierz, dedicado a C.G. Jung, *Entwicklungsgeschichte der Chemie*, Basileia, 1945.

Ao Pastor Hans Wegmann
Zurique

19.12.1943

Prezado Pastor,

O artigo que o senhor publicou recentemente na NZZ sobre o livro do Dr. Aeppli[1] alegrou-me e me interessou muito. E tanto mais porque o último livro de Aeppli foi recenseado de modo lamentavelmente comprometedor por Köhler[2]. Admiro seu artigo pela coragem, virilidade e honestidade, qualidades das quais sentimos falta muitas vezes, mas que são de vital importância para o "protestantismo" (no melhor sentido desse conceito infeliz). Está totalmente errado se a "Igreja reformada" quiser fazer tudo igual à Igreja Católica. Esta está de posse de toda a riqueza da tradição; aquela é pobre e deve ser pobre, pois precisa perder sempre de novo todo o ontem para poder viver inteiramente no espírito sempre procriativo que é seu lídimo fundamento. O que ela deixa para trás é sempre o *katholikon*; e o que encontra diante de si é a presença de Deus no indivíduo vivo, o único lugar onde Deus pode ser encontrado de verdade. E se não for uma *ecclesia spiritualis*, então nada mais é do que uma memória católica, sobre o que muita coisa pode ser dita, caso contrário não haveria tantas pessoas que se contentam com uma simples anamnese. Parece-me que seu sentido mais elevado e único é viver no e com o espírito criador, compartilhando suas aventuras, tragédias, perigos e triunfos. A Igreja Católica faz muito melhor a codificação das memórias e a transmissão da história.

A conservação de tanto paganismo clássico é de valor inestimável. Por isso é a Igreja *cristã* por excelência. Mas a confissão de fé no Espírito Santo está além de Cristo (pelo que peço perdão cortesmente) e por isso, ao que me parece, mais útil para alcançar aquela salvação (que ainda não chegou) do que a memória retrospectiva para o homem-Deus prefigurador que preparou o caminho do Paráclito. E é este que representa a revelação de Deus no nada-mais-que-humano individual e autêntico.

Quero expressar-lhe minha gratidão por me ter feito sentir em sua recensão algo que gostaríamos de ouvir, mas que raras vezes ouvimos – uma confissão da presença viva do espírito.

Com elevada consideração,
C.G. Jung

1. Hans Wegmann, "Begegnung mit dem Traum", *Neue Zürcher Zeitung*, 17.12.1943. Trata-se de uma recensão do livro do Dr. E. Aeppli, *Der Traum und seine Deutung*, Erlenbach-Zurique, 1943.
2. Ludwig Köhler, professor de Teologia, Zurique, fez uma recensão do livro de E. Aeppli, *Lebenskonflikte*, Erlenbach-Zurique, 1942, sob o pseudônimo de Hugo Ratmich, em *Neue Zürcher Zeitung*, 12.12.1942.

A Arnold Künzli
Zurique

12.01.1944

Prezado senhor Künzli!

Estive ausente de casa por longo tempo, por isso só agora tenho oportunidade de responder à sua carta juntamente com a recensão. Quero agradecer especialmente e de coração a excelente recensão que infelizmente só será publicada de forma abreviada[1]. Isto me lembra sempre de novo o fato de que devo ser apresentado aos meus contemporâneos como passageiro da terceira classe. Deve-se isto ao fato de a Suíça estar 100 anos atrasada. Sua recensão tem uma grande vantagem sobre a de Pulver[2]: ela mostra realmente o essencial, o que não se percebe em Pulver nem nos outros. Parece então que não se disse nada. Eu não condeno os suíços por serem oficialmente um dos povos menos espirituais da Europa, pois simpatizo com o fato de que sua espiritualidade consiste em terem medo do espírito. Graças a Deus eles ainda têm instinto bastante para evitar o espírito perigoso e alegrar-se com poetas que já morreram há cem anos ou, se forem mais recentes, de pouca significância. Em nossa época de desenraizamento generalizado é verdadeira sorte que ainda haja pessoas espiritualmente imunes ou que ao menos se esforçam seriamente para tratar com toda precaução imaginável tudo o que poderia significar espírito. Nisto reside o verdadeiro respeito perante o espírito, ainda que às vezes seja difícil desempenhar com educação o papel do declarado tabu. Por isso não gostaria de pertencer a nenhuma outra nação, pois também a valorização positiva do espírito, por mais agradável que possa ser momentaneamente para o autor, degenera sempre na frivolidade: a gente *tem* o espírito ou, melhor, a gente pensa que o tem e por isso está dispensado da obrigação do temor. Então o espírito vem na forma do demônio, como mostra o terrível destino da Alemanha. Será que poderia publicar a recensão completa num diário suíço? *Bund*? *Basler Nachrichten*?

Saudações cordiais,
C.G. Jung

1. A. Künzli enviou a Jung o manuscrito de sua recensão de "Psychologie und Alchemie". Foi publicada em *Schweizer Monatshefte*, Zurique, março de 1944.
2. M. Pulver, "Vermächtnis unter Lebenden. Zu C.G. Jungs 'Psychologie und Alchemie', *Neue Zürcher Zeitung*, 06.11.1943.

A Emma von Pelet[1]
Ascona-Moscia

Bollingen até 15.01.1944

Prezada e distinta senhora,

[...]

John Pordage[2], alquimista-místico do século XVII, diz que "nossa terra interna" e "nosso céu interno" estão "manchados" pelo *peccatum originale* do orgulho de Lúcifer. Psicologicamente isto significa "culpa coletiva"[3], isto é, nós todos temos dentro de nós aquele demônio abrasador que na Alemanha tomou o poder graças à ilimitada inconsciência e arrogância do indivíduo. É um destino desvairado que toma seu curso irresistível, e faria o mesmo em nós se quebrássemos a autoridade do contrato e da lei dentro de nós e conosco mesmos. Mas isto não impede que sejamos sempre lambidos pelas chamas do inferno. Todos temos de amortizar, interna e externamente, esta dívida da inconsciência.

Saudações cordiais,
C.G. Jung

1. Emma von Pelet, falecida em 1968, tradutora. Entre as obras que traduziu para o alemão estão: Esther Harding, *Psychic Energy*; Suzuki, *The Doctrine of No-Mind* e diversos escritos de Vivekananda.
2. John Pordage, 1607-1681, era teólogo, médico e alquimista inglês. Adepto da teosofia com cores alquímicas de Jakob Böhme. A carta à sua "soror mystica" Jane Leade, 1623-1704, fornece uma contribuição à psicologia feminina na alquimia, com referências espirituais ao Opus alquímico. Em: F. Roth-Scholtz, *Deutsches Theatrum chemicum*, Nürnberg, 1728-1732, 3 vols. Cf. "A psicologia da transferência", em OC, vol. XVI. par. 506s.
3. Para o conceito de "culpa coletiva", cf. "Depois da catástrofe", em OC, vol. X. Ver também carta a Ullmann, de 25.05.1945.

Ao Prof. Karl Kerényi
Ascona

06.07.1944

Prezado colega,

Suas recentes comunicações sobre Asclépio me interessaram muito. Logo após sua visita encontrei um tratado[1] ao qual nunca havia dado muita atenção. Descobri nele que *sulphur* não é só *remédio*, mas também *médico*. Lá existe o relato de uma visão onírica em que duas figuras, sal e súlfur, brigam e, de repente, sal causa em súlfur uma ferida incurável. Dessa ferida – evidentemente um empréstimo da passagem evangélica "flumina de ventre Christi"[2] – flui uma torrente de leite. De um bosque sai Diana para nele se banhar. Um príncipe que passava inflama-se de amor por ela ao qual ela corresponde, mas no mesmo instante ela afunda, e o príncipe que acode para salvá-la também se afoga. Em seguida as almas dos dois erguem-se para fora da torrente etc.

Os dois são evidentemente sol e luna – o par irmão-irmã – que originalmente geraram súlfur.

Esta visão lembra-me aquilo que o senhor contou de Corônis[3]. Gostaria de pedir-lhe que indicasse para mim as passagens em seus textos. Com sua permissão pretendo fazer referência às suas descobertas[4]. Isto poderia contribuir muito para o fortalecimento psíquico de meu leitor se ele, no perigo de perder-se nesse caos abstruso, sentisse sob os pés o chão firme da mitologia grega. Comigo aconteceu o mesmo, como já lhe falei. Eu quase perdi a coragem de publicar esta confusão.

Antecipadamente agradecido,

C.G. Jung

1. Trata-se do "Tractatus de sulphure", do alquimista Michael Sendivogius, 1566-1646, em *Museum Hermeticum*, Frankfurt no Meno, 1678. Sobre as outras referências de Jung nesta carta, cf. *Mysterium coniunctionis* I, par. 140s. e nota 157.
2. Jo 7,38. Cf. Hugo Rahner, "Flumina de ventre Christi", em *Biblica*, Roma, XXII, 1941.
3. Corônis, literalmente, a gralha. Apolo surpreendeu-a no banho e gerou com ela Asclépio. Mesmo grávida, uniu-se a Ísquis, o Forte, e foi morta por Ártemis, irmã de Apolo, por causa dessa infidelidade. O próprio Apolo salva seu filho Asclépio do ventre da mãe.
4. Cf. *Mysterim coniunctionis* I, par. 140 e nota 157. Aqui Jung apresenta os paralelos entre o "Tractatus de sulphure" e o mito de Asclépio, cuja descrição estava no manuscrito de Kerényi "Asklepios und seine Kultstätten" (K. Kerényi, *Der göttliche Arzt*, ed. por Ciba AG, Zurique, 1948).

O longo intervalo entre a última carta de Jung (15.01.1944) e esta deve-se a um infarto que ele sofreu. Cf. o capítulo "Visões", em *Memórias*.

A uma destinatária não identificada
Suíça

11.07.1944

Prezada senhora B.,

O que acontece após a morte é tão indizivelmente grandioso que nossa imaginação e sentimento não bastam para fazer uma ideia ainda que aproximada. Alguns dias antes de minha irmã morrer, a face dela tinha uma expressão de tal sublimidade inumana que fiquei deveras assustado[1].

Também uma criança entrou nesta sublimidade e ali libertou-se mais depressa desse mundo e da multiplicidade das individuações do que um adulto. Tão facilmente ele se transforma naquilo que a senhora é, que aparentemente desaparece. Mais cedo ou mais tarde todos os mortos se transformam naquilo que nós também somos. Mas quanto a este modo de ser, sabemos pouco ou nada nesta nossa realidade, e o que saberemos ainda da terra depois da morte? A dissolução de nossa forma temporal na eternidade nada perde em sentido. Ao contrário, o pequeno dedo reconhecerá que pertence à mão.

Saudações cordiais,
C.G. Jung

1. A irmã de Jung morreu em 1935.

Ao Prof. Karl Kerényi
Ascona

18.07.1944

Prezado Professor Kerényi,

Meus agradecimentos pela pronta resposta a respeito de Corônis e Asclépio[1]. Ainda não recebi nada do Dr. Reucker[2], mas, conforme o seu desejo, devolverei imediatamente o manuscrito ao senhor em Ascona, depois de o haver lido.

É simplesmente terrível o que acontece na Hungria. Estou chocado com os acontecimentos que o atingiram tão de perto[3]. Compartilho profundamente de suas tribulações.

Saudações cordiais,
C.G. Jung

1. Em sua resposta (11.07.1944) à carta de Jung, de 06.07.1944, o Prof. Kerényi indicou U. v. Wilamowitz-Moellendorff, "Isyllos von Epidauros", *Philologische Untersuchungen*, Berlim, 1886 e o capítulo 5 de suas próprias explanações no manuscrito sobre *Asklepios und seine Kultstätten* (mais tarde sob o título de *Der göttliche Arzt*, ed. por Ciba AG, Zurique, 1948).
2. Dr. med. Karl Reucker, redator de *Ciba-Zeitschrift*; o Prof. Kerényi lhe havia pedido mandar o seu manuscrito sobre Asclépio a Jung.
3. Em março de 1944 os alemães haviam ocupado a Hungria e prendido os seus dirigentes políticos. Começou a deportação dos judeus. Prof. Kerényi havia escrito a Jung que sua filha fora levada para um chamado campo de educação em Viena.

Ao Prof. Karl Kerényi
Ascona

01.08.1944

Prezado Professor Kerényi,

Muito obrigado pela gentil autorização que me concedeu para fazer uso de seu manuscrito[1]. Eu não só o li com o máximo interesse, mas também me deleitei com a atmosfera tão especial desse trabalho. O senhor sabe expor admiravelmente os panos de fundo misteriosos e as profundezas do processo da cura. Parece que a inclusão da paisagem deu a forma perfeita à interpretação e apresentação do mito. Também isto o senhor conseguiu com perfeição. Espero apenas que o público médico da *Ciba-Zeitschrift* tire tanto proveito de seu trabalho quanto eu!

Saudações cordiais,
C.G. Jung

1. *Der göttliche Arzt. Studien über Asklepios und seine Kultstätten*, ed. por Ciba AG, Zurique, 1948. Cf. *Mysterium coniunctionis* I, par. 140s. e nota 157.

Ao Dr. phil. Jürg Fierz
Zurique

07.08.1944

Prezado Doutor Fierz,

A questão do demoníaco é fácil, por um lado, mas tremendamente difícil, por outro[1]. Seria melhor tratá-la casuisticamente, isto é, o senhor me contaria o caso que mais o preocupa. Em geral o demoníaco é aquele momento em que um conteúdo inconsciente aparece no limiar da consciência com força aparentemente sobre-humana. Ele pode ultrapassar esse limiar e tomar posse da personalidade. Trata-se então de possessão que naturalmente pode ser personificada de várias formas.

Se quiser conversar pessoalmente comigo, estarei à disposição. Talvez fosse bom marcar com minha secretária uma hora conveniente para o senhor e para mim.

Com elevada consideração,
(C.G. Jung)

1. Dr. Fierz estava estudando o demoníaco em Goethe, *Dichtung und Wahrheit*, livro 20. Sua questão era: "... que tipo de manifestação do inconsciente poderia ser considerado o demoníaco de um ponto de vista moderno".

A Alwine von Keller[1]
Ascona

21.08.1944

Prezada e distinta senhora,

[...]

Agradeço as informações sobre Zimmer[2], pois tive poucas notícias dele. Como o médico que me tratou, Dr. Haemmerli[3], ele morreu na véspera de sua fama. Isto parece ser um momento especialmente crítico. Há de fato um grande perigo em ser elogiado antes do entardecer. Por isso o destino sempre luta por um reconhecimento póstumo. Quase sumiu também comigo, e isto pelo simples fato de ter sido nomeado professor em Basileia[4].

Estou muito satisfeito em saber que o congresso Eranos desse ano tenha corrido muito bem, mesmo sem a minha presença.

Espero que até o início do inverno esteja em boas condições de saúde, para também pensar nas outras pessoas.

Muito agradecido e saudações cordiais,

(C.G. Jung)

1. Alwine von Keller, falecida em 1966, psicóloga analítica.
2. Heinrich Zimmer faleceu repentinamente nos Estados Unidos, em março de 1943.
3. Dr. med. Theodor Haemmerli faleceu em abril de 1944. Cf. *Memórias*, onde é mencionado como "Dr. H.". Tratou de Jung durante seu infarto no inverno de 1943. Cf. carta ao irmão de Haemmerli, Dr. med. Armin Haemmerli, de 25.10.1955.
4. Em 1942, Jung cancelou suas preleções na ETH de Zurique, por causa de sua saúde. Em 1943 foi nomeado professor da cátedra de psicologia clínica na Universidade da Basileia. Mas poucas vezes lecionou devido à sua doença. Cf. também carta a Kuhn, de 06.09.1955.

Ao senhor H. Irminger
Zurique

22.09.1944

Prezado senhor!

Após ficar longo tempo impedido por causa da doença, acabei de ler agora o seu manuscrito. Quero agradecer antes de mais nada o grande empenho seu em mostrar-me como a doutrina católica completa e aperfeiçoa as minhas reflexões psicológicas. O senhor também se admira – corretamente do seu ponto de vista – por que não declaro minha fé em Deus e volto para o seio da Igreja.

Talvez lhe interesse saber que recebi certa vez uma carta de um "alquimista", isto é, de alguém que ainda acreditava na arte medieval de produzir ouro, que me disse que eu não entendia nada da verdadeira alquimia e que, se a compreendesse, eu me converteria a ela. Quando estive na Índia, informaram-me os filósofos de lá que sua filosofia iluminada estava muitíssimo mais adiantada, enquanto eu ainda estava preso na escuridão da ahamkâra[1], mâyâ[2] etc. Sem dúvida um sufi persa consideraria minhas explicações do Chadir[3] muito incompletas e, através de uma instrução minuciosa de sua mística, mostrar-me-ia o caminho da salvação.

Todos os críticos desse tipo têm algo em comum: com algumas observações mais ou menos polidas, todos, sem exceção, passam por cima dos *fatos* que apresentei e comprovei, que não lhes interessam absolutamente, e querem converter-me para o seu credo específico.

Meu caro senhor! *Eu faço ciência*, não apologética e nem filosofia, e para fundar uma religião não tenho capacidade nem vontade. *Meu interesse é científico e o seu é confessional*; por isso o senhor escreve uma apologia da doutrina cristã que eu nunca ataquei e nem pretendo atacar. Esses dois pontos de vista são excludentes, por isso é impossível qualquer discussão. Falaríamos línguas diferentes e arrombaríamos portas já abertas.

Como cientista devo precaver-me de acreditar que possua uma verdade definitiva. O crente, porém, tem essa verdade. Por isso já estou errado de antemão, pois não possuo a verdade, que está exclusivamente com o meu opositor. Para o senhor trata-se apenas de que eu me levante de meu erro tenebroso e reconheça a verdade da doutrina católica. Como cristão estou evidentemente no chão da verdade cristã; portanto é supérfluo querer converter-me para ela.

Em minhas exposições permaneço naturalmente abaixo da altura de todo sistema religioso, pois apenas vou tão longe quanto me permitem os fatos psicológicos perceptíveis. Não tenho nenhuma ambição de professar ou apoiar qualquer crença. Só me interessam os fatos.

Sobre este fundamento empírico todas as religiões erigiram o seu templo, e as duas religiões intolerantes entre si – o cristianismo e o islamismo – disputam a pretensão totalitária de que sua doutrina é a única verdadeira.

Ainda que conheça pouco da doutrina da Igreja, este pouco é suficiente para tornar imperdível para mim esta doutrina. E conheço tanto do protestantismo que nunca poderia abandoná-lo. Esta lamentável indecisão o senhor a censura com muita perspicácia psicológica como "complexo". Com respeito a esta indecisão preciso dizer-lhe que não a escolhi consciente e intencionalmente. Como ninguém pode servir a dois senhores, não posso submeter-me a nenhuma das duas confissões, mas apenas àquele *Único* que está acima do conflito. Assim como Cristo é sacrificado eternamente, também pende eternamente entre os ladrões. Existem bons cristãos católicos e protestantes. Se a Igreja sofreu um cisma, então devo contentar-me em ser um cristão que está no mesmo conflito em que se encontra o cristianismo. Não posso desaprovar o meu irmão, que em boa fé e por razões que eu não posso rejeitar em sã consciência, tem outra opinião. O senhor mesmo diz que abusos graves na Igreja foram em grande parte causa do cisma. Eu concordo com o senhor e quero dizer mais, que atualmente surgiu um cisma ainda mais terrível, isto é, o movimento anticristão que tomou conta da Rússia e da Alemanha. A Igreja, sob essas duas confissões, também está implicada causalmente neste cisma. Não se trata mais da corrupção do final do século XV, mas de uma perda de autoridade espiritual que, na minha opinião, se baseia na incapacidade das Igrejas de encontrar um relacionamento adequado com o espírito científico. A ciência procura a verdade porque sente que não está na posse dela. A Igreja *possui* a verdade, por isso não a procura.

O fato do anticristianismo coloca uma divisão ainda bem maior que é mais difícil de harmonizar do que o catolicismo e protestantismo. Dessa vez trata-se de um sim e de um não ao cristianismo como tal.

Quando uma rachadura perpassa a casa, então toda a construção fica comprometida e não apenas uma metade. A casa já não é tão confiável como antes. O construtor consciencioso não procurará convencer o proprietário de que os quartos do lado de cá e de lá da rachadura estão em perfeito estado, mas vai trabalhar sobre a rachadura e procurar meios de solucionar o problema. A mobília esplêndida e cara dos quartos só lhe interessará na medida em que está preocupado com a salvação dos quartos. Ele não tem tempo de admirar tudo e dizer que são os quartos mais belos do mundo, quando o vigamento já está estalando.

Enquanto médico só me interessa esta única questão: Como a ferida pode ser curada? É certo que a fenda jamais poderá ser fechada se um lado exaltar apologeticamente suas vantagens diante do outro, em vez de lamentar sua vergonhosa incapacidade de estabelecer a paz. Enquanto mãe e filha brigam, vem o inimigo de ambas, o Anticristo, e mostra a esses cristãos, que brigam por *sua* verdade, o que *ele* é capaz de fazer, pois em egoísmo ele supera a todos.

Quem quiser ou tiver de sanar *este* conflito está diante de uma enrascada maldita: ele vê que o europeu é apenas meio-cristão. Só se tornará um cristão por inteiro quando souber ficar em pé também sobre a perna esquerda. O médico precisa tratar ambos os lados, pois a pessoa toda sofre quando está doente, e não só a metade.

Eis a razão por que me esforço para estabelecer fatos *em que os dois lados podem unir-se*. (Esta é também a razão por que sou criticado por ambos os lados.) Todo endurecimento de pontos de vista confessionais aumenta a rachadura e diminui a autoridade moral e religiosa do cristianismo, fato que pode ser observado por qualquer um fora da Igreja. Mas há certas pessoas que parecem atingidas por cegueira.

Naturalmente é *mais fácil* insistir numa confissão e defender sua validade absoluta. Assim evita-se todo conflito pessoal, mas, em compensação, dá origem ao conflito geral. Chama-se isso convencionalmente de egoísmo, mas eu o chamo de cegueira e teimosia quando um dos partidos ainda acredita que possa liquidar definitivamente o outro; o próprio Anticristo, que é mestre nesse método, engana-se terrivelmente sob este aspecto (graças a Deus!).

Quanto mais o cristão deve estar convencido do valor moral de sua própria submissão, tanto menos deve exigi-la, ou mesmo esperá-la, dos outros, pois esta atitude autoritária destrói sua humildade, ainda que escondida habilmente atrás de uma máscara impessoal.

Na qualidade de médico estou constantemente ocupado com as vítimas do grande cisma de nossa época. Por esta razão não posso ofender, através de um confessionalismo unilateral, os que buscam a cura, pois eles vêm diretamente do campo de batalha do cisma. O *tertius gaudens* da briga caseira é o Anticristo que não surgiu apenas do protestantismo alemão ou da igreja tzarista mundialmente venal, mas que cresceu também no solo eminentemente católico da Itália e da Espanha. Cada Igreja tem de bater no peito, assim como todo europeu: *mea culpa, mea maxima culpa! Ninguém tem razão*, e por isso diz o homem de mentalidade científica: vamos procurar fatos que podem unir a todos, pois opiniões que se tornaram verdades totalitárias são fontes de eterna briga que ninguém deseja parar.

Fiquei surpreso em constatar que também o senhor não entendeu o conceito do "si-mesmo". Como o senhor pôde chegar à ideia de que eu poderia substituir Deus por um conceito? Como cientista não posso afirmar que "Deus" fizesse alguma coisa, pois como posso provar que a causa específica é "Deus"? Precisaria para tanto de uma prova de Deus, mas sabemos de há muito que isto só pode ser uma *petitio principii*. Se for preciso, posso demonstrar a existência de um todo acima da consciência, mas isto, por sua própria natureza, é um *indescriptibile*. Este "si-mesmo" nunca está no lugar de Deus, mas é talvez um recipiente para a graça divina. Esses lamentáveis mal-entendidos provêm da suposição de que eu seja pessoa não religiosa, que não acredita em Deus e ao qual é preciso mostrar tão somente o caminho da fé. Esses críticos me fazem lembrar um certo monge beneditino que escreveu, no século XVIII, um livro em que dizia que a mitologia grega nada mais era do que alquimia. Este ingênuo não sabia que a alquimia provinha da mitologia.

E assim, com louvável paciência e inegável boa vontade ("Quem ama o filho castiga-o"), apesar de minha estupenda e obstinada tolice, o senhor deseja levar-me à meta e à plenitude do trabalho de toda a minha vida. Mas para onde me leva? Exatamente para o ponto de onde parti, isto é, para aquele cristianismo ainda medieval que fracassou não só há 400 anos, mas que fracassa precisamente agora e da forma mais terrível. O exército alemão parece constituir-se de cristãos, sendo mais da metade católicos.

Por que não se leem os meus livros com consciência? Por que são preteridos os fatos?

A Alemanha sonha em dominar o mundo, mas está completamente destroçada. Da mesma forma o cristianismo sonha um sonho nobre de catolicidade, mas está não apenas dividido em si mesmo, como também totalmente desacreditado no próprio Ocidente. E ninguém vê que estou reunindo *para amanhã* aquele material de fatos de que precisaremos desesperadamente se quisermos convencer de alguma coisa o europeu do futuro. O confessionalista só tem interesses apologéticos e de propaganda.

A responsabilidade científica nada significa para ele. Por isso ele é hoje em dia um eterno *laudator temporis acti*. O querigma[4] dos primeiros séculos derramou *novo espírito* e por isso atuou como fogo. Mas o sal perdeu literalmente sua força e por isso não salga mais. Falta por isso também o *granum salis* de que precisam os meus críticos para corrigir suas projeções e abrir seus olhos sonolentos a fim de que possam ver a realidade: nunca e em parte alguma neguei Deus. Parto de um cristianismo positivo que é tanto católico como protestante, e esforço-me de maneira cientificamente responsável por apresentar aqueles fatos empiricamente compreensíveis que tornam ao menos provável a justificação do dogma cristão e especialmente católico. Estes fatos são ao menos adequados para abrir aos homens de ciências o acesso à compreensão. Não espero nenhuma gratidão por parte do orgulho espiritual e clerical, mas tão só um pouco menos de fanatismo. Sei que alguns eclesiásticos com cargos importantes apreciam os meus esforços. Não reverte em benefício da Igreja quando a compreensão insuficiente ousa ir tão longe. As pessoas deveriam ler com mais cuidado e critério autores que, como eu, têm uma atitude positiva diante do cristianismo e refletir bem antes de querer convertê-los para aquilo que é objeto de sua maior preocupação.

O senhor ainda não percebeu que eu não escrevo para os círculos eclesiásticos, mas para aqueles que estão *extra ecclesiam*? Junto-me a eles intencionalmente e de boa vontade fora da Igreja e se, por causa disso, for chamado herege, respondo: “Este sensabor do sal serve à obra do Anticristo”.

Segundo penso, está totalmente errado criticar meu trabalho científico que, aliás, não pretende ser outra coisa do que científico, de um outro ponto de vista que não o indicado para o método científico. Confissões de fé não são objeto da ciência. Eu estaria pecando contra a modéstia peculiar da ciência se eu dissesse mais ou outra coisa do que os fatos apresentam. Designei certa vez o arquétipo como uma *impressão* que pressupunha um impressor[5]. A ciência nunca pode afirmar que isto seja “Deus”, pois nunca conseguiria prová-lo. Uma vez que me restrinjo aos fatos, qualquer crítica pertinente e digna de atenção precisa ater-se a esses fatos e, então, provar que eles não existem ou que sua interpretação fere os princípios científicos. Se os fatos forem incômodos para algum tipo de credo, eles nunca serão eliminados através de uma declaração autoritária ou através de uma fé. Quem tenta fazer isso prejudica-se a si mesmo e permanece irreparavelmente atrasado em relação à história do mundo. Em vez dessa crítica descabida, preferiria ter a colaboração de um católico culto que corrigisse com sensatez e boa vontade minha maneira teologicamente insatisfatória de expressão, de modo que eu pudesse evitar tudo o que parecesse, mesmo remotamente, uma crítica ou subestima da doutrina da Igreja. Estou tão profundamente convencido da importância por assim dizer incomensurável da Igreja, que gostaria de poupá-la de quaisquer dificuldades desnecessárias.

Pela extensão dessa carta o senhor pode avaliar o interesse que despertou em mim o seu trabalho, ainda que tenha arrombado com veemência excessiva uma porta que mantenho aberta há muito tempo.

Com elevada consideração
(C.G. Jung)

1. Sânscrito, o mundo da consciência do eu.
2. Sânscrito, o mundo como ilusão.
3. Chadir, em árabe, o verde, também chamado Chidhr. Figura lendária da mística islâmica. Na sura 18 do *Corão* é descrito como o eterno peregrino em busca da fonte da vida. Cf. Jung, "Über Wiedergeburt", *Eranos-Jahrbuch* 1939, Zurique, 1940; em OC, vol. IX/1, par. 240s.
4. Anúncio, mensagem.
5. Cf. *Psicologia e alquimia* (OC, vol. XII), par. 15.

Ao Prof. Rudolf Bernoulli
Zurique

05.10.1944

Prezado colega,

Sua amável carta causou-me grande alegria. Aos poucos estou indo melhor, mas bem aos poucos. Mas felizmente posso levar avante o meu trabalho científico e estou atualmente ocupado com o mistério do casamento químico[1].

Sem dúvida, o número dos herméticos tornou-se muito pequeno[2]. Também nunca foi muito grande porque a *aurea catena*[3] sobre a qual escreviam não corre através de escolas e da tradição consciente, mas através do inconsciente. A hermética não é uma escolha, mas destino, assim como a *ecclesia spiritualis* não é nenhuma organização, mas uma *electio*.

Espero que também a sua saúde, que por tanto tempo o preocupou, esteja agora em ordem.

Saudações cordiais,
(C.G. Jung)

1. Christian Rosencreutz, *Chymische Hochzeit*, Estrasburgo, 1616 (Rosencreutz = pseudônimo de J.V. Andreae). Jung trata desse escrito em *Mysterium coniunctionis*.
2. Após ler *Psicologia e alquimia*, o Prof. Bernoulli escreveu (03.10.1944): "Mesmo que o número dos herméticos conscientes tenha diminuído, o senhor prova que alguns elementos herméticos estão vivos e atuantes em nosso inconsciente".
3. *Aurea catena* (corrente de ouro) é uma alusão ao escrito alquímico *Aurea Catena Homeri*, Frankfurt no Meno, 1762. Designa-se com isso uma corrente de homens sábios que perpassou os séculos e que, começando com a figura lendária de Hermes Trismegisto, une céu e terra.

Ao Dr. med. Adolf L. Vischer[1]
Basileia

10.10.1944

Prezado colega,

Ouvi de X. e incidentalmente também de Basileia que havia a possibilidade de meu amigo Kerényi conseguir uma cátedra para lecionar. Recebi com alegria e interesse esta notícia. Desde os tempos de Bachofen persiste uma dívida a descoberto por parte da filologia[2], e Kerényi é uma boa oportunidade de cobrir esta dívida. Ele é sem dúvida um pioneiro em seu campo. Seu trabalho já foi muito apreciado por Reitzenstein[3], e eu posso confirmar por experiência própria que sua compreensão da estrutura e do sentido do mundo grego da fábula é simplesmente genial. Nisto consistiu a base mais profunda de nosso trabalho conjunto. Sua interpretação e apresentação da mitologia não é apenas um paralelo valiosíssimo da psicologia do inconsciente, mas também uma verdadeira fonte de conhecimentos psicológicos que são da maior utilidade para interpretar sobretudo os processos inconscientes. Kerényi seria uma grande aquisição para qualquer universidade, pois ele traz consigo um espírito novo e vivo que está ausente de forma alarmante sobretudo nas Faculdades de Filosofia.

Eu já lhe teria escrito com muita satisfação sobre este assunto, mas pensei que já estivesse resolvido.

Até agora estou me recuperando bem, mas só posso fazer um pouco do meu trabalho. Minhas obrigações científicas posso cumpri-las a contento. Mas tudo com muito cuidado, paciência e lentidão. Se vier outra vez a Zurique, ficaria muito feliz em revê-lo.

Receba minhas saudações cordiais.
(C.G. Jung)

1. Prof. Dr. med. Dr. h.c. A.L. Vischer, nascido em 1884, professor emérito de Gerontologia na Universidade da Basileia e membro do Conselho Curador desta universidade.
2. As pesquisas mitológicas de Johann Jakob Bachofen, 1815-1887, foram atacadas duramente pelos círculos acadêmicos da Basileia. Por isso renunciou ao cargo de professor de Direito Romano na Universidade da Basileia e passou a viver como professor particular no anonimato.
3. Dr. R. Reitzenstein, 1861-1931, filólogo clássico e historiador das religiões.

Ao Dr. Max Pulver[1]
Zurique

02.11.1944

Prezado Doutor,

Meus agradecimentos pelo gentil envio de seu interessante e oportuno livro[2]. O terceiro capítulo parece-me de especial interesse. Quanto ao problema do mal e do poder sempre me ocorreu que *Macht* (poder) provém de *machen* (fazer); e como "fazer" é uma atividade específica do ser humano, pode-se concluir eventualmente que a expressão característica do ser humano traz o caráter do mal e que em consequência o *Anthropos* é realmente Lúcifer.

Com renovados agradecimentos e cordiais saudações,

(C.G. Jung)

1. Dr. phil. Max Pulver, 1889-1952, escritor e grafólogo.
2. *Person, Charakter, Schicksal*, Zurique, 1944. O terceiro capítulo é "Der Führer Dämon".

Ao senhor H. Irminger
Zurique

20.11.1944

Prezado senhor,

Pelo canhoto de devolução que anexo aqui percebi com pesar que nossa troca de cartas causou-lhe certas dificuldades pessoais. De minha parte posso tranquilizá-lo: prevendo esta possibilidade, despachei a minha carta de modo que pudesse chegar também a outros endereços. Supus que isto acontecesse. No que me diz respeito, a coisa decorreu conforme o previsto.

Permita-me a oportunidade de expressar minha admiração pelo fato de o senhor dar tanta importância ao meu *estar dilacerado*, como se fosse algo extraordinário e incomum, ou algo que não devesse ser. O senhor ainda não percebeu que a própria Igreja e o próprio cristianismo estão dilacerados? O senhor nega a existência do cisma ou do anticristianismo? Como cristãos e como pessoas humanas estamos pois dilacerados – e além do mais, Przywara S.J.[1] não escreveu algo sobre uma "dilaceração"? Neste estar dilacerado estamos todos crucificados. Estou ciente e consciente desse fato em mim mesmo e em meus semelhantes, entre os quais se encontram cristãos *muito positivos*. É inacreditável que o senhor não tenha consciência de sua própria *conflitualidade* (que é o mesmo que "estar dilacerado"). Até mesmo o cristão Paulo é esbofeteado por um Saulo violento como anjo de satanás. Não se deve fugir dessa batalha, refugiando-se num estado prematuro e antecipado de redenção, caso contrário provoca-se conflito no mundo exterior. E isto vem do maligno.

Com elevada consideração,

(C.G. Jung)

1. Erich Przywara, *Deus semper maior*, Friburgo na Brisgóvia, 1938, 3 vols. Sobre a "dilaceração", vol. I, p. 71s.
2. Cf. 2Cor 12,7.

Ao Prof. Hugo Rahner[1]
Sion/Suíça

20.11.1944

Prezado colega,

Muito obrigado pelo gentil envio de seu belo livro *Mater Ecclesia*[2]. Ao folhear o livro, chamou-me a atenção imediatamente o poema de Paulino de Nola e sobretudo o verso: "Esta mãe dá à luz também o ancião na forma delicada de uma criancinha...[3]

Estou atualmente ocupado com o motivo do nascimento do rei na alquimia[4]. Há na alquimia um autor que era um clérigo inglês do século XV[5]. Ele chama o rei de "antiquus dierum"[6]. Todo o simbolismo *senex-puer* na alquimia tem a ver com a renovação egípcia do Deus envelhecido[7].

Esta passagem de Paulino levanta em mim uma questão que eu não gostaria de colocar para o senhor porque parece absurda: Há na literatura patrística algumas ideias que pudessem aludir à senescência da divindade? Esta ideia totalmente pagã parece-me impossível, mas a insistência no velho que renasce como criança tem uma afinidade sugestiva com o motivo egípcio[8].

O senhor foi muito gentil em colocar à minha disposição um exemplar de seu "Gottesgeburt"[9]. Como se trata de um exemplar encadernado, suponho que deva devolvê-lo. Devido à minha doença ficou comigo por longo tempo, e ainda não tive oportunidade de fazer alguns excertos. Poderia ficar com ele por mais algum tempo?

Permita-me nesta oportunidade agradecer-lhe não só o seu novo e belo livro, mas também o trabalho muito útil para todos nós que faz sobre o simbolismo na patrística. Suas pesquisas são da maior importância e ajudam a lançar uma ponte sobre as difíceis lacunas que separam a consciência moderna da Antiguidade cheia de mitos.

Saudações cordiais,
(C.G. Jung)

1. Hugo Rahner, nascido em 1900, professor de História da Igreja e de Patrologia na Universidade de Innsbruck.
2. *Mater Ecclesia*, Einsiedeln, 1944.
3. São Paulino, 353-431, bispo de Nola. Jung cita o verso mencionado na carta em *Mysterium coniunctionis* II, par. 30. O poema refere-se à Igreja como analogia à mãe de Deus e soa em seu contexto assim: "Entretanto, a esposa permanece irmã no corpo que ninguém tocou, seu amplexo é espírito, pois seu amado é Deus. Esta mãe dá à luz também um ancião na forma delicada de uma criancinha..."
4. Cf. os capítulos "A cura do rei" e "A problemática religiosa da renovação do rei", em *Mysterium coniunctionis* II.
5. Sir George Ripley, 1415-1490, cônego de Bridlington, alquimista.
6. No *Cantilena*, de George Ripley, o rei se queixa de sua fraqueza e necessidade de renovação e chama a si mesmo de "antiquus dierum" (alusão ao livro de Daniel 7,9s.). Uma vez que o "avançado

em idade" representa uma personificação da divindade, a ideia de sua decrepitude e renovação necessária pareceu já na Idade Média ser blasfema. Cf. *Mysterium coniunctionis* II, par. 28s.
7. Os faraós egípcios eram tidos como encarnações ou representantes na terra do deus Osíris. Nas festas, que se celebravam periodicamente, eram renovadas suas energias e forças divinas. Cf. *Mysterium coniunctionis* II, par. 8, nota 28.
8. Não foi conservada a resposta do Prof. Rahner.
9. Hugo Rahner, "Die Gottesgeburt", *Zeitschrift für Katholische Theologie*, Innsbruck, 1939 e 1940.

Ao Prof. Karl Kerényi
Ascona

23.11.1944

Prezado colega,

Meus agradecimentos pelo gentil envio de seu livro *Töchter der Sonne*[1]. Eu admiro a extensão e a rapidez de sua atividade literária, sem mencionar a profundeza de suas interpretações mitológicas. Seus escritos são para mim um prazer puro e um estímulo que toca em panos de fundo que eu muitas vezes ainda não consegui perceber. Também este novo livro é para mim verdadeira mina de indicações e referências a vestígios de impressões e memórias de minhas peregrinações no campo da alquimia e do inconsciente.

Com renovado agradecimento e saudações cordiais,
(C.G. Jung)

1. Zurique, 1944.

Ao Pastor Ernst Fischer
Basileia

21.12.1944

Prezado Pastor Fischer,

O artigo de *Volksblatt*[1], que o senhor me enviou, pode referir-se a um sonho, mas a descrição é literária, de modo que não é possível ter certeza de quanta invenção está aí misturada.

O sonho não é desprovido de interesse para uma pessoa obviamente muito religiosa. O que acontece no sonho é um fato que se desenrola no palco interior da pessoa, sendo o sonhador os atores, o texto, o teatro e o público. Apresenta-se aqui ao sonhador o modo como sua esposa e filha desaparecem de repente como por encanto. Trata-se evidentemente de um processo de dissociação que o sonho estende, por projeção, a todas as outras famílias possíveis. Se tomarmos essa peça como genuína, deveríamos concluir que o sonhador sofre de uma dissociação que afeta não só a ele individualmente, mas a seu círculo em geral.

Sua dissociação consiste numa separação do elemento feminino, isto é, do inconsciente, que é designado em todas as línguas ocidentais pelo feminino *anima*, psique e correspondentes. Essas dissociações ocorrem em geral quando a consciência se afastou demais, sob qualquer aspecto, de sua base natural e, por isso, entra em conflito com seus pressupostos naturais. Isto é um fenômeno tão comum na história da cultura que foram instituídos ritos de reconciliação para curar essas dissociações e que muitas vezes assumiram a forma do hierosgamos. Até mesmo no cristianismo temos este simbolismo nas *nuptiae agni* e na união do *sponsus Christus* com a *sponsa ecclesia*[2]. Este simbolismo de reconciliação como cura da dissociação psíquica é encontrado na maioria das religiões. Inclusive na religião judaica, fortemente masculina, temos a mística do amor do *pardes rimmonim*[3] e a união definitiva da *Shekhinah* com o *sponsus Tifereth*[4].

O estado de dissociação é doentio em si, e as pessoas que andam por aí nesse estado podem contagiar os outros. O excitante que emana desse artigo tem a tendência de predispor o leitor ingênuo para a expectativa de uma espécie de milagre, o que não corresponde aos fatos. Por isso sempre aconselho os meus pacientes, quando eles têm sonhos significativos desse tipo, que os considerem em primeiro lugar como mensagens dirigidas a eles mesmos ("somnia a Deo missa"). E eu teria dado o mesmo conselho ao autor desse artigo. Além disso, ele também se compromete diante dos olhos daquele que conhece o assunto. Seria diferente se, juntamente com esse sonho, fizesse também uma confissão sensata de seu próprio estado. Mas por falta de conhecimento isto não lhe é possível.

Espero ter dado uma resposta satisfatória às questões complicadas trazidas pelo artigo.

Cordialmente,
(C.G. Jung)

1. Não foi possível identificar o artigo mencionado.
2. Jung trata das núpcias do Cordeiro (Ap 19,7s.) bem como da união do *sponsus Christus* com a *sponsa ecclesia* no contexto das conjunções alquímicas ("nuptiae chymicae") sobretudo em *Mysterium coniunctionis*.
3. Em hebraico: o vergel de romãzeiras (Ct 4,13).
4. *Shekhinah* (hebr. "reino", também chamado *Malkuth*) e *Tifereth* (hebr. "misericórdia") são, de acordo com a concepção cabalística, duas das dez esferas (hebr. *Sefiroth*) em que Deus se manifestou como princípio masculino e feminino. No tempo atual *Tifereth* e *Shekhinah* estão separados, pois a última foi para o exílio juntamente com o povo judeu. A reunião de *Shekhinah* e *Tifereth* seria um símbolo da salvação do mundo e do restabelecimento da unidade primitiva de Deus. Cf. carta a Kirsch, de 18.11.1952, nota 3s.

To Allen Welsh Dulles[1]
Berna

01.02.1945

My dear Dulles,

Depois de minha doença, comecei a interessar-me novamente pelos assuntos do mundo e sobretudo pelos diversos métodos de propaganda. A propaganda alemã tenta solapar a moral, na esperança de um eventual colapso. Uma propaganda melhor apela para a força moral e não para a fraqueza do inimigo.

No que se refere à eficácia psicológica da propaganda dos Aliados, a melhor coisa que se fez até agora foram as proclamações do General Eisenhower ao povo alemão.

Estas proclamações, feitas em linguagem simples, humana e compreensível a qualquer pessoa, oferecem ao povo alemão algo em que ele se possa agarrar e tendem a fortalecer a crença, que talvez seja verdadeira, na justiça e humanidade dos americanos. Eles apelam ao que *de melhor* existe no povo alemão: à sua crença no idealismo, verdade e decência, para preencher a lacuna da inferioridade moral, o que é uma propaganda infinitamente melhor do que as insinuações destrutivas.

O General Eisenhower deveria certamente ser congratulado.

Sincerely yours,
(C.G. Jung)

1. Allen Welsh Dulles, 1893-1969, diplomata americano, chefe do "Office of Strategic Services" na Segunda Guerra Mundial, com sede em Berna; estava em contato com os círculos contrários a Hitler na Alemanha. De Berna ele consultou Jung várias vezes. Por intermédio dele chegou-se à capitulação do exército italiano em 1945. Em 1950 foi diretor interino da "Central Intelligence Agency" (CIA), e em 1953 tornou-se seu chefe.

To Dr. Kristine Mann[1]
New York

01.02.1945

My dear Dr. Mann,

Eleanor Bertine informou-me de sua doença numa carta que recebi há poucos dias. Gostaria de falar pessoalmente com a senhora, mas estamos tão distantes um do outro e estamos por tão longo tempo separados do resto do mundo que perdemos a confiança na comunicação. Nem mesmo temos certeza de que as nossas cartas sejam capazes de transpor o abismo que medeia entre nós e o vasto mundo. Em todo caso, espero que uma boa estrela faça chegar-lhe esta minha carta.

Como a senhora sabe, o anjo da morte derrubou-me também e quase conseguiu riscar o meu nome de sua lista de vivos[2]. Desde então fiquei quase inválido e venho recuperando-me devagar, muito devagar, de todas as setas que me furaram de todos os lados. Felizmente minha cabeça não foi atingida e pude esquecer de mim mesmo em meu trabalho científico. Considerando-se em geral, minha doença foi uma experiência muito válida; ela me deu a oportunidade inestimável de olhar por trás do véu. A única dificuldade é livrar-se do corpo, ficar nu e vazio do mundo e da vontade do eu. Quando se pode desistir da louca vontade de viver e quando se cai aparentemente num nevoeiro sem fundo, então começa a vida verdadeiramente *real* com tudo o que foi intencionado e nunca alcançado. É algo inefavelmente grandioso. Eu estava livre, completamente livre e inteiro, como nunca me havia sentido antes. Eu me sentia a 15.000 quilômetros da terra e a via como um imenso globo brilhando numa luz azul, indizivelmente bela. Eu estava exatamente num ponto sobre o extremo sul da Índia que brilhava numa luz azulada e prateada, estando o Ceilão, qual opala reluzente, no profundo mar azul. Eu estava no universo, onde havia uma grande rocha solitária na qual havia um templo. Vi a entrada do templo iluminada por milhares de pequenas chamas de óleo de coco. Eu sabia que devia entrar no templo para então chegar a um conhecimento pleno. Mas nesse instante apareceu um mensageiro do mundo (que era até então um canto insignificante do universo) e disse que eu não estava autorizado a partir. E nesse momento toda a visão desapareceu. Mas a partir daí dormi três semanas (de dia) e acordava cada noite no universo e experimentava a visão completa. Não era eu que estava unido a alguém ou a alguma coisa – *ele* estava unido, era o hierosgamos, o cordeiro místico[3]. Era um festival silencioso e invisível, permeado por um sentimento incomparável e indescritível de felicidade eterna; jamais poderia imaginar que houvesse semelhante sentimento no âmbito da experiência humana. Vista de fora e enquanto estivermos do lado de fora, a morte é a coisa mais terrível. Mas, uma vez dentro, experimenta-se um sentimento tão forte de totalidade, paz e realização que não se deseja voltar. Realmente, durante o primeiro mês após a primeira visão sofri de negras depressões porque sentia que estava me recuperando. Era como se estivesse morrendo. Eu não queria viver e retornar para esta vida fragmentária, restrita, estreita e quase mecânica, onde se etava sujeito às leis da gravidade e coesão, preso num sistema tridimensional e turbilhonado com outros corpos na torrente impetuosa do tempo. Lá havia plenitude, significando satisfação, movimento *eterno* (não movimento no tempo).

Ainda que sua carta seja datada de 27 de novembro de 1944, espero que minha carta chegue às suas mãos. Sua carta chegou hoje, mas respondo logo.

Durante a minha doença, algo me carregou. Meus pés não estavam no ar e eu tive a prova de ter alcançado chão firme. O que quer que se faça, sendo feito sinceramente, tornar-se-á eventualmente uma ponte para nossa totalidade, um bom navio que nos conduzirá através da escuridão de nosso segundo nascimento, que no aspecto externo parece morte. Já não viverei por muito tempo. Estou marcado. Mas felizmente a vida tornou-se provisória. Tornou-se um preconceito transitório, uma hipótese momentânea de trabalho, mas não a própria existência.

Seja paciente e considere isso uma outra tarefa difícil, dessa vez a última.

I greet you
(Carl G. Jung)

1. Kristine Mann, 1873-1945, psiquiatra, psicóloga analítica. Estava com câncer e morreu pouco depois de receber esta carta. Cf. carta a Bertine, de 25.07.1946.
2. Isto refere-se à doença de Jung devido a um infarto, no início de 1944. Cf. o capítulo "Visões" em *Memórias*.
3. Sobre o motivo do hierosgamos nas visões de Jung, cf. *Memórias*, p. 297s.

Ao Pastor Max Frischknecht
Basileia

07.04.1945

Prezado Pastor,

Muito obrigado pela gentileza de me enviar o seu livro[1]. Permita-me algumas observações objetivas: o senhor esbarra no termo "si-mesmo". Eu não inventei esta denominação. Ela existe com o mesmo sentido e para a mesma coisa há muitos séculos antes de minha existência. De acordo com a regra científica de Bacon "principia explicandi praeter necessitatem non sunt multiplicanda"[2], fui obrigado a escolher este conceito, ou provar que ele significava bem outra coisa. Eu não poderia apresentar esta prova. Certamente este conceito era metafísico – e ainda é assim na filosofia escolástica da Índia – porque a filosofia neste estágio inclui sempre a psicologia. O caráter metafísico de um conceito não impediu, por exemplo, a física de operar com o conceito (totalmente metafísico) do éter, mesmo nos tempos da teoria da relatividade. Deve-se apenas aplicar as necessárias cautelas que convêm a uma hipótese de trabalho, como o fez Kant quando chamou a "Ding an sich" de "conceito-limite simplesmente negativo". O senhor mesmo citou o que eu digo a respeito do si-mesmo neste sentido.

O senhor também parece desconsiderar que toda afirmação sobre uma coisa desconhecida em si é necessariamente *antinômica* se quiser ser verdadeira; e igualmente, que dados naturais (por exemplo, a densidade máxima da água a + 4°C) são sempre *irracionais*. Sendo a afirmação científica indutiva, isto é, partindo de dados irracionais, ela deve ser irracional na medida em que é descritiva. Apenas as conclusões são lógicas. A minha metodologia científica não é nada fora do comum;

ela procede exatamente como a anatomia comparativa, só que descreve e compara formas psíquicas.

A anatomia comparativa está cheia de *formas primitivas*, ἀρχέτυπα – um termo que eu mencionei só de passagem como derivado de Agostinho. Ele já aparece em Cícero (*Epist. XII ad Pomp. Att.*, 5) e no Poimandres3 (Ed. Scott I, 8. a: εἶδες ἐν τῷ νῷ τὸ ἀρχέτυπον εἶδος[4]). Será que alguém espera do zoólogo que ele apresente a forma primitiva dos vertebrados ou dos órgãos individuais como sendo plasmada diretamente pela mão de Deus? Não estamos mais no século XVIII, quando a zoologia começou no capítulo primeiro do Gênesis. Ou o senhor acusaria um fisiólogo de estar fazendo do corpo vivo um Deus, quando ele o descreve como um sistema autorregulador? Será que a imagem de Deus, que atua como fator psíquico desde tempos imemoriais em todas as pessoas, como prova o *consensus omnium*, é totalmente idêntica a Deus? Afirmo categoricamente que não é assim e que não há justificativa para semelhante suposição. Funda por acaso nova religião aquele que se ocupa com a psicologia comparativa da religião? Conforme mostra o caso de Overbeck[5], é possível mesmo distinguir entre história da Igreja e teologia.

Ainda que se duvide de minha honestidade (infelizmente nunca descobri o porquê disso), eu consideraria extremamente desonesto e, mais ainda, preconcebido e tolo, se um psicólogo afirmasse que a imagem psíquica de Deus não exerce uma influência muito poderosa sobre a psique. Para a ciência isto nada tem a ver com as questões teológicas da existência de Deus, mas tão somente com a fenomenologia das chamadas dominantes psíquicas, quer elas se chamem Deus, Alá, Buda, Purusha, Zeus, planetas, zodíacos ou sexualidade (conforme o entendeu muito bem Fl 3,19: ὧν ὁ θεὸς ἡ κοιλία[6]).

Assim como a ciência não pode afirmar que Deus tenha cunhado o seu arquétipo, também não pode afirmar que o arquétipo produza Deus, e também não o faz. Mas a ciência tem o direito de fazer afirmações sobre os efeitos psíquicos observáveis de um arquétipo. Sobre este assunto ela não precisa buscar instruções de ninguém, muito menos de pessoas não especialistas.

Sua opinião de que eu seja um ateu é no mínimo ousada. Por acaso eu afirmei que "Deus não poderia viver um segundo sem mim"? Mas isto afirmou Ângelo Silésio, cujo ateísmo ainda está para ser provado; isto é afirmado também por todo o Oriente hindu, mas acusá-lo de ateísmo por causa disso seria igualmente descabido. Se me permitir a pergunta, o que o senhor sabe a respeito de minhas convicções religiosas? O senhor alguma vez me perguntou sobre isso? O senhor também conclui de meu interesse pela alquimia que eu acredite em Mercúrio ou seja mesmo um ἀνερμητικός[7]? O professor nem sempre é um principiante, nem o psiquiatra é sempre um doido, nem o capelão de uma prisão é evidentemente um criminoso.

Se o senhor tem a impressão de que eu prego uma religião, isto se deve ao seu desconhecimento dos métodos psicoterápicos. Quando, por exemplo, um coração já não funciona como sempre funcionou, está doente; o mesmo acontece com a psique, cujo funcionamento depende dos arquétipos (instintos, imagens psíquicas etc.). A terapia procura fazer o coração reencontrar o seu ritmo normal e a psicoterapia procura restabelecer o "original pattern", isto é, as maneiras originais de reação da psique. Isto se dá hoje, como foi há dois ou quatro milênios, através da "anamnese" do arquétipo. Não tenho culpa se as religiões se ocupam *também* com os arquétipos (na Igreja cristã, isto é, católica, existe inclusive uma "cura animarum"). Mas como a Faculdade de Medicina é ao menos tão antiga quanto a Faculdade de Teologia, é inútil levantar uma discussão sobre a prioridade. Poderia, com o mesmo direito, acusar os pastores de imiscuir-se em assuntos médicos porque lidam com arquétipos, assim como acusar o médico de ateísmo e intromissão religiosa porque trabalha igualmente com arquétipos. Ele já fazia isso quando os pastores ainda usavam peles de leopardo e dançavam ao som de tambores.

O senhor não acha que se deveria julgar um objeto somente após conhecê-lo *de certa forma* e julgar uma pessoa somente após conhecê-la *bem*? O senhor não acha que o simples ouvir dizer e ressentimentos pessoais não são fundamentos muito confiáveis para um julgamento? O senhor escreve muito bem que o senhor (isto é, no plural "nós") não queria "deixar levar-se simplesmente por um sentimento pessoal". Senhor Pastor, peço-lhe com todo o respeito que lhe é devido que releia criticamente sob este aspecto o que escreveu.

Agradeço o seu esforço de apresentar do modo mais correto possível a minha concepção do si-mesmo. Parece que esta ideia se tornou entre nós *petra scandali* desde que Orígenes e Mestre Eckhart foram acusados de heresia, ao passo que no Oriente ele é *mani padme*, a "joia no lótus"[8] ou *hiranyagarbha*, a semente de ouro[9], a alma coletiva ("conglomerate soul"). Vejamos para tanto o verso:

"O primeiro e o último homem é Cristo, tão somente
dele todos nascem, todos nele estão contidos"[10].
Pois bem: "um escândalo para os cristãos, uma loucura para os judeus"[11].

Com elevada consideração,

(C.G. Jung)

1. Max Frischknecht, *Die Religion in der Psychologie C.G. Jungs*, Berna, 1945.
2. Os princípios explicativos não devem ser multiplicados além do necessário. Esta frase é atribuída em geral ao escolástico inglês William Occam, 1285-1349.
3. A passagem mais antiga da literatura que conhecemos e que menciona a palavra grega "arquétipo" encontra-se em Cícero (106-43 aC). Em sua carta a Pomponius Atticus ele traduz a palavra para o latim, passando então para a linguagem usual da Antiguidade. Também é encontrada na obra de Fílon da Judeia (primeiro século aC) *De Opificio Mundi*, 69, referindo-se à imagem de Deus

no homem. (Cf. em relação a isso a carta a White, de 24.09.1948, nota 10.) Também na obra do Padre da Igreja grego Ireneu (séc. III) *Adversus Haereses*: "O criador do mundo não criou as coisas diretamente a partir de si mesmo, mas copiou-as (transtulit) de acordo com os arquétipos que estavam fora dele". No "Poimandres", o primeiro escrito atribuído a Hermes Trismegisto do *Corpus Hermeticum*, Deus é denominado τὸ ἀρχέτυπον εἶδος (forma arquetípica) e τὸ ἀρχέτυπον φῶς (luz arquetípica). Em Dionísio Areopagita (por volta do ano 500) aparece mais vezes a expressão "arquétipo", por exemplo em De Caelesti Hierarchia, II, 4: "arquétipo incorporal" e em De Divinis Nom*inibus*, I, 6: "pedra arquetípica". Em Agostinho não ocorre a palavra "arquétipo", mas encontramos as "ideae principales" que não são criadas, mas estão contidas na mente divina. Os alquimistas usaram o termo "arquétipo" em sentido semelhante; lê-se no "Tractatus Aureus" de Hermes Trismegisto, *Theatrum Chemicum* IV, 1613: "Uma vez que em Deus está todo o tesouro de sua divindade [...] escondido nele como num arquétipo (*in se tamquam archetypo absconditum*)", ou no "Tractatus de igne et sale" de Vigenero em *Theatrum Chemicum* VI, 1661: "O mundo foi criado semelhante ao seu arquétipo e por isso é chamado 'magnus homo'". Cf. para isso "As raízes da consciência" em OC, vol. IX/1, par. 5.
4. Tu vês em teu espírito a forma arquetípica.
5. Franz Overbeck, teólogo evangélico, 1837-1905, professor em Basileia, amigo de Nietzsche. Afastou-se cedo do cristianismo e aderiu a uma cultura estranha ao cristianismo. Cf. sua obra *Selbstzeugnisse*, Frankfurt no Meno, 1966.
6. Cujo Deus é o ventre.
7. Não hermético.
8. *Mani padme* é uma parte do mantra (fórmula sagrada) budista do Tibet.
9. *Hiranyagarbha* designa nos cantos Rigveda a "semente de ouro", atributo do Deus criador que se criou a si mesmo como semente de ouro a partir das águas primordiais.
10. Ângelo Silésio, *Cherubinischer Wandersmann*, livro V, 155.
11. Versão irônica de 1Cor 1,23: "... enquanto nós pregamos Cristo crucificado, escândalo para os judeus, loucura para os pagãos".

A uma destinatária não identificada
Suíça

Bollingen, 23.04.1945

Prezada senhorita N.,

Sinto muito em saber que está doente. Suas notícias chegaram quando eu estava viajando de cá para lá, e tudo tinha de ser feito às pressas – numa pressa de que já não sou capaz. Quero, porém, enviar-lhe um sinal de vida, pois desde ontem estou de volta a Bollingen. Antes disso era simplesmente impossível escrever, porque meu tempo estava reservado para outras tarefas. A senhorita esbarra agora em alguns tocos duros da realidade, que são tanto mais duros porque eu a mimei, mimo esse de que a senhorita também precisava para chegar mais perto da terra e, assim, poder alcançar o rochedo. A dureza aumenta na proporção da velocidade da aproximação.

Estimo suas melhoras.

C.G. Jung

Ao Prof. Markus Fierz[1]
Basileia

30.04.1945

Prezado Professor,

Tomo a liberdade de anexar uma página do manuscrito[2] da nova edição de um de meus livros. Há nela algumas considerações que entram no campo da física. Ficaria grato se me desse sua opinião a respeito. É natural que me sinta inseguro quando entro em território estranho e sobretudo num território recheado de problemas complicados. Mas as ideias de Jordan[3] me deram a coragem necessária para ousar estabelecer uma conexão que acabou por tornar-se também para mim totalmente inesperada.

Saudações cordiais,
C.G. Jung

1. Markus Fierz, professor de Física Teórica na Universidade da Basileia; desde 1960 professor na Eidg. Techn. Hochschule de Zurique. Revisava os dados estatísticos das pesquisas de Jung sobre a sincronicidade.
2. Trata-se de uma passagem sobre a afinidade do mundo microfísico do átomo com o psíquico, em *Psicologia e educação*, Rascher 1946 (em OC, vol. XVII, par. 162s.). Cf. carta a Fierz, de 07.05.1945, notas 2 e 3.
3. Cf. carta a Jordan, de 10.11.1934, nota 3.

Ao Prof. Fritz Blanke[1]
Zurique

02.05.1945

Prezado colega,

O "vestido com pele de urso"[2] entra na categoria do não ortodoxo, sobretudo na categoria dos lobisomens, "animais médicos" (hindu), dos homens-leopardos (africano) e dos *beriserkr* (nórdico). O homem carregado de mana, ou numinoso, tem propriedades *teriomorfas*, uma vez que supera o homem comum não só para cima como também para baixo. Os heróis têm olhos de cobra (nórdico: *ormr i auga*), são meio-homens e meio-cobras (Cécrops, Erecteu), têm alma de cobra (grego) e pele de cobra; o curandeiro pode transformar-se em todos os animais possíveis. Ao candidato primitivo a curandeiro aparecem certos animais (hindu); há um eco nisso na pomba do Espírito Santo no nascimento supraterreno do batismo (isto é, quando Cristo veio a Jesus). Outro eco é também o "irmão lobo" de São Francisco. Característico da mentalidade germânica do Bruder Klaus é a figura de peregrino que lembra Wotan, para o qual os "Wütenden" (os raivosos), isto é, os vestidos com pele de urso são excelentes parceiros. Como se pode ver, a figura de Cristo aparece em duas formas: 1. como *peregrino* que, à semelhança do místico, está na *peregrinatio animae*;

2. como *urso*, cuja pele tem brilho de ouro. Na alquimia, o urso faz parte dos símbolos teriomorfos de transformação, assim como o dragão, o leão e a águia (cf. *Psicologia e alquimia, fig.* 90). Eles significam estágios da transmutatio espiritual como o [κόραξ λέων] do mitraísmo[3]. Na mística alquímica nasce do leão (ou urso) finalmente o aurum philosophicum como um novus sol, isto é, o brilho de ouro (Folclore e alquimia já se interpenetravam em tempos bem antigos).

O significado da visão poderia ser o seguinte:

Bruder Klaus reconhece-se em sua peregrinação espiritual e em sua subumanidade instintiva (semelhante ao urso, isto é, como eremita) como Cristo. Este fato corre paralelo à evidente adoção por Deus-Pai e Deus-Mãe[4]. A frieza brutal de sentimentos de que o santo necessita para se afastar da mulher, dos filhos e dos amigos[5] encontra-se no reino animal subumano. Por isso o santo projeta uma sombra animal. (Analogias: Anticristo, a tentação. *Quid mihi et tibi es, mulier*[6]?) Quem consegue suportar ao mesmo tempo o mais alto e o mais baixo está curado, santo, inteiro.

A visão tenta mostrar-lhe que o peregrino espiritual e o *beriserkr* são ambos Cristo, e isto lhe abre o caminho para o perdão do grande pecado que é a santidade (*Sine peccato nulla gratia*[7]). Ele assustou-se mortalmente por causa da ira de Deus (visão da Trindade[8]), porque esta ira é dirigida a ele que traiu por amor a Deus seus mais queridos e também as pessoas comuns.

Com elevada estima e consideração,

(C.G. Jung)

1. Dr. Fritz Blanke, 1893-1967, professor de Teologia na Universidade de Zurique.
2. Prof. Blanke perguntou a Jung sobre o significado da seguinte visão de Nicolau de Flüe: Ele vê um peregrino misterioso e divino, semelhante ao peregrino Wotan. De modo alusivo acontece a transformação em Cristo, e sua roupa torna-se pele de urso, salpicada de ouro brilhante. Cf. Jung, "Bruder Klaus" (em OC, vol. XI) e M.-L. von Franz, *Die Visionen des Niklaus von Flüe*, Zurique 1959, p. 70s. Nicolau de Flüe, 1417-1487, eremita (Bruder Klaus) e místico suíço, beatificado em 1669 e canonizado em 1947 por Pio XII e declarado padroeiro da Suíça. Em 1481 impediu a guerra civil entre os confederados suíços. Sua sepultura está em Sachseln, cantão de Obwalden. Cf. carta a Blanke, de 10.11.1948. Como padroeiro da Suíça, Bruder Klaus teve ainda um papel na Segunda Guerra Mundial. Numa carta de Jung (setembro de 1945), não publicada aqui, lê-se: "Meu filho é oficial num regimento católico de infantaria. Contou-me que seus soldados tiveram uma visão coletiva: o bem-aventurado Bruder Niklaus von der Flüe estendeu suas mãos contra o Reno para rechaçar as tropas alemães que se aproximavam de nossas fronteiras".
3. Na cópia da carta que possuímos faltam as palavras acrescentadas à mão por Jung. Depreende-se do contexto que se trata da menção de animais (provavelmente κόραξ, λέων, corvo, leão) que simbolizavam os graus mais baixos da iniciação nos mistérios de Mitra. Em Símbolos da transformação (OC, vol. V, par. 89, nota 30), Jung cita o corvo e o leão como graus de iniciação no mistério de Mitra.
4. Numa visão posterior, Nicolau é elevado por um homem e uma mulher divinos, os pais de Cristo, a filho e irmão de Cristo. Cristo e ele usavam as mesmas roupas. Cf. M.-L. von Franz, l. c., p. 102s., e Jung, OC vol. XI, par. 485s.
5. Após 15 anos de matrimônio, Nicolau de Flüe deixou sua esposa e dez filhos para viver vida eremítica.

6. Jo 2,4: "Mulher, o que há entre mim e ti"?
7. Sem pecado não há graça.
8. Nicolau teve a visão de uma luz penetrante que tinha um rosto humano. "Ao vê-la, temera que seu coração fosse explodir no peito. Por isso, cheio de pavor, atirara-se incontinenti por terra, desviando o olhar. E era esse o motivo pelo qual seu rosto agora parecia aterrador". Cf. OC, vol. XI, par. 477s. e M.-L. von Franz, l. c., p. 115. Jung era da opinião de que Nicolau "elaborou" esta experiência primordial e, após longos anos de reflexão, interpretou-a como uma "visão da Trindade" no sentido de uma adaptação ao dogma e à ideia costumeira de Deus. Mais tarde desenhou a visão (ou mandou desenhá-la) na parede de sua cela na figura de um círculo dividido em seis partes, cujo centro formava o rosto triplamente coroado de Deus. Esta representação pode ser vista ainda hoje na Igreja de Sachseln numa pintura contemporânea, mas não tem nada de assustador. Cf. "As raízes da consciência", em OC, vol. IX/1, par. 161. Cf. cartas a Frischknecht, de 08.02.1946, e Lang, junho de 1957.

Ao Prof. Markus Fierz
Basileia

07.05.1945

Prezado Professor,

Receba meu sincero agradecimento por sua resposta pronta e pormenorizada que me deixou muito satisfeito[1]. Estou particularmente feliz com sua proposta de mudança na p. 25, que é mais promissora do que a minha versão[2].

Concordo plenamente com sua opinião de que a situação indicada nesta frase é semelhante à situação psicológica da distinção como pressuposto do conhecimento, só que isto me parece um caminho lateral que, mesmo correto em si, não cabe bem no contexto de minha argumentação, como o senhor mesmo observou. O complexo do eu constitui-se de todos os conteúdos conscientes, porque a consciência é a expressão da personalidade total[3]. Por isso seus conteúdos são também de natureza pessoal e precisam ser distinguidos dos conteúdos psíquico-objetivos. Meu pensamento vai na linha de uma reflexão mais geral, ou seja, a reconstrução do processo físico como um processo psíquico. Paralelo a isto é a ideia de que o processo psíquico poderia ser "reconstruído" também de certa maneira como processo físico. A reconstrução física se distinguiria, porém, da psíquica porque não seria propriamente uma construção, mas deveria ser considerada uma consequência ou uma influência sobre o físico, algo na linha do novo livro de Schrödinger *What is Life*? – uma influência do processo psíquico sobre os processos físicos[4]. O pressuposto materialista é que o processo físico determina causalmente o processo psíquico. A concepção espiritualista é o contrário disso. Eu concebo esta relação no sentido físico como recíproca, atuando ora uma, ora outra causalmente. Poderíamos dizer também que, sob certas condições, o processo físico se retrata no psíquico e vice-versa. Neste sentido parece-me de suma importância sua informação de que o resultado de uma medição é determinada essencialmente pelo modo como se mediu. Disso resulta que é praticamente impossível haver uma medição objetiva e absoluta. Contudo é possível certo grau de medição e certo conhecimento do físico através do psíquico. Dever-se-ia concluir então que existe uma certa configuração e influência do psíquico sobre o processo físico no sentido objetivo. Se isto é demonstrável, é outra questão. Se numa relação recíproca podemos falar de um ponto de Arquimedes em geral, então este ponto seria ao menos teoricamente possível, pois para o mundo físico existe um "lado externo" no psíquico e, portanto, também o físico deveria significar ao menos teoricamente um "lado externo" para o psíquico.

É muito interessante sua ideia de que o comportamento físico seja condicionado essencialmente pelo método e modo de observar do físico. Se aplicarmos esta ideia ao psíquico, então a observação psíquica também seria prejudicada em relação ao comportamento psíquico. Em ambos os casos, tanto o físico quanto o psíquico seriam necessários para efeitos de complementação, donde se deduziria que um conhecimento físico aproximadamente satisfatório poderia ser completado por uma complementação psíquica e, vice-versa, que todo conhecimento psicológico poderia ser completado apenas pelo conhecimento físico. Segundo a concepção do senhor, ficaria para a psicologia a difícil tarefa de esclarecer o que significa exatamente a explicação do físico como um processo psíquico e para a física ficaria a tarefa igualmente impossível de esclarecer o que seria o físico da teoria psicológica. Isto me parece possível unicamente se pudermos alcançar, através de uma combinação de conhecimentos físicos e psíquicos, um nível que estivesse acima do modo atualmente dicotômico de ver as coisas, pelo fato de possuir os dois pontos de vista. Tenho a vaga impressão de que Pauli disse certa vez algo semelhante.

Tenho que refletir muito sobre sua opinião de que o compromisso moral do conhecimento psicológico envolve uma diferença crucial em relação ao conhecimento físico[5]. Por enquanto não posso dizer nada de pertinente a respeito. O "dever ser" moral é sem dúvida um fenômeno genuíno em si, mas para mim é ainda bastante questionável se ele significa uma diferença radical.

Com renovado agradecimento e saudações cordiais,

(C.G. Jung)

1. Cf. o pedido de Jung ao Prof. Fierz, de 30.04.1945; o Prof. Fierz respondeu em 05.05.1945.
2. Cf. "Psicologia e educação", em OC vol. XVII, par. 163. (Trata-se aí do fato, válido para a psicologia e a física atômica, de que o processo a ser observado é modificado pela observação.) A frase reformulada pelo Prof. Fierz é: "Como a física deve referir suas medições aos objetos, vê-se forçada a fazer distinção entre os meios de observação e o objeto observado, pelo que as categorias de tempo, espaço e causalidade se tornam relativas".
3. O Prof. Fierz escreveu em sua carta: "Parece-me que a situação mencionada nesta frase (ver a nota acima) é semelhante à situação psicológica, pois se quisermos tornar algo consciente, devemos distinguir os conteúdos entre si, ainda que estejam intimamente conexos. Sobretudo é preciso distinguir os conteúdos pessoais (meios de observação) dos psíquico-objetivos (objeto observado). (Ou deve-se dizer: distinguir o complexo do eu dos outros complexos?)"

4. Erwin Schrödinger, *What is Life?*, Cambridge, 1944. Schrödinger, 1887-1961, físico austríaco, Prêmio Nobel por suas pesquisas sobre a mecânica das ondas.
5. O Prof. Fierz escreveu em sua carta: "Por isso não sei [...] se não é exatamente a inequivocidade matemática, mas o descomprometimento moral da física que deve ser entendido como justificação da equivocidade peculiar da psicologia, que por isso é moralmente comprometida".

Ao Senhor Conselheiro Nacional Dr. Albert Oeri
Redação de Basler Nachrichten
Basileia

07.05.1945

Prezado amigo,

Agradeço o gentil envio de seu interessante artigo sobre "o desaparecido"[1]. Eu já havia lido o artigo, pois costumo comprar o *Basler Nachrichten*. Apreciei sobretudo os paralelos históricos e sua observação de que Hitler representa com dolorosa precisão os altos e baixos da natureza alemã. Ele encarna realmente a inferioridade psicopática do alemão, devendo-se a isso também o sentimento de inferioridade nacional do alemão. O complexo de inferioridade encontra-se sempre no lugar mais impróprio.

O seu ensaio me lembra que pouco tempo atrás escrevi alguma coisa parecida, mas que me deixou em dúvida quanto à sua utilidade[2]. Gostaria de submeter o assunto ao seu competente juízo, para que me dê sua opinião se é possível dizer em voz alta coisas desse gênero sem ser suspeito de grosseria. No fundo estou absolutamente convencido da exatidão de minhas reflexões, mas se consegui torná-las plausíveis é outra questão. Gostaria portanto de ouvir primeiro a sua opinião, antes que aconteça algo mais a esse ovo de cuco. De qualquer modo considere-o simplesmente como retribuição agradecida aos seus comentários muito pertinentes sobre a Alemanha.

Com agradecimentos e saudações cordiais de seu amigo

Jung

1. Albert Oeri, "Der Verschwundene", *Basler Nachrichten*, 5/6.05.1945. Trata-se de um artigo sobre Hitler, cuja morte ainda estava envolta em mistério. Pôde surgir assim a lenda – segundo o modelo da saga de Frederico Barbarroxa – de que ele simplesmente desapareceu, mas que um dia voltará.
2. Cf. carta a Oeri, de 26.05.1945. Trata-se provavelmente do ensaio "Depois da catástrofe".

Monsieur le Pasteur Paul Métraux
Lausanne

23.05.1945

Monsieur le Pasteur,

[...]

Quando bem entendido, o protestantismo é sobretudo uma religião de adultos. A Igreja Católica é uma mãe, ao passo que o protestantismo desempenha mais o papel de pai. O protestantismo faz da criança um adulto, e todo adulto tem seu próprio ponto de vista. Por isso parece-me que a força vital do protestantismo está precisamente no fato de estar dividido. Considero esta divisão um sinal de força vital que no fundo nada possui de preocupante. Estou convencido de que o protestantismo corresponde a uma necessidade básica da pessoa; o catolicismo coloca por demais a Igreja entre Deus e o homem, ao passo que – para os fracos – o protestantismo não coloca o suficiente entre Deus e o homem. Já o Antigo Testamento mostra que mesmo os mais corajosos mal podiam suportar a presença de Deus.

Tomo a liberdade de enviar-lhe um pequeno artigo que foi publicado recentemente.

Je vous prie d'agréer, Monsieur le Pasteur, l'expression
de mes sentiments distingués.
(C.G. Jung)

Ao Dr. Hermann Ullmann
Genebra

25.05.1945

Prezado Doutor,

O senhor supôs corretamente que o texto da entrevista não foi revisado por mim antes da publicação[1]. Como parece ser costume agora, o entrevistador só publica o que entendeu; também tudo tem que ser preto no branco, omitindo ele uma série de observações condicionais de suma importância.

Infelizmente o conceito crucial de culpa coletiva[2] ficou sem a devida explicação – parece que foi isto que causou mais escândalo. A culpa coletiva da Alemanha consiste no fato de que foram os alemães que causaram a guerra e todas as atrocidades indizíveis dos campos de concentração. Uma vez que foram os alemães e que isto aconteceu dentro dos limites da Alemanha, todos os alemães estão manchados pelo que aconteceu. Além disso, todos os europeus se sujaram com o acontecido, pois tudo acorreu em solo europeu. Esta culpa coletiva não é nenhuma construção moral ou jurídica, mas um fato psicológico que é irracional em si; em outras palavras, se estas coisas tivessem acontecido na Suíça, e eu atravessasse a fronteira francesa com um passaporte suíço, e o funcionário francês fizesse a amável observação "Oh, un cochon de Suisse", eu tomaria isto como natural e lógico. Seria desejável que os alemães tomassem a peito este fato e não cometessem o erro tático de insistir em toda parte que ninguém sabia desses campos de concentração, que ninguém poderia ter feito nada contra isso etc. É e continuará sendo fato de que estas coisas aconteceram na Alemanha e que foram os alemães que as fizeram. Evidentemente todos nós sabemos que houve pessoas na Alemanha que sofreram por causa dessas coisas e contra elas se voltaram. Mas seria importante que os alemães em geral admitissem sua culpa e não a descarregassem sobre outros. Chegou-se mesmo a afirmar que os ingleses foram os culpados pela existência dos campos de concentração porque não impediram a chegada de Hitler ao poder.

No que se refere à inferioridade psicopática[3], este acontecimento revela uma instabilidade que atinge um grau alarmantemente elevado. 10% é muito pouco. Esta porcentagem posso aplicá-la também aos suíços. Desejaria que o senhor tivesse visitado como observador neutro congressos alemães, franceses, ingleses e americanos, para mencionar apenas uma das possíveis formas sociais de contato. Poderia ter colhido experiências admiráveis. O que se viu de falta de tato, grosseria, descortesia etc. por parte dos alemães foi contrabalançado pelas qualidades sem dúvida amigáveis de muitos alemães. Há 30 anos ouve-se apenas que a Alemanha ameaça seu mundo ambiente, ou que o violenta de forma vergonhosa, ou que se queixa de falta de compreensão. Os povos deveriam obedecer à Alemanha ou compreendê-la amorosamente. Mas o que devem os alemães à Europa? A "culpa coletiva" significa exatamente esta pergunta: O que a Alemanha deve à Europa depois de tudo o que aprontou nesses 30 anos? É isto que a Europa quer saber da Alemanha. É portanto impossível que o alemão individual sacuda de si esta obrigação, dizendo que não foi ele, mas que foram, por exemplo, os maus nacional-socialistas. Nem nós, europeus, podemos eximir-nos das crueldades alemães diante dos hindus ou dos americanos. Se, por exemplo, um índio Pueblo me disser um dia: "Vocês europeus são piores do que animais ferozes", tenho de concordar polidamente, pois não conseguiria mudar sua justa avaliação sacudindo de mim de antemão qualquer cumplicidade.

Com elevada consideração e agradecimento pelo
gentil envio de seu "Toten-tanzes".

(C.G. Jung)

1. "Werden die Seelen Frieden finden?", *Weltwoche*, Zurique, 11.05.1945.
2. Cf. para isso "Depois da catástrofe", em OC vol. X, publicado originalmente em *Neue Schweizer Rundschau* XIII, 2 de junho de 1945.
3. Cf. OC vol. X. par. 419 e 423 e "Posfácio a ensaios sobre história contemporânea", em OC vol. X, par. 465 e 477s.

Ao Dr. Albert Oeri
Basileia

26.05.1945

Prezado amigo!

Sou muito grato por sua gentil avaliação de minha obra malfeita e inacabada[1] que também não me agrada. Você tem razão: ela é muito pessimista ou, melhor, tem um efeito pessimista sobre as pessoas que foram ensinadas a esperar receber seu bom bocado já nesta terra. Por que não se diz a elas em tempo que o "príncipe deste mundo" e o "senhor dos ares" providenciam para que os melhores pedaços sejam surripiados pelos maus que elas tanto invejam e que o casamento não é o fim mas o início do romance? A desgraça está em que nada se pode dizer "aos homens" em geral. Só é possível dizê-lo ao indivíduo. Contudo, deverei escrever algo sobre o conceito de culpa coletiva, que mexe com as pessoas[2].

Agradeço as notícias detalhadas sobre suas filhas, especialmente sobre Regula em quem pensamos muito nos dias da catástrofe[3]. Dê lembranças minhas a ela. Estaria muito interessado em vê-la.

Saudações cordiais de seu amigo
Jung

1. Trata-se provavelmente de um primeiro esboço de "Depois da catástrofe".
2. "Depois da catástrofe". Cf. carta a Ullmann, de 25.05.1945, nota 2.
3. A terceira filha do Dr. Oeri, senhora Regula Rohland-Oeri era casada com um alemão e conseguiu fugir com dois filhos pequenos de Berlim para a Suíça nos últimos dias da guerra.

À Dra. Jolan Jacobi
Zurique

12.06.1945

Prezada e distinta senhora,

Respondo o seguinte à sua pergunta:

É fato que a inteligência e uma preparação psicológica resultam num melhor prognóstico nos casos de esquizofrenia. Por isso tenho como norma fornecer ao ameaçado de esquizofrenia, ao levemente esquizofrênico ou ao esquizofrênico latente o máximo possível de conhecimento psicológico porque sei por experiência que então há maior chance de ele sair do intervalo psicótico. Uma explicação psicológica também é extremamente útil em certas circunstâncias após um ataque psicótico. Não estou convencido de que a esquizofrenia seja simplesmente fatal, tampouco como a tuberculose numa disposição correspondente. Em pessoas ameaçadas eu sempre recomendaria formação psicológica como medida de higiene profilática. Assim como a neurose, também a psicose é um processo de individuação em seu transcurso interno.

Mas este processo não está em geral preso à consciência e, por isso, vagueia pelo inconsciente como um uróboro[1]. Através de uma educação psicológica preparatória, o processo é vinculado à consciência, ou existe a chance de isto acontecer, havendo assim um efeito curativo por parte do processo de individuação.

Esperando ter respondido a contento à sua pergunta,
envio minhas cordiais saudações.

C.G. Jung

1. Uróboro é a designação da cobra que morde seu próprio rabo e que simboliza um processo inconsciente que transcorre dentro de si mesmo e que não influencia a consciência. Por outro lado, o uróboro é símbolo do "opus circulare" alquímico que provém de *uma* coisa e volta para a *mesma* coisa (psicologicamente: o processo de individuação). Cf. *Aion* (OC, vol. IX/2, par. 297). Figuras em *Psicologia e alquimia*.

À Dra. phil. Hedwig Boye[1]
Zurique

06.07.1945

Prezada Dra. Boye,

Seus sonhos acabaram por confirmar-se[2]! Permita-me expressar-lhe meus sentimentos mais profundos por esta grande perda. O fato de que sua mãe estava realmente morta mostra que os sonhos têm significado objetivo e devem ser considerados mensagens dentro de todos os padrões humanos. Isto é maravilhoso e reconciliador.

Em cordial união de sentimentos,

C.G. Jung

1. A senhorita Dra. phil. Hedwig Boye emigrou durante a segunda guerra de Varsóvia para a Suíça, onde vive como psicóloga em Zurique. Obras, entre outras: *Menschen mit grossen Schatten*, Zurique, 1945.
2. Durante a rebelião de Varsóvia, agosto-setembro de 1944, a Dra. Boye preocupou-se muito com seus familiares, principalmente com sua mãe. Nesta época teve sonhos que pareciam indicar a morte de sua mãe. Ela de fato morreu pouco depois da rebelião, mas a destinatária só soube disso seis meses depois.

Ao Pastor Max Frischknecht
Basileia

17.07.1945

Prezado Pastor Frischknecht,

Agradeço sua carta e o seu ensaio. Também creio que a sua juventude lhe pareça ainda penosa. Mas acho que deveriam ser impostas certas obrigações também aos jovens. Li com muito interesse o seu ensaio. Uma vez que o senhor mesmo lhe volta um olhar crítico, não farei outras objeções. Interessa-me também saber como o senhor se posiciona diante do fato de satanás ser no Antigo Testamento um anjo do Senhor e membro da corte celeste, fazendo parte da substância divina. (Uma separação relativa aparece apenas em Jó.) Espero que neste meio-tempo tenha ficado claro para o senhor que o arquétipo, psicologicamente constatável, não descreve nenhum Deus histórico e, portanto, não pode ser identificado com nenhuma das ideias existentes sobre Deus. Só posso repetir: não sou um teólogo que prega determinado Deus, mas um empírico que só pode constatar a existência de uma possibilidade arquetípica de ideias sobre Deus, quaisquer que elas sejam.

Espero que tenha oportunidade de ainda fazer as necessárias correções, pois hoje em dia deveria ser do interesse também do teólogo não bloquear ainda mais os acessos a uma compreensão do fenômeno religioso por meio de mal-entendidos que podem ser facilmente removidos. Considero "cegueira trágica" o fato de exatamente os teólogos me acusarem de psicologismo ou, pior ainda, de adorar o "si-mesmo". Parece-me que a dificuldade está no fato de o teólogo "pregar" como se tivesse diante de si uma antiga comunidade pagã que nunca ouviu nada sobre a grande nova que veio da Palestina. E, assim procedendo, fracassa diante do homem moderno. Faria melhor se refletisse mais para tornar sua "pregação" *compreensível*. Será que se continua colocando vinho novo em odres velhos? Por que o teólogo não se alegra quando a ciência lhe traz alguma ajuda? Ninguém mais acredita que o pastor esteja cheio do Espírito Santo na manhã do domingo. E donde sabe Lutero que o Espírito Santo não é nenhum *cético*? Isto é arrogância teológica. O Espírito sopra onde *ele* quer e não onde um Calvino, com sua "providentia specialis"[1], gostaria. Será que a teologia ainda não tomou consciência de quão perniciosa ela é para a vida religiosa?

Senhor Pastor, o senhor certamente permite que um homem velho, com alguma experiência da vida e do mundo, lhe recomende os pontos acima para reflexão. O senhor ainda tem um longo caminho pela frente, futuro adentro. E este futuro pedirá contas, como nunca antes, precisamente do teólogo. Atualmente as pessoas querem *entender* e não apenas ouvir palavras edificantes. Ouço sempre de novo: "O que o pastor diz sobre isso eu já sei há muito tempo, mas não me adianta de nada". Por que se queixa a juventude de que da Igreja não sai nenhuma luz? Esta pergunta não pode deixar indiferente ninguém que ainda tenha certa relação com a cultura cristã. Também o teólogo precisa *saber* mais hoje em dia sobre a alma humana se quiser atingi-la de alguma forma. Certa vez eu disse ao arcebispo Temple[2]: "Mande-me um teólogo jovem e inteligente. Eu o introduzirei na noite da alma humana, para que ao menos um saiba com o que ele está realmente lidando". Ninguém apareceu. Naturalmente já sabiam tudo muito melhor. Por isso a luz se apagou.

Com elevada consideração,

(C.G. Jung)

1. A "providentia specialis" refere-se ao ensinamento de Calvino sobre uma providência operada pelo Espírito Santo na vida da pessoa que crê.
2. William Temple, 1881-1944, arcebispo de Canterbury.

A uma destinatária não identificada
Suíça

19.07.1945

Prezada G.,

Assim é. A vida é de fato um ganho e uma perda. Se as maçãs sempre perfumassem o ar, o paraíso logo terminaria. Só é possível encontrar corretamente a eternidade quando se "comeu mundo". E se então tudo corre bem, não foi tão mau assim. É melhor sentir o peso da terra do que estar dependurado por demais em sua borda.

Tudo correu bem logicamente e está no lado positivo, isto é, foi realmente vivido, mesmo que não seja aquilo que a gente gostaria de ter. O verão está muito quente.

Desejo-lhe tudo de bom.

C.G. Jung

Ao Prof. Hugo Rahner
Sion/Suíça

04.08.1945

Prezado Professor Rahner,

Sinto necessidade de agradecer-lhe de imediato a amável carta pelo meu aniversário, mesmo antes de ter lido a sua contribuição para o livro comemorativo[1]. Preciso dizer-lhe sem tardar que tudo me alegrou muito.

Li com o maior interesse o seu ensaio sobre o arquétipo[2]. Parece-me que a maior dificuldade estaria em que o senhor tem um conceito de cientificidade diferente do conceito moderno, que é o instrumento indispensável na atualidade. Eu não conseguiria atingir os meus contemporâneos com outro conceito. Entenderia perfeitamente bem suas objeções se me ativesse à base do pressuposto escolástico; mas parece-me que o ponto de vista escolástico não é satisfatório nem adequado para as necessidades de uma ciência empírica. O senhor entenderá que é impossível para mim discutir este assunto pessoalmente com o senhor. O que deveria ser discutido é a diferença dos séculos e uma imagem do mundo radicalmente mudada. Não quero pronunciar-me sobre a justificação de um ou outro ponto de vista, uma vez que, na qualidade de não filósofo, não me julgo competente para tanto. Só sei aquilo que já disse: que a linguagem escolástica e seus pressupostos já não são adequados ao homem contemporâneo se quisermos transmitir-lhe alguma coisa sobre a psique humana. Isto eu não sei *a priori*, mas da repetida experiência.

Em seu ensaio sobre as ervas mágicas já vi o bastante para aguçar minha curiosidade ao máximo. Devo, porém, ler o volume em sua sequência e, até agora, ainda não penetrei no cerne que sua pesquisa apresenta. Mesmo assim já estou convencido de que encontrarei coisas maravilhosas, um presente de aniversário que não poderia ser melhor! O fato de ter participado de modo tão amável e pessoal em minha festividade causou-me profunda impressão, e sou-lhe muito grato.

Espero vê-lo de novo em Ascona este ano e poder novamente apertar-lhe a mão. Assim que tiver lido sua contribuição, terei muito prazer em escrever-lhe outra vez e dar-lhe minha opinião[3].

Neste meio-tempo receba minhas saudações e meus agradecimentos.

(C.G. Jung)

1. Hugo Rahner, "Die seelenheilende Blume; Moly und Mandragore in antiker und christlicher Symbolik", artigo no *Eranos-Jahrbuch XII. Studien zum Problem des Archetypus*, edição comemorativa dos setenta anos de C.G. Jung, Zurique, 1945.
2. Hugo Rahner, "Archetypus" (para o septuagésimo aniversário de C.G. Jung), in "Christliche Kultur", suplemento de *Neue Zürcher Nachrichten*, 20.07.1945.
3. Não temos conhecimento de outra carta.

A Olga Fröbe
Ascona

Bollingen, 20.08.1945

Prezada Senhora Fröbe!

O *opus* consiste em três partes: *ver, suportar* e *agir*. A psicologia só é necessária na primeira parte; na segunda e na terceira partes o papel principal cabe à moral. Sua situação atual é uma pressão através de circunstâncias inevitáveis. São *conflitos de deveres* que tornam muito difíceis o suportar e o agir. O seu trabalho de toda uma vida em prol de Eranos foi inevitável e certo. Apesar disso ele está em conflito com os deveres de mãe, igualmente inevitáveis e certos. Uma das coisas é necessária, mas a outra também. Não há opção, apenas um suportar paciente dos opostos que, em última análise, são próprios de sua natureza. A senhora mesma é um conflito que se enfurece em si mesmo e contra si mesmo para derreter finalmente no fogo do sofrimento as suas substâncias incompatíveis, o masculino e o feminino, para então formar o firme e imutável, que é a meta da vida. Todos passam por este moinho, consciente ou inconscientemente, de livre-vontade ou forçados. Somos *crucificados* entre os opostos e entregues à tortura até que o terceiro ganhe forma. Não duvide da autenticidade de seus dois lados, mas deixe acontecer o que pode acontecer. Dê razão à sua filha quando diz que a senhora não é boa mãe e defenda seu dever de mãe contra o Eranos. Mas nunca duvide de que também o Eranos é certo e esteve latente dentro da senhora desde o início. O conflito aparentemente insuportável prova que sua vida está correta. Uma vida sem contradições internas é apenas meia vida, ou uma vida no além, destinada só para os anjos. Mas Deus ama mais os seres humanos do que os anjos.

Saudações cordiais,
C.G. Jung

P.S. Vejo que o Dr. Meier, de Basileia, vai fazer uma conferência[1]. Estou pronto com o meu "Psicologia do espírito"[2]. Duas conferências! No programa já não cabe, mas fica para o *Jahrbuch*.

1. Dr. Fritz Meier, "Der Geistmensch bei dem persischen Dichter Attar". *Eranos-Jahrbuch 1945*, Zurique, 1946.
2. Em *Eranos-Jahrbuch 1945*, sob o título "Considerações teóricas sobre a natureza do psíquico", em OC, vol. VIII.

Ao Prof. Karl Kerényi
Ascona

Bollingen, 20.08.1945

Prezado Professor Kerényi,

O senhor me trouxe enorme alegria com o seu estudo transbordante de sentido sobre o "Ηρωζ 'Ιατρόζ[1]. Quero agradecer-lhe de coração, ainda que com atraso por assim dizer indesculpável. Não quero mencionar as muitas razões do retardamento, sendo a principal o fato de ter de ler primeiro o livro todo.

Estou cada vez mais impressionado com a riqueza indescritível da mitologia grega que até agora nos foi apresentada de modo tão limitado. Com o bastão mágico de sua intuição, o senhor toca nos fragmentos que logo compõem formas reconhecíveis. O motivo de que trata é muito rico em associações e cheio de alusões. Quanto a Macáon[2], existe na alquimia um autor antigo (a maioria dos alquimistas eram médicos) de nome *Elbo Interfector*[3]. Também o cervo[4] aparece como cognome de Mercúrio ou como Actéon[5], e o ferimento desempenha um papel grande e misterioso, como indicado na sentença: "bellica pax, vulnus dulce, suave malum"[6].

Estou feliz em poder cumprimentá-lo novamente em Ascona.

Meus cordiais agradecimentos e saudações.

C.G. Jung

1. Karl Kerényi, "Heros Iatros. Über Wandlungen und Symbole des ärztlichen Genius Griechenlands", contribuição para o escrito comemorativo *Eranos* (cf. carta a Rahner, de 04.08.1945, nota 1).
2. Macáon, filho de Asclépio, deus grego da cura. Foi ferido por Páris na luta por Troia.
3. Elbo Interfector foi um autor citado às vezes nos escritos alquímicos e que se interessava pela purificação (cura) dos corpos impuros. Não sobraram escritos dele mesmo. Cf. *Mysterium coniunctionis* I, par. 310.
4. Em seu ensaio Kerényi designa o cervo de "animal divino dos antepassados dos asclepíades".
5. Pelo fato de Actéon ter espiado Ártemis no banho, foi por ela transformado num cervo e dilacerado por seus próprios cães.
6. "Paz guerreira, doce ferida, mal suave". Palavras do poeta inglês John Gower, falecido em 1408, em *Confessio amantis*, ed. por G.C. Macauley, Oxford, 1899-1902. Epígrafe da primeira parte de *Psicologia da transferência* (em OC, vol. XVI).

To P.W. Martin
Colwyn Bay, North Wales
Inglaterra

28.08.1945

Dear Mr. Martin,

Fiquei muito satisfeito com sua gentil carta de 04 de junho. Faz muito tempo que não ouço nada do senhor[1]. Felizmente fomos poupados na Suíça. Poderia ter acontecido que as tropas alemães tivessem invadido também o nosso país. Não teria sido tão fácil como foi na França e na Áustria. Nós estávamos decididos a lutar.

Alegra-me saber que o senhor ainda está interessado na psicologia do inconsciente. Sei que é extremamente difícil escrever algo de definitivo sobre a progressão dos estados psicológicos ou descrevê-los. Sempre me pareceu que as verdadeiras pedras de moinho eram certos fatos simbólicos, caracterizados por uma forte carga emocional.

O senhor tem razão em dizer que o interesse principal do meu trabalho não está no tratamento das neuroses, mas numa aproximação do numinoso. O fato é que o acesso ao numinoso é a verdadeira terapia e na medida em que se chega às experiências numinosas, há uma libertação da maldição da doença. A própria doença assume um caráter numinoso.

Espero que em breve já seja possível viajar de novo. Estivemos isolados do resto do mundo por cinco anos. Antes da invenção do rádio teria sido bem pior, mas o rádio foi de grande utilidade durante a guerra. Era possível estar sempre em contato com o mundo decente, além daquele monturo infernal de mentiras e crimes.

Dê lembranças minhas à senhora sua esposa.

Yours cordially,
C.G. Jung

1. Cf. carta a Martin, de 20.08.1937.

Ao Dr. Ernst Aeppli[1]
Zurique

31.08.1945

Prezado Dr. Aeppli,

A faustosa notícia do nascimento de gêmeas[2], pelo qual o parabenizo de coração, lembrou-me de que lhe devo um especial agradecimento pela excelente alocução de aniversário que o senhor pronunciou em minha homenagem pelo rádio. Naquele momento festivo minha família estava reunida comigo, e foi no círculo familiar que ouvimos e apreciamos suas palavras. Falei depois aos meus filhos: "Graças a Deus já não preciso apresentar-me a vocês. Vocês já ouviram tudo". Mas não como um amigo meu que reuniu todas as cartas lisonjeiras que recebeu, publicou-as em livro e ofereceu o livro a seus filhos para mostrar-lhes que tipo de cervo era o pai.

Saudações cordiais,
(C.G. Jung)

1. Dr. Ernst Aeppli, psicólogo. Obras, entre outras: *Lebenskonflikte*, 1942, *Der Traum und seine Deutung*, 1943, *Psychologie des Bewussten und Unbewussten*, 1947. Cf. carta a Wegmann, de 19.12.1943 e notas.
2. Dr. Aeppli se tornara pai de meninas gêmeas.

A uma destinatária não identificada
Inglaterra

31.08.1945

Dear Mrs. N.,

Antes de tudo devo pedir-lhe perdão pela demora em responder à sua carta de março de 1945. Assim que veio a paz, uma avalanche de cartas desceu sobre mim. Antes disso estava separado do contato com o mundo e fui poupado de centenas de cartas. Agora estou na frigideira, sobretudo desde o meu septuagésimo aniversário, quando a avalanche de cartas piorou. Desde minha doença não consigo pôr em dia a minha correspondência e sofro de consciência pesada crônica. Agora a senhora conhece as circunstâncias sob as quais estou escrevendo.

Devo agradecer-lhe o gentil envio do livro de Read sobre educação e arte[1]. Infelizmente não posso compartilhar de seu entusiasmo. Não sou particularmente fã do famoso *potpourri*: psicologia-arte-educação. Cada coisa em si é ótima, mas juntas formam um caldo terrível. Sinto muito, sou crítico demais, mas não consigo superar essa idiossincrasia. [...]

Estou satisfeito em saber que passou por esta terrível guerra sem maiores danos. Fiquei feliz em receber notícias das pessoas na Inglaterra. O sentimento insular que desenvolvemos na Suíça durante a guerra continua firme. Tínhamos a impressão de que nós estávamos numa ilha de bom-senso e de equilíbrio mental e que ao redor de nós reinava a loucura. Isto simplificava muito o mundo. Não podemos, obviamente, manter esta atitude para sempre, mas por enquanto não está longe de ser correta. Recebemos o choque inevitável da bomba atômica, mas nada podemos fazer a respeito. Ouvi diversas pessoas dizer: seria melhor estourar de uma vez a terra e mandar tudo para o inferno.

Espero que esteja bem de saúde.

Yours sincerely,
C.G Jung

1. Herbert Read, *Education through Art*, 1943.

To Prof. J.B. Rhine
Duke University
Durham (N.C.)/EUA

18.09.1945

Dear Dr. Rhine,

Sua carta trouxe-me grande alegria[1]. Nos últimos anos pensei muito no senhor e falei a muitas pessoas de seu nome e de seus experimentos[2].

Gostaria de satisfazer o seu desejo[3], mas por uma questão de consciência científica tenho receio; sendo eu médico, todas as minhas observações são de cunho clínico, o que significa que são inevitavelmente subjetivas até certo ponto e nunca sistemáticas; tratando-se de casos e fatos isolados que formam uma massa bastante incoerente, isto pareceria uma coletânea de anedotas. Eu não gosto desse modo de tratar o assunto. Prefiro estar em condições de tratar com material coerente, coletado segundo certos parâmetros científicos. Tenho naturalmente um bom número de experiências dignas de nota, mas o senhor sabe como é isso: as circunstâncias e pessoas envolvidas, de importância imprescindível para a explicação dos fatos, não podem ser descritas de modo a convencer o espectador de fora. Tudo pareceria muito casual e inconsistente.

O senhor tem razão quando afirma que refleti muito sobre os fatos parapsicológicos. Tentei, mesmo, estabelecer certas conexões, mas sempre tive receio de falar publicamente sobre o assunto pelas razões acima mencionadas. Mas, conhecendo o seu ponto de vista, estou disposto a transmitir-lhe o que pensei, se isto for de alguma utilidade para o senhor. Proponho, então, que o senhor formule certas questões sobre as coisas que lhe interessam, e eu tentarei dar as minhas respostas se for capaz[4]. Isto me daria uma certa orientação para falar sobre assuntos que, de outra forma, não me ocorreriam.

A parapsicologia tem um papel sutil na psicologia porque ela espreita furtivamente em toda parte por trás da superfície das coisas. Os fatos em si já são difíceis de captar, e mais evasivo ainda é seu aspecto teórico devido ao seu caráter transcendente. Quando algumas pessoas acreditam que se trata de algo como uma quarta dimensão, elas parecem não estar muito distantes da verdade.

Durante a guerra minha saúde não esteve muito boa. Na verdade, estive seriamente doente e, tendo alcançado a idade bíblica dos 70, já não sou tão eficiente, ainda que tenha realizado uma quantidade decente de trabalho científico ultimamente. Quero adverti-lo de que talvez não conheça tanto de parapsicologia como o senhor pensa. Não é exatamente o meu campo e, por isso, não me sinto muito competente para falar sobre o assunto. É pequena a possibilidade de encontrar algo de valor no labirinto de meus pensamentos.

Espero que esteja sempre bem de saúde.

Yours sincerely,
(C.G. Jung)

1. Em sua carta de 28.08.1945, escrevia Rhine sobre "the delightful occasion of the luncheon party in New York at which I had the opportunity to converse with you and hear your views on the phenomena which we are investigating in this laboratory". O encontro aconteceu em 1937 quando Jung fazia conferências na Yale University. Foi a única vez que Rhine e Jung se encontraram.
2. Os experimentos de Rhine com percepões extrassensoriais.
3. Em sua carta, Rhine pedia que Jung escrevesse suas próprias experiências parapsicológicas e o que pensava sobre elas. Jung fez isso 15 anos depois, em suas *Memórias*.
4. Cf. carta da Rhine, de novembro de 1945.

To Susan Bach[1]
Londres

26.09.1945

Dear Mrs. Bach,

Muito obrigado por seus votos de feliz aniversário. Muito me interessou o seu "relatório" sobre o que esteve fazendo durante esses anos de guerra. A senhora tem razão em supor que estou afogado em cartas, e só aos poucos consigo abrir um caminho no meio da avalanche de papéis.

Sou-lhe grato por me contar que os meus escritos foram úteis em seu trabalho específico junto a pessoas desenraizadas pelos acidentes da guerra. Sempre tive uma espécie de pressentimento de que tudo quanto aprendi sobre o inconsciente se devia a uma catástrofe algo similar, porém interna, na minha vizinhança psíquica, e que a guerra externa era uma repetição disso em escala coletiva. Ainda que estivesse plenamente consciente dos poderes mais inacreditáveis do mal espreitando nas profundezas, nunca esperei uma irrupção tão gigantesca de horrores abissais.

Minhas congratulações por seu esplêndido trabalho que deve ser uma grande satisfação para a senhora.

Yours sincerely,
(C.G. Jung)

1. Susan Bach, psicóloga analítica, emigrou em 1939 de Berlim para Londres onde construiu um instituto psiquiátrico de atendimento aos emigrantes. Psicóloga conselheira da clínica neurocirúrgica da Universidade de Zurique. Fez pesquisas sobre o desenho espontâneo de crianças leucêmicas na clínica da Universidade de Zurique. Obras, entre outras: *Spontanes Malen schwerkranker Patienten. Ein Beitrag zur psychosomatischen Medizin*. Documenta Geigy, Acta psychosomatica 8, Basileia, 1966.

To Prof. William G. Mather
State College, Pensilvânia/EUA

26.09.1945

Dear Sir,

Sua carta me interessou muito. Sua ideia de que os métodos primitivos ou exercícios religiosos têm algo a ver com a experiência do inconsciente é correta. Suponho que queira dizer que essas pessoas são brancas e não índios hopi ou outros como aqueles que executam danças com cobras[1]. Se estiver correto em minha suposição de que o senhor pensa em sectários brancos, então se trata obviamente do fenômeno peculiar observado em colonizadores brancos.

Quando as pessoas brancas e civilizadas se estabelecem em terra virgem, seu inconsciente assimila a natureza peculiar da região. E isto a tal ponto que seus filhos começam a parecer-se até certo ponto com a população autóctone dessa região. Na África e na Índia observa-se uma resistência violenta dos brancos contra o país primitivo ou exótico em que vivem[2]. Na África, por exemplo, observei que os colonizadores odeiam ou amam o país. Em ambos os casos (se forem realmente colonizadores e não apenas funcionários transitórios que cumprem seus 20 anos de exílio) eles vão sendo assimilados *nolens volens* pelo solo e desenvolvem uma mentalidade bem curiosa. É como se a parte inconsciente de sua psique fosse submergindo gradativamente no fenômeo peculiar do "going black"[3]. Pode-se observar como essas pessoas são levadas inconscientemente para fora de sua esfera civilizada.

Até na América podemos observar coisas semelhantes como, por exemplo, as cerimônias de iniciação dos estudantes, que parecem rituais indígenas. Não admira que certas seitas apresentem sintomas parecidos: no caso que o senhor menciona é a relação com cobras, simbolizando sempre a integração do elemento ctônico (terreno). Ao mesmo capítulo pertence a ênfase positiva ou negativa no sexo. É praticamente o mesmo enfatizar o sexo através da afirmação ou da negação. Isto significa simplesmente que o sexo é o mais importante de tudo. Se for negado, isto significa simplesmente que o ctônico é o elemento de maior importância, ainda que numa forma hostil. No outro caso, é entendido como algo positivo. A tortura do corpo, por exemplo, tão frequente entre os primitivos, mostra apenas a importância do corpo. E muitas vezes é impossível dizer qual é o maior prazer: obter prazeres ctônicos ou recusá-los.

Tudo isto nada tem a ver com teologia ou outros fatores espirituais. Trata-se principalmente da tendência dominante do inconsciente de lançar raízes no solo. Fenômenos semelhantes podem ser observados na Europa, onde a natureza pode exercer influência dominante como, por exemplo, o mar, ilhas desertas, partes isoladas do país ou regiões montanhosas como na Suíça. Temos na Suíça muitas seitas que têm algo em comum com as de Gales e de outras partes montanhosas da Inglaterra. Elas têm invariavelmente uma relação muito peculiar com o sexo, de forma positiva ou negativa.

Espero ter respondido às suas perguntas a contento.

Yours sincerely,
(C.G. Jung)

1. O Prof. Mather havia perguntado sobre a importância das seitas, principalmente nos altiplanos americanos. "Their meetings are characterized by repetitious songs of primitive rhythms, by swaying and contortion of the body, by the handling of snakes and similar manifestations".
2. Cf. os capítulos "Quênia e Uganda" e "Índia", em *Memórias*.
3. "Going black" é uma expressão que descreve uma submissão psíquica e inconsciente dos brancos à influência da população negra nas colônias africanas. Cf. "Alma e terra" em OC, vol. X, par. 97.

To Father Victor White[1]
Oxford

26.09.1945

Dear Father,

Foi com grande prazer e agradável surpresa que recebi seus interessantes artigos sobre minha psicologia[2]. Neste verão fiz 70 anos de idade, e as cartas foram tantas que ainda não consegui emergir dessa avalanche. Por isso só posso hoje agradecer a sua gentileza e pedir perdão pela demora da resposta à sua carta.

Tenho muito interesse em conhecer a opinião da Igreja a respeito de meu trabalho. Tive muitas discussões também com padres católicos neste país e foi por indicação minha que pensadores católicos foram convidados para as conferências Eranos[3], a respeito das quais o senhor certamente já ouviu falar. Contamos agora com a colaboração de um estudioso extremamente competente da literatura patrística: Professor Hugo Rahner, SJ, da Universidade de Innsbruck. Várias publicações católicas se ocuparam também neste país com minha psicologia, e algumas delas são realmente de grande compreensão[4]. Devo dizer que nunca esperei tanto apreço e tanta compreensão por parte da teologia. Devido a razões bastante óbvias, os teólogos protestantes são mais reticentes e ainda não sabem se devo ser condenado como herege ou ser depreciado como místico. Como o senhor sabe, misticismo e heresia têm a mesma má reputação no protestantismo. Assim, não há muita esperança para mim do lado protestante.

Vou ler com o maior interesse os seus artigos e, então, terei muito prazer em escrever de novo para transmitir-lhe a minha reação. Por enquanto só posso agradecer a sua gentileza.

Yours sincerely,
C.G. Jung

1. Victor White OP, 1902-1960, professor de Teologia Dogmática em Oxford, Blackfriars.
2. Victor White havia escrito a Jung em agosto e mandado os seguintes ensaios: "The Frontiers of Theology and Psychology" (*The Guild of Pastoral Psychology*, Lecture 19, Londres, 1942); "St. Thomas Aquinas and Jung's Psychology", *Blackfriars* XXV (junho de 1944); "Psychotherapy and Ethics", *ibidem* XXVI (agosto de 1945) e um "Pós-escrito" ao último ensaio, que é uma defesa da psicologia da religião de Jung contra um ataque contido em J.C. Flugel, *Man, Morals, and Society*, Londres, 1945. O primeiro e o terceiro ensaios foram publicados, em forma ampliada, no livro de V. White, *God and the Unconscious*.
3. Entre eles estavam Ernesto Buonaiuti, professor em Roma de História do Cristianismo Primitivo; Henri-Charles Puech, professor de História da Religião no Collège de France; Hugo Rahner, professor de História da Igreja e de Patrologia na Universidade de Innsbruck.
4. Provavelmente Jung pensou na reunião da "Philosophischen Gesellschaft Innerschweiz" (janeiro de 1945) sobre o tema "A psicologia do inconsciente". No programa havia, entre outros, os seguintes nomes e temas: Prof. Dr. A. Willwoll, "Das kollektive Unbewusste und der Aufbau des religiösen Erlebens"; Prof. Dr. E. Montalta, "Die Parapsychologie und das Unbewusste"; Prof. Dr. Gebhard Frei, "Die Religionskunde und das Unbewusste". As conferências foram publicadas em *Rätsel der Seele. Zur Psychologie des Unbewussten*, Olten, 1947.

Esta carta é a primeira de uma longa correspondência entre Jung e o Padre Victor White. Apesar de algumas interrupções maiores, ela só terminou em 1960 com a morte do Padre Victor. As cartas que publicamos representam mais ou menos três quartos das cartas que Jung escreveu ao Padre Victor. As cartas de cunho meramente pessoal não foram publicadas. Para melhor entender o relacionamento com o Padre Victor, cf. também as cartas de Jung à Mother Prioress of a Contemplative Order, 1959 e 1960.

To Father Victor White
Oxford

05.10.1945

My dear Father White,

Nesse meio-tempo acabei de ler os artigos que gentilmente me enviou[1]. Minha primeira reação foi: que pena que o senhor viva na Inglaterra e não esteja ao meu lado quando vagueio às tontas no espaço imenso do saber teológico. O senhor precisa atribuir-me circunstâncias atenuantes, pois, além de todas as outras coisas que tive de aprender, só cheguei bem tarde ao tesouro do conhecimento patrístico, tão tarde que minhas forças limitadas já não foram suficientes para adquirir todo o necessário para elucidar e explicar as perplexidades da experiência psicológica moderna. Perdoe-me o jogo irreverente de palavras: o senhor é para mim um corvo branco, pois é o único teólogo que conheço e que realmente entendeu algo do que significa o problema da psicologia no mundo atual. O senhor percebeu suas enormes implicações. Não consigo expressar-lhe suficientemente minha alegria por ter encontrado uma pessoa, um teólogo consciente o bastante para ponderar minhas opiniões com base num estudo atento de meus escritos!

Meu empirismo temperamental tem suas razões. Comecei minha carreira repudiando tudo que cheirasse a fé. Isto explica minha atitude crítica no meu livro *Psychology of the Unconscious*[2]. O senhor precisa saber que este livro foi escrito por um psiquiatra com a finalidade de submeter o material necessário a seus colegas psiquiatras, material esse que pretendia demonstrar-lhes a importância do simbolismo religioso. O meu público de então era totalmente materialista[3], e eu teria frustrado os meus objetivos se tivesse partido de uma crença definida ou de afirmações metafísicas definitivas. Eu era um deles e não queria ser outra coisa. Meu princípio foi sempre não procurar o lugar onde pudesse fazer algo de útil, mas fazê-lo no lugar onde eu realmente estava. Fiquei impressionado com sua total falta de conhecimento do simbolismo e queria dar o melhor de mim para transmitir-lhes este conhecimento. Descobri tarde demais que não eram meus colegas, mas pessoas muito diferentes que começaram a interessar-se por meu trabalho. Tentei adaptar-me à mentalidade psiquiátrica e médica e tornei-me duro e muitas vezes cínico sob a investida violenta de fatos brutais e cruéis e da perversão humana.

Por isso, quando disse que Deus é um complexo[4], eu pensei o seguinte: o que quer que Ele seja, Ele é *no mínimo* um complexo bem real. Pode-se dizer que Ele é uma ilusão, mas é ao menos um fato psíquico. Nunca esteve em minha intenção dizer: Ele *nada mais é* do que um complexo. Quando meu livro caiu nas mãos de leitores fora da minha esfera psiquiátrica, eles o leram com olhos bem diferentes.

Por isso houve muitos enganos! Originalmente meu livro foi uma reimpressão do que saiu numa revista psiquátrica, destinada a ser lida principalmente por médicos. Quanto ao meu ponto de vista epistemológico daquela época, veja por favor a nota 42, p. 307 da edição inglesa de *Psicologia do Inconsciente*[5].

O senhor fez plena justiça ao meu ponto de vista empírico e prático. Considero isto um ato deveras meritório, pois a maioria de meus leitores de orientação filosófica e teológica desconsideram completamente o meu empirismo. Nunca permiti a mim mesmo fazer afirmações sobre a entidade divina, pois seria uma transgressão dos limites da ciência. Seria portanto desleal criticar as minhas opiniões como se fossem um sistema filosófico. Minha opinião pessoal neste assunto é de que a energia vital ou a libido da pessoa humana é o pneuma divino, e foi minha intenção secreta aproximar esta convicção do entendimento de meus colegas. Quando se quer falar a cientistas não se pode começar com um credo religioso. Deve-se mostrar os fatos e deixar que eles tirem suas conclusões. Também não se pode dizer que a meta das pessoas se realiza em Deus, mas é preciso de novo apresentar fatos que mostrem em que a meta se realiza. O que se pode apresentar neste sentido é o símbolo do si-mesmo, um fenômeno psicológico bem-definido, que alguém poderia chamar Deus, mas que o cientista não pode provar ser Deus. Como cientista devo guardar distância dos dogmáticos ou metafísicos, pois não é tarefa do cientista pregar o Evangelho. Mas é isto precisamente que o teólogo deve dizer: que o dogma é por enquanto a resposta mais perfeita aos quesitos mais relevantes da psique objetiva e sua melhor formulação, e que Deus operou tudo isso na alma humana. O cientista, porém, não pode provar semelhante afirmação; pode apenas tentar o melhor em seu campo limitado.

Concordo plenamente com o senhor quando diz que "temos diante de nós uma tarefa gigantesca"[6]. É enorme, e eu me admiro da paquidermia intelectual daqueles que deveriam conhecer isto melhor e aparentemente não tomam conhecimento, ou pior, que tentam livrar-se do octópode com os argumentos mais fúteis. Discuto frequentemente com teólogos católicos e protestantes. Em geral pouco conhecem da experiência psicológica atual e muitas vezes parecem ter esquecido a sabedoria dos Padres da Igreja. É muito belo e bom ter tudo isto resumido magistralmente por Santo Tomás de Aquino[7], mas quando se trata de interpretar a alma viva da pessoa, é preciso um conhecimento real. Longe de mim desprezar conceitos e fórmulas! Ao contrário, invejo o senhor e todos que têm pleno conhecimento da filosofia escolástica e eu seria com certeza um dos primeiros a aplaudir uma tentativa explícita de integrar as descobertas da psicologia na doutrina eclesiástica. Estou certo de que poderia tirar o maior benefício disso. Sou grato por toda indicação que está em seus ensaios. Fiquei muito interessado, por exemplo, no que o senhor disse sobre o problema da Terceira Pessoa[8]. Gostaria que me esclarecesse um pouco mais sobre o assunto. Poderia indicar-me as fontes onde encontrar maiores esclarecimentos? Talvez o senhor possa fazer uma ideia do meu sentimento de insuficiência quando devo abordar este assunto sem preparo adequado. Em geral acontece que me conservo calado por anos sobre assuntos complicados como a Trindade. Mas de repente o assunto vem à baila numa discussão ou numa conferência e alguém o aborda de maneira realmente inadequada; sinto então que alguém deveria dizer algo mais adequado, e eu me lanço totalmente despreparado, apoiado em minha experiência, com praticamente nada do outro lado, do lado teológico. Neste caso precisaria de alguma ajuda teológica bem sólida. Sei que isto só pode vir do lado católico, pois o ponto de vista da *sola fide*[9] do lado protestante perdeu por demais a tradição da doutrina para ser útil no desemaranhar dos nós do material empírico. Esta colaboração já existe até certo ponto, pois desfruto da ajuda valiosíssima do Prof. Hugo Rahner SJ, da Universidade de Innsbruck. Ele é uma autoridade na ἑρμηνευτική[10] dos Padres da Igreja. Mas eu o vejo raras vezes e é difícil descobrir até aonde vão os seus conhecimentos psicológicos. Acho que ele é cauteloso demais.

O senhor conhece os Eranos-Jahrbücher? O senhor lê alemão? Neles há muito material para o senhor. Se lê alemão, gostaria de enviar-lhe meu livro *Psicologia e alquimia*; é muito melhor do que o maltraduzido *Integration of the Personality*[11], que um editor americano me arrancou das mãos com uma boa proposta financeira e com "astúcia". No próximo ano sairá uma edição inglesa de *Psicologia e alquimia*.

Agradeço muito a sua lembrança do meu septuagésimo aniversário. O círculo de Eranos dedicou-me uma obra comemorativa[12], onde o senhor poderá encontrar um ensaio primoroso de Rahner sobre Móli e Mandrágora e um ensaio também notável de Layard sobre o tema das classes primitivas de casamento e o arquétipo da virgem[13].

O senhor me acusa de repudiar sem mais a transcendência divina[14]. Não é bem assim. Eu simplesmente a omito, pois sou incapaz de prová-la. Eu não prego, eu tento estabelecer fatos psicológicos. Posso confirmar e provar a inter-relação da imagem de Deus com outras partes da psique, mas não posso ir além sem cometer o erro de uma afirmação metafísica que está fora de meu objetivo. Não sou teólogo e nada tenho a dizer sobre a natureza de Deus. Não há lugar para confissões subjetivas na ciência. O que eu disser sobre "Deus" é dito *expressis verbis* sobre a imagem de Deus. E a imagem é relativa, como o senhor mesmo disse.

Trata-se aqui novamente da pessoa a quem se fala. Meu público não é constituído de teólogos, mas de pessoas de formação totalmente mundana e moderna. Quando se fala de Deus, elas não sabem *do que* estamos falando, pois estas ideias foram abandonadas há muito tempo como fantasias nebulosas. Apresento-lhes *fatos* e não afirmações metafísicas que elas não entendem. Se falasse a camponeses, eu falaria de

Deus, pois eu sei que eles sabem do que estou falando. *É da maior importância* que as pessoas cultas e "esclarecidas" reconheçam a verdade religiosa como algo vivo na alma humana e não como uma relíquia abstrusa e irracional do passado. É preciso ensinar as pessoas a verem onde elas entram no processo, caso contrário não haverá ponte que ligue o abismo entre a mente culta e o mundo das ideias dogmáticas que esta mente não compreende e que, além do mais, ofende sua razão. Se os Reformadores, por exemplo, tivessem entendido o que era a santa missa ou para que servia o *rito* em geral, certamente não os teriam abandonado. A espantosa falta de compreensão ameaça a religião cristã de cair em total esquecimento.

Não é possível pregar a uma pessoa que não entende a linguagem. Gritar e repetir não faz sentido. O senhor sente, como eu, que o teólogo precisa aprender uma nova linguagem. O que teria acontecido se Paulo tivesse falado na ἀγορά[15] como se estivesse numa sinagoga? A compreensão começa com a mente individual, e isto significa psicologia. É realmente tarefa gigantesca criar um novo enfoque para uma verdade antiga. Mais de uma vez coloquei a pergunta a meus amigos teólogos: O que acontece se colocar vinho novo em odres velhos? A maneira antiga de interpretação precisa ser interpretada ela mesma e, dessa vez, com a ajuda da ciência. Este método pode atingir a mente moderna, como pude observar em muitos casos. Eu não combato a verdade cristã; eu apenas argumento com a mente moderna.

Sabemos há muito tempo e suficientemente como as coisas deveriam ser, mas não sabemos como fazê-lo. Aí está a minha preocupação principal. As pessoas não devem mais ser seduzidas por promessas de céu e inferno; elas querem entender. Eu não posso "enrolar" o meu paciente; eu devo ir ao seu encontro, devo aprender sua linguagem, entrar em seu pensamento, até que ele perceba que eu o entendo corretamente. Só então ele estará preparado para entender também a mim e a estranha linguagem do inconsciente que o informará sobre verdades eternas; e incidentalmente descobrirá que já ouviu antes coisas semelhantes. Este é o caminho prático. Mas para chegar lá é preciso evitar "sugestões".

Bem! Uma longa carta! Não é o meu estilo. "Ele" fez uma exceção no seu caso, meu prezado padre, porque "ele" soube apreciar o seu trabalho consciencioso e clarividente.

Yours sincerely,
C.G. Jung

1. Cf. carta a White, de 26.09.1945, nota 2.
2. *Psychology of Unconscious*, alemão: *Wandlungen und Symbole der Libido*, Leipzig, 1912. Publicado primeiro em *Jahrbuch für psychoanalytische und psychopathologische Forschungen*, 1911 e 1912. (Cf. OC, vol. V).

3. Referência ao círculo dos primeiros psicanalistas. A publicação do livro *Símbolos da transformação* levou à ruptura com Freud e com aquele círculo.
4. "Psicologicamente Deus é o nome de um complexo de representações que se agrupam em torno de um sentimento muito forte" (em *Símbolos da transformação*, par. 128).
Cf. carta a Frischknecht, de 08.02.1946.
5. Cf. *Símbolos da transformação*. Esta nota foi omitida na edição reformulada de 1952.
6. Cf. White, "Psychotherapy and Ethics", *Blackfriars*, Oxford, XXVI, n. 305, p. 298.
7. Cf. White, "St. Thomas and Jung's Psychology", *Blackfriars*, Oxford XXV, n. 291, p. 209s. Tomás de Aquino era dominicano como White ("Blackfriars").
8. Cf. White, "The Frontiers of Theology and Psychology", *The Guild of Pastoral Psychology*, Londres, outubro de 1943, p. 18.
9. A doutrina luterana fundamental da justificação somente pela fé (*sola fide*), com base na teologia paulina (cf. Rm 3,21s.) em oposição à doutrina de uma justificação pelas obras.
10. Hermenêutica, interpretação das palavras, aqui na Patrística.
11. *Integration of the Personality*, coletânea cujos ensaios foram mais tarde assumidos nos vols. IX/1, XII e XVII das OC.
12. *Eranos-Jahrbuch XII, Studien zum Problem des Archetypischen*. Edição comemorativa dos 70 anos de Jung, Zurique, 1945.
13. Hugo Rahner, "Die seelenheilende Blume; Moly und Mandragore in antiker und christlichen Symbolik". John Layard, "The Incest Taboo and the Virgin Archetype".
14. Cf. White, "The Frontiers of Theology and Psychology", l.c., p. 18.
15. Praça do mercado.

A Arthur Cloor, est. fil. I
Zurique

29.10.1945

Prezado senhor,

Passei rapidamente os olhos em todo o seu manuscrito[1] e me detive principalmente na parte que trata da psicologia. Não sei ao certo o que o senhor quer de mim. Só posso confirmar que o uso que faz dos pontos de vista psicológicos é basicamente correto, sobretudo quando trata da pessoa do artista. Pelo que percebo, o senhor o julga com exatidão, bem como os representantes do romantismo em geral. Outra coisa é naturalmente a psicologia da obra de arte, mas parece que seu herói não fez nada de extraordinário nesse campo. A obra de arte possui uma psicologia própria que se distingue às vezes consideravelmente da psicologia pessoal do artista. Não fosse assim, não se poderia atribuir à obra de arte o valor da autonomia.

Sua opinião de que o inconsciente seria "oprimido" pela atividade do artista, talvez possa ser melhorada da seguinte forma: enquanto a dogmática cristã expressava a natureza do inconsciente de maneira quase completa, o inconsciente não tinha oportunidade de manifestar-se a não ser de modo puramente personalista e, por isso, insignificante. No romantismo o inconsciente manifestou-se como fenômeno coletivo, mas o romantismo não é o primeiro sintoma do escorregar do inconsciente para fora das formas dogmáticas bem estruturadas da Idade Média. Já temos, bem antes, a mística cristã e a alquimia, com sua heterodoxia, como precursores de uma manifestação do inconsciente em grande estilo. [...]

Eu sempre acho graça quando alguém diz que recusa a psicologia. Nunca me ocorreria recusar as ciências literárias ou a estética porque também elas se ocupam com certos aspectos da psique humana; eu nunca entendo com que justificação os meus colegas de outros campos do saber podem rejeitar a psicologia. Nunca me ocorreu substituir a estética ou outra coisa semelhante pela psicologia. Por outro lado, é evidente a qualquer criança que o artista tem uma psique humana, cujas qualidades são no mínimo semelhantes às dos mortais comuns. Entendo melhor a resistência por parte dos filósofos, pois a psicologia corta simplesmente o galho em que estão sentados e tira-lhes maldosamente a ilusão de que eles representam o espírito absoluto.

Com elevada consideração,
(C.G. Jung)

1. Arthur Gloor, *E.T.A. Hoffmann, Der Dichter der entwurzelten Geistigkeit*, Zurique, 1947, tese de doutorado.

To Dr. Laurence J. Bendit
Londres

12.11.1945

Dear Dr. Bendit,

Li com grande interesse o seu ensaio sobre cognição paranormal[1] (C.P.) e concordo plenamente com todas as suas afirmações de cunho geral. Há somente pequenos pontos que gostaria de comentar. Por exemplo, o fato de não haver encontrado em meus escritos uma palavra sobre o famoso ψ[2] deve-se a que grande parte de minha obra infelizmente não está traduzida. O senhor teria encontrado não apenas uma confirmação da "telepatia", mas também um exemplo de C.P. em Kerényi e Jung: *Einführung in das Wesen der Mythologie* (Amsterdã 1941, p. 230s.)[3].

Estou a par da C.P. e presenciei muitos casos. A razão de não haver falado publicamente mais sobre ela é que não gosto de falar sobre coisas difíceis de provar.

Incluo a C.P. no conceito de intuição, "percepção por via do inconsciente"[4]. Sensação é percepção em tempo e espaço absolutos; intuição é percepção em tempo e espaço relativos, ou tempo e espaço "elásticos"[5]. Dunne não foi o primeiro a reconhecer a qualidade profética dos sonhos[6]. Qualquer curandeiro já fez isso há 10.000 anos.

O que há de errado na intuição? Haverá alguma diferença entre "percepção por via do inconsciente" (isto é, a pessoa não sabe como chegou a ela) e a C.P. que também é "percepção por via desconhecida"? Ou pretende a C.P. saber o que é a C.P.? Confesso que não sei diferenciar a intuição da C.P.

Gosto de seu pequeno livro e aprecio sua atitude não ortodoxa neste caso, onde se tratou principalmente de uma consideração insuficiente da C.P. Suponho que também tenha visto casos em que a C.P. se desenvolveu sob a influência do tratamento analítico? Estou bem consciente da importância extraordinária desses fenômenos que transcendem os nossos meios atuais de compreensão. Eles nos trazem certo sentimento de impotência. Esta foi uma das principais razões por que tentei pesquisar o inconsciente a partir de outro ângulo que parecia mais acessível do que os fenômenos "parapsicológicos". Estes estão, ao menos por enquanto, totalmente fora de nossa capacidade atual de compreensão, ainda que os tenha conservado em mente e lhes tenha reservado um lugar em minha definição de intuição. A fisiologia ainda não procedeu assim, mas deve deixar um espaço para a parafisiologia que tem sua vez quando for o caso de materialização. Já vi o suficiente desse fenômeno para convencer-me de sua existência. Sendo membro honorário da SPR[7] inglesa e americana, li quase todas as publicações mais importantes sobre o assunto. Isto tudo somado à minha experiência pessoal levou-me à conclusão de que espaço, tempo e matéria são relativos para a psique, isto é, são até certo ponto funções psíquicas. Discuti este problema com Rhine, cujas experiências com o fator tempo e espaço provam minha hipótese com bastante evidência. Não sei se Rhine já publicou suas experiências sobre as influências psíquicas no jogo mecânico de dados[8]. Ao que sei, elas provam a extensão da relatividade psíquica sobre a matéria. Se isto for correto, a minha hipótese seria ao menos um ponto de vista inicial para uma abordagem teórica da C.P. e da parafisiologia.

Gostaria de enviar-lhe algo em troca do seu livro, mas infelizmente não tenho nenhum exemplar de minhas obras traduzidas para o inglês. Como não sei se o senhor entende bastante o alemão, não ouso enviar-lhe um de meus livros em alemão; mas se souber esta língua, peço que me informe.

Sincerely yours,
(C.G. Jung)

1. Laurence J. Bendit, *Paranormal Cognition, its Place in Human Psychology*, Londres, 1944.
2. Abreviação de fenômenos Ψ = fenômenos parapsicológicos como, por exemplo, percepções extrassensoriais (PES) ou psicocinese, isto é, a atuação psíquica sobre um processo externo que não se pode explicar fisicamente etc.
3. Em seu ensaio "Sobre o aspecto psicológico de Core", Jung menciona um sonho seu e traz como comparação a "alegoria" contida num "obscuro tratado alquímico" de Gerardo Dorneo (segunda metade do século XVI), com a qual se defronta pouco tempo depois e que corresponde quase literalmente ao seu sonho. Cf. "Introdução à natureza da mitologia", em OC, vol. IX/1, par. 334s.

4. Mais tarde Jung abandona esta definição e considera os fenômenos em questão como processos naturais (coincidências engenhosas, fenômenos sincrônicos), cuja percepção não está ligada a uma única função. Cf. carta a Bendit, de 20.04.1946.
5. Cf. carta da Pfäfflin, de 10.01.1939. Cf. também Jung e Pauli, *Naturerklärung und Psyche*, 1952; e OC vol. VIII, par. 840.
6. John W. Dunne, *An Experiment with Time*, Londres, 1927.
7. Society for Psychical Research.
8. Para impedir um possível ordenamento dos dados ou das cartas pela influência da pessoa experimental, os dados e as cartas foram respectivamente lançados e embaralhadas por máquinas. Rhine descreve essas experiências em *The Reach of the Mind*, Londres, 1948.

Ao Dr. med. Bernhard Milt
Zurique

12.11.1945

Prezado colega,

[...]

O livro[1] foi escrito principalmente para o psicoterapeuta que precisa lidar com o simbolismo extremamente difícil dos processos inconscientes. À semelhança do folclore, a alquimia é um magnífico quadro projetivo de processos inconscientes do pensamento. Por causa dessa fenomenologia, dei-me ao trabalho de reler praticamente toda a literatura clássica da alquimia. Para o leigo no assunto é incompreensível que um psiquiatra corra atrás desses absurdos históricos. Mas para nós é de grande importância entender a linguagem simbólica dos processos inconscientes e para isso a alquimia é um auxílio maravilhoso.

Com meus agradecimentos e a estima do colega

(C.G. Jung)

1. *A psicologia da transferência, comentários baseados em uma série de figuras alquímicas*, 1946, em OC vol. XVI, traz na página de rosto a dedicatória "Para médicos e psicólogos práticos". Provavelmente o Dr. Milt leu o trabalho no manuscrito ou numa prova de prelo.

Ao Pastor Hans Wegmann
Zurique

20.11.1945

Prezado Pastor Wegmann,

Muito obrigado por sua carta! A posição que tomou interessa-me muito; ela me dá o ensejo e a possibilidade de examinar mais de perto a minha própria colocação. O senhor tem toda a razão: Meyer catoliciza[1]. Como o senhor diz, ele toma a Escritura *tale quale* – ao que parece: mas, se não me engano, ele tem uma dose de mística, o que dá ao quadro um caráter especial. O resultado é que o ponto de vista *tale quale* pareça quase irrelevante, comparado à visão supramundana de sua concepção muito próxima daquela da Igreja primitiva. Ele me parece intragável apenas quando moderniza em estilo e linguagem e, assim, sai do "êxtase". Quando visualizo o conteúdo do livro em sua melhor compreensão, descubro nele algo que se assemelha à minha maneira de ver as coisas. Não que eu acredite em inspiração verbal ou que não encontre no texto contradições e discordâncias humanas; mas o caráter de revelação a ele imputado e todo pensamento talvez inconsequente fazem parte do conjunto do fenômeno. E é isto que me interessa em sua totalidade. Quando Meyer amplifica e interpreta, ele me fala a partir da totalidade do fenômeno; parece-me que ele mesmo está acriticamente envolvido e perambula nele através de todos os caminhos, retos e tortuosos, carregado além disso com tudo o que os séculos amontoaram sobre o fenômeno primitivo. Um fenômeno estranho e raro dentro do protestantismo moderno, ao menos até onde vai meu limitado conhecimento!

No jubileu de Paracelso, em 1941, ouvi um sermão de um beneditino em que ocorreu ao presunçoso apresentar a concepção católica como "agréable". Teria sido melhor que tivesse falado da natureza e das propriedades da SS. Trindade a partir de uma visão supramundana para, assim, nos dar uma ideia desse fenômeno primordial do qual emanou originalmente toda a doutrina cristã. "Et mortuus est Dei filius, prorsus credibile est, quia ineptum est. Et sepultus resurrexit; certum est, quia impossibile est"[2].

O primordial é o supramundano que o mundo não conhece nem pode julgar, que não se atinge com a lógica e a crítica, que se pode apenas amplificar e interpretar, jamais tornar "agréable". Gostaria tão somente que os teólogos aceitassem a cabala, a Índia e a China para descrever e proclamar mais claramente ainda como Deus se revela. Se com isso o cristianismo tivesse que ser relativizado de certa forma, isto aconteceria *in maiorem Dei gloriam* e não traria nenhum prejuízo para o sentido da doutrina cristã. Tudo isto é verdadeiro e muita outra coisa mais. Pode-se conceder aos puristas contradições e imprecisões irrelevantes, mas as grandes incompatibilidades como o ser e o não ser de Deus, seu ser pessoa ou não pessoa, a *coincidentia oppositorum* em geral fazem parte do quadro do paradoxo divino.

Parece-me estranho que o protestante julgue ser capaz de adotar uma posição criticamente fundada sobre a revelação de Deus em seu todo. Eu penso que só é possível falar a partir da torrente das imagens divinas e de tal forma que não se rompa a continuidade da tradição, caso contrário envereda-se sem querer nos meandros da concepção subjetiva. "Quod semper, quod ubique, quod ab omnibus creditur" deveria ser a diretriz do teólogo, pois ele fala a partir da e para a profundeza de uma *anima naturaliter christiana*[3], que não reconhece acordos subjetivos, mesmo que a alma individual force isto, porque toda a vida só habita em portadores individuais.

Mas é exatamente esta fragmentação que precisa ser compensada por uma recordação constante das “veritates catholicae”.

Parece-me que Meyer viveu o quanto possível esta necessidade, se não em todos os detalhes, pelo menos no sentido geral ao falar de um plano além da Igreja e do clericalismo empíricos. Ele sonha, ao que me parece, com uma catolicidade que gostaria de abranger a árvore da Igreja como um todo. Como leigo incompetente não posso julgar até que ponto ele teve êxito ou fracassou em sua tentativa.

Ficaria satisfeito em ouvir do senhor o que pensa de minhas “considerações extemporâneas”.

Saudações cordiais,
(C.G. Jung)

1. Jung refere-se ao livro de Werner Meyer, *1. Korinther 11-16, Leib Christi*, 1945. Meyer foi aluno de Karl Barth. Cf. também carta a Wegmann, de 06.12.1945.
2. “E morreu o filho de Deus, o que é imediatamente crível porque é absurdo. E sepultado, ressuscitou; o que é certo porque é impossível”. Tertuliano (150-225), *De carne Christi*, II, 5.
3. A alma é cristã por natureza. Tertuliano diz isto em *Apologeticus adversus gentes pro christianis*.

A um destinatário não identificado
Suíça

23.11.1945

Prezado senhor,

Quando certa fraqueza moral vem acompanhada de uma inteligência relativamente boa, como parece ser o seu caso, é preciso usar esta inteligência quando o senso ético não for o suficiente[1]. Nenhuma psicoterapia pode ensinar-lhe esta sabedoria banal; o senhor mesmo deve entendê-la e simplesmente empregá-la. Se souber fazer este mínimo uso de sua inteligência, estará salvo. Caso contrário, não.

Com elevada consideração,
(C.G. Jung)

1. O destinatário estava prestes a ser condenado por um delito. Dois anos antes fora condenado por delito semelhante. Pedia a Jung que o ajudasse a não recair no mesmo erro após ter cumprido a pena.

To Prof. J.B. Rhine
Duke University
Durham, N.C./EUA

Novembro de 1945

Resposta às questões formuladas por Rhine[1]:

1) Considero a parapsicologia um ramo ou uma disciplina da psicologia geral, especialmente da psicologia do inconsciente.

2) A psicologia do inconsciente tem muito a dizer sobre a relação entre mente e corpo (distúrbios psicogênicos das funções fisiológicas). A parapsicologia está em condições de provar a existência de fenômenos psíquicos que influenciam objetos materiais ou criam corpos físicos num lugar em que antes não havia esta matéria ou outra semelhante. E assim a parapsicologia pode elucidar o problema de como o ser vivente é formado e continuamente reformado através da psique inconsciente.

3) A parapsicologia mostrou sobretudo que a psique tem o aspecto de um caráter temporal e espacial relativo. Mostrou também que a psique inconsciente tem uma faculdade de influenciar a matéria sem contato corporal e condensar a matéria fora do alcance corporal de tal forma que parece um corpo físico, perceptível por nossos sentidos e pela chapa fotográfica.

4) Por enquanto não vejo uma conexão "útil" entre a parapsicologia e a psiquiatria. Até agora é um problema meramente científico, mas como tal da maior importância. Não é raro que apareçam fenômenos parapsicológicos no início das psicoses, talvez com menor frequência durante o curso dessas doenças.

5) Só posso explicar a percepção extrassensorial pela hipótese de trabalho da relatividade de tempo e espaço. Eles parecem *psiquicamente* relativos, isto é, o que se chama de espaço absoluto, por exemplo, existe apenas no mundo de aspectos macrofísicos. No mundo microfísico a relatividade de espaço e tempo é um fato estabelecido. A psique, enquanto produz fenômenos de caráter não espacial ou não temporal, parece pertencer ao mundo microfísico. Isto explicaria também a natureza obviamente não espacial de realidades psíquicas como os pensamentos etc. e também o fato da precognição. Enquanto a psique é um fenômeno energético, ela possui massa, porém massa de extensão e peso microfísicos. Desse fato podemos derivar efeitos materiais da psique.

Uma vez que a relatividade de tempo e espaço inclui a relatividade da causalidade, e uma vez que a psique partilha desse tempo e espaço relativos, ela também relativiza a causalidade e goza por isso, na condição microfísica, de uma independência ao menos relativa da causalidade absoluta. (A filosofia chinesa diz que enquanto as coisas estão no Nordeste, isto é, antes que tenham surgido no horizonte, podem ser alteradas. Quando entrarem no Leste, elas tomam o seu curso inalterado.) O fato de o futuro poder ocasionalmente ser previsto não exclui a liberdade em geral, mas apenas neste caso particular. A liberdade só ficaria duvidosa se tudo pudesse ser previsto.

Do ponto de vista psicológico, a percepção extrassensorial parece uma manifestação do *inconsciente coletivo*. Esta psique especial comporta-se como se fosse *única* e não como dividida entre muitos indivíduos. Ela é *não pessoal*. (Eu a chamo de "psique objetiva".) É a mesma em toda parte e em todos os tempos. (Se assim não fosse, a psicologia comparativa seria impossível.) Como não está limitada à pessoa, também não está limitada ao corpo. Manifesta-se por isso não apenas nos seres humanos, mas também ao mesmo tempo em animais e inclusive em circunstâncias físicas. (Cf. a técnica oracular do *I Ching* e os horóscopos do caráter.) Eu chamo esses últimos fenômenos de sincronicidade de acontecimentos arquetípicos[2]. Por exemplo, passeio com uma paciente no bosque. Ela me conta o primeiro sonho de sua vida e que deixou nela uma impressão inapagável. Havia visto uma raposa espectral descendo as escadas da casa de seus pais. Neste momento surge entre as árvores uma raposa verdadeira que vai andando calmamente pelo caminho diante de nós por vários minutos. O animal se comporta como se fosse um parceiro da situação humana. (Um só fato não é fato nenhum; mas se tivermos visto vários, começamos a prestar atenção.)

[...]

Ainda tenho a faca de pão. A mesa já se foi[3].

1. Em sua carta de 18.09.1945, Jung propôs a Rhine que formulasse algumas questões sobre a parapsicologia. Rhine respondeu em 30.10.1945, propondo as seguintes questões:
1) Qual é, em sua opinião, a precípua relação da parapsicologia com a ciência da psicologia em geral?
2) Qual é o seu ponto de vista sobre a relação mente-corpo, e até que ponto a parapsicologia pode ser útil nessa questão?
3) Em sua opinião, o que a parapsicologia nos ensinou sobre o caráter da psique humana?
4) Até que ponto o senhor vê uma relação proveitosa entre parapsicologia e psiquiatria?
5) O senhor pode interpretar os resultados experimentais da parapsicologia no campo da percepção extrassensorial e seu aparente alcance além dos limites do espaço e tempo, como nós os consideramos, em termos de suas concepções da personalidade humana? Ficaria especialmente grato se pudesse relatar como a precognição pode ser explicada na terminologia do senhor. Interfere isto na livre-vontade?
As respostas de Jung devem ser vistas como formulações preliminares sobre o problema da parapsicologia. Somente sete anos depois foi publicado seu trabalho fundamental sobre a sincronicidade, em Jung e Pauli, *Naturerklärung und Psyche*, 1952 (em OC, vol. VIII).
2. Cf. carta a Jordan, de 10.11.1934, nota 8.
3. Os dois objetos estão relacionados a experiências parapsicológicas do próprio Jung. Cf. *Memórias* e carta a Rhine, de 27.11.1934.

Ao Pastor Hans Wegmann
Zurique

06.12.1945

Prezado Pastor Wegmann,

Acredito que o seu ponto de vista esteja suficientemente claro para mim. Nada tenho a objetar contra ele em si, pois com ele permanece ou cai o princípio do protestantismo. Deve haver liberdade individual na interpretação da Bíblia. Mas parece-me que a única questão é se esta liberdade deve ser exclusiva ou não. Estar tomado por Cristo não é, como o senhor mesmo diz, um assunto inequívoco. Também aquele que o persegue está tomado por ele. Para um, ele é homem; para o outro, ele é Deus.

O sermão não é um diálogo entre dois indivíduos, mas uma alocução a um coletivo que consiste de muitas cabeças diferentes. Por isso está certo que o Evangelho deve ser anunciado, isto é, algo que tem um consenso geral. Segundo minha opinião, pode-se ir a extremos em duas direções opostas: alguém que prega seu ponto de vista subjetivo, um outro que só se movimenta numa linha tradicional. O primeiro levanta polêmica, o outro se consome no convencional. Mas não é preciso ir a extremos; basta atentar para o fato de que a comunidade tem necessidades diversas. A existência de uma necessidade de ideias e formas fixas e irremovíveis prova que há verdadeira religiosidade na Igreja Católica. Esta necessidade podemos encontrá-la também entre os protestantes, principalmente porque a Bíblia não garante um fundamento sólido.

O senhor menciona, por exemplo, o Livro de Jó. Toda pessoa que pensa um pouco levanta a questão: O que dizer da onisciência de Deus? O que dizer de sua moral antes de tudo? Ele está inseguro em relação ao demônio, deixa-se convencer por ele e atormenta o pobre Jó simplesmente porque está inseguro. Não é o mesmo que o oleiro fazer uma aposta com os seus aprendizes para ver se o vaso que acabou de fazer irá despedaçar-se se ele o atirar ao chão? O que diz o vaso, que neste caso é o homem? O que significa ter que invocar a Deus em auxílio contra Deus? Como harmonizar esta concepção de Deus com a do Novo Testamento? O que fará o leigo para entender a figura ambígua de Cristo, considerando não só a discrepância entre o Cristo dos sinóticos e o joânico, mas também a figura biograficamente incompreensível, a chamada figura "pessoal"? Levou muitos séculos de grande esforço mental para se chegar a uma concepção de certa forma unificada e que um protestantismo "mais perspicaz" julga que deve ultrapassar.

Esta descontinuidade me dá muito que pensar. Tenho a impressão de ser violentamente separado das raízes. O protestantismo puro-sangue me dá a impressão de algo desequilibrado, ainda que dinâmico, onde falta um contrapeso e que se dissolve sem freios em inúmeros subjetivismos. Não posso negar a fatalidade desse processo histórico. Se eu puder dizer alguma coisa neste assunto, sugeriria chamar esta manifestação do *processo de individuação*, que aparece cada vez com maior clareza, não mais de *confissão* e nem comprimi-lo para dentro de uma suposta Igreja, pois o protestantismo é por sua natureza antieclesiástico. Uma Igreja precisa ter um fundamento comum, e este não é certamente a Bíblia nem a figura de Cristo que provoca as opiniões mais diversas entre os próprios teólogos. Por que os teólogos protestantes não foram ao Tridentino[1], onde lhes fora assegurado salvo-conduto? Os protestantes também têm culpa de que o processo de desenvolvimento não tenha fluído mais rapidamente na Igreja. O processo de individuação é um desenvolvimento no solo nativo do cristianismo. Mas ele não é uma Igreja, nem será Igreja, muito menos uma anti-Igreja, ainda que tenha suas raízes precisamente na Igreja, isto é, na Igreja primitiva e em sua tradição.

Qualquer que seja a opinião do especialista sobre o comentário de Meyer[2], considero este escrito um marco que não pode ser menosprezado. Ele aproxima de novo os fundamentos do protestantismo da Igreja primitiva e faz com que o herege (significativamente derivado de αἱρέωζ: tomar, escolher, decidir-se por algo) solitário e marcado pelo destino pressinta algo daquele solo materno e primitivo mediante o qual está ligado a toda a Cristandade. E uma vez que o próprio Espírito Santo derramado é um grande herege, ele também impõe αἵρεσιζ, escolha e tormento de decisão a todos os que perturbam e afrouxam a ecclesia, enquanto a enriquecem – pressuposto que estes possam e queiram referir-se retroativamente a uma Igreja materna. Se a Igreja terrena reconhece ou não esta referência retroativa, é talvez uma questão secundária, dolorosa e pessoal. A questão mais importante é que a referência retroativa ocorra no espírito, num espírito de criança e de humildade. Se neste ato a Igreja terrena não estiver presente, então o caso não é diferente daquele em que, na falta de comunidade, o padre celebra sozinho a missa; o espaço que deveria ser preenchido pela comunidade não estará vazio; e se a mãe não dá a devida atenção aos filhos, então o fará a avó que sempre interfere quando a mãe falha. A avó é menos exclusivista do que a mãe. A *Magna Mater* já teve filhos pagãos e como *ecclesia spiritualis* cuida carinhosamente de uma cristandade muito grande e muito dividida.

O senhor escreve que o dinamismo protestante esteja ameaçado pelo espírito da tradição. Mas, segundo penso, esta ameaça só aparece onde está em ação o dinamismo do Espírito Santo, isto é, onde um herege solitário tem de abrir um novo caminho através da mata virgem. Mas quando o “Espírito Santo” pode ser abafado pela tradição, já não se trata de um Espírito “santo” – que não deve ser reprimido –, mas de uma secessão humana que provavelmente melhor seria se fosse evitada. No protestantismo a tática divisionista foi elevada virtualmente a princípio que, por um lado, dificulta a referência retroativa ao fundamento coletivo primordial e, por outro, torna impossível qualquer entendimento naquilo que já foi conseguido. Devido à sua base espiritual muito estreita, o protestante é levado sempre ao orgulho espiritual do qual, como o senhor sabe, temos alguns exemplos chocantes diante de nossos olhos. O católico precisa gastar suas melhores energias na melhoria dos muros da Igreja que estão ruindo, enquanto a problemática religiosa escapa de suas mãos para as do protestante, onde ela provoca tamanha confusão numa espécie de requinte.

O livro de Meyer abriu novamente os meus olhos para a situação verdadeiramente neurótica do cristão de hoje. Os princípios culturais mais elevados do Ocidente defrontam-se hostilmente no cisma, isto é, o cristão está dividido em si mesmo. Por isso é possível também que o diabo inunde o mundo. Uma Igreja universal teria mais autoridade do que uma dividida. É claro que a Igreja Católica não pode abrir mão de sua reivindicação da catolicidade sem afundar no nada. Mas se o protestantismo abrisse mão de sua reivindicação ambiciosa de ser também uma Igreja, não teria perdido nada, mas teria ganho a si mesmo na totalidade. Não se pode ter as duas coisas, a Igreja e a liberdade, e quando ambos querem as duas coisas ao mesmo tempo, não se encontrará juiz salomônico para o caso. Quem deseja as duas coisas deve sacrificar algo nos dois lados. É trágico que as duas confissões não consigam realizar isto. *Ecclesia semper catholica aut nihil*[3], mas o protestantismo culmina no individual. A reivindicação da Igreja é legítima em princípio, bem como a do indivíduo. Para ter parte na tradição, o protestante deveria sacrificar algo de seu subjetivismo e de seu orgulho espiritual, e a Igreja deveria fazer, por amor à catolicidade, algumas exceções fundamentais à regra.

Perdoe-me, prezado pastor, que a carta tenha sido tão longa. Seu ponto de vista tão firme deu-me o ensejo de formular meus próprios pensamentos sobre o cisma na Igreja. Sou-lhe grato por isso.

Saudações cordiais,
(C.G. Jung)

1. Concílio de Trento, 1545-1563. Foi convocado pelo Papa Paulo III para resolver a divisão que se operou na Igreja com a conduta de Lutero.
2. Cf. carta a Wegmann, de 20.11.1945.
3. A Igreja é sempre católica ou nada.

Ao Pastor Dr. Fritz Buri
Berna

10.12.1945

Prezado Pastor Buri,

Quero agradecer-lhe o gentil envio de seu livro *Die religiöse Überwindung der Angst*[1]. Esperei que os círculos teológicos dessem uma resposta ao livro de Pfister[2].

Eu mesmo não posso concordar com ele (com o livro de Pfister). Em primeiro lugar e sobretudo porque o medo é uma reação básica da natureza. A opinião de Kierkegaard de que os animais não conhecem o medo é cabalmente contestada pelos fatos. Há espécies inteiras que só sobrevivem por causa do medo. O ser que perde o medo está condenado à morte. Os primitivos que são "curados", através das Missões, de seu medo natural e justificado dos demônios, degeneram. Presenciei este fato mais do que o suficiente na África, não importa o que os missionários digam sobre isso. Quem sempre tem medo tem razão para tanto. Não são poucos os pacientes nos quais precisamos incutir medo porque, devido à atrofia do instinto, já não o possuem. A pessoa que não tem mais medo está à beira do abismo. Só podemos curar sem prejudicar uma pessoa que sofre de um medo exagerado, patológico.

Em segundo lugar, no que se refere às religiões, elas libertam em parte do medo e, em parte, causam medo, inclusive o cristianismo, e isto está certo porque alguns têm medo demais e outros de menos. Libertar do medo sem mais é completo absurdo. O que dizer do temor de Deus? Deus não impõe coisas que dão medo? Não teria Pfister medo se tivesse as duas pernas quebradas e ainda estivesse dependurado num gancho que lhe prende o queixo? Nenhum medo o alerta contra os perigos do corpo e da alma? Não teme pela vida de seu filho doente? Um ser humano sem medo é um super-homem. Não gosto de super-homens. Eles não merecem amor. Se Cristo não teve medo no Getsêmani, então sua paixão é nula e vã, e o fiel pode aderir ao docetismo[3].

Em terceiro lugar, as religiões não são apenas construtoras de medo. Não nego a existência de apotropismos, mas, como todas as manifestações religiosas, eles se referem a alguma coisa que o biólogo só sabe descrever como um instinto básico da natureza humana. Sua ciência não o autoriza a afirmar que sejam revelações do espírito divino, o que facilmente podem ser, mas que não conseguimos provar. Neste sentido devo descrever toda concepção religiosa como "ficção", pois ao menos formalmente ela é uma *conflatio* de nossas possibilidades imaginativas. Por outro lado também é certo que ela não é motivada por nenhuma intenção consciente, mas "acontece" à pessoa numa esfera inconsciente (inconsciente = desconhecida). Isto é o máximo que a ciência pode estabelecer. O maravilhoso não está na "ficção", mas na existência dela, mesmo que seja um estratagema consciente para fins ilegítimos (como afugentar o medo). Mas querer explicar todos os dogmas e ritos como construtos apotropaicos de medo significa colocar o carro diante dos bois. Não é apenas um escândalo quando um teólogo adota estas opiniões, mas também é psicologicamente falso como sabem todos que tiveram alguma experiência religiosa e como fica provado pelo estudo dos ritos primitivos. Beira diretamente o ateísmo querer reduzir a função religiosa à outra coisa que não ela mesma. [...]

Em quarto lugar, como psicoterapeuta não procuro libertar os pacientes do medo. Mas levo-os ao motivo de seu medo, onde fica claro até que ponto ele se justifica. (Poderia contar-lhe alguns casos bem ilustrativos[4].) Se o meu paciente entende a linguagem religiosa, eu lhe digo: Não procure fugir desse medo que Deus lhe deu, mas procure suportá-lo até onde der – sine poena nulla gratia[5]! Posso falar assim porque sei que sou pessoa religiosa e, além do mais, porque sei com certeza científica que meu paciente não inventou seu medo, mas que lhe foi imposto. Por quem ou por que coisa? *Pelo desconhecido*. A pessoa religiosa chama este *absconditum* de Deus; o intelecto científico chama-o de inconsciente. Derivar o medo da repressão é uma especulação neurótica, um apotropismo inventado para os preguiçosos; uma mitologia pseudocientífica enquanto declara ilegítimo um instinto biológico fundamental e o falseia como uma configuração substitutiva. Poderíamos do mesmo modo descrever a vida como uma fuga da morte, ou o amor como um subterfúgio do ódio contra o qual não temos coragem suficiente. Isto são artifícios neuróticos com os quais se vai enganando o histérico a respeito de seu único sentido (que está precisamente na neurose), certamente com a melhor das intenções, mas que também é insuportavelmente superficial.

Espero que não me leve a mal se eu disser que tenho a impressão de que o senhor leu muito pouco do que escrevi. Concluo isso do fato de meu modo de expressar causar-lhe dificuldades. *Fictio* e *imaginatio* têm para mim seu significado original e pleno como atividades importantes que dizem respeito não só ao ser humano mas também à divindade. (*Deus imaginatur mundum. Trinitas imaginata in creatura*[6].) O dogma formal é *fictio* s. *imaginatio*; mas sua origem ou existência é *revelação*, isto é, uma *revelatio* de conteúdos ocultos que não querem concordar com o *mundus sensibilis*. (Daí o insuperável contra-senso de Tertuliano[7].)

Na esperança de que possa esclarecer-lhe de certa forma o meu ponto de vista, tomo a liberdade de enviar-lhe o meu pequeno livro *Psicologia e religião*, em agradecimento pelo rico estímulo que me trouxe o seu escrito.

Com elevada consideração,
(C.G. Jung)

1. Fritz Buri, *Die religiöse Überwindung der Angst*, Berna, 1945.
2. Oskar Pfister, *Das Christentum und die Angst*, Zurique, 1944.
3. Docetismo foi uma doutrina gnóstica, combatida pela Igreja antiga e segundo a qual Deus só se encarnara aparentemente em Jesus. À base disso estava a consideração de que a matéria era má e vulgar.
4. Por exemplo *Psicologia e religião*, 1940, p. 18s., OC vol. XI, par. 12s.
5. Sem sofrimento (castigo) nenhuma graça.
6. Deus imaginou o mundo. A Trindade foi imaginada na criatura (a fonte não pôde ser identificada). Cf. M.-L. von Franz, *Mysterium coniunctionis* III (Aurora Consurgens), p. 169, nota 152: Segundo a concepção alquimista e de acordo com o *Corpus Hermeticum*, Deus criou todas as coisas visíveis através da imaginação (φαντασία e por isso está presente em tudo. Cf. também Psicologia e alquimia, par. 386 (OC vol. XII).
7. Cf. carta a Wegmann, de 20.11.1945, nota 2.

Ao Conde Hermann Keyserling

10.12.1945

Prezado Conde,

Fiquei contente em saber, através de Mr. Kennedy, notícias suas e de como está passando. É admirável como passou por esta catástrofe. Esperemos que as condições agora melhorem aos poucos. Estamos ainda sob racionamento na Suíça, mas não podemos queixar-nos de nada pois ficamos imunes milagrosamente da loucura nazista. Vejo por muitos exemplos que os alemães ainda não se deram conta da animosidade mundial contra a Alemanha. A catástrofe cobre com suas sombras o mundo todo. A semente do mal brotou em toda parte.

Com os melhores votos e saudações cordiais,

C.G. Jung

Ao Pastor Hans Wegmann
Zurique

12.12.1945

Prezado Pastor Wegmann,

Sua amável carta de 08.12. foi exatamente aquilo que eu queria ouvir do senhor, isto é, sua posição inequívoca sobre a questão da Igreja. Eu realmente não sabia que o senhor pensava de modo tão crítico neste assunto. Mas devo aceitar os seus argumentos como corretos, pois penso o mesmo do ponto de vista religioso, ou talvez de modo mais radical. Sua carta (a anterior) não me aborreceu de forma nenhuma; temo antes que minhas preocupações lhe sejam maçantes e queria pedir desculpas por lhe escrever de novo. Mas preciso conseguir certa clareza em minhas reflexões, pois o problema da "religião" – sem considerar a sua importância subjetiva – paralelamente aos acontecimentos contemporâneos, vai tomando dimensões cósmicas. Não acredito que a razão possa ser a lei suprema do agir humano; antes de tudo porque mostra a experiência que em momentos decisivos a razão não é guiada pelo bom-senso, mas bem mais por impulsos inconscientes e dominadores. Nada há que possa competir com esses últimos a não ser o seu próprio equivalente, algo portanto que expresse adequadamente a natureza deles, que lhes dê nome e forma. Surge então na consciência uma forma, um recipiente por assim dizer em que a "grande afluência" inconsciente pode derramar-se e assumir uma forma cultural. Se isto não acontecer, há o perigo de ela manifestar-se, seguindo sua natureza, como uma avalanche. Esta forma foi sempre dada pela religião, nunca pela razão.

Este problema é urgente hoje em dia porque logo a humanidade civilizada terá chegado à encruzilhada em que poderá usar a bomba atômica. A bomba de urânio decepcionou em seu efeito. As novas bombas de plutônio, que são produzidas em série, parece que têm efeito 150 vezes maior! O suicídio da cultura humana chegou no mínimo a uma proximidade imediata, e no futuro podem ser descobertas reações em cadeia que colocarão em perigo o planeta. Há quase 2.000 anos o mundo entrou no último mês do ano platônico, a era de peixes, e desenvolveu pressentimentos milenares. Há 1.000 anos isto apareceu mais claramente ainda[1] e, agora, perto do ano 2000 dC, a humanidade tem em mãos o instrumento com o qual pode preparar seu fim, e certamente o fará se não vier logo uma terceira guerra mundial que esmague o poder daquelas nações que *também* poderiam usar a bomba atômica, a não ser – *e esta é a única esperança* – que venha a grande virada, uma retirada universal de Marignano[2]. E eu só consigo imaginar isto como um movimento religioso de âmbito mundial, único capaz de deter o impulso demoníaco de destruição. Este é o motivo por que a questão da Igreja me preocupa tanto, pois a Igreja é a instância mundial em que o espírito, no sentido religioso, move a massa animal. A Igreja teria sua razão de ser se pudesse salvar a vida da humanidade ou, ao menos, a cultura. Sei que não adianta nada que apenas um indivíduo funda a cuca pensando nisso. Mas, apesar disso, é preciso falar a respeito. Por isso eu o chateio novamente com esta longa carta e peço desculpas. Sei que é infantil ou supersticioso, mas sinto-me de certa forma aliviado por ter dito o que disse.

Evidentemente não espero resposta, a não ser que sua caneta se mova por si.

Saudações cordiais,

C.G. Jung

1. No início do segundo milênio surgiram várias seitas heréticas como os begardos, bogomilos, cátaros, albigenses, irmãos do livre-espírito, o movimento do Espírito Santo de Joaquim de Fiori e outros. Cf. *Aion*, par. 225s. (OC vol. IX/2). Cf. carta a Baur, de 29.01.1934, nota 1.

2. Em Marignano, Francisco I da França venceu os suíços que lutaram por Milão (1515). A derrota foi o ponto de virada na história da Suíça que adotou, desde então, uma atitude defensiva e neutra na política europeia.

Ao Dr. Paul Schmitt
Locarno-Muralto/Suíça

20.12.1945

Prezado Dr. Schmitt,

Percebo em sua carta, que muito agradeço, que o senhor está outra vez doente numa clínica. Eu pensei que sua malária tivesse entrado em estágio de estagnação, mas parece que não foi assim. Lamento que o senhor tenha de preocupar-se com tantos infortúnios corporais. Até parece que o ignis vitae, do qual o senhor escreve, brotou como fogo no lugar errado. A alquimia conhece uma ἀναξωπύρωσιζ[1], pela qual se entende, provavelmente, uma transformação do espírito destrutivo do fogo num spiritus vitae. O senhor está no meio de uma confrontação interior da mais alta importância em geral. Nós todos temos que contribuir com um pedacinho para este problema. Às vezes é preciso também pesquisar naquele lado se uma coisa que queria vir para cima não tomou o rumo errado, para baixo, para dentro do corpo.

Agradeço e retribuo de coração os votos de boas festas. Infelizmente não posso enviar-lhe outras notícias animadoras além do anexo.

Saudações cordiais,
(C.G. Jung)

1. Reanimar pelo fogo. A expressão encontra-se no alquimista Comário (século I). Cf. M.-L. von Franz, *Mysterium coniunctionis* III, 1957, p. 366.

Ao Dr. Jürg Fierz[1]
Zurique

Küsnacht, 21.12.1945

Ao dono deste livro.

Escrever uma nota introdutória a essas suas *Diversa* causa-me uma sensação estranha. Uma coletânea de meus ensaios de épocas e situações diversas me deixa a impressão de que um gafanhoto com caracteres tipográficos nos pés tivesse pulado através do mundo das ideias e deixado cá e lá um rastro; além disso exige certo esforço da fantasia reconstruir, a partir das linhas ziguezagueantes dessas impressões dos pés, a natureza do animal que as produziu. Não tenho inveja de ninguém por causa dessa tarefa, uma vez que não me agradam as autobiografias. A imensa expansão do mundo de objetos eventualmente reconhecíveis atraiu-me até os limites penumbrosos em que me vem ao encontro aquela figura na qual me transformei com o passar do tempo. Em meu longo caminho encontram-se embrulhos descartados, testemunhos de numerosas trocas de pele, inclusive essas *relicta* que se chamam livros. Eles revelam tanto quanto escondem. Cada degrau é símbolo dos próximos. Quem sobe uma escada não demora nos degraus nem olha para trás sobre eles, mesmo que a idade convide a demorar ou a retardar o passo. O grande vento do cume sussurra com maior veemência. Os últimos degraus são os mais belos e os mais preciosos pois conduzem àquela plenitude para a qual nasceu a essência mais íntima da pessoa.

C.G. Jung

1. Dr. Jürg Fierz contou-nos que, em 1945, encadernara uma série de separatas de obras de C.G. Jung e pedira a Jung que escrevesse algumas linhas nas primeiras páginas. O texto foi o acima.

Apêndice:

Lista dos destinatários das cartas

Damos apenas os nomes dos destinatários e as datas das cartas. Os dados biográficos, quando disponíveis, foram informados na nota de rodapé da primeira carta ao respectivo destinatário. As cartas escritas em inglês ou francês estão assinaladas com um "I" ou um "F", respectivamente.

Abegg, Carl Julius 02.04.1941
Abraham, Dr. Karl 03.01.1908, 30.01.1908
Adler, Dr. Gerhard 07.06.1932, 09.06.1934
Aeppli, Dr. Ernst 31.08.1945
Aldrich, Charles Robert 05.01.1931 (I)
Allers, Dr. Rudolf 23.11.1933
Arz, Pastor Dr. W. 17.02.1933, 10.04.1933
Bach, Susan 26.09.1945 (I)
Bänziger, Dr. Hans Conrad 26.11.1934
Baumgarten-Tramer, Prof. Franziska 21.11.1942
Baur, Dr. B. 29.01.1934
Baur-Celio, Dr. Bernhard 30.01.1934
Baynes, Dr. Helton Godwin 06.03.1937, 20.01.1939, 12.08.1940, 09.12.1940 (todas I)
Beit von Speyer, E. 13.04.1934
Benda, Dr. C.E. 19.06.1934
Bendit, Laurence J. 12.11.1945 (I)
Bernoulli, Prof. Rudolf 18.02.1936, 05.10.1944
Bertine, Dra. Eleanor 09.01.1939 (I)
Bjerre, Dr. Poul B. 17.07.1914, 22.01.1934, 11.01.1935, 08.05.1936
Blanke, Prof. Fritz 02.05.1945
Boner, Dra. Georgette 08.12.1938
Bovet, Dr. Theodor 25.11.1922
Boye, Dra. Hedwig 06.07.1945
Boyers, Dr. L.M. 30.09.1932 (I)
Braband, Dra. Margarete 22.07.1939
Breysig, Prof. Kurt 20.08.1936
Briggs, Mrs. 04.07.1931 (I)
Brüel, Dr. Oluf 02.03.1934, 19.03.1934, 12.12.1936 (esta I)
Brupbacher, Dr. 30.09.1932
Buri, Prof. Fritz 10.12.1945
Burrow, Dr. Trigant 26.12.1912 (I)
Cimbal, Dr. Walter 02.03.1934
Cohen, Dr. B. 26.03.1934, 28.04.1934
Corti, Walter Robert 30.04.1929, 12.09.1929
Crichton-Miller, Dr. Hugh 28.06.1939, 02.09.1939 (ambas I)
Crowley, Alice Lewisohn 26.12.1941, 26.07.1942, 19.12.1942 (todas I)
Cully, Kendig B. 25.09.1937 (I)

Índice de pessoas, autores e títulos

O índice refere-se apenas ao texto das cartas (não às notas). Os números em itálico indicam os destinatários mencionados no cabeçalho da carta e as páginas em que começa a carta.

Índice analítico

O índice refere-se apenas ao texto das cartas (não às notas). Se Jung mencionar um assunto no texto da carta, que é mais bem esclarecido na nota, a indicação do índice refere-se sempre ao texto.

EDITORA VOZES LTDA.
Rua Frei Luís, 100 – Centro – Cep 25689-900 – Petrópolis, RJ
Tel.: (24) 2233-9000 – E-mail: vendas@vozes.com.br